D1831698

सम्पूर्ण नाटक

सम्पूर्ण नाटक

मृणाल पाण्डे

राधाकृष्ण प्रकाशन

ISBN 978-81-8361-410-8

सम्पूर्ण नाटक

© मृणाल पाण्डे

पहला संस्करण : 2011
तीसरा संस्करण : 2019

मूल्य : ₹895

प्रकाशक
राधाकृष्ण प्रकाशन प्राइवेट लिमिटेड
जी-17, जगतपुरी, दिल्ली-110 051

शाखाएँ : अशोक राजपथ, साइंस कॉलेज के सामने, पटना-800 006
पहली मंजिल, दरबारी बिल्डिंग, महात्मा गांधी मार्ग, इलाहाबाद-211 001
36 ए, शेक्सपियर सरणी, कोलकाता-700 017

वेबसाइट : www.radhakrishnaprakashan.com
ई-मेल : info@radhakrishnaprakashan.com

मुद्रक
बी.के. ऑफसेट
नवीन शाहदरा, दिल्ली-110 032

SAMPURNA NAATAK
by Mrinal Pandey

इस पुस्तक के सर्वाधिकार सुरक्षित हैं। प्रकाशक की लिखित अनुमति के बिना इसके किसी भी अंश को, फोटोकापी एवं रिकॉर्डिंग सहित इलेक्ट्रॉनिक अथवा मशीनी, किसी भी माध्यम से, अथवा ज्ञान के संग्रहण एवं पुनःप्रयोग की प्रणाली द्वारा, किसी भी रूप में, पुनरुत्पादित अथवा संचारित-प्रसारित नहीं किया जा सकता।

प्रस्तावना

बात 1979 की है। भोपाल स्थित मध्य प्रदेश कला परिषद् से मुझे पत्र मिला। परिषद् की ओर से 'पहले-पहल' नाम के आयोजन के तहत सातवें मध्य प्रदेश नाट्य समारोह में नए नाटक लेखकों की कृतियाँ मंचित होने जा रही थीं। मुझसे कहा गया था, कि एक लेखक होने के नाते यदि मैं भी इसमें भागीदार होना चाहूँ, तो अपनी पांडुलिपि अमुक तारीख तक अमुक पते पर भेज दूँ। तब तक मैंने कहानियों और (मात्र एक) उपन्यास पर ही काम किया था। नाटक देखे-पढ़े अनेकों थे, पर नाट्य लेखन के नाम पर अनुभव सिर्फ़ इतना था कि दिल्ली में श्री अशोक लाल (जो तब स्टेट ट्रेडिंग कार्पोरेशन के मुलाजिम थे) के साथ मैंने ज्यॉर्ज ऑरवेल के चर्चित उपन्यास, 'दि एनीमल फार्म', का हिन्दी में 'जन्तु परन्तु' नाम से नाट्य रूपांतरण किया था। मंचन तो मैं नहीं देख पाई, अलबत्ता अशोक लाल ने बड़ी उदारता से नाटक के पोस्टर तथा स्मारिका मुझे भोपाल जरूर भिजवा दिए थे।

'पहले-पहल' उत्सव के लिए मैंने पहले-पहल एक नाटक लिखा, एक पुरानी जातक-कथा के आधार पर। एक दब्बू और यथास्थितिवादी गाँव को त्रस्त रखने वाले तीन धूर्तों को अचानक सोने का एक ढेर मिल जाता है, और उसके बाद उनके बीच फूट पड़नी शुरू हो जाती है। जो काम व्यवस्था नहीं कर पाई, वह सोना कर देता है। और देखते-देखते आपसी लड़ाई में यह त्रिगुट नष्ट हो जाता है। कालान्तर में यह नाटक 'नटरंग' पत्रिका में भी छपा। शीर्षक था, 'मौजूदा हालात को देखते हुए'। यह 14 अक्तूबर, 79 को भोपाल में भोपाल के एक पुराने नाट्यकर्मी भाऊ खिरवड़कर के निर्देशन में खेला गया था। नाटक की कोई प्रतिलिपि आज मेरे पास नहीं है।

सालभर बाद जब म.प्र. कला परिषद् का 8वाँ नाट्य समारोह होने जा रहा था, एक बार फिर नेमिजी (स्व. नेमिचन्द्र जैन) के प्रोत्साहन से मैंने एक नाटक पर काम शुरू किया। इस नाटक की आधारवस्तु बनी विजयदान देथा की एक कहानी 'खोजी' और उसका पहला प्रारूप भी नटरंग (के अंक-36) में 'जो राम रचि राखा' के नाम से छपा। संयोग देखिए, नेमिजी ने मुझे एक युवा लेखक असगर वजाहत के नाटक की पाण्डुलिपि भेजी। वह भी इसी उत्सव (पहले-पहल) के लिए लिखा गया था। इस नाटक की आधारवस्तु भी विजयदान देथा की वही कथा 'खोजी' थी। नेमिजी को लगा कि यह बड़ा रोचक संयोग था, कि हिन्दी के दो युवा नाटक लेखकों को एक ही कहानी ने आकर्षित किया, और यह और भी रोचक था कि निजी दृष्टि और वैचारिक भिन्नताओं के चलते, दोनों नाटक एक दूसरे से कतई भिन्न स्वरों में बोलते थे। बाद में हिन्दी कला जगत के नारदों ने श्री देथा तक डाक पहुँचाई कि मैंने उनकी कहानी को बिना उनसे पूछे अपने नाटक की आधारपीठिका बनाया है, एतदर्थे मैं घोर दण्ड (और संभव हो तो कठोर कानूनी कार्रवाई) की भागी बनती थी। बोरूंदा से दिल्ली आए श्री विजयदान देथा ने मुझे हँसते हुए यह सूचना दी और अपनी सदरी से एक पुर्जा निकालकर मुझे दे दिया, जिसमें उन्होंने इस नाटक का उनकी कहानी से कोई भी सम्बन्ध न होने की बात लिख दी थी। 'ये दिखा देना अपने हिन्दी वालों को।' उन्होंने कहा, 'चले आते हैं शिकायत करने और तुम्हारे दोस्त भी बनते हैं।' मुझे पता नहीं असगर वजाहत का कैसा अनुभव रहा, किन्तु बिज्जी दा ने सच्चे कलाकारों के बड़प्पन को लेकर कला जगत के प्रति मेरी आस्था को निश्चय ही उस बिन्दु पर बहुत बल दिया।

1981 में श्रीराम सेंटर फॉर आर्ट, दिल्ली की निदेशिका सुश्री पन्ना भरतराम ने सेंटर के पाण्डुलिपि संकलन के लिए 'जो राम रचि राखा' को चुना, तो मेरी इच्छा हुई कि इसे ठीक से तराशकर पुनर्सृजित करूँ। लिहाजा नेमिजी से सघन चर्चा के साथ बंसी कौल और श्रीराम सेंटर की रंगमंडली के साथ कई बैठकों के बाद कई दिनों तक मैंने निर्देशक-अभिनेताओं की खुली टिप्पणियों के साथ नाट्यपाठ सुना और धीमे-धीमे पाण्डुलिपि तथा संगीत को तराशती

गई। श्रीराम सेंटर की इस रंगमण्डली में जो प्रतिभाशाली युवा कलाकार उन दिनों अपनी प्रतिभा के पंख तौल रहे थे, उनमें से तीन–शेखर सुमन (जिन्होंने नाटक के केन्द्रीय पात्र मन्ना सेठ का किरदार निभाया), प्रतिभा काजमी (सवित्तो) और ललित मोहन तिवारी (नन्दी) बाद में राष्ट्रीय ख्याति प्राप्त टीवी और फिल्म कलाकार बने। नाट्य संगीत मेरी रचनाधर्मिता के मूल में कहीं न कहीं हमेशा विराजता आया है। इस नाटक के गेय अंशों की रचना के लिए मुझे हिन्दुस्तानी पारसी थियेटर के नाटकों से बहुत मदद मिली, जिसके इतिहास और नाटककारों के जीवन और कृतित्व पर मैं अर्से से शोध करती रही हूँ। बीसवीं सदी की शुरुआत की फोर्ट-विलियम्स ब्राण्ड हिन्दी और मुसाहिबों की बोली-बानी का सामन्ती कटाव पारसी रंगमंच के समाप्त प्राय कलाकारों से लिए गए मेरे लम्बे साक्षात्कारों से भी कहीं न कहीं जुड़ा हुआ है। मन्ना सेठ की भाषा अलबत्ता '70 के दशक के सम्पन्न उच्च उच्च मध्यवर्गीय घरों के कालिदासों द्वारा देश के विभिन्न कैम्पसों में दी जा रही बुर्जुआ राज-समाज का निषेध करनेवाली धुआँधार मार्क्सवादी-समाजवादी तहरीरों से उपजी है। यह ऐसे युवा थे जो अपने परिवेश और पारिवारिक पृष्ठभूमि का पूरा फायदा उठाते हुए अब अपने पारिवारिक रसूख के कवच के भीतर सुरक्षित बैठे चिर-विद्रोही कहलाने-बनने का स्मार्ट सुख ले रहे थे। दिन में वे चे और माओ की माला जपते और रात को आई.ए.एस. परीक्षा की तैयारी करते। बीट कवियों और बीटल्स की नकल में पनपा उनका बोहीमियनवाद मन्ना सेठ में साकार हुआ। इन युवाओं के खुर्राट पारिवारिक बुर्जुर्गों की दुनियादारी का प्रतीक बने बड़े सेठ, जो व्यवस्था के संचालक तब भी थे और (अपने पूर्व विद्रोही वंशधरों की मार्फत) अब भी हैं। इस परिवर्धित प्रारूप की रचना के लिए मैं नेमिजी, बंसी कौल और रंगमण्डली की आभारी हूँ।

जनवरी 1982 में यह नाटक बंसी कौल के निर्देशन में श्रीराम सेंटर रंगमण्डली द्वारा दिल्ली में और बाद को जबलपुर, लखनऊ और कानपुर में भी प्रस्तुत किया गया। 1982 में ही अंग्रेज़ी की थियेटर पत्रिका एनैक्ट (अंक 181-82) में मेरे एक लम्बे साक्षात्कार के साथ इसका अंग्रेज़ी अनुवाद (जो मैंने संपादक राजेन्द्र पॉल के कहने पर किया) छपा, जो 1991 में कलकत्ता के सी-गल प्रकाशन

द्वारा, 'That which Ram has ordained' नाम से प्रकाशित किया गया। गए साल मुम्बई की एक रंगमण्डली ने इसे पृथ्वी थियेटर में खेला, लेकिन कार्यकारी व्यस्ततावश मैं मंचन भी नहीं देख पाई।

'80 के दशक में हिन्दी नाट्य समालोचना कुछ अजीब से तेवर रखती थी। जिस तरह श्रीमती इंदिरा गाँधी नौकरशाही से 'प्रतिबद्धता' की माँग करती रहीं, लगभग वैसे ही हमारे समालोचक लेखकों से जनवादी तर्ज की 'प्रतिबद्धता' की अपेक्षा रखते थे। अलबत्ता जनवाद की जो सतही-सी रूढ़ परिभाषा वे देते रहे उसे शायद मियाँ मार्क्स भी तत्कालीन भारत के प्रसंग में तर्क विमुख पाते। बुर्जुआ जीवन मूल्यों के विरोध के नाम पर किए जा रहे काफी सारे घोषित तौर से प्रतिबद्ध लेखन में सच्चे भारतीय सन्दर्भों से अक्सर कितना सामाजिक अपरिचय, कैसा लैंगिक दुराग्रह और जीवन निषेध छिपा है, इसे हमारा साहित्य जगत तब से अब तक प्रायः देखकर भी अनदेखा करता आया है। ऐसा अपरिचय किसी युवा को जिस तरह की रोमानी कल्पनाओं, भ्रान्तियों और निरर्थक प्रतीकों की दुनिया में ले जाता है, उसे यह नाटक मन्ना सेठ की हास्यास्पद क्रान्ति-स्वप्नों की मार्फत सामने लाने का प्रयास करता है। मन्ना सेठ और उसके युवा संगी उप मुसाहब दोनों की चेतना बुनियादी तौर पर रोमानी है और अपनी स्थिति और समाज के प्रति अपरिचय पर टिकी है। ऐसी मानसिकता जिस भाषा का आश्रय लेगी वह औपचारिक, अस्पष्ट बिम्बों वाली और यान्त्रिक लय लिये हुए होगी। मन्ना सेठ के आत्ममुग्ध संलापों, और तुकबन्दियों तथा 'हम चोर बनेंगे अजी हम चोर बनेंगे', जैसे पदों का महत्त्व यही है।

लेकिन उस वक्त यह प्रयास अनजाने में जनवादी साँड़ को लाल कपड़ा दिखाने जैसा था। नाटक का मंचन देखने के बाद जब टाइम्स आफ इंडिया समूह की प्रतिष्ठित साप्ताहिक पत्रिका 'दिनमान' में सर्वेश्वर दयाल सक्सेना ने कठोर रिव्यू लिखा, तो मुझे बताया गया कि उसके पीछे रा.ना.वि. और हिन्दी के कई नामचीन लोगों की सहमति थी :

"छद्म नक्सलवादी होते हैं...जिनके लिए अन्याय-शोषण की किताबी बहस करना फैशन है। उनमें पैसेवालों के भावुक लड़के भी हो सकते हैं, लेकिन...लेखिका ने इन्हें ही शायद अन्याय और शोषण

की लड़ाई का सेनापति मान उसे भगवान भरोसे छोड़ दिया। यह नाटक और खेला जा रहा है, प्रतिबद्ध रंगकर्मियों और प्रेक्षकों के मन में और गुस्सा जगाता जा रहा है..."

अलबत्ता टाइम्स ऑफ इंडिया समूह के ही दैनिक नवभारत टाइम्स में समीक्षक रमेश गौड़ ने लिखा..."कृति का मंचन देखने का मन में कोई उत्साह नहीं था क्योंकि इस कथा में 'विद्रोह' और 'क्रान्ति' के प्रति एक सम्पन्न सेठ पुत्र की हास्यास्पद रोमानी परिकल्पना थी...। मुझे यह कहने में कोई संकोच नहीं कि...राम रचि राखा...इस बात का जीता-जागता उदाहरण था कि लेखक, निर्देशक और अभिनेता अगर प्रस्तुति में सक्रिय रूप से...टीम भावना के साथ काम करें तो वे किसी कृति में...नए प्राण फूँक सकते हैं..."

उल्लेखनीय है, कि जब 'जनवाद' के नाम पर हिन्दी के शतरंज के खिलाड़ी यूँ तलवारें भाँज रहे थे, उसके महज एक दशक के भीतर साम्यवाद और जनवादी सोच के स्वीकृत गढ़, सोवियत रूस का सम्पूर्ण विखंडन हुआ और साम्यवादी विचारधारा के मान्य औपचारिक झण्डाबरदारों द्वारा पार्टी की 'प्रतिबद्धता' की परिभाषा को रूसी मीडिया तथा कलाकारों पर थानेदाराना हनक के साथ लागू कराने और उनकी अपनी व्यक्तिगत दुर्बलताओं की अनेक कहानियाँ भी तब से आज तक उजागर हुई हैं। लेकिन हमारे देश के अकादमिक मिट्टी के किलों के भीतर ऐसी 'प्रतिबद्धता' पर कटाक्ष करना आज भी कुफ्र बकना ही माना जाता है। शब्द की सार्थकता और शब्द की निरर्थकता की यह जो थोथी कसौटियाँ हमने गढ़ी हैं, उसकी मिसाल शायद ही दुनिया में अन्यत्र कहीं मिले। रचनात्मकता एक बन्दूक जरूर हो सकती है, यह भी सच है कि ताकत बन्दूक की नली से निकलती है। पर हर बन्दूक और बन्दूकधारी की कला की कसौटी पर एक निर्मम तटस्थ परख होना भी जरूरी है। बाबा मार्क्स की क्रान्तिकारियों को आतंकवादियों से सावधान रहने का आदेश हिन्दी पट्टी के जनवादियों को तनिक गौर से फिर पढ़ना चाहिए। क्योंकि कई दफा बन्दूकें नकली, बारूद सीला, और बन्दूकधारी क्रान्तिकारी नहीं आतंकी निकल सकते हैं।

अपने नवीनतम नाटक 'शर्मा जी की मुक्तिकथा' (2002) का नटरंग प्रतिष्ठान में पाठ करने के बाद मिली कुछेक प्रतिक्रियाओं से

मुझे लगा कि इक्कीसवीं सदी में भी हिन्दी नाट्य जगत की दुनिया की विश्व को सिर्फ़ श्वेत तथा श्याम रंगों में देखनेवाली मानसिकता में बदलाव नहीं आया। कहानियों का मंचन करके जनवादी खेमे में 'सार्थक' नाट्यकर्म के लिए अमरपद पा चुके इसी जमात के एक सदस्य ने कहा यह नाटक बहुत 'प्रयोगधर्मी' था। भाषा इतनी विविधता लिए, और कथोपकथन का बहाव इतना तेज था, कि कथ्य उनके पल्ले नहीं पड़ा। सहज-सरल जनभाषा और आदि-मध्य-अन्त वाले कथानकों का उपयोग किए बिना अच्छा नाटक नहीं लिखा जा सकता। आदि! सच तो यह है, कि 'शर्मा जी की मुक्तिकथा' हमारे मीडिया और आरक्षणवादी व्यवस्था में चल रहे एक मन्थन के विक्षिप्त दौर में लिखा गया नाटक है। और यहाँ भी मंटो के अमर पात्र टोबाटेक सिंह की ही तरह शंका, डर और बेतुके बदलावों की एक स्याह विदूषकीय तसवीर असली पागल अवधनाथ शर्मा की पगलाहट और पागल करार दे दिए गए अनंत नारायण शर्मा के द्वन्द्व द्वारा प्रस्तुत की गयी है। बहुत संभव है कि कई लोगों को उनकी बौखलाहट और तल्ख टिप्पणियाँ अप्रीतिकर लगें। सच भी हमेशा प्रीतिकर नहीं होता। मेरी राय में अपनी सच्ची स्थिति को, वह चाहे जितनी भी जटिल क्यों न हो, परिभाषित करना हर लेखक की लेखकीय अनिवार्यता है और उसकी हर रचना में, कहानी हो या कि नाटक अपनी स्थिति की परिभाषा रचते जाने का एक अटूट क्रम होता है। इस क्रम की अटूटता को उभारते हुए नाटक की प्रस्तुति करना जरूरी है। जिस दिन एक लेखक अपना यह विवेक निर्देशक-रंगमण्डली तथा आलोचकों के सामूहिक निर्णय को सौंप देता है, उसका रचनाक्रम अर्थहीन बन जाता है।

अगला नाटक, 'आदमी जो मछुआरा नहीं था' एक जानीमानी योरोपीय लोककथा, 'द फिशरमैन एण्ड हिज वाइफ' को शुरुआती बिन्दु की तौर पर इस्तेमाल करता है। नाटक का केन्द्रीय पात्र एक 'समर्पित' नौकरशाह है जो अपनी एकछत्र महारानी का स्वामिभक्त ताबेदार है। अपनी आका की इच्छा और अपनी तथा अपनी पत्नी की महत्त्वाकांक्षा के दबावों से उम्र भर काम करने के बाद वह पाता है कि मनुष्य के लिए उसकी स्वतन्त्रता और नियति अन्ततः एक निजी सवाल है। एक दुविधा भरे महत्त्वाकांक्षी राजसेवक के मन का

राज-समाज तथा निजी जीवन से जुड़े तीखे सवालों के टकराव से जूझना और उसके परिवार का बिखराव इस नाटक की त्रासदी का मूल है। नायक घर और बाहर इन दोनों मंचों में से किसी से भी अन्ततः पलायन नहीं कर पाता। नाटक 1984 में 'अभियान' द्वारा राजेन्द्रनाथ के निर्देशन में श्रीराम सेंटर तलघर में खेला गया। राजेन्द्रनाथ के साथ काम करने का अनुभव बंसी कौल के साथ काम करने के अनुभव से कतई भिन्न और कहीं अधिक सहज-पारदर्शी था। इसकी एक बड़ी वजह खुद मेरी अपनी चेतना का प्रौढ़ होते जाना था, तो दूसरी वजह थी राजेन्द्रनाथ का सुलझा, संयत रचनात्मक व्यक्तित्व। बतौर एक निर्देशक, नाटककार और मूल पाठ के प्रति उनमें मैंने रा.ना.वि. की खराद से निकले नाट्यकर्मियों से कहीं अधिक धीरजभरा आदरभाव भी देखा। यूँ नाटककार और निर्देशक के बीच जन्मदायी और स्तन्यदायी माँओं सरीखी एक अनकही स्पर्धा हमेशा चलती रहती है। हर नाटककार अपने नाटक के मंचन से अधिक से अधिक जुड़ा रहना चाहता है, लेकिन निर्देशक प्रायः चाहता है कि नाटक हाथ में लेने के बाद उसका मंचित स्वरूप सिर्फ वही तय करे। एक हद तक निर्देशक की यह इच्छा सही भी है। और बंसी कौल ने एक बार मुझसे कुछ इस आशय की बात कही थी कि एक नाट्य निर्देशक की ख्याति तो नाटक के मंचन विशेष तक ही सीमित होती है, इसलिए उसे मंचन विशेष के लिए नाटक को इच्छानुसार आकार देने का अनिर्बाध हक है। नाटककार का क्या? वह तो एक बारगी से नाटक लिखकर सदा सर्वदा के लिए ख्याति अर्जित कर ही लेता है। निर्देशक, जो हर बार नए सिरे से मंचन पर खून-पसीना बहाता है, धाय-माँ बनकर क्यों रहे?

नाटककार और निर्देशकों के बीच (मूलतः रा.ना.वि. में पल्लवित) इस राग-विराग को गहराने और तूल देने में दिल्ली के विघ्नसन्तोषी 'प्रतिबद्ध' नाट्यप्रेमी का विनम्र योगदान भी कम नहीं रहा है। भाषा के मामले में यह भीड़ उस लँगड़े व्यक्ति की तरह है, जो तीन दशकों से अंग्रेज़ी अनुवाद की बैसाखियों से चलने का आदी रहा है। अपने पैरों चलने का हर प्रस्ताव उसे भयभीत करता है। नाटककारों द्वारा नाट्यजगत की यह जड़ता मिटाने की कोशिश बरसों से होती रही है, पर उसका अहिल्या-उद्धार पूरी तरह अभी भी नहीं हुआ। मोहन

राकेश को अलकाजी की 'खोज' माना गया। गिरीश कारनाड की सफलता का सेहरा भी हिन्दी अनुवाद और अलकाजी के निर्देशन में पुराना किला में उसके भव्य मंचन को ही दिया गया। 'प्रसाद' के नाटक भी तब नाट्य-कर्मियों के बीच उपेक्षित रहे, जब रा.ना.वि. से जुड़े ब व कारंत ने उसकी ब्रांडिग नहीं की। भारत में जो बात तर्क से नहीं मानी जाती, वह चमत्कारों से कैसे मनवाई जा सकती है, इसका अनन्य उदाहरण शेक्सपीयर के मैक्बेथ का ('बरनम वन' नामक अनुवाद की मार्फत) हुआ मंचन है। नाटक के शिल्प तथा संगीत में निर्देशक द्वारा इतनी तरह के प्रयोगों का समावेश कर दिया गया कि मूल पाठ और रघुवीर सहाय के रचनात्मक अनुवाद का सौन्दर्य दर्शकों तक बहुत कम पहुँचा। बरसों से इस नाट्यकृति को नहीं खेला गया। यह दुःखद है। कई बार लगता है कि योरोप तथा अमरीका में विकसित प्रयोगधर्मिता के आतंक ने हमारे नाट्यजगत को प्रस्तुति के स्तर पर बड़ी हद तक नकलची और दूसरे दर्जे का बनाए रखा है और इस प्रक्रिया में शैली की प्रयोगधर्मिता का आतंक और विलास गाढ़ा हो उठा है। समालोचकों से आतंकित हमारे निर्देशक प्रयोगधर्मी नाटकों से जूझने, उनपर मशक्कत करने की बजाए प्रायः सपाट, आदि-मध्य-अन्त वाले नाटक ही खोजते हैं, जिन्हें वे तमाम किस्म के अलंकारों से सजाकर यूँ प्रस्तुत करें कि अलंकरण में उलझे समीक्षक कहें, वाह! क्या प्रस्तुति है!

मानें न मानें, रानावि का सबसे चर्चित और रचनात्मक युग अलकाजी-काल था। इसने हमें कारनाड के नाटकों के भव्य हिन्दी स्वरूप दिए और नाट्यकर्मियों को एक हद तक पारसी रंगमंच के पतनशील काल की भदेस और चीख-पुकार भरी गँवारू प्रस्तुतियों के प्रति एक सजग सतर्कता भी दी। लेकिन ईमान से देखें तो सत्तर अस्सी के दशकों में हुआ नाट्यकर्म प्रायः 'राडा' जैसे पश्चिमी संस्थानों का कर्ज था जो हमारे अंग्रेज़ीपरस्त नाट्य समाज ने दिल्ली में उसे चुकाया। इससे अपने यहाँ भारतीयता और योरोपीय नाट्यरूपों का ऐसा मौलिक समन्वय नहीं बन पाया, जो दो बराबरी पर खड़ी सभ्यताओं के मेल से उपजता है। बांग्लादेश, पाकिस्तान शायद भारतीय नाट्य परम्पराओं का कुछ कर्ज मंजूर कर भी लें, पर योरोप ने अब तक यह काम नहीं किया है। उसने हमसे पीटर ब्रुक की तरह

कच्चा माल लिया ही है, अपनी कला फैक्टरियों के लिए। हमें दिया खास नहीं। दिल्ली की आंग्लप्रेमी थियेटर प्रेमियों की भीड़ में हिन्दी साहित्य और भाषा के मर्मज्ञों की संख्या पहले से ही विरल रही आई है। इसलिए हमारे नए नाट्यकर्मी हिन्दी की मार्फत नयापन नहीं पचा सकते। वे भारतीय भाषाओं, अभिव्यक्ति या संगीतात्मकता के स्तर पर नाटक में कुछ भी नया देखकर अचकचा जाते हैं। बुंदेलखंडी में ब्रेख्त और मालवी में मॉलियेर मंचित करना चूँकि हिन्दी से दूर और बोलियों से कटे हुए अज्ञानी लोगों की (पारसी थियेटर की भाषा में कहें तो) बड़ी 'वंस मोरें' दिलवा देते हैं। इसलिए हिन्दी थियेटर से जुड़े लोग मूल हिन्दी के नाटकों की पूरी रचना बड़ी सरलीकृत और सपाट रखवाना चाहते हैं, ताकि बेहद सीमित राजनीति और भाषाई समझ के चौखट के भीतर वह नाटक फिट हो सके।

'चोर निकल के भागा' नाटक नाट्य जगत के तमाम किस्म के राग-विराग भरे अनुभवों के बाद 1995 में लिखा गया। हिन्दुस्तानी पारसी थियेटर के जिस विशद अध्ययन से मैं गुजर रही थी, उसी ने कहीं रा.ना.वि. के 'उत्पादों' की स्मृतियों से जुड़कर इस नाटक का रूप ग्रहण किया। मास्टर गेंदालाल और बी शरीफा की मार्फत पारसी थियेटर की अति नाटकीय और समृद्ध भाषा और शारीरिक भंगिमाओं के बरक्स रा.ना.वि. के स्नातकों की नाटकीय भाषा और समझ को लेकर खेलना एक बड़ा ही रोचक अनुभव था।

'काजर की कोठरी' देवकीनन्दन खत्री के एक अपेक्षया कम चर्चित उपन्यास का नाट्यरूपान्तरण है। खत्री और उनके समकालीनों का हिन्दी जगत एक ऐसी सन्धि-वेला है जिसे गौर से दोबारा देखने पर आसपास फैले राज-समाज की तमाम पतनशीलता और उसके खिलाफ सुगबुगाते विद्रोह हमें साहित्य में एक साथ दिखाई देने लगते हैं। यह कहानियाँ साफ नहीं, बल्कि कलर फिल्म की उन प्लेटों की तरह हैं, जिन्हें करीने से एक के ऊपर एक रखे बिना उनमें हमें धुँधले स्याह आकारों की सही शक्ल नहीं दिखती। इस उपन्यास में बेटी की शादी अपनी शर्तों पर अपनी पसन्द के लड़के से करने पर उतारू खड़ूस पिता की वसीयत, और उसके खारिज करने को बहन को पिता की मर्जी तोड़ते दिखाने का कुचक्र रचते हुए भाई; पारम्परिक हिन्दू समाज से बेदखल, लेकिन उसके पिछवाड़े का अनिवार्य

हिस्सा—वेश्याओं और उनके साजिन्दों का संसार, जहाँ संभ्रान्त समाज से कहीं अधिक करुणा और नैतिकता के दर्शन होते हैं, 19वीं सदी के अन्त के उस भारतीय समाज की गड्ड-मड्ड नैतिकता की झलकियाँ हैं, जिन्हें उपन्यासकार ने बड़ी मासूमियत से जैसा देखा वैसा दिखाया है, पर आज का लेखक उसे आज के मनुख की नजर से टटोलता है तो एक समूचे विडम्बनामय राज-समाज की प्रेत परछाइयाँ पारम्पारिक बिम्बों के पीछे आकर खड़ी हो जाती हैं।

दरअसल भारतीय नाट्यजगत के आगे आज मूल सवाल भाषा से कहीं बड़ा है। और वह यह है कि अपनी और अपने समय की सार्थक अभिव्यक्ति को एक लेखक अपनी जड़ों की ओर भीतर मुड़ कर अपनी नाट्य परम्परा में खोजे, या छलाँग लगाकर भारतीय भाषाओं के परे चला जाए और अंग्रेज़ी में ही नाटक लिखा करे? बड़ा ही दुष्कर है। लंगड़े को कहा जा रहा है कि बैसाखियाँ जला दे और अपने पैरों चलने लगे। हिन्दी नाटककारों और निर्देशकों के बीच संवादहीनता और अकादमिक आलोचना जगत की छटपटाहट का स्याह राज आज शायद यही है।

रेडियो के लिए मेरे लिखे गए और प्रसारित लगभग आधा दर्जन नाटकों में से मेरे पास खोजने पर सिर्फ दो ही पाण्डुलिपियाँ मिल पाईं। इनमें से कुछ नाटक पुरस्कृत भी हुए, इति श्रूयते। आकाशवाणी के कोष से खोजने का प्रयास निष्फल ही रहा। निदेशक जी अवकाश प्राप्त कर चुके थे। मुझे इतना अवकाश न था कि चिरौरी का टोकरा लेकर वहाँ धरना दे पाती।

लागडाँट और उपेक्षा तथा आलोचना के इस तमाम लम्बे इतिहास के बावजूद लेखकों को भवभूति की ही तरह नए सिरे से लिखते रहना है, क्योंकि काल आज भी निरवधि है और पृथ्वी आज भी विपुल। एक स्वघोषित जनवादी नाट्य जगत द्वारा खारिज किए जाने को साहित्य के एक बड़े अंश को हम पूरी हिन्दी पट्टी द्वारा खारिज किया जाना क्योंकर मान लें? खासकर तब जबकि हम राजनीति और सामाजिक मूल्यों के स्तर पर हिन्दी पट्टी द्वारा स्वयं उन्हें खारिज किया जाता देख रहे हैं?

अनुक्रम

रेडियो नाटक

जो राम रचि राखा

श्री विजयदान देथा द्वारा एक राजस्थानी लोककथा की पुनर्रचना पर आधारित

नाटक के बारे में

'जो राम रचि रखा' नाटक पहली बार म.प्र. कलापरिषद् द्वारा आयोजित, 'पहले-पहल' उत्सव में दिसम्बर, 80 में भोपाल की नाट्य संस्था 'रंगायन' द्वारा श्री भाऊ खिरवड़कर तथा श्री प्रशांत खिरवड़कर के निर्देशन में खेला गया। इसके बाद इसका प्रथम प्रारूप 'नटरंग' (अंक–छत्तीस) में प्रकाशित हुआ। 81 में श्रीराम सेंटर फॉर आर्ट एंड कल्चर, दिल्ली, की निदेशिका श्रीमती पन्ना भरतराम ने इसे अपने सेंटर के पांडुलिपि संग्रह के लिए चुना और जनवरी, 82 में यह श्रीराम सेंटर की रंगमंडली द्वारा श्री बंसी कौल के निर्देशन में दिल्ली में मंचित हुआ। दल ने तदुपरान्त इस नाटक को जबलपुर, लखनऊ तथा कानपुर में भी प्रदर्शित किया।

नाटक श्री विजयदान देथा की राजस्थानी लोककथा 'खोजी' से अनुप्रेरित हो लिखा गया–इसके प्रति श्री देथा ने जिस शिष्ट सौजन्य तथा अकृत्रिम स्नेह का रुख़ निरन्तर रखा, उसके प्रति मैं हार्दिक रूप से कृतज्ञ हूँ।

यह नाटक का दूसरा तथा अभिवर्धित प्रारूप है, जो कि समस्त पूर्वाभ्यासों के दौरान निर्देशक श्री बंसी कौल के साथ बैठकर काम करने तथा कई विचारोत्तेजक बहसों, जिनमें रंगमंडली के सदस्यों की भी खुली तथा सहज भागीदारी रही, से ही सम्भव हो पाया। इन सब मित्रों के प्रति मैं हार्दिक आभार व्यक्त करती हूँ।

सी-2/31, तिलक मार्ग
नई दिल्ली

–मृणाल पांडे

पात्र-परिचय

नन्दी
श्यामलाल मन्नासेठ (पुत्र)
रामलाल धन्नासेठ (पिता)
दीवान जी
मुसाहब
उप-उप मुसाहब
महाराजा
महारानी–1
महारानी–2
राजकुमारी रूपकुँवरि बा
सावित्री बाई
बजरंगी
दो सैनिक
चोर
सभासद् (आवश्यकतानुसार)

पहला अंक

दृश्य : 1

[पर्दा उठता है—स्टेज मध्य में पर्दा पड़ा रहेगा।]

[नन्दी का प्रवेश—बैल का मुखौटा लगाए हुए। आकर हाथ जोड़कर :]

नन्दी गान : सिद्धसदन सुन्दर बदन, गणनायक महाराज।
दास आपका हूँ सदा, कीजै जन के काज॥
जय शिवशंकर गंगाधर, जय-जय श्री उमा भवानी।
सिया-राम कीजै कृपा, हरि राधा कल्यानी॥
अजी मैं आया कैलास से
और नन्दी मेरा नाम।
आप सभी सद्गुणी जनों को
है मेरा प्रणाम॥

(इधर-उधर ताककर) आ हा हा, कभी-कभी पति-पत्नी के कलह से भी अनुचरों का कैसा कल्याण हो जाता है। अहो, कैसा सुन्दर लोक है यह मर्त्यलोक भी। हम आकाश में विचरण करनेवालों को इतने समीप से इसे देखने का यह दुर्लभ अवसर भला ऐसे कहाँ मिलता? वह तो कहो कि माता पार्वती और हमारे स्वामी में इस मर्त्यलोक की लीलाओं को लेकर वाद-विवाद छिड़ गया और बैठे-बिठाए इस सेवक की बन आई। *(टहलता है)* अहो! क्या सुन्दर लतिकाएँ हैं! सुन्दरी की कटि के समान कमनीय, और इधर देखो तो पत्रपुष्पों से लदे यह नाना तरु-विटप, मानो वायु के झोंकों में अपनी शाखाएँ हिला-हिलाकर कह रहे हों

कि आ आ आ। आ रे कैलास के शुष्क प्रदेश के नीरस निवासी वृषभ, आ, और मर्त्यलोक के सौन्दर्य का अनुपान कर। *(कोयल बोलती है, नन्दी कान पर हाथ रखकर सुनने का उपक्रम करता है)* क्या कहा भद्रे कोकिले! माता पार्वती और शंभू महाराज के कलह का कारण बता दूँ? *(हँसकर)* अहो! यह स्त्री-जाति की उत्सुकता भी। *(कोयल को लक्ष्य कर)* चल, संक्षेप में तुझे बता ही दूँ, अन्यथा तू शान्ति से यहाँ बैठने देगी क्या? तो सुन—*(कथावाचक के स्वर में)*—तो सुन कोकिले! एक बार का प्रसंग है कि संसार के माता-पिता स्वरूप शिवशंभो और माता पार्वती गगन में विहार कर रहे थे, पीछे-पीछे अनुसरण कर रहा था मैं। जब इस मर्त्यलोक के कन्दुक की तरह नाचते मंडल के समीप पहुँचे तो माता पार्वती ने इच्छा व्यक्त की कि वे इस चराचर सृष्टि का कार्य-व्यापार देखकर दैहिक, दैविक तथा भौतिक इन तीनों सन्तापों से आतुर दुःखी जनों का कल्याण करना चाहेंगी—*(कोयल बोलती है; क्षण-भर को चुप्पी)* हाँ तो शंभु बोले कि हे पार्वती, तुम जो हो सो बड़े कोमल हृदय वाली हो, दुःख को देखकर तुरन्त द्रवित हो जाती हो। कारण-अकारण का विचार नहीं करतीं। यह तो माया की लीला है। यह चिरन्तन नाटक अपने ही नियमों का अनुसरण करता है। इसका नायक-खलनायक-दर्शक और निर्देशक स्वयं मनुष्य है। तुम अपने स्तर पर रहो वे अपने स्तर पर। *(कोयल फिर बोलती है)* फिर? बस फिर क्या था? माता पार्वती चल दीं कोप भवन की ओर। अब तीन हठ जो हैं सो बड़े विकट हैं। राजहठ, बालहठ और तिरियाहठ। बस फिर अनेक तर्क-वितर्कों के बाद यह निश्चित हुआ कि सत्य की जाँच को कोई भेजा जाए—*(कोयल बोलती है)* वह कौन? *(हँसकर)* महापुरुष जब स्वयं अपने लोक से बाहर जाना नहीं चाहते तब अपने विश्वस्त अनुचरों को भेज देते हैं। वैसा सचिव मेरे अतिरिक्त कौन हो सकता था? *(चुप्पी)* हाँ, वैसे चेष्टा तन्त्र-मन्त्र-बाण-भृंगी आदि ने भी की, पर सेवा का

अनुक्रम भी तो कुछ होता है। फिर मुझ पर माता पार्वती की विशेष अनुकम्पा भी थी, उन्होंने कहा—वृषभ जाति का होने से यह सहनशील भी है और धैर्यवान भी। स्थिति के निष्पक्ष विवेचन के उपयुक्त यही है। तब मैंने माता गंगा का जल अंजलि में लेकर शपथ ली *(मुद्रा बनाता हुआ)* कि स्वामी को सतत् उपस्थित मानकर मैं मात्र सत्य कहूँगा और सत्य के अतिरिक्त कुछ न कहूँगा। *(नेपथ्य में नक्कारा)* अहो! कोई मानव-समुदाय आता है। चलूँ नेपथ्य की ओट में हो जाऊँ—*(जाते-जाते कोयल से)* अतः स्मरण रखना भगिनी कोकिले! इस नाट्य-व्यापार के हर अंक में मैं गोचर या अगोचर रूप से उपस्थित रहूँगा ही। अरे स्वामिभक्ति भी कुछ होती है। फिर मैंने तो शपथ भी ली है। *(प्रस्थान)*

[मुसाहब का प्रवेश।]

मुसाहब : सेठ रामलाल के आँगन में ये मन्ना सेठ की आमद है, कि आमद है जी आमद है, खुशामद ही खुशामद है, सेठ...॥? *(एक-एक विशेषण के साथ सेठ की झलक दीखती रहती है)*

कि तन से नाजुक हैं ये,
कि मन से भावुक हैं ये,
दुनियादारी में कोरे,
अभी हैं कल के छोरे। कि ढोलक चाल बदल के।
धन दौलत से है नफरत इनको,
महल दुमहले ना भावें,
पान के ज्यूँ कुम्हलाय गए हैं,
ना कहीं आवें ना कहीं जावें॥

हाय किसने जानी थी कि इस कच्ची उम्र में इन पे यह बीतेगी! उधर माँ-बाप परेशान, इधर खुद *(झलक)*। सारी हवेली भाँय-भाँय कर रही है ज्यों भूतों का डेरा हो। मुसाहिबी भी नीरस हो चली है।

[तभी नेपथ्य से नन्दी आता है।]

नन्दी : *(दर्शकों से)*...अब क्या करें भद्रजन। आप शायद कुछ नाराज हों मेरे बार-बार दृश्य के बीच में टपक पड़ने से, पर नाटक पास से देखने का मोह यहीं खींच लाया हमें। एक तो नाटक तिसपर त्रासदी। अहो, करुणरस के मारे अन्तर में त्राहि-त्राहि मची जाती है, पर इस वेष को त्याग कर मानव-रूप धारण करना ही होगा, वरना तुरन्त धर लिए जाएँगे हम। सो आँसू पोंछ कर–

मुसाहब : क्यों भाई, अरे, तुम्हीं से कह रहा हूँ भैया, कौन हो तुम? ऐं? बैल की तरह दीदे फाड़ कर चारों तरफ ताक रहे हो, और अपने आपसे जाने क्या बुदबुदाते हुए आँख-नाक पोंछे जा रहे हो, कुशल तो है न? *(नन्दी तुरन्त मुखौटा छुपाकर दर्शकों से)*

नन्दी : देखा? अब क्या कह कर परिचय दूँ? सत्य कहूँ तो तुरन्त धीरोदात्त नायक बन कर ये लोग आरती दंडवत् में लग जाएँगे, और यूँ ही चुपचाप बैल बना रहा तो खलनायक बन कर पिल पड़ेंगे।

मुसाहब : क्यों भाई, क्या बहरे हो? या नाटक कर रहे हो?

नन्दी : *(दर्शकों से)*–चलो, यही ठीक है नाटक ही सही *(प्रकट)* बाहर प्रदेश का नागरिक हूँ भाई, अभी-अभी तुम्हारे शहर आया हूँ– जरा धूमधाम से सवारी आती देखी तो उत्सुकता ने पैर रोक दिए। आपका परिचय पूछने की धृष्टता कर सकता हूँ क्या?

मुसाहब की टेक : मुसाहिब नाम हमारा।
मुसाहिबी काम हमारा,
कि छोटे सेठ की खातर,
हाजिर है चाम हमारा॥

नन्दी : अहो, धन्य यह स्वामिभक्ति। कौन है आपके वे भाग्यशाली स्वामी?

मुसाहब : रामलाल जी सेठ हमारे, उनका यह घरबार,
देश-देश में साख चलावें, फैलावें व्यौपार॥
कि वो ब्याज पर टका चलावें,
गिरस्ती धर्म निभावें
औ' कुल का नाम बढ़ावें॥

नन्दी : अहो साधु! तो क्या यह सतखंडा महल जिसकी गगनचुम्बी पताका उसके स्वामी का यशहस्ताक्षर आकाश में फहराती है, उन्हीं नगरसेठ रामलाल जी का है? अहो! धन्य हैं वे।

मुसाहब : हाँ, पर सुनो—जहाँ सुख-सौभाग्य हो, वहाँ दुर्भाग्य की छाया को पड़ते देर नहीं लगती।

नन्दी : हा धिक्। तो क्या सेठ को कोई कष्ट है?

मुसाहब : पूत एक है एक ही, मन्नासेठ है नाम,
उमर हुई इक्कीस की पर करता न कुछ काम॥
आजकल उसे एक ही रट है कि दौलत का आगार यह महल सोने का पिंजरा है। उसे तोड़कर वह कहीं दूर निकल जाना चाहता है, प्यार, मोह, सम्पत्ति सबके परे, जनता के बीच, बाहर, दूर।

नन्दी : अहो। महद् आश्चर्य है यह तो।

मुसाहब : हाँ, भाई,
सोना उसे न भाये,
औ-दौलत दिल दहलाए,
बस कहता यही कि हाये।

[मुसाहबों का प्रस्थान, म. सेठ स्टेज पर रह जाता है।]

युवक : *(स्टेज से अचानक सामने आकर)* हाय! युग-युग से शोषित सर्वहारा लोगों, मेरे प्यारे बान्धवों, तुम जानते नहीं कि मेरे हृदय में तुम्हारे प्रति कैसा गहरा प्रेम है? मैं *(महल की ओर इशारा कर)* यह सब माया-मोह के बन्धन यूँ तोड़ कर *(गले से माला खींच कर फेंकता है)* तुम लोगों के बीच ऐसा एकसार हो जाना चाहता हूँ जैसे धूल में धूल औ' फूलों में फूल मिलता है। यह वर्ग भेद, यह शोषक वर्ग का कड़वा अहंकार, अब मुझसे सहा नहीं जाता। *(ताली बजाकर)* मुसाहब।

[नेपथ्य से मुसाहब का प्रवेश—वह जुमहाई लेता हुआ आता है]

मुसाहब : हुजूर, बुलाया क्या?

युवक : फिर वही हुजूर। क्या सिखाया था कहने को?

मुसाहब : *(खीसें निपोर कर)* गलती हुई सरकार, भैयाजी कहूँगा। भैयाजी, बुलाया था क्या सरकार?

युवक : फिर वही सरकार? क्या सिखाया था?

मुसाहब : *(पुनः खीसें निपोर कर)* गलती हुई भैयाजी *(रुककर)* अन्नदाता ने बुलाया था?

युवक : ओफ्फोह! यह दयनीय मानसिकता। अभी तुम्हारा सामन्तवादी मुहावरा टूटने में लगता है बीस बरस और लगेंगे। *(शून्य में आँखें टिका कर माथा पकड़ता है)* बीस साल।

मुसाहब : *(सामने आकर स्वगत)* और तब तक हुजूर पर सामन्तवाद फिर तारी हो चुकेगा। नहीं जी, मुँहजोरी करके अपनी पीठ किसने बुढ़ापे में मालिक की लात से तोड़ानी? बड़े लोगों की भली चलाई।

सुन लो सब लोग-लुगाई,
इन लोगों की भली चलाई॥
सुख किस चिड़िया का नाम है,
ये हार गए हम खोज,
रोज कुआँ खोदें हम जाके,
तब पीवें पानी रोज।
और यहाँ?
सूरज जिनकी करे रसोई,
जिला कलट्टर धोती धोई,
सचिव सुमन्ता ताबेदारा,
लक्ष्मी जिनके आँगन बुहारा॥

पर क्या देखते हैं, कि जितने दुःखी और अभागे हम, उतने ही ये भी, हरदम अनाड़ी की बन्दूक की तरह दागने को तैयार—भन्नाये-भन्नाये फिरते हैं...जाने कब क्या झक चढ़ जाए।—*(आगे झुककर दर्शकों से भेद भरे स्वर में)* अब आप लोगों से क्या छुपाना, आप तो अपने ही हो। हम नौकरों के लिए इन बड़े लोगों के घरों के

बाहर धकियाये जाने का सबसे सरल तरीका है इनके कहे पर हू-ब-हू काम करना। है कि नहीं? यानी वह मुसाहब ही क्या जो इतनी-सी बात न जाने? और साहब सच तो ये है कि हुक्म की नासमझ ताबेदारी नहीं बल्कि समझदार हुक्मउदूली की रोटियाँ ही मैं बीस साल से इस घर में खा रहा हूँ और अपने सेठ रामलाल जी बने रहें तो खाता रहूँ...

युवक : मुसाहब!

मुसाहब : जी *(रुककर)* भैयाजी!

युवक : हमें नींद नहीं आ रही है। सुना नहीं तुमने, हमें नींद नहीं आ रही है। पूछो, क्यों?

मुसाहब : क्यों? हहजू-सर, अन्न *(होंठ पर उँगली)*

युवक : *(भावुकता से)* क्योंकि हमारे दिल में दर्द है।

मुसाहब : हजूर, वैद्यजी को इत्तला दी जाए? कुछ मुक्ताभस्म? कुछ लवणभास्करादि—हींग हरड़ की फंकी?

युवक : नहीं मित्र, यह वैसा दर्द नहीं, यह प्रेम का दर्द है।

मुसाहब : *(अपने गाल पर चटाचट तमाचे मारता हुआ)* समझा नहीं रे शठ! तू अपने नमक को लजाता है? किस बात पर तू चार जून की रोटियाँ इस हवेली में तोड़ता रहा है? अरे बीस साल के नौजवान के दिल में प्रेम की पीर नहीं उठेगी तो कहो, क्या हमारे-तुम्हारे दिल में उठेगी? *(विनम्रता से झुककर)* क्षमा चाहता हूँ—भैयाजी! हुकम करें, कौन है वह भाग्यवान कि जिस पर अपने सरकार की कृपादृष्टि जाए पड़ी है? *(पास झुककर)* माँ-बाप समेत हाजिर करूँ कि वे माँ-बाप के?

युवक : बकवास बन्द करो।

मुसाहब : ओह *(फिर गाल पर तमाचे मारता है)* उमर निकल गई साली तो भूल ही गया कि इस उम्र में प्रेम-व्यौपार के चार चरण होते हैं। पहले सन्देश भेजने का आदर्शवादी सतयुग आता है, फिर देखा-देखी का कौतुकभरा त्रेता, फिर साथ घूमने का नटखट नागर द्वापर, फिर ब्याह का

कलमुँहा कलि *(जीभ काट कर)* छी। छी। मैं भी कहाँ बहक गया!

युवक : बहके नहीं मित्र *(भावुकता से)* तुम्हारी सरल बातों में माटी की गन्ध है। युग-युग के शोषित जनमानस की भावनाओं की सच्ची गूँज है। परम्परा की परखी हुई धार है। सत्य है हम धनाढ्य लोगों के शोषण पर आधारित पारम्परिक विवाह सम्बन्ध कलियुग के द्योतक हैं। बारात की शान-शौकत का जलसा, दान-दहेज, नेग, न्यौछावर। हमारा हर संस्कार शोषण को बढ़ावा देता है। तभी हमने प्रण किया है कि हम ब्याह करेंगे तो किसी माटी की सच्ची बेटी से, और वह भी मन्दिर में *(भावुकता से)* मात्र कुटज-कुसुमों की माला अदल-बदल कर। वरना हम आजन्म कुँआरे, अपने आपको प्यारी जनता की सेवा में होम कर देंगे? अपने को खाक में मिला देंगे। अपने को कर्म-क्षेत्र में झोंक देंगे। *(मुसाहब धीमे से भीतर जाकर एक कुर्सी लाकर उसके पीछे रख देता है। युवक का प्रलाप जारी है)* सच्चा जीवन वही है जहाँ कामगार लोग हैं। सच्चा पसीना वही जो उनके मस्तक पर झलमलाता है। उनकी कमाई में दाँत गड़ाने वाले हम सब पुश्तैनी रईस लोग शोषक-वर्ग के क्रूर प्रतिनिधि हैं, हमी ने इनके अधिकार छीन लिए हैं, इनके जीवन का रस सोख लिया है, इनकी आजादी।

[मुसाहब चुपचाप एक सुगन्धित तेल की शीशी निकालकर आगे बढ़ता है।]

मुसाहब : हुजूर चम्पी?

युवक : उधर ऐसा त्रासदायक वर्ग-संघर्ष छिड़ा है और इधर तुम कहते हो कि मैं चमेली के तेल से चम्पी करा लूँ? व्यवस्था के नाम पर शोषित-वर्ग के अस्तित्व पर बेइमानी की बदबूदार कीचड़ उछल रही है, और तुम कहते हो कि मैं सिर में बादाम-रोगन मलवा लूँ? *(नाटकीयता से)* काम

करे कोई और, फल मिले किसी और को? कोई न्याय है यह? किस कारण से जगत में यह सब चलता रहता है? बोलो?

मुसाहब : जी अपन ने तो सुना है कि भगवान जी की इच्छा—

युवक : मैं नहीं मानता इच्छा-विच्छा। यह धर्म जो है वह शोषक-वर्ग द्वारा बाँटी गई तुम लोगों की अफीम है। और भगवान? भगवान-बगवान कहीं नहीं।

[नेपथ्य से नन्दी सींग मारने को दौड़ता है, फिर याद आने पर दुबक जाता है।]

मुसाहब : हजूर, अब ये सब हम क्या जानें।

मन्ना सेठ : जानो। जानो, और पहचानो। इसी में भविष्य का कल्याण है मित्र। सर्वहारा कामगार वर्ग में जहाँ वर्ग-चेतना का संचार होगा वहीं शोषक-वर्ग के इस दानव-दल का संहार होगा।

मुसाहब : *(स्वगत)* तुक नहीं मिली *(प्रकट)* हमारा कल्याण तो हुजूर-भैयाजी की सेवा में है—*(चम्पी करता है—मन्ना सेठ की आँखें धीमे-धीमे मुँद रही हैं)* बस, आप खुश तो हम भी खुश! (कंधे चाँपता है)

मन्ना सेठ : जरा पिंडलियाँ मल देना, चलते-चलते दुःख गईं। *(सो जाता है)*

मुसाहब : जरूर दुःख गई होंगी—बड़े आदमियों के चरण-कनल ठहरे, हम ढोर-गवारों के भेड़ जैसे खुर थोड़ेई। अरे ओ, उप उप मुसाहब। *(नन्दी नेपथ्य से आता है)* सो गए क्या? *(ऐसा पूछता है। मुसाहब चुप रहने का इंगित करता है पास बुलाता है पुनः)*—अबे ओ, उप उप। *(नन्दी से)* क्या बात है? क्या बात है? हकला नहीं हूँ भाई साहब, यह उप उप मुसाहब अभी नौसिखिया है न, इसी से उप उप के पद पर अस्थायी नियुक्ति हुई है, जोर आजमा रहा है कि उप मुसाहब की पदेन नियुक्ति हो जाए। होगा, मर्जी होगी सेठ रामलाल की तो होगा—अपना तो जीवन भर की नसीहतों का निचोड़ है साहब, कि हुई है सोई जो राम

रचि राखा, यानी ये जो सारा व्यौपार ऊपर से चलता जाता है न, उसकी डोरी मृत्युलोक में अपने सेठ जी के हाथ में है।

नन्दी : सो कैसे भाई?

मुसाहब : हम तो कूकुर सेठ के
मनुस जात हम नाय।
गले उन्हीं का है पट्टा
जित हाँके हम जाएँ।

नन्दी : पर क्यों?

मुसाहब : क्यों? क्योंकि वे ठहरे समर्थ, औ' हमारे गुरु महाराज कह गए कि इस लोक में...
समरथ दाता समरथ ज्ञानी,
समरथ सदा करें मनमानी,
समरथ राजा समरथ साईं,
समरथ का नहीं दोष गुसाईं॥

नन्दी : सत्य वचन है।

मुसाहब : कि हर नाटक में जो होता है वो सब कोई समरथ ही कराता है–
औ' इस दुनिया के हर समरथ का भाई, हर दूसरे समरथ से नाता है।
तो अगर गुण है और ज्ञान है और भक्ति है और ध्यान है पर टेंट में धेला नहीं,
तो भाई तब तुम्हारे लिए ये खेला नहीं
तब तुम ढूँढ़ लो,
तब तुम ढूँढ़ लो किसी समरथ का आसरा भारी,
आप कहोगे धिक्कार है, पर ये तो है इक लाचारी।
कि जिसने झेले हों थपेड़े बाहरी समन्दर के
वो किसी भी साहिल से चिपट-चिपट जाता है
औ' जिसने जिन्दगी की चक्की पीसी है वो जानता है,
कि आदमी को पीठ नहीं यह पेट ही गिराता है।

नन्दी : साधु, साधु। जीवन की लीला विचित्र है।

मुसाहब : अबे, उप उप मर गया क्या? *(नन्दी से)* औ' साधु महाराज अब जरा ओट में हो रहियों, आज जरा मिजाज नाजुक जा रिया है अपने छोटे सेठ का।

नन्दी : कैसा दुःखी है बेचारा!

मुसाहब : हाँ...भाई, दौरे पड़ते रहते हैं देखो *(इंगित से नींद में भी मुक्के चलाते छोटे सेठ को दिखाता है)* क्या बतायें? *(हाथों से आकार बना कर)* इत्ते से थे, तब से गोदी में खेलाया है, इन्हें।

नन्दी : मेरी तो आँखें भर आईं उसकी व्यथाकथा पर–

मुसाहब : भैया आँसू ही बहाना हो तो यहाँ सभी उम्मीदवार हैं।

नन्दी : सो तो है।

मुसाहब : क्या सो तो है लगा रखी है भाई, मुसाहब हो क्या तुम भी?

नन्दी : *(मुस्करा कर)* शायद!

मुसाहब : जभी...। *(अर्थपूर्ण दृष्टि से देखता है)*

नन्दी : *(कुछ खिसिया कर)* नहीं, मतलब कि अपने आप में यह कितनी गहरी बात है कि एक करोड़पति का बेटा जनता के प्रेम में घर-बार त्यागने को राजी हो जाए। यानी कि सेठ का पूत होकर भी मूल-सूद के व्यौपार से नफरत–मैं कहता हूँ, बहुत बड़ी बात है ये।

मुसाहब : *(झुँझलाकर)* बुरा न मानना भाई, पर हो मोटी अक्कल के। अरे ये प्रेम क्या हमारे तुम्हारे प्रति है?

नन्दी : नहीं? तब फिर किसके लिए है?

मुसाहब : सबके प्रति, और इसीलिए शायद किसी के प्रति नहीं। कोई सेठ का कारोबार थोड़े ही है प्रेम-व्यौपार–कि रोकड़ में स्वस्ती सिरी लिखा और हो गए शुरू। कहा है ना :

कबीरा या घर प्रेम का,
खाला का घर नाँय,
सीस उतारे मुंई धरे,
तब पैठे घर माँय॥

अव्वल तो बड़े सेठ बेचारे को सीस काटने का रूमानी मौका ही नहीं देंगे, मौका आ ही गया तो उससे भी नफा वसूलने का कोई-न-कोई गुर तलाश कर ही लेंगे। ऐसेई थोड़े बने हैं हमारे स्वामी नगर सेठ। दुनिया देखी है उन्होंने, दुनिया।

नन्दी : तब इस बालक का क्या होगा?

मुसाहब : *(तनिक झुँझलाकर)* कहा न भाई, आँसू ही बहाना हो तो बहुतेरे उम्मीदवार मौजूद हैं यहाँ। चलो वक्त खराब न करो—हाँ, जरा जाते-जाते उस उल्लू के बच्चे उप उप मुसाहब को भेज देना जरा।

[नन्दी का प्रस्थान तथा उप उप मुसाहब का प्रवेश। मुसाहब को सलूट देता है। मुसाहब कोने में बैठने जा रहा है।]

उप उप मुसाहब : गुरु जी, बुलाया था क्या?

मुसाहब : हाँ बेटा, जरा पिंडली तो दबाना हुजूर की। थक गए हैं अपने भैयाजी।

[उप उप मुसाहब पिंडली दबाना शुरू करता है—मुसाहब सुरती खाता गुनगुनाता है—हुई है सोई... अचानक मन्नासेठ झटके से उठ खड़ा होता है, ऐसे कि उप उप मुसाहब लुढ़क जाता है।]

मन्ना सेठ : *(गरज कर)* ये क्या सामन्ती हरकत है? हमारे पैरों पर कामगारों के हाथ?

मुसाहब : *(खुशामदी स्वर में)* भैयाजी आपई ने कहा था, हुकुम करके जरा झपकाय गए थे।

मन्ना सेठ : *(हतप्रभ)* क्या कहा मैंने? नहीं-नहीं तुमने गलत सुना होगा। तुम्हें झपकी आ गई होगी, मुझे नहीं।

मुसाहब : *(दर्शकों की तरफ मुँह बनाकर)* जरूर आई होगी हजूर। झपकी भी सुसरी हमी लोगों को काम के बीच आती है। *(प्रकट)* ए बे, उप उप आज से पिंडली नहीं दबेगी। क्या समझा?

उप उप मुसाहब : नहीं दबेगी।

मुसाहब : ठीक।

मन्ना सेठ : *(जेब से रूमाल निकालकर हाथ पोंछते हुए)* जी भैयाजी!

मन्ना सेठ : मित्र, मेरे डाँटने से नाराज तो नहीं हो न? *(मुसाहब के कन्धे पर हाथ रखता है)*

मुसाहब : हजूर मेरी हिम्मत कि आप से नाराज होऊँ?

मन्ना सेठ : यही तो तकलीफ है मेरी मुसाहब जिसे तुम समझते नहीं। *(मुसाहब को दूर धकेल देता है)* सदियों से हमारे वर्ग के नाजो-नखरे उठाते-उठाते तुम लोगों में हमसे नराज होने की भी हिम्मत नहीं? अब इतना तक मुझसे नहीं कह सके तुम कि तुम्हें चम्पी करते-करते झपकी आ गई और सुपने में आदेश जानकर पैर दबवाने लगे मेरे, ऐं? मेरे समतावादी सिद्धान्त क्या खाक समझे तुम? *(दुख से)* पर आह शायद मुझमें ही खोट है।

मुसाहब : *(बात सँभालने की चेष्टा)* अब हुजूर ऐसा है कि शायरों ने बयान भी किया है—*(कमर पर हाथ रखे मसखरी से हाथ मटकाकर)* कि—

झपकी की क्या है यूँ ही तो आ जाए है झपकी
दुनिया की खबर बात भुला जाए है झपकी
जब अर्श पै बादल हों और बादेसहर चले
तो थपकी-सी देके झप्प से झपकाय है झपकी।

मन्ना सेठ : वाह वा। वाह वा। तो यह इनाम *(अँगूठी उतारता है, फिर रुक जाता है)* नहीं, ये मेरे वर्ग संस्कार फिर हावी हो रहे हैं। खैरात देना ओछी बात है। कमीनी बात है।

मुसाहब : हुजूर हम भी तो ओछे, कमीने लोग ठहरे—

मन्ना सेठ : नहीं, मेरे लिए तुम ओछे नहीं। यूँ शाबाशी दूँगा तुम्हें *(अप्रतिभ मुसाहब उप उप मुसाहब को आगे करता है मन्ना उसे गले लगाता है—उप उप मुसाहब भय से सतर गले लगता है)* चलो तुम्हारी मीठी बातों से रात गए हमें कुछ नींद-सी आ रही है। शुभ रात्रि मित्रो।

[दोनों मुसाहब एक साथ—शुभ रात्रि ह-ह-भैयाजी—मन्ना सेठ का प्रस्थान। नेपथ्य से नन्दी झाँकता है मुसाहब उसे डपट कर भगाता है। उप उप मुसाहब से]

मुसाहब : माँ पर धी और बाप पर घोड़ा, बहुत नहीं तो थोड़ा-थोड़ा। ले गया अँगूठी भी? नगर सेठ का खून कहाँ जाएगा?

[नगर सेठ रामलाल धन्ना सेठ का प्रवेश।]

रामलाल : किसका खून कहाँ जाएगा?

मुसाहब : हजूर, आपका और किसका? वो जो के कहे हैं कि पूत के पाँव पालने में दीख जाते हैं सोई चीज़। हे-हे भगवान ने चाहा तो भैयाजी हजूर से भी ऊँचा नाम पैदा करेंगे।

रामलाल : वो सब छोड़ो आज की रपट दो। *(कुर्सी पर बैठ जाता है। उप उप मुसाहब पैर दबाने लगता है। मुसाहब के इशारे पर)*

मुसाहब : *(गला साफ कर)* अभी तो वोई जनता और समता वाला रुख चल रिया है।

रामलाल : *(चिन्ता से)* हूँ।

मुसाहब : आज कह रहे थे कि या तो मजदूरनी से मन्दिर में शादी करेंगे या के कुँआरे ही रह जाएँगे।

रामलाल : हूँ, तो तुमने क्या कहा?

मुसाहब : हजूर, अब हम लोग क्या बोलते? छोटे मुँह औ' बड़ी बात। हमने बादाम-रोगन की चम्पी करके जरा उनींदा कर दिया।

उप उप मुसाहब : वो अँगूठी की बात।

रामलाल : हूँ? ये अँगूठी की क्या बात है?

मुसाहब : हजूर, कुछ नहीं—वो, वो कुछ ढीली थी तो मैंने का कई टपक न पड़े जरा कसवा लीजिएगा, कीमती हीरा ठहरा।

[सेठ चिन्तन की मुद्रा में कुछ देर बैठा रहता है फिर।]

रामलाल : ठीक है, तुम लोग इसी तरह अपना काम करते रहो। पर भैयाजी की राहों के झाड़-झंखाड़ निरन्तर हटाते चलो, समझे? वो अभी लड़कपने का शिकार है। इधर-उधर मुँह मारने की बजाय जनता के प्रेम-व्रेम में कुछ-दिन ब्रह्मचारी रहे तो कोई हर्जा नहीं। समझे। घबराने की बात नहीं। जाओ। और रोज रात रिपोर्ट देते रहना *(उठ कर प्रस्थान। नन्दी का प्रवेश)*

मुसाहब : अबे साले, अँगूठी का जिकर किए बिना चैन नहीं था तुझे?

उप उप मुसाहब : पर बात तो उन्होंने गलत नहीं की, अँगूठी नहीं दी तो क्या गले नहीं लगाया मुझे? *(नन्दी से)* क्यों दादा, यह क्या कोई छोटी बात है?

नन्दी : अवश्य। *(भावुकता से)* जैसे मर्यादा पुरुषोत्तम ने केवट को गले लगाया, किंवा अपने श्रीकृष्ण जी ने विदुर को गले लगाया...

मुसाहब : *(गरजकर नन्दी से)* यार तू तो रह चुप। *(उप उप मुसाहब से)* देख साले, अँगूठे के नाखून जित्ता था जब से तुझे पाल-पोस कर जवान बनाया है, सो क्या यही चाँय-चाँय सुनने को? अबे अपनी जिन्दगी बड़े लोगों के गले लगलग कर नहीं कटती, उसके लिए *(सिक्का उछालने की मुद्रा बनाता है)* यह चाहिए यह। नगद नारायण।

नन्दी : नारायण! नारायण!

मुसाहब : और तू साला है कि–

उप उप मुसाहब : *(रुआँसा होकर)* मैं जीजी से कह दूँगा कि जीजा जी ने गाली दी।

मुसाहब : बोल, क्या गाली दी?

उप उप मुसाहब : कहा, साले।

मुसाहब : तो तू क्या है मेरा? बाप? *(नरमी से)* देख बे साले, तेरा ही भविष्य बनाना चाहता हूँ तभी इधर-उधर कह कहा कर फौरन तुझे रखवाकर रिक्त-स्थान की पूर्ति कर दी। वर्ना मील भर लम्बी लाइन थी इस पद के उम्मीदवारों की। कभी धूप में पाँच-पाँच घंटे औरों की तरह रोजगार दफ्तर

के आगे खड़ा नहीं रहा ना, जभी छोटे सेठ की तरह समता की बातें छाँट रिया है।

उप उप मुसाहब : *(मुँह फुलाकर)* पर ओहदा तो उप उप का ही है? कुल पाँच प्रतिशत मिलता है उगाहनी का। उप बन जाता तो पन्द्रह हो जाता। अभी तो चौके में रसोइया भी दाल में दोबारा घी डालने को बोलो तो कहता है उप उप का रेट बस डेढ़ कड़छी है।

मुसाहब : *(तुनक कर)* साले साल भर में और क्या बनेगा? दरोगा? *(नरमी से)* देख साले, वो तो मेरा साला है, इसी से उप उप वाले ओहदे पर साल भर में आ गया वरना तुम से पाँच-पाँच साल ज्यादा अनुभव वाले अभी माली और फर्राश की नौकरी बजा रहे हैं। बिना किसी से दबाव डलाए कुछ होता है क्या आजकल? *(नन्दी भेद भरे ढंग से स्वीकृति सूचक सिर हिलाता है)* देख, अपने भाग्य पर भरोसा रख, आगे अपने राम जी मालिक हैं।

[जहाँ से सेठ गए हैं, हाथ जोड़ता है। फिर प्रस्थान। अन्धकार]

दृश्य : 2

[धीमे-धीमे पुनः प्रकाश होता है—नेपथ्य से शहनाई पर प्रातःकालीन धुन। नन्दी पास सोया खर्राटे ले रहा है, जम्हाई लेते मन्ना सेठ का उसी तरफ से आगमन, उप उप मुसाहब उसके बटन आदि लगा रहा है।]

मन्ना सेठ : मुसाहब!

[उप-उप मुसाहब नेपथ्य की ओर जाकर पहले नन्दी को जगा कर भगाता है, फिर मुसाहब को बुलाता है। मुसाहब का दाईं ओर से आगमन।]

मन्ना सेठ : सुप्रभात मित्रो।

मुसाहब : शुभ प्रभात हुजूर, सर, भैयाजी!
दूध लाऊँ?

मन्ना सेठ : तुम लोगों ने पिया दूध?

मुसाहब : पिया, पिया हुजूर, बहुत पिया। दूध लाऊँ आपके लिए?

मन्ना सेठ : रुको। हम खुद लाएँगे। अब हम धीमे-धीमे शोषक-वर्ग से सम्बन्ध तोड़ रहे हैं न? अपना हाथ जगन्नाथ। *(कुछ रुककर)* रसोईघर किधर पड़ता है?

मुसाहब : अरे भैयाजी, अभी आप क्यों उधर जाते हैं? कहाँ तेल, कोयले की कालिख से भरी पाकशाला, कहाँ आपके बगुले के पंख सरीखे परिधान, अरे आप बैठिए, मैं अभी लाया *(जाने का उपक्रम करता है)*

मन्ना सेठ : नहीं, हम स्वयं जाएँगे। बल्कि ग्वाले से कहना, आज शाम हमें दोहनीघर में ले जाकर भैंस दुहना भी सिखाए—अब हम दुहेंगे भी खुद ही।

मुसाहब : *(हँसकर)* अरे। भैयाजी, आप भला भैंस कहाँ दुहने जाएँगे?

मन्ना सेठ : क्यों? क्या मैं दुह नहीं सकता भैंस? क्या तुम्हारे दिमाग में शोषक-वर्ग की भीड़ में मेरा चरित्र भी इतना घुल-मिल गया है? *(दुःखी स्वरों में)* क्या भारतीय शोषित-वर्ग के दोहन के उस सुन्दर प्रतीक भैंस तक मैं जा भी नहीं सकता? हा रे निठुर दुर्देव!

मुसाहब : *(अपने गालों पर तमाचे मारता है)* अबे तू रहा गधे का गधा ही। हुजूर, अब आप भला कुछ ऐसा है जो कि नहीं कर सको हो? भैंस क्या आप तो हाथी भी—नहीं, मेरा मतलब शेरनी भी दुह लें आप। और भैंस? आ हा हा, क्या जानवर गढ़ा है भगवान ने। सत्यनिष्ठ-एकनिष्ठ। यानी कि सामने बीन भी बजती रहे तो पगुराती रहेगी, ये नहीं कि नाचने लग जाए। अहो, कैसा सुन्दर जानवर है, जैसे काले पर्वत की विराट् चट्टान हो। तभी तो कहा है कि अक्ल बड़ी या भैंस? यानी भैंस ही बड़ी है—बेशक! और ये भी कहा है कि काला अक्षर भैंस बराबर यानी अक्षर की जो महिमा है सोई भैंस माता की।

मन्ना सेठ : अभी तो तुम भैंस की बुराई कर रहे थे, अब मैंने तारीफ की तो तारीफ में जुट पड़े?

मुसाहब : अब हुजूर ऐसा है कि अनुचर तो मैं आपका हूँ भैंस का नहीं—हमारे माई-बाप, नहीं नहीं, भैयाजी तो आप ही हैं—मेरी क्या मजाल कि आपकी बात हैं-हैं। *[तभी नेपथ्य से कोलाहल 'चोर! चोर पकड़ो! पकड़ो!' गाली-गलौज आपाधापी। दोनों मुँडेर से झाँकते हैं]*

मन्ना सेठ : यह कैसा शोर है मुसाहब?

[नन्दी भी झाँकता है। मुसाहब उसे दाँत पीस कर छुप जाने को कहता है वह फिर लोप हो जाता है।]

मुसाहब : कोई चोर धर लिया गया भैयाजी।

[स्टेज के सामने से दो राज-सैनिकों का चोर को जूता मारते रस्सी से बाँध गुजरना।]

मन्ना सेठ : हवलदार साहब! दीवानजी! *(सैनिक रुक कर सलाम करते हैं)*

मन्ना सेठ : ये कौन है?

सैनिक : चोर है भैयाजी, महीने भर से मार परेशान कर रखा था, आज पकड़ में आया है, अब बड़े घर जाएगा तो आटे-दाल का भाव पता होगा–*(धक्का देकर)* चल बे!

चोर : आटे-दाल का भाव तो मालिक बाहरे रह कर न ज्यादे पता चलता है, बस बड़े घर जाकर यह चिन्ता भी छूट जाएगी। लाना जरा एक बीड़ी।

हवलदार : ढीठ कहीं का–चल! एक तो चोरी, तिस पर सीना-जोरी? मार खा-खा कर तेरी ढिठाई और पुख्ता हो गई है।

चोर : *(मुस्करा कर)* अब बस सीना-जोरी भर है, और क्या? चाह गई चिन्ता मिटी, मनवा बेपरवाह।
जिनको कछू न चाहिए, वे शासन के शाह॥

मुसाहब : अबे ओ शाहों के शाह, बीबी-बच्चों की भी चिन्ता नहीं तुझे?

चोर : वो तो गिरहकटी में पहले ही धरे गए *(गर्व से)* हम खानदानी लोग हैं। खानदान देखकर शादी ब्याह करते हैं और अपने हाथ के हुनरो-पसीने की कमाई खाते हैं– मुफ्त की नहीं। *(प्रस्थान)*

मन्ना सेठ : वाह रे दिलेरी! वाह रे ये मस्त फक्कड़पना। न तो सैनिकों की परवाह, न कारागार की। *(अचानक बच्चों की तरह ताली बजाकर)* मिल गया। मिल गया। मिल गया।

मुसाहब : क्या मिल गया भैयाजी?

मन्ना सेठ : मेरी चिन्ताओं का हल, मेरे सत्यकर्मों का फल, मेरे जीवन का पक्का ध्येय, नरपुंगव होने का श्रेय।

मुसाहब : ऐसा क्या?

मन्ना सेठ : हाँ। हमने निश्चय कर लिया है, हम चोर बनेंगे।

मुसाहब : क्या?

मन्ना सेठ : *(इस पूरे गाने में उप उप मुसाहब मन्ना सेठ की वक्तृता से प्रभावित होकर, उसका अनुकरण करता है। मुसाहब बेहद परेशान मन्ना सेठ की नजर बचा कर उसे रोकना*

चाहता है, पर उप उप मुसाहब उसे झटक देता है, वह पंक्तियाँ दुहराता जाएगा हावभाव समेत।)

हम चोर बनेंगे, अजी हम चोर बनेंगे,
मेहनतकशों की जमात का इकछोर बनेंगे।
फेंकें कमन्द सेंध लगा कर के दिखा दें,
दुनिया जहाँ के शोषितों को राह सिखा दें।
कि चाँदों सितारों को कहो तो वो भी तुड़ा दें,
हाथों की हिना आँखों का सुरमा भी उड़ा दें।
यूँ सामन्तोशाह देख-देख सिर को धुनेंगे,
हम चोर बनेंगे, अजी हम चोर बनेंगे।

[अन्त तक आते-आते मन्ना सेठ तथा उप उप मुसाहब मुसाहब के दोनों हाथ पकड़ कर बच्चों की तरह उसे नचा देंगे, इधर वह निढाल हो लड़खड़ाएगा, उधर मन्ना पूछेगा।]

मन्ना सेठ : क्यों? कैसी रही?

मुसाहब : *(फूलती साँस दबाता हुआ)* अब हुजूर की कल्पना की जो तारीफ की जाए सो ही कम। मैं तो कह ही रहा था कि भैयाजी तो जी चाहें सो करलें—पल में चाहें तो चोर से साब बन जाएँ या साब से चोर।

मन्ना सेठ : अच्छा ये बताओ चोरी कैसी फबेगी हम पर?

मुसाहब : ज्यों रात संग चन्दा फबे,
ज्यों श्याम संग गोरी।
त्यों आप पे जु फबेगी,
हर इक ढंग की चोरी॥

[उप उप मुसाहब का हाथ में नकाब और काली चादर लिये प्रवेश। दोनों मुसाहब उसे चोर के कपड़े पहनाते हैं—गाते हैं]

भगवान इस जहाँ में जो होती हैं चोरियाँ,
चाहे अवध का बाग हो या हो ब्रज की खोरियाँ।
मशहूर हाथों से हुई जभी मशहूर हो गईं,

मशहूर से तो बाखुशी लुटती हैं गोरियाँ॥

[तैयार कर दोनों पीछे होकर अपनी कारगुजारी देखते हैं। नन्दी झाँकता है, उसे देख वे फतह की मुद्रा बनाते हैं। नन्दी भक्ति-भाव से हाथ जोड़े सिर हिलाता है।]

मन्ना सेठ : तो अब हम अमीर–उमरावों के घरों में सेंध लगाकर चोरी करेंगे–झकाझक। और बिना सुराग के ऐसे निकल आएँगे कि लोग हाथ मलते रह जाएँ। आज मैं समझा कि वह चीज़ जीवट ही है। जिसकी कमी ही शोषित को शोषित बनाती है, हम अपने जीवट के प्रदर्शन से उनमें एक नई ज्योति जगाएँगे। दिन-दहाड़े चोरियाँ करेंगे, सीना ठोक कर। और जो पकड़े गए तो भी शोषित-वर्ग के बीचो-बीच जेल में क्रान्तिनाद करेंगे। हे भगवान भुवनभास्कर, भासित होने दो मेरी यह गूढ़ गहन महत्त्वाकांक्षा। अलविदा। प्यारे साथियो। मैं तुम्हारे लिए इस संग्राम में कूदता हूँ।

[प्रस्थान। पर्दा गिरता है।]

दूसरा अंक

दृश्य : 1

[पर्दा उठता है। स्थान वही छज्जा। कुर्सी पड़ी है। बाईं ओर से उदास चेहरा लिए मन्ना सेठ का प्रवेश।]

मन्ना सेठ : पूरा एक महीना हो गया चोरियाँ करते हुए। पकड़ा जाना तो दूर, अपनी हैरतअंगेज़ करामतों का जिक्र तक नहीं सुना। दो बार दीवान जी से पुछवा चुका हूँ कि चोरी के आँकड़ों में कोई बढ़ोत्तरी हुई कि नहीं, हर बार वही टके-सा जवाब आ जाता है कि सब अमन-चैन है। अभी फिर उप उप मुसाहब को भेजा है, पर कहना क्या, यही कहेंगे कि कोई बढ़ोत्तरी नहीं, गिरस्थ घरों में सोते हैं, चोर कारागरों में और सैनिक थाने में। यानी सब जगह चैन है। *(मुक्का हथेली पर मारता है)* पर यह असम्भव है। आपमें से कोई भी खुद भीतर चल कर देख सकता है कि छज्जे के एक-दो नहीं, सात-सात कमरे चोरी के माल से ऐसे ठसाठस भरे हुए हैं कि तिल धरने की जगह नहीं। वह सब माल कौन लाया? मैं! मैं ही था जो बार-बार काली रातों में नसेनी के सहारे जान हथेली पर रख कर सेठों की अटूट सम्पदा चुटकियों में उड़ा लाया। बिल्ली की तरह, पाप की परछाईं की तरह, सती के मानसिक व्यभिचार की तरह, मैं अभी यहाँ हूँ, अभी नहीं। न कभी किसी ने जाग कर पूछा, कौन है? न ही कुनमुनाते बच्चों की माओं ने दीवट की

लौ उकसा कर कहा, चूहा है। बस एक बार एक दरबारी मुलाजिम के बूढ़े बाप ने पूछा था कौन है? मैंने कहा– मैं हूँ चोर। तो बूढ़े ने कहा–धीमे जाना, धीमे, लल्ला की बहू उसके दोस्तों का बेवक्त आना पसन्द नहीं करती, और फिर सो गया।

[दाईं तरफ से मुसाहब का प्रवेश। साथ में नन्दी। मुसाहब उसे कोने में खड़ा रहने का निर्देश इशारे से देकर सामने आता है।]

मुसाहब : भैयाजी बड़ी चिन्ता में लगते हैं।

मन्ना सेठ : चिन्ता में हूँ।

मुसाहब : कारण जान सकता हूँ?

मन्ना सेठ : कारण वही है मित्र। आज महीने भर से चोरियाँ कर रहा हूँ, राज्य का कोई सेठ, कोई सामन्त, कोई राजपत्रित अधिकारी ऐसा नहीं जिसके घर पर मैंने हाथ न साफ किया हो, कोई बड़ा सेठ न छूटा जिसकी तिजोरी न खाली की हो, कोई जमींदार नहीं जिसकी बखरी से बोरे के बोरे अनाज न समेटा हो। पर शहर में कतई सन्नाटा है। चर्चे तो दूर, भनक भी नहीं कि कहीं सेंध लगी है, कहीं तिजोरी लूटी है। हाय! सारी मेहनत बेकार गई। सारे सुनहरे इरादे ताक पर, धरे रह गए। न लगना था बट्टा इस खानदान पर न लगा। न जगना था जनता में जीवट का, न जगा, *(सिर हाथों में देकर बैठ जाता है)* शोषक-वर्ग, तुम्हारी तकदीर तगड़ी है। *(छाती पीटकर)* फट रे कुलिश कठोर कलेजे!

[नन्दी उत्तरीय से आँसू पोंछता है]

मुसाहब : *(रोते हुए)* भैयाजी, यूँ जी छोटा न करें, हम मुसाहबों का कलेजा भी टुकड़े-टुकड़े हुआ जाता है। अरे हम क्या नावाकिफ हैं हुजूर के हुनर से? अभी दीवान जी आते हैं तो सारा मामला साफ हुआ जाता है। हो सकता है कल एक ही रात में सत्तावन चोरियाँ दर्ज हुई हों। फिर कई

जगह तो आपने ऐसे मालदार सेठों की तिजोरियों में हाथ साफ किया है जो साल में एकाध ही बार तिजोरियाँ खोलते हैं, और बाकी वक्त जुबानी साख और हुंडियों के ही बल तिजारत करते हैं, देरसबेर पता चलेगा, तो दरज करा देंगे।

मन्ना सेठ : क्या कहा? यह क्या नया चक्कर है?

मुसाहब : चक्कर-वक्कर कुछ नहीं भैयाजी, बस धीरज रखें और जरा अच्छी गिज़ा लेते रहें। *(नेपथ्य से गिलास लाता है)* जरा अनार का शर्बत पी लें, कुछ तबीयत हरी हो जाएगी। *(अपने रूमाल से मन्ना सेठ को पंखा करता हुआ)* आह! कैसा चेहरा सूख गया है अपने भैयाजी का? क्रान्ति के लिए दीवारें, मुँडेरें फाँदते हुए। अरे, ये जाहिल क्या समझेंगे कि इतने बड़े घर का कुलदीपक जो है सो उनकी भलाई की खातिर चोरियाँ कर रहा है, अपने कुल की मर्यादा राम भरोसे छोड़कर।

मन्ना सेठ : ये कुल बुल कोई चीज़ नहीं मित्र। ये तो चक्कर हैं तुम सब को दबाए रखने के। न कुल कुछ होता है, न ही मर्यादा। असल चीज़ है आम आदमी और, क्रान्ति।

मुसाहब : बजा फ़रमाया भैयाजी!

वो देख लो खड़ा है उधर आम आदमी।
आता है क्रान्तिकारियों के ये काम आदमी॥
कि पूछा कि कौन है, कहाँ का है ये बदनसीब।
तो पाओगे कि हम सब-सा ही है ये आम आदमी॥
आम का ये आम है औ' गुठलियों का दाम है।
कुदरत का ही इक नाम है ये आम आदमी॥

मन्ना सेठ : वाह वाह! और क्रान्ति? उसके बारे में तुम्हारी क्या राय है?

मुसाहब : क्रान्ति? अरे भैयाजी, जो आपकी राय सो मेरी राय यानी कि–

वो क्रान्ति की बज उठी है शहनाई भाइयो,
गूँजेंगी लताकुंजें औ' अमराई भाइयो।

मन्ना सेठ : नहीं, इन सब काव्य-रूढ़ियों, उपमाओं से सामन्तवाद की बू आती है, मेहनतकशों को ले के कुछ कहो तो बात जमे। क्रान्ति तो उन्हीं में होनी है न?

मुसाहब : अभी लीजिए...वो क्रान्ति की बज उठी है कढ़ाई भाइयो—

मन्ना सेठ : उहूँक! बात नहीं बनी। कढ़ाई बजाने बिम्ब कुछ अज़ीब लगता है। *(सोचते हुए)* ग़रीब लोग क्या बजाते हैं? शहनाई? नहीं, वीणा? नहीं, मृदंग, नहीं—*(मुसाहब से)* तुम्हीं बताओ न, ग़रीब लोग क्या बजाते हैं?

मुसाहब : क्या बजाएँगे और? पेट बजाते हैं अपना तिडिंग-तिडिंग।
मेहनतकशों के बज उठे हैं पेट भाइयो,
भागेंगे तख़्त छोड़ के अब सेठ भाइयो॥

मन्ना सेठ : वाह-वाह! क्या बिम्ब-योजना है।

मुसाहब : ज़रा गौर फरमाएँ, दाद चाहूँगा, अगला मिसरा है—
घुसरू की गाय, मटरू की बकरियाँ करेंगी आज।
कुम्मैत घोड़े हाथियों पे राज भाइयो॥

मन्ना सेठ : ओह, साधु!

उप उप मुसाहब : भैयाजी, दीवान साहब पधारे हैं।

[दीवान जी का प्रवेश। अच्छा खाया-पीया बदन हाथ में डंडा, बजरंगी से बातचीत करते आते हैं। बजरंगी 'जी हजूर' कहता रहता है। दीवान जी आकर मुस्तैदी से प्रणाम करते हैं।]

दीवान : प्रणाम करता हूँ—छोटे सेठ!

मन्ना सेठ : बैठिए, दीवान जी! *(उप उप मुसाहब कुर्सी लाकर रख गया है। दीवान जी बैठते हैं)* दीवान जी, *(अर्थमय स्वर में)* बड़ी गर्मी है, उफ!

मुसाहब : अरे कोई है! *(उप उप मुसाहब का प्रवेश)*

[मुसाहब उसे कुछ कहता है उप उप मुसाहब का प्रस्थान]

(उप उप मुसाहब से)—अरे कुत्ते की चाल जाइयो और बिल्ली की चाल लौटियो!

मुसाहब : *(दीवान से)* है : है : बड़े दिनों में दर्शन दिए आज!

दीवान : क्या बताएँ? इच्छा तो बहुत रहती है, पर राजकाज भी तो देखना पड़ता है। *(मुस्कराकर)* आज जब तिवारा हवेली से आदमी आया तो सोचा स्वयं जाकर छोटे सेठ को मय आँकड़ों के राज्य में अपराधों की स्थिति समझा दी जाए।

मन्ना सेठ : क्या हुआ? कुछ वारदातें बढ़ीं क्या?

दीवान : अभी तो वही स्थिति बनती है सेठ जी! तफतीश को फिर-फिर अपने आदमी भेजे, फिर-फिर, पर वही खबर आई कि कोई चोरी-चकारी की घटना नहीं हुई। *(ताली बजाकर)* अरे बजरंगी! ज़रा कागजात लाना!

[नेपथ्य से एक सैनिक का प्रवेश, जो कागजों की एक फाइल दीवान को देता है]

दीवान : *(थूक लगाकर पन्ना पलटता है)* ये देखिए—मुहल्ला वीरगंज—कोई वारदात नहीं, मुहल्ला पूरब पछांव—कोई वारदात नहीं, मुहल्ला उतरिया दखिना—कोई वारदात नहीं, बस एक बुढ़िया ने एक चश्मा गुम होने की रपट की थी, वह उसी की नाक पर बरामद हुआ। बुढ़िया की नाक और चश्मा दोनों हवालात में हैं, जाँच पूरी निष्पक्षता से की जा रही है।

मन्ना सेठ : हूँ। *(रुककर)* यह जाँच होती किस तरह से है?

दीवान : क्यों बजरंगी? छोटे सेठ को बताना कि क्या लिखित आदेश तुम्हें दिए जाते हैं।

बजरंगी : *(जेब से लिखित प्रति निकालकर पढ़ता है।)* कि पहले हर मोहल्ले में जाकर निवासियों से मौखिक पूछताछ की जाए कि वहाँ चोरी तो नहीं हुई? यदि कहीं चोरी की वारदात का पता चले तो निम्न निर्देशों का अविलम्ब पालन किया जाए।

(अ) चोरी वाले घर को चारों ओर से घेर लिया जाए।

(ब) बालिग पुरुषों और बच्चों को जाने की आज्ञा देकर पूछताछ के लिए युवा महिलाओं को रोक लिया जाए।

दीवान : *(भेद भरे सुर में मन्ना के पास जाकर)*—महिलाओं को रोक लिया जाए?

[मुसाहब चुप होने का इंगित करता है—मन्ना क्रोध से मुँह फेर लेता है।]

दीवान : अबे रुका क्यों, आगे पढ़ न टिप्पणी—

बजरंगी : आवश्यकता पड़ने पर अधिक गहरी पूछताछ के लिए उक्त महिलाओं को कोतवाली भी लाया जा सकता है।

दीवान : *(पुनः भेद भरे स्वर में)* कोतवाली लाया जाए?

मन्ना सेठ : दीवान जी!

दीवान : आगे पढ़। आगे।

बजरंगी : आवश्यकता है या नहीं, इसका निर्णय एक पाँच सदस्यीय समिति करेगी जो सैनिक दस्ते के साथ जाएगी।

(स) घर के मालिक की जाहिर आमदनी और आमदनी के जरियों को मद्देनज़र रखते हुए चोरी गई चीज़ों की कीमत पूछी जाए और अगर चोरी गए माल की कीमत घर के मालिक की आमदनी से बढ़कर हो तो मालिक को अविलम्ब सफाई देने के लिए *(सिक्का उछालने की मुद्रा बनाता है)* दीवान जी के पास लाया जाए। आमदनी और सम्पत्ति का तुलनात्मक अध्ययन एक-एक सदस्यीय समिति करेगी और 24 घंटों के भीतर-भीतर अपनी राय देगी। इस समिति के अध्यक्ष पद की नीलामी सीलबन्द लिफाफों में भेजे गए परिपत्रों के माध्यम से होगी।

दीवान : नीलामी? नियुक्ति कहो!

बजरंगी : वही बात है, नियुक्ति ही सही। हाँ आगे—

[मन्ना सेठ का चेहरा तनाव-ग्रस्त होता जा रहा है। फेहरिस्त समाप्त होने पर वह उठ कर पीछे हाथ बाँधे चहलकदमी करने लगता है। नेपथ्य से उप उप मुसाहब शर्बत लेकर आता है, दीवान जी चुस्की लेते हुए।]

दीवान : यह तो हुए लिखित निर्देश। अब आप हुक्म दें तो आपको विश्वास दिलाने के लिए एक बार और सैनिक दल को वहाँ भेजा जाए...

मन्ना सेठ : *(तड़पकर)* नहीं-नहीं, अब और पुछवाने की जरूरत नहीं।

[टहलता है जैसे कोई भारी निर्णय मन-ही-मन ले रहा हो]

दीवान : *(चुस्की लेकर)* वाह क्या खूब सन्दली शर्बत है भाई।

मुसाहब : हुजूर की किरपा से हर साल खास तौर से हवेली में ही बनवाया जाता है।

दीवान : वही तो, आम बाजार में ये चीज़ न मिलेगी।

मुसाहब : अब आम बाजार की भली चलाई हुजूर, वहाँ तो सन्दल और अजवायन तक में परचूनिये भेद ना करै हैं।

दीवान : सही कहते हैं आप।

[मन्ना सेठ टहलते-टहलते अचानक रुककर भेद भरे स्वर में]

मन्ना सेठ : दीवान जी, और अगर अब मैं यह भयानक राज उजागर करूँ कि ये सब चोरियाँ हुई हैं क्योंकि वे मैंने ही की हैं, और चोरी का माल इसी छज्जे की बगल में सात कमरों में भरा पड़ा है तो?

दीवान : एक गिलास शर्बत छोटे सेठ को भी देना भाई जरा सिर में तरावट आएगी।

[मुसाहब मन्ना सेठ की नजर बचाकर कनपटी के पास उँगली से गोल दायरे बनाता है यानी कुछ दिमाग फिर गया है ऐसा व्यक्त करते हुए। नन्दी अचरज जताता है। मन्ना सेठ शर्बत ठेल देता है]

मन्ना सेठ : ले जाओ यह शर्बत! *(पास आकर उत्तेजना से)* मैं झूठ नहीं कह रहा हूँ दीवान जी, आप मेरे साथ अभी इसी वक्त चलकर सारा सामान देख सकते हैं।

दीवान : सरकार मसखरी अच्छी कर लेते हैं। *(गिलास रख देता है)*

मुन्ना सेठ : चलिए—, अभी चलिए भीतर।

मुसाहब : क्यों दीवानजी, नगर सेठ के घर में अगर सात कमरों में सम्पत्ति भरी निकले तो क्या वह चोरी की मानी जाएगी?

दीवान : वही तो हुजूर। शहर में चोरियाँ हों और माल नगर सेठ के घर बरामद हो, यह भी भला सम्भव है? हमने भी बहुत दुनिया देखी है—ये बाल धूप में सफेद नहीं किए सेठ साहब। अच्छे कुल की तालीम भी एक चीज़ होती है। आपके कर-कमल भला ऐसे काम में गन्दे होंगे? कभी नहीं। अरे, क्या हम नहीं जानते कि चोरी-चकारी छुटभइयों का, कमजातों का काम है। जिनके घर में दाना नहीं और मन में कुसंस्कार ही कुसंस्कार है। *(ठहाका लगाकर)* चोरी ग़रीब नहीं करेंगे तो क्या अमीर करेंगे? हा हा हा।

मन्ना सेठ : तो इसका मतलब यह है कि आपके कानून की सजाएँ चोरों के लिए नहीं सिर्फ ग़रीबों के ही लिए हैं? क्या जो दूसरे ग़रीब चोरों की सजा है वो मेरे लिए नहीं?

दीवान : हुजूर थक गए हैं, आराम करें, मैं जाता हूँ। इजाजत दें फिर हाजिर होऊँगा। जरा रामलाल सेठ जी से भी काम है।

मन्ना सेठ : छल। कपट। धोखा। कितना छलावा है इस संसार की मर्यादा में? धिक्कार है मेरे इस कुल को कि जिसके कारण चोरी करने का भी रास्ता बन्द हो जाता है।

[प्रस्थान]

दीवान : च्च। च्च। कुछ दवादारू हो रही है क्या?

मुसाहब : *(आँखें पोंछता हुआ)* अब कसर तो कोई नहीं छोड़ी सरकार, पीर-फकीर भी पूज डाले, अब ऊपर वाले का ही आसरा है।

[नेपथ्य से एक विराट टोकरी लिए हुए उप उप मुसाहब का प्रवेश]

दीवान : ये क्या है?

मुसाहब : हैः हैः, बच्चों के लिए बड़े सेठ ने कुछ बोतलें सन्दली शर्बत की भेजी हैं। हैः हैः, बजरंगी, ज़रा हुजूर के घर पहुँचा देना।

दीवान : अरे नहीं, नहीं, इसकी क्या जरूरत थी!

मुसाहब : नहीं हुजूर, ये तो जाएँगेई, बच्चों के लिए, हैं।

दीवान : अजी नहीं।

मुसाहब : अजी हाँ।

दीवान : हमने कहा कि नहीं।

मुसाहब : अच्छा फिर र र...

दीवान : वैसे गर्मी है।

मुसाहब : वही तो हुजूर, *(गौर से देखकर)* बस-बस समझ गए। औ भैया बजरंगी—जरा ये टोकरी घर पर पहुँचा देना।

[दीवान जी का नकली प्रतिवाद करते हुए मुसाहब व उप उप मुसाहब समेत प्रस्थान।]

दीवान : *(जाते-जाते)* अरे बजरंगी, देखना बोतलें ना फूटें।

[प्रस्थान]

[दूसरी तरफ से विक्षिप्तों की तरह अपने आपसे बात करते हुए मन्ना सेठ का प्रवेश]

मन्ना सेठ : पर मैं भी हार नहीं मानूँगा। ठीक है, चोरी को इतना भारी अपराध न मानो, पर कुछ तो ऐसा होगा जिसको करने सें इनका इन्द्र-सिंहासन डोलेगा। जिसकी सजा दिए बगैर इन लोगों का अन्धा कानून भी नहीं रह पाएगा? उफ् इस दौलत के नाबदान में मेरा दम घुटता है *(उत्तेजना से)* इस नाबदान की मैं ईंट से ईंट बजा दूँगा। इस लम्बी नाक वाले खानदान की नाक काट दूँगा। व्यवस्था का यह परकोटा तभी जड़ से धराशायी होकर आम आदमी के बीचोबीच धूल बन जाएगा। *(चिल्लाकर)* हत्या। हिंसा। यही है जवाब।

[नन्दी भागकर जाता है नेपथ्य से मुसाहब और उप उप मुसाहब का उसके साथ दौड़कर प्रवेश]

मुसाहब : किसकी हत्या हो गई भैयाजी?

मन्ना सेठ : *(मुस्कराकर)* नहीं, हुई नहीं अब होवेगी मित्र।

मुसाहब : मैं मोटी अक्ल का आदमी समझा नहीं भैयाजी।

मन्ना सेठ : सुनो हे तात! बहुत सोचकर और देखकर हमें आज यह बोध-ज्ञान मिला है कि ताकत तलवार की तीखी नोक से ही निकलती है।

मुसाहब : अहा हा, क्या अनुप्रास की छटा है! ताकत तलवार की तीखी नोक से ही निकलती है।

मन्ना सेठ : अनुप्रास के पीछे मत जाओ मित्र! मैं काव्य-अलंकारों की नहीं, सिद्धान्त के अंगारों की बात कर रहा हूँ। हमने सोचा है कि अगर इस व्यवस्था के सामन्त शाही संरक्षक के चोर के रूप में हमें नहीं पकड़ सकते तो हम हिंसक डाकू के रूप में उन्हें फिर चुनौती देंगे। लाओ, हमें हथियारों से लैस करो। जाओ, मुँह न ताको खड़े-खडे।

[मुसाहबों का प्रस्थान]

मन्ना सेठ : *(घूम-घूम कर हवा में तलवार भाँजने की मुद्रा बनाता हुआ)*

दौलत की सेज को धकेल धिरि दीनों जिन,
कुल की कलई को उतारनो चहत हैं,
तारि कर आमजन दुःख परिताप हर,
अपने सुखन छोड़ आयुध गहत हैं।
कुल को कलंक बनि डंक दैहैं सेठ जू को,
अंक आई दौलत को दाल ज्यूँ दलत हैं।
सेठ धन्ना सेठ रामलाल जू के मन्ना सेठ,
बनि के कपूत डाका डालिबे चलत हैं॥

[प्रस्थान मुसाहब समेत]

नन्दी : अहो रूप! अहो ध्वनि!

[पर्दा गिरता है।]

दृश्य : 2

[दृश्य वही छज्जा। एक अधेड़ औरत सिर पर टोकरी रखे आ रही है बाईं तरफ से। दाहिनी तरफ से दोनों मुसाहबों का प्रवेश—नन्दी भी साथ है।]

मुसाहब : क्यों सावित्री बाई, कैसे आना हुआ? तेरवीं हो गई तुम्हारे आदमी की?

सावित्री : कल हो गई तेरवीं मरे की। अब जाके जो सूतक कटा तो मैंने कई कि जाके छोटे सेठ के चरन तो छू आऊँ। न वो आते और न मेरा दुःख दलिद्दर कटता। ये कौन है भैया? पैले तो नई नजर आए कबी?

मुसाहब : आते भी कैसे? परदेसी जो ठहरे।

नन्दी : प्रणाम करता हूँ, मंगलमुखी!

सावित्री : *(तमककर)* अरे तू बन्दरमुखी, तेरा बाप बन्दरमुखी। मुझ रांड-बेवा से ठिठोली करता है? नासपीटे, मुँह-झौंसे, अरे तेरी ठठरी उठे, तुझे कोढ़ फूटे।

नन्दी : *(घबराकर)* नहीं नहीं भद्रे!

सावित्री : अरे तेरी भद्रा मैं उतारूँ। *(चप्पल उतारती है)*

मुसाहब : *(मुसाहब बीच-बचाव करते हुए)* अरी तू भी सवित्तो बस। कहा न परदेसी है। ज़रा फरक तरह की बोली बोलता है। पुरानी चाल का आदमी है, पर है ठीक-ठाक।

सावित्री : *(चप्पल नीचे डालती हुई)* ठीक है। तुम कहते हो तो परतीत कर ली। *(नन्दी से)* जरा आगा-पीछा देखकर ही बोला करो। समझे!

[नन्दी कुछ न कह कर भयभीत सिर हिलाकर 'हाँ' कहता है।]

सावित्री : *(मुसाहब से)*, ले असल बात तो कही ही नहीं, *(गिड़गिड़ा कर हाथ में पैसा थमाते हुए)* भैया तनी छोटे सेठ का दरसन करा दे, जरा चरनन की धूल ले लूँ।

मुसाहब : *(जेब में पैसा रख कर)* उहुँक, छोटे सेठ अभी सो रहे हैं; पर पहले तू जरा अब बैठ के बताव कि उस रात को हुआ क्या? अँधेरा बहोत था, हम तीनों ठीक से देख नहीं पाए। हम उस रात की बात कर रहे हैं जब तेरा मरद हमले में खेत रहा।

सावित्री : हाँ भाई, मर गया तो छुट्टी पाई। वैसे मर गए को बुरा नहीं कहते पर कहे बिना रहा भी नहीं जाता। मुआ, शराबी, कबाबी, कुचाली क्या नहीं था? कोई लत ऐसी नहीं थी जो उसमें न हो, गाँजा-चरस-जुआ क्या नहीं किया उसने? अब अपनी महतारी का लुगड़ा बेच के जो नौटंकी देख आए, उसे क्या कहोगे? सोलह बरसों से दे मार-मार के मेरी ये गत बना दी कि टाँग भी टेढ़ी हो गई *(रोती है—नन्दी भी रोता है)*

उप उप मुसाहब : पर हुआ क्या ये बता, रो फिर लेना। काफी हो गया।

सावित्री : अरे भैया, उसके दुःख से नहीं रोती हूँ, ये तो खुशी के आँसू हैं।

[नन्दी 'ऐं!' ऐसा देखता है]

उसी रोज बस लोकलाज के तीन-चार आँसू हमने ढरकाये, रोना तो उसके जीते जी बेटी के भाग को था। बाप एक तो निपट कुचाली तिस पर फटेहाल फिर बेटी को कौन ब्याहता? पर *(स्वर बदल कर)* आ हा हा जीते रहे हमारे छोटे मालिक, इत्ता दे दिया कि न सिरप बेटी की शादी हो जाएगी, मेरे नाती-पोते भी खा सकेंगे। आ हा हा जीते रहें, उनका कुल बढ़े, उन्हें तरक्की मिले, उनकी धन-दौलत दिन-दूनी रात चौगुनी बढ़े।

मुसाहब : अरे अशीष बाद को देना, पहले कुल हाल तो बता!

सावित्री : बताती हूँ, सुरती है तेरे कने? *(उससे सुरती लेकर दोहर बनाती है, फँकी मारती है फिर मजे से पालथी मार कर*

पीक गुलगुलाती है) हाँ तो सुनो– *(पीक थूक कर)* उस रात जब हमारे सेठ की हवेली के बाहर घोड़े की टापें गूँजी *(भयोत्पादक संगीत)* तो रात के कोई बारे बजे होंगे। अब तुम जानों भैया भादों की अँधेरी रात, औ' ये घनघोर घटा छाई, बिजली गरज रई, मेहा बरस रिया-औ' जभी अपनी मड़ैया की खिड़की से क्या देखती हूँ कि मुरेठा बाँधे तलवार चमकाता एक डकैत चला आ रिया है।

उप उप मुसाहब : अच्छा? तेरी तो मारे डर के ऊपर की साँस ऊपर और नीचे की नीचे रह गी होगी!

सावित्री : बस जे समझो भैया कि हौलदिली से नबज नई छूट गई। उधर वो छोकरी गंगाबाई ओसारे से अलग हल्ला करे, अरी अम्मा डाका पड़ रिया, औ' देख अम्मा, बापू पी के आया है फिर से, छुप जाइयो।

मुसाहब : तेरा मरद? वो तो चौकीदार था न? क्या कर रिया था वो पी पा के रात गए?

सावित्री : और क्या? रोज तो तब तलक गाँजे की चार चिलम पी के टुन्न हो रहता था। उस रोज उसी दम कच्ची पी के लौटा था, झगड़े पे दे उतारू! जाने काहे की खेंचता है रे ये मनीराम कलार, चार चुककड़ पी के तो रे मेरे मरद पर साक्षात काल उतर आया था। दे झापड़, घूँसों से पिटाई करे, बाल पकड़ के धकियाये, कभी सिर दीवार पर पटक दे। गंगा तो उस रोज ओसारे में भूसे के पीछे छिप गई थी बाप को देख के। बस मुझ पे हाथ उठाने जाई रिया था के घोड़े की टाप सुनाई दीं। आनन-फानन तलवार खेंच के बाहर भागा–पीछे-पीछे मैं।

मुसाहब : फिर?

सावित्री : बस जैसे परलाद की पुकार पे हिरनकश्यप को मारने नरसिंह भगवान परकट भये होंगे, वेसेई मेरी जान बचाने को मुरैठा बाँधे छोटे सेठ आन पहुँचे। मेरे मरद पर तो भूत सवार था। आव देखा न ताव घोड़े की जीन पकड़ ली। बस घोड़े के जानो बिरक लग गई। अब हकबका के सवार ने तलवार चलाई तो सीधे कपाल पे लगी। बस यूँ समझ

लो कि होसंगावाद का तरबूज फट गया। खूनै खून। अरे, मैं चिल्लाई मार डाला रे। बचाओ, डकैत आए हैं। भीतर हवेली में सब सुन्न। उजाला तक नहीं। औ' डकैत पे मानो भूत सवार।

उप उप मुसाहब : डकैत तो मत बोल। अपने भैयाजी ही तो थे।

सावित्री : हाँ, भाई मेरे लिए तो देवता साबित हुए बाद में, वो तो उस बखत की बता रही हूँ। मुझे क्या पता कि मुरेठे के पीछे कौन हैं? हाँ, तो वो तलवार ऊँची करके ललकारे कि आओ रे नगर कुतवालो, आओ रे सेठो, राजा के सैनिको, पकड़ो मुझे, मैंने खून किया है।

मुसाहब : हाँ तो बस जब भैया जी चिल्ला रहे थे जबी बड़े सेठ जी और हम लोग पहुँचे और तुझे चुप कराया था।

सावित्री : अरे मैं बोली, मुझ गरीबनी ने तुम्हारा क्या बिगाड़ा था छोटे सेठ, जो बैठे-बिठाये इसकी कपाल-किरिया कर डाली। ढींगरी सी इस बे-बाप की ग़रीब लड़की को कौन ब्याहेगा!

नन्दी : अहो! अविवाहिता कन्या का दुःख। क्या त्रासदी है!

सावित्री : वही तो भैया, यहाँ खाने को घर में भुनी भाँग भी नहीं, दहेज का जुगाड़ कहाँ से होवे।

नन्दी : अहो, कैसा कलंक है यह प्रथा भी।

मुसाहब : अब तू चुप भी कर यार, हाँ तो सवित्तो आगे की कह—

सावित्री : हाँ तो मैंने कहा कि मुझ गरीबनी ने तुम्हारा क्या बिगाड़ा था छोटे सेठ—अरे इस मुँहझौंसी गंगाबाई को कैसे ब्याहूँगी मैं अब? बस कहना भर था कि गले में से असल सोने का कंठा छोटे सेठ ने उतार के दे दिया कि ग़रीबों का दुःख हम बटाएँगे, औ' बड़े सेठ अलग एक हजार अशर्फियों का तोड़ा छोकरी को पकड़ा गए कि किया कराया माफ करना बेटी, बस। उसके मुँह से जे सुनना और हाथ से हार का वजन तौलना था कि भैया मेरे तो मुँह से असीसें झरने लगीं। अरे जीते जी वो निखट्टू जो कुछ नहीं दे गया, मर के मालामाल कर गया हम दोनों को। इसे कहते हैं भाग्य, वर्ना और क्या है?

नन्दी : सत्य है स्त्री का चरित्र और पुरुषों का भाग्य, देवता भी नहीं जानते तब फिर मनुष्यों का क्या कहना?

उप उप मुसाहब : सही है। बूढ़ों का क्या? आज मरे, कल दूसरा दिन।

मुसाहब : वही तो। अरे मरना तो सबै को है ही एक रोज। जे मानो कि साँप ही काट लेता या कि नशे में कुएँ में ई गिर पड़ता!

सावित्री : वही तो। जो मर गया वो भी सब लफड़ों से छूटा और हम जो बचे रहे वो भी, मैं तो भैया मरते दम तक असीसें दूँगी कि अपने रामलाल सेठ की हवेली और ऊँची उठे। उनके दरियादिल छोटे सेठ को राजकुमारी बहू मिले।

मुसाहब : हाँ भाई, जैसे तुम्हारे दिन फिरे वैसे भगवान करे सबके दिन फिरें। *(रुककर)* अच्छा उमर क्या होगी तेरी छोकरी की?

सावित्री : *(आशा भर स्वर में पास खिसककर)* यही पन्द्रै सोलै साल की होगी। कोई है अच्छा लड़का निगाह में? अरे उस मुँहजली के हाथ पीले करूँ तो गंगा नहा लूँ भैया?

मुसाहब : लड़का तो है। पर शादी-ब्याह कैसा करने का इरादा है? मतलब खर्चा-पानी।

सावित्री : *(चतुराई से)* अब भैया तुम तो जानकार ठैरे। मेरे आगे-पीछे और कोई नई, यही छोकरी है, सब इसी का है। इसेई सब पकड़ा दूँगी सोना-असरफी सब। मेरा क्या है? जब तलक हाथ-पाँव चलते हैं हवेली में खाने रहने का आसरा हैई, हाथ-पाँव जवाब दे जाएँगे तो दामाद मुँह में तुलसीदल डाल दे बस। पर लड़का कहाँ का है? कैसा है?

[नन्दी लजा कर परे हो जाता है]

मुसाहब : लड़का तो तुम्हारे सामनेई बैठा है। *(उप उप मुसाहब की तरफ इशारा करता है)* मेरा सगा साला है, इकलौता लड़का है। माँ-बाप हैं नई, मेरी घरवाली और मैंनेई पाला है। उप उप के ओहदे पर आ गया है, भगवान ने यूई लीला चलाई तो सालेक में तरक्की पा जाएगा।

सावित्री : *(गौर से देखती हुई)* शक्लो सूरत का अच्छा है, नौकरी ओहदा भी अच्छा है। *(मुसाहब के पैर छूते हुए)* भैया तुमने तो मेरी नैया पार करा दी, लो मिठाई खाओ। *(टोकरी से मिठाई देती है)* तुम्हीं लोगों के लिए लाई थी। अब जब कहो नेग दे के सगाई कर दूँ *(गूढ़ भाव से)* हार तुलवाया था मैंने, चालीस तोले का है। सोना तो तुम जानो ऊँचा ई जा रिया है।

मुसाहब : ठीक है, ठीक है। शुभस्य शीघ्रम्। मैं इसकी बहन से पूछ कर कल ही बता दूँगा। पर जरा ढिंढोरा न पीटियो।

सावित्री : *(मुस्कराकर)* अजी कच्ची गोलियाँ नी खेली हैं सवित्तरी बाई। भाँजी मारने वाले कई हैं। अब ये जानो जब से सोने के कंठे और अशर्फियों के तोड़े की खबर शहर में जा फैली है, तब से पचीसियों रिश्तेदार भोजी, बहिनी, बिटिया कर के मँडरा रहे हैं। बुरे बखत 'ऐ सब्बितो' कैने वालो अब 'कैसी हो सावित्री बाई' कै कै के बात करते हैं। उनके दाँवों में न चलूँगी मैं भी। अब तुम से पुरानी *(मुस्कराकर)* पहचान ठहरी–फिर इस लड़के का ओहदा खानदान सब देख-भालकर बस तुरन्त मैंने तै कर डाला है कि अपनी गंगाबाई को रामजी ने येई सिरजा है। पर ये लो नौशे की रजामन्दी तो हमने तुमने पूछोई नई? अपनी ही कही सुनी में रह गए। क्यों बेटा कोई एतराज?

मुसाहब : नहीं जी, उसे क्या एतराज? दरवाजे आई लक्ष्मी को लौटाये ऐसा गधा नहीं हमारा साला, क्यों?

उप उप मुसाहब : मैं दहेज नहीं लूँगा कहे देता हूँ।

नन्दी : अहो, उत्तम विचार है! इसी में सब का कल्या–

मुसाहब : चुप बे। जिस पत्तल में खाता है उसी में छेद करता है–अरे, हमारे घर लक्ष्मी आ रही है तो तुम्हारी छाती पर साँप क्यों लोट रहे हैं?

उप उप मुसाहब : मैं फिर कहता हूँ, दहेज नहीं लूँगा। अपने छोटे सेठ नहीं कहते हैं कि वे भी बिना दहेज के मन्दिर में शादी करेंगे।

मुसाहब : *(उसे पुचकारकर)* दहेज की बात कौन करता है मुन्ने, ये तो प्रेमोपहार है। नेग-न्योछावर की बात है—उन्होंने हेः हेः प्रेम से दिया, औ' हमने हेः हेः प्रेम से लिया।

सावित्री : ऐ लो, हमारी बिटिया कोई सुपारी की डली है क्या कि यूहीं आए, रूमाल में बाँधा और चल दिए? हैं? *(मुसाहब से)* अब तुम्हीं कहो भैया एक ही तो छोकरी है मेरी। उसकी बारात में भी रौनक ना होवैगी क्या? पास-पड़ोसी, नातेदार सब कहेंगे कि अपनी बारी कंजूसी कर गई सबित्तो। सुन लो—नेग में मैं अँगूठी और चेन दूँगी। अभी से कहे देती हूँ।

मुसाहब : *(स्वगत)* अब अँगूठी और चेन ही नहीं जनम भर चैन से खाने लायक दाम उस कंठे सेई मिल जाएँगे। *(प्रतिवाद करते हुए उप उप मुसाहब से)* तू फिकर न कर। तेरी जीजी और मैं सब देख लेंगे। मेरा तो भाई सावित्री, जरा चार लोगों में उठना-बैठना है। रीत-रिवाज का पालन तो करना ही हुआ। जीजा, बहन का भी नेग होता है पर वो सब बाद की चर्चा कर लेंगे। चार लोग आएँगे ही, उनका मानन-बरतना भी होगा ई। फिर बाजा-गाजा, जेबरात, आतसबाजी का इन्तेजाम—

उप उप मुसाहब : आतसबाजी मुरादाबादी।

सावित्री : बस जीते रहो भैया, इस हवेली ने तो मेरे सारे दुःख दूर कर डाले। तुम जो कहो सो दूँगी। कोई कसर नहीं छोड़ूगी। मेरा रोआँ-रोआँ तुम्हें आसीस—

[मन्ना सेठ का प्रवेश। तीनों उठकर खड़े हो जाते हैं। सावित्री बाई सिर ढाँक कर रोते हुए चरण पकड़ लेती है]

मन्ना सेठ : अरे-अरे क्या करती हो बहन?

[मन्ना सेठ इंगित से 'ये कौन?' ऐसा पूछता है]

मुसाहब : हरचरना चौकीदार की बीबी है, भैयाजी—आपको धन्यवाद कहने आई है।

मन्ना सेठ : क्यों शर्मिन्दा करती हो बहन, धन्यवाद? काहे का धन्यवाद? मुझे चाहो जो सजा दो–

सावित्री : सजा पायें हुजूर के दुश्मन–हुजूर के पैर में काँटा न चुभे कभी, इस हवेली का निसान सूरज-चाँद चमकने तक फहराता रहे–

मन्ना सेठ : क्या बात कर रही हो?

सावित्री : *(बिना रुके)* ग़रीब विधवा की असीस कभी खाली नहीं जाती भैयाजी। जुग-जुग जियो। खानदान का नाम रोशन करो–राजकुमारी ब्याह के लाओ...दूधो नहाओ पूतों फलो-फूलो।

[मन्ना सेठ सिर पकड़कर बैठ जाता है। मुसाहब चुपचाप सावित्री बाई को जाने का इशारा करता है। वह टोकरी उठाकर आशीषें देती, बलायें लेती चली जाती है।]

मन्ना सेठ : सब मटियामेट हो गया मित्र! खूँरेज डकैती में भी नेकनामी ही हाथ आई *(छाती पीटता हुआ)* फटता भी नहीं यह कठोर हृदय! *(व्यंग्य से स्वगत)* कहाँ कुलीनता को चीथेड़े कर उड़ाने चला था, कहाँ शहर में तारीफों के पुल बँध गए! कहाँ शोषितों में शामिल होकर कारागार में क्रान्ति का शंखनाद करने वाला था, कहाँ ग़रीबों के ही खून से हाथ रंग कर हवेली में लौट आया! उफ! अपने आप को सह नहीं सकता मैं।

[दीवान जी का प्रवेश। पीछे-पीछे एक थाल में लाल थैली रखे बजरंगी का प्रवेश।]

दीवान जी : छोटे सेठजी, तबीयत तो ठीक है न?

मन्ना सेठ : बस तबीयत भर ही ठीक है दीवान जी। हँसता हूँ कि रोता हूँ, समझ में नहीं आता कि जगा हूँ कि सोता हूँ।

मुसाहब : *(बात टालते हुए)* दीवान जी, ये अशर्फियों का तोड़ा? ये स्वर्णहार?

दीवान : ये राजा साहब की तरफ से छोटे सेठ का इनाम है।

मुन्ना सेठ : इनाम? कैसा इनाम?

दीवान : *(बैठते हुए)* लम्बा किस्सा है। अपने राजाधिराज महाराज जी आधे सिर के दर्द से सालों से परेशान हैं। गए हफ्ते एक संन्यासी ने उन्हें सपने में एक विचित्र दवा बताई कि सफेद गाय का गोबर सिर में लपेटकर ठीक बारह बजे रात पन्द्रह सेकंड को असल अरबी घोड़े की टापें सुनें—पर अब हो ये रहा था कि कम्बख्त घोड़ों की टापें या तो समय पर सुनाई नहीं देती थीं या नस्ल में कमी होती तो टापों का असर नहीं होता। बस पिछले हफ्ते गोबर लगाया ई था कि आपके घोड़े की टाप सुनाई दी। आ हा हा महाराज के कानों में ज्यूँ अमृत बरस गया हो। बस उसी दम हुक्म हुआ कि इस शहसवार का पता लगाया जाए। आपको स्मरण होगा उसी रात को हरचरना बेचारा पैर फिसल के मरा था। कल उसी की बीबी ने मुनादी सुन के भागमभाग आ के बताया कि उसकी मौत की खबर सुन के अरबी घोड़े पर सवार हो आप ही उसे पहले पहले ढाँढस बँधाने चले आए थे। महाराज ने गद्-गद् होकर उसी दम यह प्रशस्ति-पत्र स्वयं लिखा और यह अशर्फियों का तोड़ा और 80 तोले का हार भेजा है—श्रीमान स्वीकार करें।

मन्ना सेठ : *(आँखों पर हाथ रखकर)* नहीं!

दीवान : आपकी कुलीनता और विनम्रता हम सब जानते हैं छोटे सेठ। यह विनय खानदानी लोगों को वैसे ही शोभा देती है जैसे कि...

मुसाहब : सोने को हीरा।

उप उप मुसाहब : बगिया को गुलाब।

दीवान : *(बजरंगी से)* ये मुसाहब जी को पकड़ा दो। अच्छा सेठ जी, मैं चला। धन्यभाग इस राज के, इस हवेली के, जो आप जैसा सपूत उपजा।

मन्ना सेठ : मैं यह नहीं ले सकता। मैंने कुछ नहीं—

दीवान : *(पुचकारते हुए)* पर हम सब जानते हैं, ऊपरवाला जो है सेठ, वो दूध-का-दूध और पानी-का-पानी करता है। हम सब तो निमित्त मात्र हैं।

उप उप मुसाहब : साहब मिठाई लें, मुँह मीठा करें।

[दीवान मिठाई मुँह में रखकर खड़ा होता है]

दीवान : अच्छा छोटे सेठ, जरा बड़े सेठ रामलाल जी को भी बधाई दे लूँ तब चलूँ। नमस्कार।

[प्रस्थान]

[मन्ना सेठ दोनों हाथ ऊपर कर एक करुण गर्जन करता है प्रस्थान। मुसाहब परस्पर पुरस्कार देखते-दिखाते हैं। प्रस्थान]

[नन्दी कुछ रुककर बोलने को उद्यत होता है, फिर जैसे बहुत उलझन में हो, ऐसे सिर हिलाता चला जाता है]

[परदा गिरता है।]

तीसरा अंक

दृश्य : 1

[परदा उठता है। सेठ तथा सेठानी बीच में तखत पर बैठे हैं—सेठ कुछ समझा रहे हैं। सामने बाएँ मुनीम की चौकी है। सम्प्रति खाली।]

सेठ : *(हुक्के का कश लेकर)* तो समझी मन्ना की माँ, हम मन्ना के पिता ही नहीं, एक पूरी परम्परा के प्रतीक हैं—और उसकी मर्यादा निभाना हमारा—

सेठानी : *(उदास स्वर में)* सो तो है नाथ, पर—

सेठ : *(टोके जाने से रोष में)*—पर वर क्या?

सेठानी : *(संकोच में)*—नाथ, मेरा अड़ियल लाल तो न प्रतीक है, न उपमान है,
वो बस दिल का हमदर्द
औ' उम्र का जरा नादान है।
कैसी तकलीफों से ये जाया है,
बड़ी मन्नत से इसे पाया है।
बड़ी गजकेसर कस्तूरी, जायफल जावित्री
काली मिर्ची, सोंठ औ' सरसों की खली कुतरी
पिप्पलादि वटी, काले हरड़े, मुसली धौली,
चाँदी के तराजू में मैंने अपने हाथों खुद तौली॥
कायफल जायफल और गोखरू कल्प किया।
मानी मिन्नत औ' कई बेर गंगाजी में संकल्प किया। तब जाके—

सेठ : *(हँसकर)* तू जननी मन की अति भोली,
नाहक ही घबराती है।
इस सारी लीला के ऊपर
तेरे पति की फौलादी छाती है॥

[मुनीम का प्रवेश, सेठ को प्रणाम करता है। सेठ इशारे से पत्नी को भीतर भेजते हैं—मुनीम बैठता है।]

सेठ : मुनीम जी, वो कालू पासवान की जमीन का क्या किया फिर?

मुनीम : जी जमीन अपने कब्जा में है। काट-पीट के खाता पूरा कर दिया गया है। चकबन्दी वालों ने सलाम भेजा है।

सेठ : हूँ ऽऽ।

[तभी उत्तेजित अवस्था में मन्ना सेठ का प्रवेश। नगर सेठ की मुद्रा निर्विकार है। चेहरे पर कोई उत्तेजना नहीं उनके सुर का ठंडापन और आवेगरहित आत्मविश्वास इस पूरे दृश्य में बरकरार रहेगा। मुनीम जी की हैसियत इस पूरे दृश्य में मात्र तटस्थ दर्शक की है। सारी बातचीत के बीच वे अपना काम करते रहेंगे सिर्फ पूछे गए प्रश्नों का उत्तर देंगे।]

मन्ना सेठ : मैं कहता हूँ पिताजी, आप मुझे जिन्दा भी रहने देंगे या नहीं। *(सेठ चुपचाप बैठने का इशारा करते हैं। कुछ देर अपने प्रश्नों का उत्तर न पाकर मन्ना सेठ हक्का-बक्का सा खड़ा रह जाता है फिर किसी भी कीमत पर उत्तर पाना है ऐसी मुद्रा में शहादत व गहरी अनिच्छा का भाव व्यक्त करते हुए बैठ जाता है। पुनः अपना प्रश्न कुछ आगे झुक कर दोहराता है)*

मन्ना सेठ : मैं कहता हूँ आप और आपके घर वाले लोग इस तरह मेरी राह में रोड़े, मेरी आँखों की किरकिरी कब तक बने रहेंगे?

[सेठ जैसे कुछ सुना ही न हो ऐसी मुद्रा में कुछ देर कुछ गुनता रहता है। अचानक मुनीम से]

सेठ : मुनीम जी, जरा पता करना आज बाजार में माल की आवक कैसी रही? सुना पूरब में चाँदी उछलने के आसार हैं।

मुनीम : जी पता किया था। *(उठकर कागज लेकर कुछ समझाने आ जाता है। सेठ व मुनीम दोनों की मुद्राएँ ऐसी हैं जैसे मन्ना सेठ वहाँ हो ही नहीं।)*

मन्ना सेठ : *(तैश में)* आप पहले मेरी बात का जवाब दीजिए।

[सेठ मुनीम को समझाकर विदा करता है। मुनीम वापिस अपनी गद्दी पर जा बैठता है। सेठ पुत्र की तरफ मुखातिब होता है]

सेठ : क्या परेशानी है?

मन्ना सेठ : *(तड़पकर)* आपके लिहाज से मुझे कोई परेशानी नहीं यही मेरी परेशानी है।

सेठ : मैंने यह तो नहीं कहा कि तुम्हें कोई परेशानी नहीं हो सकती।

मन्ना सेठ : *(हल्की आशा व व्यंग्य से)* अच्छा? मेरी परेशानियों का आपको कोई अनुमान है!

सेठ : यह अटूट सम्पदा, यह सारा तिजारत व्यापार, यह लोकाचार का भार जिसके कन्धों पर जल्द आने वाला हो उसकी परेशानियाँ हम समझ सकते हैं।

मन्ना सेठ : खाक समझ सकते हैं आप। आपकी यह अटूट सम्पदा—यह तिजारत व्यापार, यह लोकाचार का भार आपको ही मुबारक हो। घूरे की तरह आप ही अपनी इस खानदानी दौलत को बढ़ाइए, मैं तो इस पर थूकता हूँ।

सेठ : *(गम्भीरता से)* जरूर थूको बेटा। सम्पत्ति के प्रति अनासक्ति सच्चे नगर सेठ का सबसे बड़ा गुण है। बिना इसके उसका भविष्य निर्द्वन्द्व नहीं।

मन्ना सेठ : क्या बात करते हैं आप?

सेठ : मैं सही कहता हूँ बेटा। छाती पकड़कर हाय-हाय करने वाले और धेला पाई गिनकर दमड़ी सेंतने वाले कभी नगर सेठ नहीं बनते। बहुत हुआ तो खुदरा सेठ भर बन पाते हैं। ऊँचा जुआ खेलने के लिए जैसे ऊँचा दाँव लगा पाने लायक दुस्साहस होना जरूरी है, वैसे ही अटूट सम्पदा बटोरने के लिए हृदय में धन के प्रति एक स्वस्थ वितृष्णा होनी जरूरी है...तेन त्यक्तेन भुंजीथाः। *(कुछ रुककर)* मेरी बात याद रखना बेटा! पतंग ऊँची उड़ानी हो तो डोर लम्बी देनी होती है। *(रुककर)* हमें खुशी है कि हमने डोर लम्बी दी और तुम ठीक दिशा में बढ़ रहे हो।

मन्ना सेठ : नहीं, जिसे आप अपनी मनपसन्द राह समझते हैं, यह उसकी एकदम विपरीत दिशा है—*(सेठ सिर्फ मूक विस्मय से भवें उठाता है)*

मन्ना सेठ : *(उत्तेजना से)* आप कहते हैं कि यह काम उत्तम है, सिर्फ फल हमारे लिए नगण्य होना चाहिए। मैं कहता हूँ कि इससे निकृष्ट कोटि का कोई काम ही नहीं। गादी पर बैठकर ग़रीबों का खून मूल और सूद की नलियों से चूसना, अबलाओं के गहने गिरवी रखकर सूद पर कर्जा देना, और फिर गला दबाकर वसूल करना, इन भूखे-नंगों को आधे पेट मजूरी देकर इनसे हाड़तोड़ काम कराना इससे गन्दा भी कोई धन्धा हो सकता है भला? छिः!

सेठ : अपना धन्धा हम नहीं चुनते बेटा, धन्धा हमें चुनता है, 'उद्योगिनं पुरुषसिंहमुपैति लक्ष्मी' सुना नहीं तुमने क्या? रही नफे-नुकसान की बात, तो बेटा पानी भी अपना स्तर ढूँढ़ कर बहता है—नाव में पानी और घर में दाम बढ़े तो सज्जन दोनों हाथों से उलीचता ही है—छेंकता नहीं। यही लोकाचार है। इन भूखे-नंगों का दुःख दूर करने को ही तो हम उन्हें कर्जा देते हैं।

मन्ना सेठ : यह पट्टी से पढ़ाइएगा जो इस पेढ़ी पर पला न हो। पाँच देकर पचीस वसूल करना—यह कहाँ का न्याय है, और इसमें सहानुभूति का क्या लकार है भला?

सेठ : तो वे ही तो यहाँ आते हैं, बेटा। हम तो उनके पास जाते नहीं। और यदि हम यहाँ न आने दें तो वे और कहीं चले जाएँगे, उनके लिए अपने दारिद्र्य से निष्कृति कहीं नहीं। कर्जा काढ़ना, मुकदमे-बाजी करना, चादर से दूने पैर पसारना ये इनकी जन्मजात आदतें हैं। तुम सेठ को पाँच दो उसका पचीस पैदा कर देगा, इन्हें पाँच दो तो अगले ही दिन उसे गवाँ कर फिर माँगने आ जाएँगे। *(एक हार दिखाता है)* अपना कंठा पहचानते हो? अभी हरचरना चौकीदार की बीवी आधे दाम में गिरवी रख गई है। लड़की की सगाई की दावत देने को पैसा चाहिए। इन ग़रीबों-भूखों पर दया करना व्यर्थ है बेटा। क्यों मुनीम जी, आपकी क्या राय है?

मुनीम : *(वैसे ही कागजों से सिर उठाए बिना)* जिनकी भूख जूठे पत्तलों से बुझ सकती है, उनके लिए ताजा परोसने वाले पागल होते हैं।

मन्ना सेठ : *(उत्तेजना से)* हाँ, हाँ, मैं पागल ही सही। क्या मैं नहीं जानता कि आप सब मुझे सिरफिरा समझते हैं। मुझे रोकिये मत। कहने दीजिए। छिपा-छिपाकर वैद्य जी मेरे दूध में भस्में और चूर्ण मिलाते हैं, मेरे तकिये के सिरहाने गंडे और ताबीज दबाए जाते हैं, मेरे स्नान के पानी में जड़ी-बूटियाँ डाली जाती हैं। सब इसलिए कि मेरा दिमाग ठीक हो जाए? *(उत्तेजना से खड़ा होकर)* मैं कहता हूँ कि मैं नहीं, पागल हैं आप लोग। असहाय की असहायता को भी बेच खाने वाली जोंकें, आप सब—चाहे सेठ हों, या सामन्त या राजा लोग!

[चीखना सुनकर भयभीत सी माँ भी आ जाती है]

सेठ : मुनीम जी, जरा गली वाली खिड़की बन्द कर दीजिएगा। *(पुत्र से)* उत्तेजना स्वास्थ्य और तर्क को नष्ट करती है। बैठ जाओ। बात ज्यादा खींचने से टूटती है बेटा।

[मुनीम का प्रस्थान—माँ मन्ना की पीठ सहलाती है]

मन्ना सेठ : *(माँ से—बैठकर)* और मेरा दम इस सोने के पिंजड़े में घुटता है। और अपनी समझ के मुताबिक जब-जब मैं सीकचों को तोड़कर कुछ अनहोनी करने को आगे बढ़ता हूँ तो हर रास्ता कतई बन्द पाता हूँ। अन्यायी न्याय-व्यवस्था को चुनौती दे सकने को चोरी की, तो पकड़ा जाने के बजाय सात-सात कमरे सम्पदा से भर गए, डाका डाला तो शहर भर में जै-जै कारी फैल गई है, और दीवान जी राजा साहब की ओर से अशर्फियों का तोड़ा भेंट करने चले आए। उफ! मेरा यह जीवन आप लोगों ने कैसा नरक बना डाला है।

सेठ : *(रुककर)* एक बात मत भूलना बेटा! हमसे बढ़कर तुम्हारा शुभचिन्तक कोई नहीं। यह याद रखो कि तुम्हारी नसों का खून हमारी नसों से ही निकला है।

मन्ना सेठ : काश, इस जहरीले खून को ग़रीबों के लिए बहाकर मैं पापमुक्त हो सकता!

सेठ : खून बहाकर इनसान खत्म होते हैं, ग़रीबी नहीं। इन पचास सालों में हम कई ग़रीबी हटाने वालों को आकर जाते देख चुके हैं। ग़रीबी तो शाश्वत है बेटा, दारिद्र्य चिरन्तन है। और सच तो यह है कि जिसके नसीब में दारिद्र्य का भोग लिखा हो, उसे तुम कुछ भी दे डालो, वह दरिद्र ही रहा आएगा। तुम यह अटूट सम्पदा भी इन भूखे-नंगों को लुटा दो, वे चन्द महीनों में अपने असली स्तर पर ही उतर आएँगे। नाली की ईंट चौबारे नहीं चढ़ती बेटा। भिखारिन को महारानी बना दो तो वह महलों के ताखों में भी रोटी रखकर भीख मागेंगी। क्यों मन्ना की माँ आपका क्या कहना है?

माँ : *(सिर झुकाए-झुकाए)*
(पिता से) हुई है सोई जो राम रचि रखा।
(पुत्र से) को करि तर्क बढ़ावे साखा॥

मन्ना सेठ : *(उठते हुए)* मैं करूँगा तर्क और मैं उठाऊँगा आपके इस अकर्मण्य भाग्यवाद के खिलाफ अपनी आवाज़। देखूँगा आप मेरा क्या कर लेते हैं? मेरी ही गलती थी जो मैंने

आपसे विरोध की अपेक्षा की, एक खतरनाक लचीलेपन की नहीं। शक्ति की बुनियाद पर चोट करने की बजाय मूर्खतावश उसके छोटे-छोटे कंगूरों पर ही वार करता रहा मैं। पर अब और मूर्ख न बनूँगा। अब मैं जाता हूँ सीधे केन्द्र की तरफ, वहीं है रावण की नाभि जहाँ इस व्यवस्था को चिरायु रखने वाला अमृत विराजता है। उसी को छेद कर इस दशमुखी व्यवस्था का मैं संहार करूँगा।

सेठ : रामलीला मत करो, न तुम राम हो न महाराज रावण। यह नायक-खलनायक की बात महज तुम्हारा भ्रम है। *(रुककर)* क्या राजमहल जा रहे हो?

मन्ना सेठ : आपको इससे मतलब?

सेठ : हम बेमतलब जवाब तलब नहीं करते!

मन्ना सेठ : तो ठीक है। कान खोलकर सुनिए, मैं इस मुल्क के राजा को ही अपमानित करने उसकी मोती सी आब सरेआम लूटने जा रहा हूँ। चोरी, डकैती का जुर्म तो आपकी व्यवस्था का अजगर निगल गया, पर अब देखता हूँ कि यह बेहरकत आकार कब तक पलटकर मुझ पर वार नहीं करता। आप अपनी सम्पदा भोगिये या उड़ाइए, मुझे मतलब नहीं।

[कुछ देर चुप्पी रहती है। फिर सेठ धीरे से दो बार ताली बजाता है। नेपथ्य से दोनों मुसाहिबों का प्रवेश। धन्ना सेठ उन्हें कुछ धीमे-धीमे समझाते हैं। दोनों सिर हिलाते हैं—तीनों का प्रस्थान। माता पलटते मन्ना सेठ को रोकती है।]

माँ : मन्ना सेठ, एक बात—

मन्ना सेठ : और अब कुछ नहीं सुनना है मुझे! *(जाने का उपक्रम करता है)*

माँ : *(बेबसी से चीखकर)* मैं कहती हूँ तुझे रुकना होगा।

मन्ना सेठ : *(अचरज से पलटकर)* क्या कहा?

माँ : हाँ, आज तुझे सुनना ही होगा! तुझे मेरी सौगन्ध! *(हाथ से बैठने का इशारा करती है)* फिर तू चाहे जो कर।

मन्ना सेठ : *(बैठते हुए)* बोलो।

माँ : दीवार से सिर टकराने से पहले दीवार की ऊँचाई का अनुमान किया है तूने?

मन्ना सेठ : *(झुँझलाकर)* तुम कहना क्या चाहती हो?

माँ : अकेला चना भी कहीं भांड़ फोड़ता है? तू अपने पिता जी को वैसे नहीं जानता बेटा जैसे कि मैं जानती हूँ। तेरे मेरे हर तर्क, हर क्रिया की काट उनके पास पहले से ही मौजूद है। उनकी ताकत जंगल की तरह अथाह है।

मन्ना सेठ : तो वे प्रेत की तरह अकेले भटकें अपनी ताकत के जंगल में। मुझे मतलब नहीं। *(खड़ा हो जाता है)*

माँ : यही कहने को तो आज मैंने तुझे रोका है यहाँ, पच्चीस साल इस चहारदीवारी में काटने के बाद मैंने यही पाया है कि प्रतिद्वन्द्वी की ताकत को कूते बगैर उसका तोड़ नहीं पैदा किया जा सकता। *(नरमी से)* तू अभी छोटा है, नादान है।

मन्ना सेठ : तो तुम तो बड़ी हो, समझदार हो, यह जानकार भी तुमने इस ताकत को चुनौती देने को क्यों नहीं सोची?

माँ : *(व्यंग्य से)* अहं। राह है?

मन्ना सेठ : राह है। मैं ढूँढ़ निकालूँगा वह राह। ताकत के इस भूलभुलैया से बाहर निकलने की राह होनी ही चाहिए।

माँ : *(बात बदलकर)* पर तू यहाँ से बाहर जाना ही क्यों चाहता है? क्या कसर है यहाँ तेरे लिए? लाड़-प्यार, ऐशो-आराम—

मन्ना सेठ : *(तड़पकर)* वह सब तो है माँ, पर दीवारें-दीवारें हैं। तुम अपने इस सोने के पींजड़े को महल मानकर स्वीकार कर सकती हो, मैं नहीं।

माँ : *(भेद भरे स्वर में)* और अगर कहीं इससे भी कीमती और इससे भी सुन्दर एक पींजड़ा तुझे, अकेले तुझे, सदा-सदा को दे दिया जाए तो?

मन्ना सेठ : *(दृढ़ता से)* तो मैं उसे भी ठुकरा दूँगा।

माँ : *(व्यंग्य से)* सच में?

मन्ना सेठ : *(जोरों से)* मौका आने पर खुद अपनी आँखों से देख लेना।

माँ : वह मौका आने पर यह बात याद भी रख पाएगा तू?

मन्ना सेठ : *(दृढ़ता से)* हाँ। हाँ। हाँ।

माँ : *(छिटककर दूर जाती हुई)* तो इस माया से मुक्त होकर जा फिर तू।

[मन्ना का प्रस्थान।]

शुभास्ते संतु पंथानः।

[प्रकाश धीमा होता है। माता स्वगत।]

क्या मैंने यह ठीक किया होगा? *(ऊपर को हाथ जोड़कर)* क्षमा करना राम जी।

[प्रस्थान। परदा गिरता है।]

दृश्य : 2

[स्थान, हवेली का अन्तर्भाग। परदा उठता है तो नन्दी उसी मनुष्य रूप में हवेली के ओने-कोने झाँक रहा है। बाईं तरफ से मुसाहबों का प्रवेश।]

मुसाहब : क्यों भाई परदेसी, फिर भटक पड़े इस ठाँव?

नन्दी : क्या करें भाई, जो यह नाटक यहाँ चल रहा है उसे देखे भी पछताता हूँ, और बिना देखे भी।

मुसाहब : सही कहते हो भाई—
कैसा अजब-गजब का नाटक है
कैसा अजब-गजब का नाता है
कि बेटा बाप से भिड़ने चला तो
अपने आप से जा के टकराता है
क्योंकि
बाप के भीतर आप हो, आपके भीतर बाप,
आप बाप से कोई न बचे हैं, भाँप सके तो भाँप॥
क्यों क्या समझे?

नन्दी : कुछ भी नहीं।

मुसाहब : औ' आपसे टकरा के भी कहाँ जाएगा? ऐसे माँ-बाप कहाँ पाएगा? जो सदा प्यार ही घोलते-पिलाते हैं।
औ' लाड़ ऐसा कि गुलाबजामुन भी, अपने हाथों से छील कर खिलाते हैं।

उप उप मुसाहब : यही तो अपने भैयाजी की तकलीफ है।

मुसाहब : चुप बे।

उप उप मुसाहब : हर बार आप मुझे चुप्पा करा देते हैं। पर आज मैं कह केई रहूँगा कि अपने भैयाजी कोई सिरफिरे नहीं हैं, ना ही

उनका भटकना नादानी है। वो हैं कि इस सबसे छूटकर कुछ होना, बनना चाहते हैं, और आप सब हैं कि उन्हें जबरन बच्चा बनाए रखने पर तुले–

मुसाहब : *(गरजकर)* चुपकर गधे। खबरदार जो तूने छोटे सेठ का पक्ष लिया। बड़े सेठ जू की परवरिश में खोट निकालता है हरामखोर? *(नरमी से)* देख बेटा, वो' सब बातें हमारे-तुम्हारे सोचने और कैने की नहीं। समझा। औकात में रहो, औकात में। बाकी ब्याह का फंदा जो गले में पड़ेगा ना, तो तभी सब समझ जाएगा। भाँड के बच्चे को नकल, औ' ग़रीब के बच्चे को अक्ल सिखानी नई पड़ती, खुद-ब-खुद आ जाती है। समझे!

नन्दी : अहो! क्या विडम्बना है। मति काम नहीं करती कि किसी एक के पक्ष में निर्णय दूँ। एक ओर ममता है, एक ओर समता है। दोनों के अपने तर्क हैं, और मैं जान नहीं पा रहा कि कौन सही है। दिग्भ्रमित मूढ़-सा बैठा मैं मात्र देख भर रहा हूँ। इन्द्रियाँ शिथिल हैं, मस्तक हतसंज्ञा। अहो! विचित्र है यह त्रासदी।

मुसाहब : त्रासदी की बात तुम यूँ करते हो भैया जैसे कि हम तुम उसके बाहर किसी और लोक के हों।

नन्दी : सत्य कहा बन्धु! कहाँ चिरन्तन शोषण के प्रतीक तुम दोनों–

मुसाहब : अहाँ, हाँ हाँ हाँ बन्धु। सुनो सुनो सुनो।
प्यारे भाई न तो मैं कोई प्रतीक हूँ औ' ना ही कोई उपमान हूँ,
औ' ना ही पुस्तकों, बहीखातों का एक बेचेहरा इनसान हूँ,
कि मेरे दिल भी है और गुर्दा भी,
औ' मैं हयादार भी हो सकता हूँ, बेपर्दा भी।
जो मेरे चोट लगती है तो मैं हाय करके रोता हूँ।
औ' मरहम लग जाए तो फिर पलट के जा सोता हूँ॥
मेरे बाएँ बाजू पे एक मस्सा है,
औ' दाहिनी आँख पर चोट का निशान भी,
औ' वैंगन मुझे तनिक भी नहीं भाता,

औ' कई मर्तबे छोड़ चुका हूँ पान भी।
मैं पड़ोसियों की राई से भी जलता हूँ,
और अपने पर्वत को छुपाता हूँ,
औ' आधी हजामत समेत गली में आकर के
अपने पिटे हुए बच्चे को चुपाता हूँ॥
क्यों बे उप-उप?

उप उप मुसाहब : जी हाँ, बजा फरमाया उस्ताद—
ये मेरे जीजा हैं औ' मैं इनका साला हूँ,
चेहरे मोहरे से ठीक, रंगत का जरा-सा काला हूँ,
हर मंगल हनुमान जी के जाता हूँ—
परमल औ' कद्दू के सिवा सभी कुछ तो खाता हूँ।
यूँ दर्जा मैं बीबी को ही नम्बर एक का दूँगा।
औ' बदले में गिनगिन के नेग बत्तीसों लूँगा॥

नन्दी : अहो, एक पल इस संसार के यह विचित्र घात-प्रतिघात मन में बिराग जगाते हैं, पर दूसरे ही पल इन सबों पर न जाने क्यों एक गहरा मोह उमड़ आता है, और मन कहता है यही सच है। जानता हूँ स्वामी हँस कर कहेंगे कि यह तेरे मन का विकार है, पर क्या कहूँ, इतने युग मसान में रहकर भी फक्कड़ बैरागी बन इससे दूर खड़ा नहीं रह पाता हूँ।
लहरों के राजहंस-सा मैं ऊभ चूभ होता हूँ,
एक आँख हँसता हूँ औ' एक आँख रोता हूँ॥

[नेपथ्य से नक्कारे की ध्वनि। मुसाहिब इंगित से नन्दी को चुप रहने का इशारा कर उसे अपने साथ स्टेज के पृष्ठभाग में ले जाते हैं। फिर बाईं ओर से तीनों का भीतर प्रस्थान। बड़े सेठ रामलाल सेठ का चिन्ता में प्रवेश। बीच में बैठकर मुसाहब को पुकारते हैं। मुसाहब का प्रवेश।]

मुसाहब : बुलाया था अन्नदाता?
सेठ : हाँ, कुछ बात हुई थी उधर?
मुसाहब : हुई थी अन्नदाता।

सेठ : क्या?

मुसाहब : *(तनिक असमंजस से इधर-उधर ताकता है)* वो, तनिक—

सेठ : निःसंशय होकर कहो। इस अन्तःपुर से बात बाहर नहीं जाएगी।

मुसाहब : *(तनिक पास आकर)*—भयावह विचार उपजा है अपने मन्ना जू के हृदय में।

सेठ : हूँ। तो तुम्हें क्या आदेश हुआ है उसका?

मुसाहब : अन्नदाता, उन्होंने हमें राज प्रासाद में प्रवेश कर छल अथवा उत्कोच से महाराजा जू का दैनिक कार्यक्रम घड़ी-घड़ी के हिसाब से ज्ञात करने को कहा है।

सेठ : हूँ। तो?

मुसाहब : अब जैसी आपकी आज्ञा हो?

सेठ : इस दुस्साहस के प्रति हमारे मन में आदर है—उसकी आज्ञा का अक्षरशः पालन करो। जाओ।

[मुसाहबों का प्रस्थान, सेठ आगे आते हैं। दर्शकों से।]

सेठ : दुस्साहस की यही मात्रा हमें इच्छित है और इसे ही जगाने को यह ढील हमने अपने पुत्र को जान-बूझकर दी। अब इस दुस्साहसी ऊर्जा का वेग हम समय आने पर बाँध बनाकर अपनी इच्छित दिशा में मोड़ लेंगे।
लीक छोड़ि तीनहि चलै
सायर सिंह सपूत॥

[प्रस्थान। बाएँ से नन्दी का प्रवेश।]

नन्दी : अहो, चक्र के भीतर चक्र छिपे हैं इस जगत में। सत्य कहते थे स्वामिन् कि यह कार्य-व्यापार मेरी मोटी बुद्धि के परे है। वाह री मनुज लोक की लीला! क्या वहीं चलूँ अन्तरिक्ष में अपने स्वामी के पास, औ' अब वहीं से शेष लीला देखूँगा। वैसे भी नाटक का अन्त ज्ञात होने पर सहज उत्सुकता की धार कुछ क्षीण हो ही जाती है।

[मुसाहबों का दाँई ओर से पुनः प्रवेश]

मुसाहब : क्यों भाई परदेसी, जाने की तैयारी है क्या? अरे, रुक भी जाओ भाई–

नन्दी : *(निःश्वास लेकर)* अब चल ही दें बन्धु, रहना नहीं, देस बिगाना है।

उप उप मुसाहब : भाई साहब कुछ उदास से हैं आज।

मुसाहब : *(हँसकर)* क्यों भाई, अपनी करुणा का बोझ नहीं सह पा रहे क्या?

नन्दी : नहीं, यह तो होना ही था।

उप उप मुसाहब : भावुक हैंगे।

मुसाहब : चुप बे। *(गम्भीरता से नन्दी से)* बुरा मत मानना भैया। चार दिन साथ रह लिए तो जरा जानो तुमसे ममता-सी हो गई। तुम यहाँ के रहने वाले नहीं हो न, जभी इतनी जल्द-जल्द उखड़ गए–अभी ये जानो कि ये तो रोज का चक्कर हैगा। अरे अभी चारेक दिन में सब ऊफान बैठ जाएगा।

नन्दी : *(किंचित व्यंग्य से)* हाँ बन्धु, तुम ठहरे दुनियादार, और हम हुए नासमझ परदेसी–पर आहा उस बेचारे बच्चे की भोली सूरत आँखों में और उसके पिता की कुटिल बातें कानों में आती हैं तो हृदय पर आघात-सा होता है और बन्धु तुम भी–

मुसाहब : *(हँसकर)* हम भी पिता की ओर हो लिए यही न? अरे भाई दूसरे के फटे में पैर देने वाले हम कौन? बाप-बेटे का झगड़ा है, कल को बाप-बेटे राजी तो तीसरा बनेगा पाजी–हमें सेठ के बच्चे की ही नहीं अपने बच्चों की भी तो अगाड़ी-पिछाड़ी सुझानी है, है कि नई? *(उप उप मुसाहब का आलिंगन करता है।)*

उप उप मुसाहब : *(व्यंग्य से हाथ झटककर)* हमसे क्यों पूछते हो? तुमई तो खेल के अगुआ बने रहते हो हरदम!

मुसाहब : अरे मूर्ख! ये जो खेल है ना बन्धु, इसमें अपनी तो पाली ही नहीं आती–और जब तक नियम समझें न समझें मैदान छोड़ने का ही समय हो जाता है, क्या समझे? *(दोस्ताना भाव से नन्दी की पीठ पर धौल जमाकर)*

नायक-खलनायक की तलाश छोड़ दो भाई—इस देस में जो-जो खेल में शामिल हैं सबके सब अपने-अपने नायक हैं, और अपने-अपने खलनायक और सब-के-सब अपनी ही आवाज़ का पीछा करते हैं, जैसे कोई पिल्ला अपनी दुम के पीछे भागता है। वे जो सुखी हैं तो दुःखी होना चाहते हैं और हम जो दुःखी हैं सो सुखी होना चाहते हैं। पूछो क्यों? सो इसलिए कि—

उप उप मुसाहब : *(उदास स्वर में)* जब हम सुखी हो जाएँ तो फिर दुःखी होने की इच्छा करें।

मुसाहब : बिल्कुल ठीक। क्या समझे भाई?

नन्दी : *(विवश-सा सिर हिलाता है)*—यही समझा बन्धु कि मनुष्य-लोक का यह नाटक मेरी समझ के तो परे है—पर मन के नहीं—भीतर मन कहीं कहता है—सत्य है, सत्य है, यद्यपि समझ पूछती है क्या? क्या? शायद ठीक ही कहते हो बन्धु, अन्त तक रुक जाने से क्या पता स्थिति का सत्य उजागर हो ही जाए!

मुसाहब : *(जोरों से हँसकर)* दिल के बुरे नहीं हो मूर्ख, पर अकल में एकदम बछिया के ताऊ। अरे समझने को रखा ही क्या है—सत्य तो यही है कि हुई है सोई जो—

उप उप मुसाहब : राखा *(दोनों जाने लगते हैं)*

नन्दी : बन्धु—

मुसाहब : *(खिजलाकर)* क्या है यार अब?

नन्दी : मुझे रोककर स्वयं किधर चल दिए? बड़े व्यस्त हैं क्या?

मुसाहब : व्यस्त नहीं पस्त हूँ यार। मैं तो ईश्वर से यही मानता हूँ कि भगवान गधे का जनम दे दे पर मुसाहब न बनाए किसी को।

(इशारे से छोटे से पूछता है) अब ये देखो *(कागज दिखाता है)* अपने मन्ना सेठ जू का हुकुम।

उप उप मुसाहब : भैयाजी ने महाराज की दिनचर्या मँगाई है, घड़ी-घड़ी के हिसाब से।

नन्दी : क्या? क्या लिखा है इनमें?

मुसाहब : हाँ भाई...ये देखो—अब भैयाजी हुक्म दें तो हम भला टाल सकते हैं? मिनट-मिनट का हिसाब लिखकर लाए हैं हम लोग। नेम वक्त के अपने महाराजाधिराज जी तो ऐसे पाबन्द हैं कि धूप-घड़ी मिला लें। वे उनमें नहीं जो दिन चढ़े उठें और रात गए सोयें। एकदम तपस्वी हैं अपने महाराजाधिराज। आप बैठें हम पूरी फेहरिस्त पढ़ते हैं।

[मुसाहब व उप उप मुसाहब बारी-बारी तेजी से पढ़ने का उपक्रम करते हैं। एक-दूसरे से कागज झपटते हैं। अन्त में उकताकर।]

मुसाहब : हम साले सब गधे हैं।

[नन्दी नासमझ-सा सिर हिलाता है। सबका प्रस्थान। परदा गिरता है।]

दृश्य : 3

[प्रकाश–दृश्य–महल। नेपथ्य में गायन।]

महाराज के राज में धरती कधक होय।
जित-जित स्वामी पग धरैं, तित-तित हीरे होंय।
तित-तित हीरे होंय, शत्रु सब मुँह की खोयें।
प्रजा करे सुख चैन, वैरी सब पीठ दिखायें॥
पीठ दिखायें शत्रुजन, औ' कीर्ति की झकझक
होय। महाराज...इत्यादि॥

[मन्ना सेठ का प्रवेश]

मन्ना सेठ : कहाँ गया इस राज्य का वह मर्यादापुरुषोत्तम महामहिम अधिपति? आज मैं तेरी उस मर्यादा को चूर-चूरकर उसे धूल में लथेड़ने आया हूँ। मैल से बिजबिजाती इस सत्ता के टुकड़खोरों, कान खोलकर सुन लो, मैं नगर सेठ रामलाल धन्ना सेठ का कपूत श्यामलाल मन्ना सेठ पहले तुम्हारे उस लक्ष्मी के लखूखे स्वामी को यहाँ *(स्टेज का कोना दिखाता है)*, उसके चौपड़ खेलने के कमरे से घसीटता हुआ लाकर पटकूँगा। फिर देखता हूँ तुम्हारे कारागारों के दरवाजे मुझे भीतर करते हैं कि नहीं!

[एक क्षण रुकता है। कतई सन्नाटा। फिर मन्ना सेठ झटके से भीतर जाकर महाराज को घसीटता हुआ ला पटकता है। पीछे-पीछे रानियाँ, राजक़ुमारी घबराई हुईं। दूसरी तरफ से मुसाहबों समेत धन्ना सेठ का आना।]

महाराज : ये क्या धृष्टता है?

[नेपथ्य से भयावह दीवार गिरने की आवाज और शोर/पाँच-छः लोग दौड़कर स्टेज पर आते हैं उनमें सेठ, दोनों मुसाहब तथा दीवान जी भी हैं।]

दीवान : अहो भाग्य महाराज, आप सकुशल हैं। आज मन्ना सेठ ने राज्य की लाज पुनः रख ली महाराज। आपके चौपड़ खेलने के कमरे की पूरी दीवार भहरा कर गिर गई। कोई भी वहाँ होता तो दबकर–

[राज कन्या कानों पर हाथ रखकर चीत्कार करती है। रानियाँ उसे चुप कराकर मन्ना सेठ के चरणों पर लौट जाती हैं–मन्ना सेठ को जैसे साँप सूँघ गया हो। भीड़ से, वाह-वाह कोई पहुँचे, फकीर हैं, 'इसे कहते हैं जाको राखे साँइयाँ–' 'अहो! ऐसे सन्त के दर्शन पा आज जन्म धन्य हुआ' आदि बातें सुनाई देती हैं। भीड़ में कहीं नन्दी भी रहेगा]

महाराज : *(प्रकृतिस्थ होकर)* आयुष्मन्। हमें समझ नहीं आता कि क्या कहकर आपको धन्यवाद दें।

मन्ना सेठ : हाँ? क्या? धन्यवाद? नहीं-नहीं कुछ कहने की जरूरत नहीं। मैं तो आपको अहित पहुँचाने आया था। आपका अपमान करने, आपको धूल में घसीटने, अब भेजिए मुझे कारागार। *(छाती ठोककर)* और मैं छाती ठोककर कहता हूँ कि मैं नगर सेठ रामलाल धन्ना सेठ का पुत्र श्यामलाल मन्ना सेठ हूँ। अब भेजिये अपने सैनिकों को कि मुझे पकड़कर कारागार...

महाराज : कारागार की बात कौन कर रहा है तात! तुम्हें तो हम जो भी प्रशंसा दें, मान दें, कम है।

बड़ी रानी : *(रोती हुई)*–महानुभाव, आपने हम तीनों के सुहाग को उजड़ने से बचा लिया, आप हमारे पूर्वकृत सुकृतों का फलीभूत अवतार हैं।

[भीड़ में से एक आवाज़–'मैंने कही न थी कि अवतारी पुरुष हैं।']

मँझली रानी : ऐसे महानुभावों की तो चरण-रज धोकर पीनी चाहिए।

[पैर धोने का उपक्रम करती है—मन्ना सेठ इधर-उधर एक टाँग पर कूदता है]

छोटी रानी : मेरे मायके में एक गारिया बाबा ऐसे ही पहुँचे हुए पीर फकीर थे। जिसे गाली दे दें उसका तो मानो जीवन ही कृतार्थ हो गया। जिसे कोढ़ी होने का शाप दें वो चंगा हो जाए, बाँझ होने का शाप दें तो पूतों से आँगन भर जाए, दरिद्री होने की गाली दें तो अटूट सम्पत्ति मिल जाए। पीर और भगवान के तो असंख्य रूप होते हैं। लोग उनके पीछे-पीछे भागते थे कि बाबाजी एक गाली दे दें।

मन्ना सेठ : *(चीखकर)* तुम्हारा समूल सर्वनाश हो अहंकारी।

[राजा व रानियाँ कृतकृत्य होकर हाथ जोड़ते हैं।]

मन्ना सेठ : तुम्हारी बेटी आजन्म अनब्याही रहेगी, तुम्हारा राज छिन्न-भिन्न होगा, तुम कुत्ते की मौत मरोगे।

बड़ी रानी : आपके मुँह में घी-शक्कर स्वामी जी—

मन्ना सेठ : ओफ्फोह! मैं आपके हाथ जोड़ता हूँ। मुझ पर हँसिए मत। मेरा विश्वास कीजिए, मैं न कोई स्वामी महाराज हूँ न ही कोई पीर-फकीर। मैं तो सिर्फ दीन-दुःखी-शोषित लोगों का एक साधारण पक्षधर हूँ। मैं, मैं एकदम साधारण आदमी हूँ—कुछ भी तो गुण नहीं मुझमें—मैं मूर्ख—मैं—

भीड़ से एक आवाज़ : बाबाजी, एकाध गाली हमें भी।

मन्ना सेठ : *(सिर पकड़कर)* ओह! इनका यह मिथ्या जाल सहा नहीं जाता।

(चीखकर) पृथ्वी, तू फट जा। पाताल, तू अपना हृदय विदीर्ण कर। हे अतल गगन के शून्य, तू अंगार बरसा!

भीड़ : आमीन।

मन्ना सेठ : उफ्! मेरी मूर्खता। *(रुककर)* शब्द! शब्द! आडम्बर भरे विराट् कपटी शब्द! और मैं था कि समझा तक नहीं *(स्वगत)* कि यह सब छलावा है—एक सपना, जिसमें

अपना ही रूप, अपने ही शब्द, अपनी ही प्रतिध्वनि–हमें छलते चले जाते हैं। अपनी ही आवाज़ का पीछा करता रहा मैं लगातार। अपने को एक विराट् दैवी अजूबा मानता हुआ। जो सज़ा मुझे अपने इस दर्प की मिले कम है। *(पलटकर)* और अब मुझे इस आडम्बर की जो चाहे सजा दो–मुझे कोड़ों से पीटो, रस्सियों से बाँधकर भागते घोड़े के पीछे घसीटो, खौलते तेल के कढ़ाव में डालकर मेरा चाम उतार लो। कोई कुछ करो, मुझ जैसे को विश्वास दिलाने को कि कानून अन्धा नहीं है।

[चुप्पी]

महाराज : सच कहते हैं आप हे तात! कानून अन्धा नहीं है और न ही मनुष्य के हृदय से कृतज्ञता का गुण लुप्त हुआ है– *(घोषणा करते हुए। दायाँ हाथ उठाकर)* हम आज जन साधारण के सामने सच्चे हृदय से घोषणा करते हैं कि यौवन के इस श्रेष्ठतम रूप, इस नरपुंग, श्रेष्ठिकुल चन्द्र को हम अपने प्राण बचाने के उपलक्ष में मुँहमाँगा पुरस्कार देंगे। *(साधुवाद, करतल ध्वनि। मन्ना सेठ कान में उँगली देता है)* माँगो, क्या माँगते हो भद्र। इस अत्यधिक कीर्ति विमुख विनयशीलता से विमुक्त होओ, माँगो।
(धन्ना सेठ से) अहो धन्यभाग्य नगरश्रेष्ठित, आपको देखने का स्वाभाविक सुख आज आपके पुत्ररत्न की यशोगाथा से मिलकर द्वि-गुणित हुआ *(सेठ का आलिंगन करते हैं)*–आपका यह कुलभूषण माँगने से लजाता है, कीर्ति-गान करने से भागकर पीछे छिपता है।

धन्ना सेठ : जन्मना अत्यधिक विनयी और संकोची है महाराज!

महाराज : अहो धन्य हैं आप, धन्य है वह वीर-प्रसू माता जिसने इस नररत्न को जन्म दिया। माँगो तात, माँगो! हमारा हृदय-वारिधि अपनी अतुलित सम्पदा इन सुकोमल चरणों में लुटा देने को आकुल है। माँगो, क्या चाहिए–मेरा आपर्वत समुद्र यह सम्पूर्ण राज्य, मेरे पूर्वजों की जोड़ी यह अथाह धनराशि, राज्य का महामात्य-पद अथवा *(रुककर*

अपनी पुत्री के कन्धे पर हाथ रखकर) हमारी हृदयनन्दिनी एकमात्र दुहिता।

धन्ना सेठ : तात बोलो तो, यह देखो, भाग्यलक्ष्मी तुम्हें अंक में लेने को आकुल है। इस समय मौन रहना नियति का उपहास करना है। बोलो, क्या चाहिए तुम्हें?

मन्ना सेठ : *(स्वतः)* मैं इस समय पूर्णतया हतसंज्ञ हूँ। जानता नहीं कि पृथ्वी पर खड़ा हूँ या कि उजड़े आकाश में सूखे बादल-सा तिरता हूँ। जानता नहीं कि हृदय-विदारक चीखों से यह बहरी दिशाएँ गुँजा दूँ या एक अन्तिम विकराल उद्दंडता से इनके इस—पूरे आडम्बर भरे माहौल को टुकड़े-टुकड़े कर दूँ।

महाराज : वीरवर हर दृष्टि आप पर जड़ी है, हर हृदय आपके बोलने की प्रतीक्षा में है। आज्ञा करें कि आपके अतीव प्रशंसनीय कार्य के पुरस्कार स्वरूप आपको क्या दिया जाए? बोलिए स्वामी जी *[मन्ना सेठ अचानक उछलकर खड़ा हो, अपनी तलवार की नोंक से राजा की पगड़ी उछालता है। अट्टहास करता है।]*

मन्ना सेठ : ले, यह चाहिए था मुझे। ले...ले...ले....अद्वितीय शौर्यबल सम्पन्न, देवानां प्रिय प्रियदर्शी महामहिम सूर्यवंशी महाराज! तेरी मर्यादा की ऐसी की तैसी करना चाहता हूँ मैं सरेआम—भरी सभा में।

[पैर से जूता निकालकर पगड़ी में तड़ातड़ मारता है सात तक गिनता हुआ। सभा में एक क्षण को सुई टपक सन्नाटा। फिर भारी कोलाहल—'मारो'। 'पाखंडी', 'इज्जत लूटी' इत्यादि शब्द। धन्ना सेठ की कनखी के इशारे से भीड़ चीरते मुसाहब पगड़ी तलवार से उठा लेते हैं, नोक से उसके भीतर टटोल कर एक सर्प निकालते हैं।]

मुसाहब : महाराज, खिन्न न हों—आज इस नरश्रेष्ठ ने दोबारा आपकी प्राण रक्षा की है।

महाराज : क्या?

उप उप मुसाहब : हाँ महाराज, यह रहा जहर बुझा घातक पीवणा साँप। जिसकी उसाँस से ही मनुष्य के प्राण-पखेरू उड़ जाते हैं।

एक दरबारी : शिव-शिव! इस जाति के साँप का काटा तो पानी नहीं माँगता।

दूसरा : और तो और इसकी तो साँस का जहर भी आदमी को मारने के लिए काफी है।

एक बूढ़ा : *(पास आकर)* महाराज बधाई लें। अपनी बयासी वर्ष की अवस्था में इस साँप के काटे से बचा मैंने कोई न देखा। आज तो आप यूँ जानें कि इन्होंने साक्षात् यम के पाश से आपको मुक्त किया है। धन्य हैं आप भगवन्।

[रानियाँ फिर पैरों पर जा गिरती हैं। मन्ना सेठ मूर्छित होता है। राजकन्या चीखती है। फिर रानियों समेत तीमारदारी में लगकर पंखा झलती हैं।]

धन्ना सेठ : *(गला साफकर)* राज परिवार उद्वेलित न हो। यह आनन्दातिरेक की क्षणिक मूर्छा है। प्रस्ताव हमें मान्य है।

[महाराज का आलिंगन, दरबारियों की जुहार—पृष्ठभूमि में शहनाई।]

महाराज : अहो। इन वीरवर को हमारे सिंहासन पर विराजमान करें।

[मुसाहब तथा बड़े सेठ मन्ना सेठ को उठाने का उपक्रम करते हैं, किन्तु वह छिटककर दूर खड़ा हो जाता है क्रुद्ध मुद्रा में]

धन्ना सेठ : *(घबराये स्वर में)* महा-महाराज इन्हें अब सगाई का कंकण तुरन्त बाँध दें। शुभस्य शीघ्रम्। महाराज का मांगलिक प्रस्ताव हमें मान्य है।

मन्ना सेठ : *(स्पष्टता से)* पर मुझे नहीं। *(चुप्पी)*

धन्ना सेठ : *(खिसियाहट छिपाते हुए)* हें-हें—यह जन्मना अत्यधिक विनयी व भावुक है महाराज—लज्जावश कुछ...

महाराज : *(हँसकर)* हम सब समझते हैं श्रेष्ठिवर! इस आयु में गुरुजनों के सम्मुख विवाह का प्रसंग उठने पर युवाजन

प्रायः लज्जावश कुछ का कुछ कह जाते हैं। फिर आपके पुत्र की अत्यधिक कीर्तिविमुख विनय-शीलता तथा संकोच तो हम देख ही चुके हैं। *(सबसे)* हम सोचते हैं, इस क्षण पिता एवं पुत्र को एकान्त की आवश्यकता है। *(मन्ना सेठ से)* तात! आप अपने परम विवेकशील पिताश्री से निःसंकोच विचार-विनिमय कर अपनी समस्त चिन्ताओं का शमन करें। तत्पश्चात् मांगलिक बेला में हम सब पुनः एकत्र होंगे। *(पुत्री व रानी से)* चलो भद्रे। अहो! अभी मही वीरविहीन न हुई।

[सब का प्रस्थान। केवल सेठ, मन्ना तथा दोनों मुसाहब रह जाते हैं। सेठ मुसाहब से कुछ कहते हैं। मुसाहब समझदारी से सिर हिलाता है, फिर झुक कर मरा साँप तथा मन्ना के जूते उठाकर उप उप मुसाहब को आने का इशारा कर चला जाता है। उप उप मुसाहब कुछ ठिठकता है, फिर स्पष्ट अनिच्छा से उसका प्रस्थान]

[धन्ना सेठ तेजी से पुत्र के पास जाकर इधर-उधर झाँकता है। इस पूरे दृश्य में उसका स्वर क्रमशः ऊँचा व मुद्राएँ नाटकीय होती जाएँगी, और उसकी तुलना में पुत्र का व्यवहार तथा स्वर ठंडा तथा सहज होता चला जाएगा। सेठ धीमे पर उत्तेजित स्वर में पुत्र से।]

धन्ना सेठ : यह सब क्या है? हम पूछते हैं कि यह किस नई मूर्खता की शुरुआत है? जिस राज्यलक्ष्मी पाने को लोग एड़ियाँ रगड़ते मर जाते हैं, वह स्वयं तुम्हारा वरण करने को आतुर हैं, और तुम हो कि...

मन्ना सेठ : मैं इस सब के बारे में अब और बात नहीं करना चाहता, आपका यह नाटक आप ही सँभालें—मैं चला—

सेठ : खूब। अब आप नाटक की बात कर रहे हैं? *(रुककर व्यंग्य से)* स्वामी जी!

मन्ना सेठ : *(तड़पकर)* देखिए, आप मेरी बातों से सहमत हों न हों, जो हो चुका है उसकी याद दिला कर मेरा उपहास करने का आपको अधिकार नहीं।

सेठ : अच्छा? *(क्रोध से)* और उन सबको है? तुम्हारी प्यारी उस सर्वहारा भीड़ को जो तुम सोचते हो फूलमाला और आरती लेकर बाहर तुम्हारे लिए पलकें बिछाए खड़ी मिलेगी? सच क्या है, कभी स्वीकार किया है तुमने? इससे भी कड़वा उपहास करेंगे तुम्हारा वे लोग, तुम्हारी इस लिजलिजी बिना रीढ़ की भावुकता का। वे जिन्हें तुम बेजुबान और शोषित दरिद्र नारायण के रूप में भजते आए हो, इस मंच के बाहर खूँखार पशुओं की तरह ताक में फैले हुए हैं कि यहाँ से, हमारे झुंड से बिछड़कर कोई बाहर आए तो सही। चीर डालेंगे वे तुम्हें अकेला पाकर। उनकी प्रतिहिंसा और तुम्हारी खाल के बीच हमारी दौलत ही है जो कवच बन कर खड़ी है। एक बार तुम इस कवच के बिना बाहर निकले नहीं कि टूट पड़ेंगे वे सब तुम पर। धरी की धरी रह जाएँगी तुम्हारी मीठी शिक्षाएँ, टूट जाएगा सब कुछ—तुम्हारा तन, तुम्हारा मन, तुम्हारा विश्वास—

मन्ना सेठ : तो टूटे। एक बार ठीक तरह टूटे मेरा वह सब जो मुझे अब तक झूठमूठ छलता रहा है।

सेठ : तो टूटो। खाओ चोटें। पर याद रखना हम कतई भागीदार न होंगे तुम्हारे उस सार्वजनिक अपमान के। तुम अगर बाहर जा ही रहे हो तो जान लो कि आज से तुम अकेले हो। एकदम अकेले। हम से जुड़कर ही तुम इस सब से जुड़े थे। हमसे टूटकर तुम इस सब से सदा-सदा को टूटते हो—यहाँ का कुछ भी नहीं जाएगा तुम्हारे साथ।

मन्ना सेठ : तो फिर ठीक है, खत्म हो वह नाटक और विसर्जित हो यह सभा।

सेठ : महाराज को क्या उत्तर देंगे हम, कभी यह भी सोचा है तुमने?

[मुसाहब का प्रवेश।]

मन्ना सेठ : अपने इस नाटक के तो सारे प्रश्न भी आप ही निर्धारित करते हैं—उत्तर भी। समय, स्थान और पात्र का विचार कर जो उचित समझें कह दीजिएगा—वह क्या होगा, आप ही जानें—

सेठ : और तुम्हारी बेचारी माँ? उसके बारे में सोचा है तुमने? उससे हम क्या कहेंगे?

मन्ना सेठ : *(जाते-जाते)* कह दीजिएगा कि मौका आने पर बात याद रख पाया था मैं।

[प्रस्थान। उप उप मुसाहब का प्रस्थान। टूटे हुए सेठ और मुसाहब का अलग-अलग दिशाओं में प्रस्थान। स्टेज के बीच में नन्दी का प्रवेश।]

नन्दी : स्वामी ही जीते अन्ततः हम हारे फिर एक बार। सत्य है इस नाटक का नायक-खलनायक, निर्देशक और दर्शक सब कुछ मनुष्य ही है, जो निरन्तर सुखी-दुःखी होकर दुःखी-सुखी होता रहता है और सच तो यह है कि यही उसे अच्छा भी लगता है। तो वहीं चलूँ अब अपने स्वामी के पास। *(प्रस्थान)*

[परदा गिरता है।]

आदमी जो मछुआरा नहीं था

प्राक्कथन

'आदमी जो मछुआरा नहीं था'—एक दुःखान्त नाटक लिखने का मेरा पहला अनुभव है। एक निहायत निजी पारिवारिक माहौल में उगता इसका कथानक अन्ततः बाहरी दुनिया के विशाल समुद्र में जा मिलता है। कुछ बन्धुओं को नाटक की शुरुआत के इस 'घरेलूपन' को लेकर आपत्ति थी। पर जैसा कि मैं एकाधिक जगहों पर एकाधिक बार कहती रही हूँ, बाहर की दुनिया में जो कुछ भी है, वह वही है, जो घरों की भीतरी दुनिया से बह-बहकर उसमें कभी न कभी जाता रहा है, इसलिए हम चाहें घर के भीतर की स्थिति को परख रहे हों, या घर-बाहर की, उन्हें अलग कर ही नहीं सकते।

एक समय था जब घर-बाहर का यह अन्योन्याश्रित द्वैत बड़ी ईमानदारी से लोक और रसिक-गुणीजन दोनों स्वीकारते थे। तब एक ओर निजी और दूसरी ओर वृहत्तर सामाजिक सरोकारों से जुड़ी हुई, नाटक समेत कला की सभी शाखाएँ स्वस्थ थीं, और समाज के हर वर्ग से मजबूती से गुँथी हुई भी। हमारे समय में बाहरी और घरेलू दुनिया को अलग-अलग कठघरों में बाँटकर देखे जाने का जो ढर्रा चल निकला, वह कालान्तर में कला और समाज दोनों की ही सही समझ और कार्यकारणात्मक समीक्षा की सम्भावना को नष्ट करता चला गया।

इस रचना का पूरा घटना-लोक और पात्र अति परिचित होने की भयावहता लिये हैं, तो यह अनायास नहीं, और न ही यह बात, कि उन पात्रों के विकास और बाहरी जीवन की नाल अनिवार्यतः उनके घर के अँधेरे से ही जुड़ी हुई हैं। इसे स्वीकार न करना इस नाटक की त्रासदी से कम बड़ी त्रासदी न होगी।

—मृणाल पाण्डे

पात्र-परिचय

पिता
माता
दादाजी
पति (नन्ददुलारे)
पत्नी (रुक्मिणी)
पुत्री (ममता)
मिश्राजी
रिपोर्टर (जिमी)
दो बूढ़े तथा एक बूढ़ी—(कोरस)
फोटोग्राफर (बनी)

[नाटक का पूरा कार्यव्यापार एक ही कमरे में घटित होगा। यह एक बड़ा दीवानखाना है, जिसके दो भाग हैं। एक—सामने का अपेक्षाकृत बड़ा भाग जहाँ सज्जा पाश्चात्य है। दो—पीछे का इससे कुछ छोटा तथा ऊँचा भाग, जहाँ एक ठेठ हिन्दुस्तानी बैठक है, तख़्त मय गाव तकिये के, या एक चाँदनी, जिस पर कुछ सामान अस्तव्यस्त पड़ा है। कमरे का आगे का भाग पूरे नाटक के दौरान जितना ही सुव्यवस्थित रहेगा, पृष्ठभाग तकरीबन उतना ही अस्तव्यस्त, पत्नी रुक्मिणी इस भाग को जब भी सम्भव हो, व्यवस्थित करने की चेष्टा करती रहेगी। पर इसके बावजूद यह दोनों हिस्से स्पष्ट रूप से एक ही कमरे के अंग हैं, दो अलग-अलग कमरे नहीं।

सबके पीछे तीन बड़े लकड़ी के फ्रेम खड़े होंगे, जिनके बीच में एक-एक हत्थेदार कुर्सी रखी होगी। इन कुर्सियों पर दो बूढ़ों के बीच एक बूढ़ी बैठी होगी। यह कोरस का काम करेंगे—तीनों की वेशभूषा

सफेद है। गले में ज़री के हार हैं, और माथे पर तिलक। ज्यों-ज्यों नाटक के दौरान तीनों अन्य बूढ़े लोग यानी दादाजी, पिता व माता दिवंगत होंगे, वे अगले दृश्य में इन कुर्सियों पर क्रमशः इन बूढ़ों की जगह बैठे नज़र आएँगे। तब उनके गले में वही ज़री का हार होगा और माथे पर रोली का तिलक। वे स्थिर मुद्रा में फोटो की तरह अन्त तक बैठे रहेंगे।]

पहला अंक

दृश्य : 1

[परदा उठता है, पहले सिर्फ़ एक प्रकाशवृत्त पत्नी रुक्मिणी को स्टेज के पीछे के भाग पर खड़ा दिखाता है। उसके हाथ में एक झाड़न है और वह एक कमरे की सफ़ाई में जुटी है। ज्यों-ज्यों वह चलती-फिरती जाएगी, प्रकाशवृत्त उसके साथ-साथ घूमता जाएगा।

नेपथ्य में किसी मध्यवर्गीय घर की सामान्य प्रातःकालीन ध्वनियाँ। पूजा की घंटी की आवाज़, एक वृद्धा का स्वर, एक बेसुरा भजन, मन्द-मन्द गा रहा है। बीच में कोई बीभत्स ढंग से खँखारकर गला साफ़ करके थूकता है, और फिर कुल्ला करता है।]

रुक्मिणी : *(झाड़न से एक गावतकिये को ऐसे झाड़ती हुई जैसे किसी पर कोड़ा चला रही हो।)* उफ़, यह गन्दगी। दिन-रात कितना ही झाड़ो-पोंछो, तब भी जहाँ देखो, वहाँ धूल-ही-धूल।

[नेपथ्य से कोई ज़ोरों से पानी के गरारे करके थूकता है, फिर ओम्-ओम् करके डकार लेता है, फिर एक वृद्ध स्वर।]

वृद्धस्वर : जाने क्या खा लिया कल रात, आज फिर पित्त विकार हो गया ससुरा। हरि ओऽम् तत्सत्। *(पुनः डकार)*

[रुक्मिणी का चेहरा ऐसा विकृत होता है जैसे किसी गलीज़ चीज़ पर पैर पड़ गया हो। एक क्रुद्ध झटके से एक रामनामी चादर उठाकर तहाती है, ज़ोर-ज़ोर से फड़फड़ाते हुए।]

रुक्मिणी : किस-किस को मना करो गन्दगी फैलाने से, बच्चे तो बच्चे, बूढ़े भी—

[बहुत गुस्से से चादर सीधी करने लगती है। प्रकाश धीरे-धीरे बढ़ता है। अब वह स्टेज के सामने के भाग की ओर जाती है।

स्टेज के सामने के भाग में दो-तीन कुर्सियाँ पड़ी हैं, एक कॉफ़ी-टेबल बीच में है, एक बड़ा पेडेस्टल लैम्प कोने में, दूसरे कोने में आगे की ओर एक फोन रखा है, फोन की टेबल के पास एक फ्रेम में दो बच्चों—एक लड़का, एक लड़की की गलबहियाँ डाले मुस्कराती हुई तसवीर लगी है। रुक्मिणी, बड़े आहिस्ता से उसे उठाकर पोंछती है। तभी तीन बूढ़े स्वर नेपथ्य में आरती गाने लगते हैं, ज़ोरों से शंख बजता है, फिर चुप्पी।]

रुक्मिणी : बच्चे न हों, तो इस घर में इन खटरागों के बीच इनसान पागल हो जाए। *(सन्तोष से व्यवस्थित कमरे को निहारकर)* चलो, कुछ ही देर की सही, साफ़ तो हुआ।

[तभी नेपथ्य से गिलास टूटने की आवाज़, एक बच्चे का तीखा स्वर।]

बच्चे का स्वर : ममी! ममता ने दूध का पूरे का पूरा गिलास गिरा दिया। सारा फ़र्श गन्दा हो गया। *(रुक्मिणी झट खड़ी होती है—प्रकाश।)*

दृश्य : 2

[प्रकाश होता है, दृश्य वही। अब स्टेज के पृष्ठ भाग में दो बूढ़े लोग बैठे हैं। यह पिता तथा माता हैं। बूढ़ा बेहद मनोयोग से एक क़लम में सियाही भर रहा है। जैसा सिर्फ़ लम्बे अर्से से रिटायर व फुर्सती रह आए लोग ही कर सकते हैं, फिर बड़े यत्न से वह एक चीथड़े से उसे पोंछ-पोंछकर धरेगा। फिर चिथड़े को भी तहाकर एक डिबिया में धरेगा। उसकी बूढ़ी पत्नी उकताहट से उसे देखती माला फेरती रहेगी। इसी बीच में बातचीत भी जारी रहेगी।

सामने की ओर आराम कुर्सी के पास रुक्मिणी की बुनाई का सामान रखा है। सामने कॉफ़ी-टेबल पर एक अंग्रेज़ी की गृहोपयोगी पत्रिका औंधी पड़ी है।

नेपथ्य में मूसलाधार बरसते पानी की ध्वनियाँ हैं, जो चुप्पी के दौरान अधिक स्पष्ट सुनाई देंगी। समय शाम का है।]

बूढ़ी : यहाँ हम सब ऐसे बैठे हैं, और वो बेचारा जाने कहाँ भीगता खड़ा होगा, इस वक़्त? बारिश है कि अँधेर। हड्डियों में जैसे ठंड घुसी जाती है।

बूढ़ा : *(धीमे-धीमे)* इन बूढ़ी हड्डियों को तो अब बस वही चिता की आग गर्माएगी।

बूढ़ी : चुप करो, हर वक़्त कुबोल। राम का नाम लो। राम-राम!

[चुप्पी। बारिश जारी। भीतर बाईं ओर से रुक्मिणी का प्रवेश। वह कुर्सी पर बैठकर पत्रिका उठाती है—अधपढ़ी कर डाल देती है। कुछ देर चुपचाप सामने ताकती है, फिर बूढ़े को देखती है, फिर बुनाई उठाकर बुनने लगती है। उसकी सारी हरकतों में एक प्रकार की तनावभरी उतावली है, जैसे किसी की प्रतीक्षा में हो। बीच-बीच में चौकन्नी होकर आहट भी लेती है, फिर बीच-बीच में पत्रिका से नमूना देखकर निर्देश बुदबुदाती हुई बुनने लगती है।]

रुक्मिणी : *(बिना बुनाई से सिर उठाए)* बिजली चमक रही है, अब बत्ती न चली जाए कहीं—एक आफ़त—

बूढ़ा : क्या?

रुक्मिणी : *(कुछ ऊँचे स्वर में)* बिजली! *(बुनने की सलाई से ऊपर इशारा करती है।)*

बूढ़ा : हाँ-हाँ, सो तो है! सावन-भादों का महीना है ही। चमकेगी क्यों नहीं? राजा-रानी औ' 'आग औ' पानी, इन चारों का क्या भरोसा? *(चुप्पी)*

बूढ़ी : *(कुछ चिड़चिड़ाकर)* ऐसी परले पड़ी है औ' बैठे-बिठाए मेरे बेटे को वहाँ भेज दिया?

रुक्मिणी : *(उसे—धैर्य भरे शहीदाना स्वर में)* भेजा किसी ने नहीं अम्माजी, वे अपनी मर्ज़ी से गए हैं। मुलाक़ात का यही वक़्त माँगा था इन्होंने। *(चुप्पी)* हर किसी को नहीं दिया जाता है, अपना पसन्दीदा मुलाक़ात का वक़्त। *(चुप्पी)* पानी बरसने-भर से ऐसी ज़रूरी मुलाक़ात थोड़े टाल देगा कोई?

बूढ़ा : *(बात की तल्ख़ी को इधर-उधर करने की नीयत से)* वक़्त-वक़्त की बात है। अंग्रेज़ बहादुर जानते थे वक़्त की क़ीमत। हमारे दफ़्तर के हैरीसन साहब—

बूढ़ी : *(झल्लाकर)* हाँ-हाँ, कहते होंगे। मैं तो ठहरी अपढ़ गँवार। तुम सब इंगरेज़ी बोलने और पढ़नेवाले। ये मैं तो कह केई रहूँगी कि ऐसी भी क्या मुलाक़ात कि जान रहे या—

बूढ़ा : *(क्रोध से)* अजी बात समझती तो हो नहीं तुम, जब से जान-जान लगाए जा रही हो। कौन जंग में लड़ने गया है तुम्हारा बेटा? कहा नई बहू ने कि बड़े भागों से मिलती है ऐसी मुलाक़ात।

[चुप्पी]

अरे, सारे जहान के लोग एड़ियाँ रगड़ते रह जाते हैं ऐसी मुलाक़ात को।

[बूढ़ी कुछ कहती नहीं, नाराज़गी से माला रखकर, पास रखी डलिया से रूई निकालकर बत्तियाँ बटने लगती है। बूढ़ा एक टिन के डिब्बे से पुरानी रसीदें निकालकर पढ़ने लगता है। थोड़ी देर चुप्पी। बूढ़ा तकलीफ़ से पैर सीधे करता है।]

बूढ़ा : ये पछुआ चली नहीं कि जोड़-जोड़ अकड़ जाता है। खिड़कियाँ तो बन्द कर दी थीं न?

बूढ़ी : *(बत्तियाँ बटती हुई)* बीती हुई उमर और गुज़रा हुआ ज़माना, तो यादों में भी तकलीफ़ देते हैं। हवा का क्या है? पछुआ चले या पुरवइया—वह तो निमित्त-भर है। अरे, जो धरती पे आया, उसे धरती ने खाया।

[नेपथ्य से एक चिड़चिड़ी बूढ़ी आवाज़।]

आवाज़ : सब अशुद्ध कर दिया सालों ने। भ्रष्ट हो गया सब। धोओ इसे अब। अभी! सरला की माँ—ऽ। ये क्या बेहूदा हरकत है?

[रुक्मिणी उकताकर बुनाई में ऐसे सलाइयाँ घुसेड़ती है, जैसे बोलनेवाले को भोंक रही हो।]

रुक्मिणी : *(स्वगत)* अब क्या हो गया? *(प्रकट)* आई, दद्दाजी। *(भीतर जाती है।)*

बूढ़ी : मैंने पहलेई कहा था कि दद्दाजी ज़रूर खफ़ा होंगे।

बूढ़ा : क्यों, क्या हो गया?

[नेपथ्य से एक और भी अधिक झुके बूढ़े का प्रवेश, जो काँपते-बोलते बैठ जाता है। पीछे-पीछे रुक्मिणी का पुनरागमन, जो चुपचाप बैठकर यों बुनाई उठा लेती है, ज्यों कुछ हुआ ही न हो।

बूढ़ी : बहू! ऐ रुक्मिणी, क्या हो गया? ऐं!

दद्दा : हुआ क्या, मेरा सिर! सन्ध्या करके उठा तो पाया कि पूजाघर से मेरे दाँत ग़ायब। नहानघर में गया तो वहाँ ससुर चीनी-मिट्टी की प्याली में पड़े भीग रहे थे, अंग्रेज़ी दवाई में—जेई मलिच्छापना डुबो देगा, हम सबको एक दिन—हाँ!

रुक्मिणी : डेंचर डिटॉल के पानी में भिगो दिया होगा रामाधार ने दद्दा जी, उससे दाँत साफ़ हो जाएँगे। कीटाणु...

दद्दा : अरे साफ़ होंगे ख़ाक़, जानती नई कि चीनी-मिट्टी की प्याली जो है सो अशुद्ध है, भाड़ में जाए ससुर ये अंगरेज़ियत। कीटाणु-कीटाणु।

रुक्मिणी : *(ठंडे स्वर में)* ठीक है, रामवदन से कह दूँगी; आगे से स्टील की कटोरी में गंगाजल में भिगो देगा। *(स्वतः)* दाँत जैसे चीनी-मिट्टी के नहीं बने, पर कहे कौन?

दद्दा : जहाँ देखो, ससुर वहीं मलिच्छपना। नहानघर में भंगी झाड़ू लगा रहा है, खाना मेज पर बैठकर खाया जा रहा है, काँटा, छुरी से। अरे, पाँच अंगुरियाँ काहे दी हैं, विधाता ने? अंग्रेज़ी। अंग्रेज़ी। धरम-करम तो उठ गया। अब जाऊँ, आचमन कर आऊँ, हमीं तक है इस घर की मरजाद।

[प्रस्थान। चुप्पी। बारिश की आवाज़।]

बूढ़ा : लगता है, रात-भर बरसेगा?

[चुप्पी। बिजली गरजती है। भीतर से बच्चे की भयभीत आवाज़।]

बच्ची : ममी! यहाँ आ जाओ! डर लगता है। नींद नहीं आती।

रुक्मिणी : *(स्वतः)* फिर वही। *(ज़ोर से)* अब तू सो जा, वर्ना सुबह आँखें नहीं खुलेंगी और तेरी बस छूट जाएगी फिर से।

बच्ची : पापा आ गए क्या?

रुक्मिणी : नहीं! और अगर तू सोई नहीं तो दो करारे चाटे पड़ेंगे। एक भैय्या है जो कब का सो गया, एक...

बच्ची : नहीं सोया ममी, नखरे कर रहा है *(चीख़)* छोड़ मुझे! आई—ऽऽ ममी, भैया लात मारता है।

[रुक्मिणी झुँझलाकर बुनाई रखती है और भीतर चली जाती है। डपटने की क्रमशः मन्द होती ध्वनियाँ।]

बूढ़ी : इनके भी ढंग समझ में नहीं आते।

बूढ़ा : क्या?

बूढ़ी : अरे, इन्हीं लोगों का कह रही हूँ।

[चुप्पी।]

बूढ़ा : अरी भागवान्, हम बूढ़ों के न मुँह में दाँत न पेट में आँत। पके फल हैं हम सब, हमें दोबारा इस सबमें कौन कूदने को कहता है? दुनिया हमारी-तुम्हारी नहीं, इन्हीं की है अब। औ' भले-बुरे कर्म भी जो हैं, सो उन्हीं के लिए हैं। बस! इनका ठीक-गलत ये जानें, इनका काम।

[दादाजी का पुनः प्रवेश।]

दादाजी : गलत बात है ये, एकदम गलत। *(उन्हें बिठाया जाता है। थोड़ा खाँस-खँकारकर वे पुनः शुरू हो जाते हैं।)* ये हमारा कर्तव्य है कि क्या नाम हम इन सब बच्चों को सही-गलत बताएँ। ऐसे न मानें, तो साले कान पकड़ के बताएँ।

[चुप्पी।]

वक़्त पलटेगा, देखना। औ' हमारा मन कहता है कि अपने दुलारे की ये मुलाक़ात एक नई शुरुआत कराएगी। दो बड़ों का मेल। *(खाँसने लगता है।)* ऊँची जात, ऊँची बात। हम नई रहेंगे, तब समझोगे। बड़ी गहरी बात है ये।

बूढ़ी : *(जैसे अपने आप से)* मुझे तो अब इस सारे गोरखधन्धे से विरक्ति होती है। सबका राज देख लिया। सब ठौर वही

खून-ख़राबा, वही हाय-हाय! जो तगड़े आए वे अपनी धौंस से राजकाज चला गए, जो कमज़ोर आए वे दूसरों की धौंस से। क़ानून दोनों का एकै देखा कि जिसकी लाठी, उसकी भैंस।

दद्दाजी : *(अचानक नींद से जागकर)* ॐ श्रीगणधिपतये नमः! पानी देना। *(पानी से आचमन का अभिनय करते हुए कमरे के चारों कोनों में पानी छिड़कते हुए)*
ओं शन्नो देवी रभिष्टय, आपो भवन्तु पीतये।
ओं वाक्-वाक् (मुँह को छूते हैं।)
ओं प्राण प्राणः (दाएँ बाएँ नथुने का स्पर्श)
ओं चक्षु चक्षुः (बारी-बारी से दोनों नेत्र छूना)
ओं नाभिः (नाभि छूना)
ओं हृदयम् (वक्ष छूना)
ओं कण्ठः (कंठ छूना)
ओं शिरः (मस्तक छूना)
ओं भुजभ्यां यशोबलं। (जाकर बैठ जाते हैं।) ठीक किया दुलारे ने, जो उनसे माँगने गया। अरे, बामन के बेटे को माँगने में कैसी लज्जा? के बामन को भिच्छा। समझे? क्या? बामन को भिच्छा, छत्री को लूट, बनिये को वनज, औ शूद्र को झूठ। अरे, अपनी जात का धरम अपनाने से ताक़त बढ़ती है। भरा-भराया हो तो मिट्टी का अनार भी आग उगलता है, आग। साले छोटे लोगों के दिमाग़ दुरुस्त करने ही होंगे। अब हम सोने को जाते हैं।

[पिता का उठकर दद्दाजी को सहारा देना। दोनों बूढ़ों का प्रस्थान।

बहू का पुनःप्रवेश। बुनाई लपेटकर रखती है। कुर्सी सीधी करती है। बूढ़ी से।]

रुक्मिणी : अम्माज़ी, इन्हें तो लगता है आने में देरी होगी। आप भी जाकर सोइये, वरना आपकी खाँसी फिर तकलीफ़ देगी। मैं तो बैठी ही हूँ।

[बूढ़ी धीमे-धीमे उठकर जाती है। जाते-जाते।]

बूढ़ी : खाना गरम कर देना लल्ला के लिए। मेज पर रखा खाना आजकल बरफ़ बन जाता है, बरफ़। हम तो अपने टेम में चूल्हे के पास बिठाकर वहीं परसती थीं—ये मेज-वेज़ का चक्कर—

[बात आधी छोड़कर प्रस्थान। रुक्मिणी, क्रोध से कुछ देर टहलती रहती है, फिर अपना क्रोध बूढ़ों के सामान पर उतारती हुई, उसे व्यवस्थित करती है। फिर कुर्सी के पास आकर बैठ जाती है। जम्हाई लेकर घड़ी देखती है। पत्रिका उठाती है।]

रुक्मिणी : कैसी अच्छी मैगेज़ीन्स आती हैं अंग्रेज़ी में। भला हिन्दी में रोमांस क्यों नहीं लिखते हैं लोग?

[कुछ क्षण चुप्पी—फिर घंटी बजती है। रुक्मिणी तुरन्त पत्रिका गिराकर लगभग भागती हुई दरवाज़ा खोलती है। पति नन्ददुलारे का प्रवेश। आयु कोई 35 वर्ष। हाथ में ब्रीफकेस।]

नन्ददुलारे : उफ्फ़, ऐसी गन्दगी है बाहर, कीचड़ ही कीचड़।—तुम सोई नहीं अब तक?

[बैठकर जूते उतारने लगता है।]

रुक्मिणी : कैसी बातें करते हैं?

[चुप्पी।]

रुक्मिणी : मिले?
नन्ददुलारे : मिला।
रुक्मिणी : बात हुई?
नन्ददुलारे : हाँ!
रुक्मिणी : क्या माँगा?
नन्ददुलारे : जो तुमने कहा।
रुक्मिणी : कब?
नन्ददुलारे : कल से ही।

[रुक्मिणी कसकर हाथ भींचकर सिर से लगाती है।]

रुक्मिणी : हे ईश्वर, यक़ीन नहीं होता कि इतनी आसानी से...

नन्ददुलारे : *(ठंडेपन से)* मुझे भी!

रुक्मिणी : पर मैं हमेशा कहती थी, हमेशा कहती थी कि तुम दूसरों से अलग हो। अनुभव में, उम्र में वो बड़े हैं, तो क्या हुआ? तुम एक बार मुँह खोलकर माँगो तो सही। मना करने का सवाल ही नहीं।

नन्ददुलारे : पर सवाल ज़रूर उठेगा।

रुक्मिणी : क्या?

नन्ददुलारे : उम्र को लेकर। अनुभव को लेकर।

रुक्मिणी : वाह! तुम्हें तो सीधे उनसे मिला है। उसमें पूछताछ, सवाल-जवाब कैसा? हिम्मत है किसी की?

नन्ददुलारे : खुल्लमखुल्ला न सही, पर कहनेवालों को किसने रोका है?

रुक्मिणी : तो कहें। उन्हें चाहना थी तो उन्होंने क्यों नहीं की मदद समय रहते? कहाँ थे वे सब, जब वह अकेली पड़ी छटपटा रही थी—तुम ही तो पहुँचे थे, उस दम उसे बचाने।

नन्ददुलारे : वो तो संयोग था।

रुक्मिणी : और तुम्हारी भलमनसाहत भी संयोग थी? और तुम्हारी ईमानदारी भी? कितने थे, जो उस वक़्त उसे बड़े बाजार में बेचकर भुना खाने के बजाय, तुम्हारी तरह वापस डाल देते और खुद भूखे पेट लौट आते?

नन्ददुलारे : तुम तो हर बात को नाटक बना देती हो।

रुक्मिणी : वाह! यह भी खूब रही। सवाल उठाएँगे। अरे, आपने एहसान किया, बदले में वरदान पाया। यूँ हो सेंतमेंत में नहीं, कोई मामूली बात है? इतने बरसों बाद हँसी-खुशी का मौक़ा आया है। मैं तो ऐसी बड़ी दावत दूँगी, ऐसी बड़ी दावत दूँगी कि सब देखते रह जाएँगे। मैं नया पन्नों का सेट बनवाऊँगी—मैं हरी काँचीपुरम् की साड़ी पहनकर बाहर जाऊँगी, मैं धूप का चश्मा लगाकर गाड़ी में से गुज़रूँगी तो लोग कहेंगे—ये है, बड़े आदमी की बीवी।

नन्ददुलारे : दावत देना इस समय ओछापन होगा। खुशी ही माननी है तो चुपचाप अपनों के बीच मनाओ, बिना धूम-धड़ाके के। याद रखो, एक सफल राज-कर्मचारी के अपने बहुत कम होते हैं।

रुक्मिणी : तुम तो अपनी माँ की तरह बातें करते हो। उनके तो सपनों में भी किवाड़ खुले रह जाते हैं, और बिल्लियाँ दूध पी जाती हैं। उन्हें हर आनेवाला समय बस काल-सा दीखता है।

नन्ददुलारे : आनेवाले समय की हम नहीं जानते, सिवा इसके कि कई चीज़ें हैं, जो इससे पहले कि हम उनकी क़ीमत आँक सकें, बस घट चुकी होती हैं। इसी से अभी बहुत धूमधाम के सपने मत देखो। वे लोग बेवकूफ़ होते हैं, जो मिली ताक़त को अपने बड़प्पन का हक़ मानते हैं। *(चुप्पी)* चलो—खाना लगाओ, मैं हाथ धोकर आता हूँ।

[दोनों का प्रस्थान को उद्यत होना, रुकना। बूढ़ी का प्रवेश। रुक्मिणी का प्रस्थान।]

[चुप्पी।]

नन्ददुलारे : *(गला खँखारकर)* काम हो गया।

बूढ़ी : खुश हो, बेटा! जाओ कपड़े बदलकर खाना खा लो, भीग गए होंगे। जूते मैं सुखा दूँगी।

[नन्ददुलारे का प्रस्थान।]

बूढ़ी : *(आँचल से जूते को पोंछती हुई, जैसे बेटे का चेहरा पोंछ रही हो)* जाने क्यों मुझे डर लगता है, अपने बेटे के लिए, इस घर के लिए। सबसे ज्यादा वही टूटता है, जो सबसे सीधा होता है। जाने क्यों दाहिनी आँख फड़के जा रही है। मुझे तो कुछ भी समझ में नहीं आता। अरे, छोटे-बड़े का मेल कैसा?

[अँधकार।]

दूसरा अंक

दृश्य : 1

[प्रकाश। बूढ़ा-बूढ़ी स्टेज के पृष्ठभाग में तख़्त पर बैठे हुए हैं। दद्दाजी व्हीलचेअर पर शव-से पड़े हैं।]

बूढ़ी : नौ साल हो गए—पूरे नौ साल।

बूढ़ा : नौ वर्ष में तो घूरे के भी दिन फिर जाते हैं।

बूढ़ी : सो दिन तो फिरे हमारे, हम सबके, बच्चे भी पढ़ाई पूरी कर लौट आए हैं, पर—*(रुक जाती है।)*

बूढ़ा : रुकी क्यों? कहो न? येई आदत हमें तुम्हारी अच्छी नई लगती। आधी कहोगी, आधी भीतर ही भीतर दबाकर बुदबुदाओगी।

[चुप्पी।]

बूढ़ी : कहूँ क्या? मुझे अपने पोते-पोती की फ़िकर होती है। अरे, शहर में नई थे अच्छे स्कूल, जो उठा के इतनी दूर भेज दिया महतारी ने? आजकल की लुगाइयाँ तो नौ महीने बच्चे को पेट में ही रख लें, यही बहुत है। साल में महीने-भर को घर आए, सो भी बेगाने-बेगाने-से। संस्कार क्या पड़ेंगे उनके?

बूढ़ा : तुम भी बस उसी के पीछे पड़ी रहती हो? अरे, यहाँ के और वहाँ के अंग्रेज़ी स्कूलों की पढ़ाई में भी बहुत अन्तर है—समझीं? चाहे उसे कतरब्योंत करनी पड़ी, पर यहाँ की पढ़ाई से आगा सुधर जाएगा उनका।

[चुप्पी।]

संस्कार-वंस्कार सब दक़ियानूसी चीज़ें हैं ये। तुमने इंग्लिश लिटरेचर नहीं पढ़ा, रानी विक्टोरिया का नाम सुना है?

बूढ़ी : *(आहत)* ये भी पूछने की बात है भला? खूब सुना है।

बूढ़ा : तो वो और उनका वंश चरसा-भर ज़मीन से शुरू करके पूरे मुल्क पे हुकूमत कर गया। कैसे? सिर्फ़ अंग्रेज़ी के बल से।

बूढ़ी : टॉमी सिपाही भी तो थे उनके पास। बन्दूकवाले, तोपची, हथगोले।

बूढ़ा : अजी कितने थे? ज़्यादे कुमुक तो हमारे देसी सिपाहियों की ही थी।

[दद्दाजी का सतर होना।]

दद्दाजी : अरे, उन अंग्रेज़ों मलिच्छों की क्या सिपहगिरि। जब से उनकी ये हेनरी मर्टीनी रैफ़लें चलीं, और वो क्या नाम आर्मश्टांग की तोपें—भई, सिपहगिरि की भी आब मारी गई। भई, आड़ में खड़े हो के लुगाइयों की तरह रंग-बिरंगी वर्दी डाँट ली, तमग़े चिपका लिये और आड़ में खड़े हो के, पट-पट दाग़ भी दीं। लो, मिनटों में खेल खतम, पैसा हज़म। अजी, सिपहगिरि तो तब थी, जब के फौजें महीनों तक यूँ घूमा करे थीं कि जैसे खूँखार फुँकारते नाग हों, नाग। तलवारबाजों के कड़कते कड़ाके सुनके फुरफुरी उठ जाती थी, फुरफुरी। औ' तिस पे लुत्फ़ ये कि जो घाव दे वो भी खुश औ' जो घाव खाए वो भी। क्या आनबान से सूरमा, और कैसा वो धरम-जुद्ध। सब, कबाड़ा कर डाला इन अंग्रेज़ों ने। कारतूसों में गाय औ' सूअर की चर्बी लगाकर सैकड़ों का धर्म भ्रष्ट करा दिया।

[चुप्पी।]

औ' उल्लू मर गए, पट्ठे छोड़ गए। उन्हीं की जुबान, ससुर हमारे परपोते-परपोती बोलेंगे अब। जहाँ देखो, वहाँ ससुर कुसंस्कार ही कुसंस्कार। *(रुककर)* हमारा गंगाजल आया क्या?

बूढ़ी : हाँ, आ गया। पूजाघर में रखा दिया है कनस्तर।

दद्दाजी : कौन लाया? खिलावन तो नहीं? ससुर छोट जात है, अशुद्ध कर देगा हमारा पूजाघर।

बूढ़ी : नहीं, हमने बहू से कह दिया था। मिसिर जी लाए हैं।

बूढ़ा : अच्छा-अच्छा, चलो दादाजी को भीतर ले चलो। पूजा का टाइम हो गया है, चलो।

[बूढ़ा-बूढ़ी व्हीलचेअर को भीतर ले जाते हैं। स्टेज के सामने के भाग में नन्ददुलारे का प्रवेश। हाथ में ब्रीफकेस—दूसरी ओर से रुक्मिणी का प्रवेश।]

रुक्मिणी : अरे, आज जल्दी आ गए? चाय लाऊँ?

[नन्ददुलारे बैठकर पसीना पोंछता है, फिर केस से कागज़ात निकालकर सामने रख लेता है। अनमना-सा।]

नन्ददुलारे : क्या? चाय? हाँ, हाँ, ले आओ! कुछ खाने को भी देना।

[चश्मा लगाकर फ़ाइलें देखने लगता है। रुक्मिणी का पुनः प्रवेश।]

रुक्मिणी : आज फिर कागज़ात?

नन्ददुलारे : हो ही जाते हैं।

[रुक्मिणी बुनाई उठाकर बुनने लगती है।]

रुक्मिणी : मिसिर जी आज फिर आए थे, दद्दाजी के लिए गंगाजल ले के। कह रहे थे कि साहब को याद दिला दीजिएगा। बेचारे...

नन्ददुलारे : *(तेज़ी से)* मैंने कितनी बार कहा है कि उस पाजी को घुसने मत दो, ज़्यादा। क्या ज़रूरत थी गंगाजल को कहने की? खिलावन को भाड़ा देकर नहीं मँगवा सकती थीं?

रुक्मिणी : *(ठंडेपन से)* वो छोट जात है न, उसका छुआ दद्दाजी भ्रष्ट मानते हैं। फिर संक्रान्ति को तीनों गंगाजल से ही नहाते

हैं। मैं क्या करती? *(चुप्पी)* तुम तो कभी घर में रहते नहीं न, मुझे ही सबकी सुननी पड़ती है।

नन्ददुलारे : *(सख़्ती से)* अच्छा ठीक है, पर आगे से उसे न आने देना। वो ठीक आदमी नहीं है। ग़लत-सलत काम करके फिर स्याह का सफ़ेद करना चाहता है। *(चुप्पी)* मिल भी जाते हैं ऐसों को करनेवाले।

रुक्मिणी : *(मृदुता से)* पर तुम तो नहीं करते न। तुम अपना ईमान निभा ले जाओ, उन्हें अपनी करने दो। शासन तो ऐसे ही चलता है। *(चुप्पी)*

नन्ददुलारे : पर कौन चलाता है ये शासन? कभी सोचता हूँ कि कहीं शासन ही तो हमें नहीं चला रहा है। अपनी मर्ज़ी-मुताबिक़? क्या भाड़े के मज़दूरों से ज़्यादा हैसियत रखते हैं हम?

रुक्मिणी : चलिए, छोड़िए भी इन बातों को, अब समय पलटा है, तो अच्छे दिन भी आएँगे।

नन्ददुलारे : तुम उन दिनों की बात करती हो जो बीत गए—हम-तुम उन्हें भूलेंगे नहीं, पर जो बीत गया, वह पलटकर नहीं आएगा। *(चुप्पी)* कभी भी। *(चुप्पी)* इस दौड़ में जो जितना आगे है, उतना ही अकेला है—भीड़ सिर्फ़ उनके साथ है, जो पिछड़ रहे हैं। *(चुप्पी)*

रुक्मिणी : किसी ने आज फिर कुछ कहा था क्या?

नन्ददुलारे : सब कुछ खोलकर कहा ही जाए, ये ज़रूरी नहीं।

रुक्मिणी : पर ये तो मानना ही होगा कि इतनी हिम्मत किसी की नहीं कि आपका खुलकर विरोध करे। अपने भीतर वो लोग कुछ भी कहें, हमें क्या?

नन्ददुलारे : अभी नहीं, पर वे ताक में तो हैं। *(चुप्पी)* झपटने से पहले कुछ देर गिद्ध धीमे-धीमे शिकार पर मँडराते हैं, गर्दन ज़रा-सी ढीली हुई नहीं कि मारे झपट्टा।

रुक्मिणी : आप मुझसे कहते हो कि मैं हर बात को नाटक बना देती हूँ, अब आप नहीं कर रहे हैं वही? कड़े मिज़ाज के आप कभी थे नहीं, पर मैं तो हमेशा से कहती हूँ कि आपकी इस भलमनसाहत-भरी चुप्पी को लोग कायरता की निशानी समझ बैठते हैं। एक बार दिखा तो दीजिए उन्हें

कि गरजनेवाले बरसते भी हैं। कभी गरज, तो कभी फुहार। ज़रा ये संजीदगी की पर्तें कुछ काटिए। कुछ हँसी-दिल्लगी, कुछ दिलजोई, कुछ रौब-दाब, धमकी, लोगों को ऐसे ही बस में करना होता है। मैं नहीं चलाती गृहस्थी ऐसे? हर तरह की बातें कर लेती हूँ। बड़ों से अदब के साथ, बच्चों से पुचकारकर, हमउम्रों से—

नन्ददुलारे : उस नाटक के आडम्बर को अब बहुत देरी हो चुकी है। तब जो अदाएँ रगों में गर्म खून होने का सबूत थीं, वे सब अब बेहूदगी लगती हैं। *(चुप्पी)* उस सबको लेकर मेरे मन में कोई मलाल भी नहीं।

रुक्मिणी : *(बुनते हुए)* फिर किस को लेकर है? क्या नहीं दिया आपको ऊपरवाले ने? ओहदा, घर, परिवार! *(चुप्पी)*

नन्ददुलारे : पर परिवारों से ही बह-बहकर बाहर भी जाता है, जो धीरे-धीरे जड़ों को कुतर खाता है।

रुक्मिणी : *(तड़ककर)* कैसी बात करते हैं आप? हमेशा त्याग ही किया है आपने दूसरों के लिए—अपने लिए तो...

नन्ददुलारे : *(उदासी से)* ठीक है, हमने-तुमने अपने लिए कुछ नहीं किया, पर अपनों के लिए क्या कुछ नहीं करवाया?

रुक्मिणी : वह हमारा कर्तव्य था—बुजुर्गों का बुढ़ापा हम नहीं देखेंगे तो—

नन्ददुलारे : पर उनके बुढ़ापे को सहेजने को हमने जो कुछ किया, क्या वह हमेशा जायज़ था?

रुक्मिणी : तो क्या लोगों की, रिश्तों की कोई क़ीमत ही नहीं? भलमनसाहत में किया आपने जो कुछ किया।

नन्ददुलारे : पर कहीं इस प्रेम की मिठास ख़ारिश पैदा करती है—जानती हो! अपने रिश्तेदारों का, वह हर तबादला, जो मैंने रुकवाया, कहीं दूर जाकर किसी अभागे को झेलना पड़ा जो हमारा न भी सही—पर किसी और का रिश्तेदार तो था ही...

रुक्मिणी : *(मुस्कराते हुए)* तो आप क्या सोचते हैं, उसने अपनी रिश्तेदारी का ज़ोर डलवाकर अपने पर आई को टाला न होगा?

नन्ददुलारे : पर कहीं कभी यह सब उस पर भी तो जा पड़ता होगा, जिसका कोई नहीं—? तब?

रुक्मिणी : उसकी रक्षा शासन करता है, आख़िर आप—*(अचानक बात का रुख़ समझकर चुप हो जाती है, तेज़ी से बुनने लगती है। फिर अचानक जैसे तर्क का उत्तर मिल गया हो)*—आख़िर शासन ढीला चल रहा है, यह तो कोई नहीं कहेगा आज—न अख़बार, न साधारण लोग-बाग, दूर-दूर के देशों से राजनेता आते हैं—ख़ुश होकर जाते हैं—देश-विदेश के अख़बारों में आपकी नीतियों पर लम्बे-लम्बे संपादकीय छपते हैं।

नन्ददुलारे : छपते होंगे। पर हमारी हर सार्वजनिक नीति से निजी मुनाफ़े क्यों निकलते चले आते हैं? हर शान्ति-वार्ता, साल-दो-साल बाद ख़ारिज हो जाती है, क्यों?

रुक्मिणी : तुम उन गुंडों को भूल रहे हो जो तुमने पकड़वाए हैं, वो बाग, वो कला दीर्घाएँ जो खुलवाई हैं, अरे, हर चौराहे पर बत्तियों से जगमगाता फव्वारा है—

नन्ददुलारे : पर लाखों के लिए पीने को पानी नहीं?

रुक्मिणी : *(नरमी से)* हो जाएगा, हो जाएगा, धीमे-धीमे सब होगा। अरे, दद्दाजी नहीं कहते थे कि आल्मारी के सब खाने धीरे-धीरे भर जाते हैं।

नन्ददुलारे : और खाली भी हो जाते हैं धीरे-धीरे।—तुम मानती क्यों नहीं कि मुझसे ग़लती हुई है? यह वरदान नहीं, एक भयानक शाप है जो मुझ पर, हम सब पर आन पड़ा है।

रुक्मिणी : शाप से ही कभी वरदान भी निकलते हैं जीं, धीरे-धीरे। *(उठकर उसकी गर्दन की मालिश करती है)* तुम थककर चूर हो जाते हो हर रोज़, और फिर सिवा इन डिप्रेसिंग बातों के कुछ सोच नहीं पाते। चलो, सो जाओ जाकर।

नन्ददुलारे : तुम जाओ! मुझे थोड़ी देर अकेला छोड़ दो, फिर आता हूँ।

[रुक्मिणी का प्रस्थान। नन्ददुलारे चश्मा लगाकर कागज़ खोलता है। दाईं ओर से एक व्यक्ति का प्रवेश।]

नन्ददुलारे : मिश्राजी! भीतर कैसे चले आए आप? दरवाज़ा खुला था क्या? कब से खड़े सुन रहे थे आप सब कुछ?

मिश्राजी : मेरे लिए इस घर के दरवाज़े खुले रहते हैं, भाई साहब। बड़ी कृपा है बहू जी की। आहा, साक्षात लक्ष्मी है वो तो।

नन्ददुलारे : काम क्या है आपको?

मिश्राजी : काम? भाई साहब, काम अपने लिए कुछ नहीं, पर वैसे चाहें तो कह लें कि बहुत कुछ। लम्बा मसला है, ज़रा धीरज से बैठ जाएँ। ठीक कह गईं बहूजी कि धीरज की आपमें कुछ कमी है।

नन्ददुलारे : अगर बात बहुत ज़रूरी न हो तो इस वक़्त आप मुझे...

मिश्राजी : जी हाँ, जाऊँगा। भाई साहब जाऊँगा, पर बात पूरी करके ही। ज़रा क्षण-भर एकान्त की गुज़ारिश करूँगा आपसे मैं।

नन्ददुलारे : कहिए! *(चुप्पी)*

मिश्राजी : *(चाटुकारिता से)* आपके कैरियर की इस धूमकेतु-सी प्रगति के, सर, राजधानी में बड़े चर्चे हैं।

नन्ददुलारे : जानता हूँ। बात पर आइए।

मिश्राजी : सिर्फ़ राजकर्मचारी ही नहीं, हर ओहदे और धन्धे के लोग बात करते हैं आपकी। *(चुप्पी)* पर भाई साहब, आपके निन्दक और प्रशंसक सब एकमत हैं इस बात पर, कि राज्य चला सकने की कूव्वत आप में है—आपकी सत्ता, आपके तेजस्वी दिमाग़ का सबूत है, ऊपर से थोपा गया ओहदा या अहसान नहीं—

नन्ददुलारे : आप...?

मिश्राजी : न...न, न-न, मुझे रोकिए मत भाई साब, पूरा कहने दीजिए—वरदान की कहानी तो शहर का बच्चा-बच्चा जानता है। पर सिर्फ़ किसी के वरदान से आदमी में लियाक़त नहीं आती, यह भी सभी जानते हैं। हुकूमत चलाने की लियाक़त आप में है, यह सब परखी हुई बात है—

नन्ददुलारे : सो?

मिश्राजी : *(नक़ली पशोपेश का नाट्य करते हुए)* दरअसल—मुझे कहने को कहा गया है।

नन्ददुलारे : किसने कहा?

मिश्राजी : अरे, उन सबको आप कहाँ से जानेंगे भाई साब? पर ये जानिए कि अब सभी एकमत होकर कह रहे हैं कि आपको उनके पास दोबारा जाना चाहिए।

नन्ददुलारे : क्या?

मिश्राजी : जी हाँ! दूसरी बार।

नन्ददुलारे : किसलिए? *(चुप्पी)*

मिश्राजी : निजी सलाहकार का पद रिक्त है।

नन्ददुलारे : आप मुझे ठीक से जानते नहीं?

मिश्राजी : खूब जानता हूँ, भाई साहब। अब ना-नुकुर का समय नहीं रहा। आज सब जानते हैं कि राजकर्मचारी कितना ही लायक हो, जो कितना ही तेजस्वी, सत्ता का वह सहचर नहीं अनुचर भर है—पीछे-पीछे चलनेवाला—आदेश देनेवाला नहीं, लेनेवाला।

नन्ददुलारे : *(उत्तेजना से)* क़तई...।

मिश्राजी : न-न-न, भाई साहब उत्तेजित न हों। राधारमण मिश्रा कड़वी बात कहेगा, पर झूठ नहीं। सब जानते हैं, और आप उन सबसे ज़्यादा ही, कि एक राजकर्मचारी का मनोबल तोड़ना आज बच्चों का खेल है। जो कमउम्र हैं उन्हें दिन-रात भय है तबादले का, जो बड़ी उम्र के हैं उनके सरों पर रिटायरमेंट की तलवार झूलती है। बँधुआ मज़दूरों से बेहतर स्थिति नहीं है उनकी भाई साहब, और आप जानते हैं कि इसी से कैसी त्राहि-त्राहि मची है उनसे, औ' इसी से मैं कहता हूँ कि वह ओहदा जो है, सो ठीक समय पर आपके लिए ही रिक्त हुआ है। ख़ुद इस जमात से निकलकर आप ही उनके हितों की रक्षा कर सकते हैं ऊपर की, क्या इससे अधिक अपने पुराने बाँधवों का कोई भला कर पाएगा? ज़रा सोचिए, भाई साहब कि अपने कितने आदर्शवादी सपने आप पूरे कर पाएँगे, कितने उद्धार—कितने उपकार, कितनी गलतफ़हमियों की सफ़ाई दी फिर से एक बार आप उनके अपने बन जाएँगे।

नन्ददुलारे : और उसके लिए मुझे ख़ुद जो झुकना होगा, सो? जानते हैं आप कि निजी सलाहकार के दिन अपने नहीं होते, न ही रातें। उसके हर शब्द पर हज़ारों की जानें झूलती हैं, उसकी क़लम से निकले हर अक्षर पर अरबों के वारे-न्यारे हो जाते हैं और कैसे-कैसे घटिया लोगों का घेरा दिन-रात उसके कार्यालय के गिर्द खिंचा रहता है।

मिश्राजी : इस बात को आपसे बेहतर ढंग से कौन निभा पाएगा, भाई साहब? उन्हीं घटिया लोगों को हटाने को तो हम सब भी आतुर हैं। सोचिए, सोचिए कि अगर इस दम उस ओहदे पर कोई उन्हीं का सरमाएदार शोहदा, लुच्चा या मक्कार आ बैठा, तो उन कोटि-कोटि लोगों का क्या होगा जिन्हें इन घटिया नियमों से मुक्ति पाने की ही आस-भर जिलाए हुए है? ताक़त उसके हाथों दी जानी चाहिए जो उसे सँभाल सके। ग़लत हाथों में ताक़त पहुँची नहीं भाई साहब कि सब डूब जाएगा। बड़ा ही नाजुक ऐतिहासिक क्षण है ये। अरे, राजा-रानी तक हम-आप लोग पहुँचने के सपने भी नहीं देख सकते, पर आप तो अपने ही हैं न। राजा और प्रजा के बीच एक कड़ी तो होनी ही चाहिए, भाई साहब। ना-ना, हमारी मनुहार माननी ही होगी आपको इस बार, अपने लिए नहीं, मुल्क के लिए...

नन्ददुलारे : जानते हैं, उसके लिए क्या-क्या त्यागना होगा हमें? इस ओहदे की सुरक्षा, अपनी भविष्यनिधि, अपने परिवार की नज़दीकी, और कूदना होगा उस काई-भरे–

मिश्राजी : जानता हूँ भाई साहब, पर आप तो ठहरे सन्त और फिर मैं यूँ कहूँगा कि मौजूदा हालात को देखते हुए कायर होगा वह आदमी जो ईमानदार होने के बावजूद इसी सेवा और सुरक्षा को चिपका पड़ा रहेगा। आपका राजकर्मचारी एक नाममात्र का है क्या, जिसके असली तागे कुछ और ही हाथ नचा रहे हैं? आप मेरी साफ़गोई माफ़ करें भाई साहब, पर ये ईमान की परख की घड़ी है। उस काई-भरे सरोवर की सफ़ाई भी तभी हो पाएगी, जब आप जैसे लोग

उसमें प्रवेश करेंगे। तट पर खड़े रहकर आप यह काम नहीं कर पाएँगे *(चुप्पी)*।

नन्ददुलारे : अच्छा, हमें सोचने का समय दीजिए। हमें अकेला छोड़ दें।

मिश्राजी : जाता हूँ भाई साहब, पर याद रखिएगा कि आपने वह ओहदा ग्रहण कर लिया, तो भ्रष्टाचार के इस मटमैले, गन्दले जल के बीच आपका चट्टानी वजूद ही ईमानदार लोगों के लिए एकमात्र सहारा होगा। आप जाइए तो। दूसरी बार माँगना आपका निजी स्वार्थ नहीं, सार्वजनिक कर्तव्य है इस दम। अच्छा!

[प्रस्थान।]

नन्ददुलारे : *(स्वगत। धीमे-धीमे)* निजी स्वार्थ नहीं, सार्वजनिक कर्तव्य? कर्तव्य से मुख मोड़ता हूँ तो कायर होऊँगा। एक राजकीय तन्त्र का मोहरा, एक बेचेहरा सेवा का नाममात्र का प्रतिनिधि? शिकारी बाज़ों से घिरा हुआ, चोट खाया पशु-भर–

[अन्धकार।]

दृश्य : 2

[साल बीत गया है। स्टेज के पृष्ठभाग पर प्रकाशवृत्त उभरता है। दोनों बूढ़े बैठे हैं। ददूदाजी की कुर्सी ख़ाली है। वे फ्रेम में, गले में फूलमाला डाले, चन्दन का टीका लगाए कुर्सी पर तसवीर-सी मुद्रा में बैठे हैं।

बूढ़ी : कोई साल-भर हो गया, ददूदाजी को गए हुए पर लगता है जैसे कल की ही बात हो। नईं?

बूढ़ा : *(जैसे सुना न हो)* उफ़्फ़ कैसी गर्मी है! ससुर—ऊपर से बत्ती लापता है।

बूढ़ी : *(उसाँस लेकर)* अरे, यही होना था। मैं कहती न थी कि अंग्रेज़ों के मुल्क की पढ़ाई कराओगे तो वहीं जाकर बस जाएगा लड़का। अब तो क्या लौटेगा अपना मिलिन्द? नईं?

बूढ़ा : *(चिड़चिड़ाकर)* तुम भी तो बस यूँ ही लगाए रहती हो बरसाती मेंढक जैसी टर्रटर्र। अरे ऊँची पढ़ाई की तो, तो क्या? ऊँचा ओहदा नहीं पाया, वहाँ उसने? कौन देता इस उम्र में उसे यहाँ वो ओहदा, वैसी तनख्वाह? चौबीस घंटा बिजली तो दे नहीं पाते, हम लोगों को। *(चुप्पी)* और हम तो सोचते हैं कि उसका न लौटना ही भला। हर राज साला जैसे एक खाज हुआ जाता है, जिसे न तो उघाड़ के परायों को दिखा सको, न ही ढाँके रख सको। *(चुप्पी)* साली जहाँ देखो गन्द ही गन्द। मन्दिरों तक में—*(चुप्पी)* शायद कहीं कोई बवंडर पल रहा है—एक ज़ोर की आँधी आ जाती तो—*(चुप्पी)*

[नेपथ्य से ममता का आगमन। आकर सामने दाईं ओर बैठ जाती है। बाईं ओर दो आरामकुर्सियाँ हैं, जिन पर नन्ददुलारे तथा रुक्मिणी बैठेंगे। एक नीला एयरोग्राम विंग्स से फड़फड़ाता हुआ आ गिरता है। बूढ़े एक साथ चौंकते हैं।]

बूढ़ी : मिलिन्द का होगा क्या?

बूढ़ा : बाहर से आया लगता तो है।

[ममता उठाकर खोलती है। पढ़ती है—माथे पर बल डाले हुए। नेपथ्य से नन्ददुलारे और रुक्मिणी का बोलते हुए प्रवेश।]

रुक्मिणी : और मैं कहती हूँ, इसमें सोचना कैसा? हर किसी को नहीं मिलता है दोबारा मुलाक़ात का मौक़ा। आपकी यही तो ख़राब आदत है कि सीधी-सी बात को भी सोच-सोचकर अपने लिए टेढ़ा बना डालेंगे *(ममता पर नज़र पड़ते ही रुक जाती है)* किसका है? मिलिन्द का? मैं जानती थी, फ़ौरन लिखेगा वह। क्या लिखता है दूसरी मुलाक़ात के बारे में? ज़रूर उसकी भी वही राय होगी जो कि मेरी।

[ममता मुँह पिचकाकर पत्र आगे बढ़ा देती है। दोनों पति-पत्नी तन्मयता से पढ़ने लगते हैं।

बूढ़ा-बूढ़ी चादरें ओढ़े बैठे हैं, और बीच-बीच में जो ये हिल-हिलकर बोलेंगे उसका असली बातों से सरोकार नहीं, उनके चेहरे निर्विकार हैं।]

रुक्मिणी : *(गर्व से)* मैंने कहा न कि मिलिन्द भी वही कहेगा जो मैं कह रही हूँ। *(पत्र से पढ़ती है)* मेरी समझ में नहीं आता कि साल-भर से ऊपर हो गया, और आप अब तक निर्णय नहीं ले पाए हैं। माँगिए, वरना आप कायर होंगे। इस छोटे-से ओहदे में बैठे रहने से रिटायरमेंट के डर के अलावा अन्त तक आपको क्या मिलेगा? अभी आपकी उम्र ही

क्या है? इस मुल्क में तो आपके हमउम्र दूसरी-तीसरी शादी की सोचते हैं, मैं नहीं चाहता कि आप उम्र से पहले ही बुढ़ाने लगें।

बूढ़ा : ऊँची छींक होय जयकारी, नीची छींक होय भयकारी।

रुक्मिणी : *(आगे पढ़ती है)* और माँ का भी सोचिए—अगर आप रिटायर हो गए तो—

बूढ़ी : असली बंसलोचन चार तोला औ' दो-रत्ती-गिलोय की जड़ औ' तीन रत्ती मगज़बादाम कूट के मंजन बनाए, औ' नित्त सुबे वापरे, कैसाई पुराना दाढ़ का दरद हो मिट जाएगा।

रुक्मिणी : *(आगे पढ़ती है)* फिर दादा-दादी का सोचिए। आपकी एक और तरक्की से उन्हें कितनी खुशी होगी! और ममता—

ममता : *(बिफरकर)* मेरे बारे में सोचने की ज़रूरत नहीं।

रुक्मिणी : *(हँसकर)* क्यों नहीं सोचेगा? भाई जो ठहरा तुम्हारा।

बूढ़ी : *(फटे स्वर में गाती है।)*
एक सुधि आइ गइलै वीरन की रे
मोरा बिरना गइलै परदेस हो॥
एक सुधि आइ गइलै बाबा के बगीचा की—
एक सुधि—सौगात की डलिया।

नन्ददुलारे : *(लम्बी साँस लेकर)* अच्छा या बुरा जैसा भी हो, हमारे बेटे ने अपना रास्ता चुन लिया है, और वह रास्ता उस-जैसों को बाहर ही ले जाता है—उस रास्ते से मुड़कर बार-बार यहाँ की ख़बर लेने या सलाह देने के माने?

रुक्मिणी : *(क्रोध से)* आपका अपना बेटा नहीं है वह? आपका ख़ून? वह नहीं देगा सलाह तो कौन देगा? हमेशा बेटी ही आपकी प्यारी रही। बेटे को दुश्मन से बढ़कर समझा जभी तो—

[रो पड़ती है।]

बूढ़ा : मथुरा के पास एक गाँव में दो सर का बछड़ा पैदा हुआ। सैकड़ों लोग देखने गए। *(चुप्पी)*

रुक्मिणी : क्या मिला आपके उस त्याग से हमें इस ओहदे के अलावा, बोलिए? और जैसा कि मिश्रा जी कहते हैं, वो ओहदा भी कैसा, कि इतने सालों में एक मकान भी तो नहीं बनवा पाए हम, रिटायर होकर सिर छुपाने को? क्यों रहता मेरा बेटा इस मुल्क में? क्या मिल्कियत छोड़ेंगे हम उसके लिए यहाँ? नौकरी की सिफ़ारिश के अलावा एक राजकर्मचारी क्या दे पाता है अपने बच्चों को?

नन्ददुलार : मेरे अधिकारों का बड़प्पन तो सभी ने भोगा।

रुक्मिणी : पर कितने दिन? सुबह से निकले आप—रात को लौटकर आए, फिर रात-रात जागकर काम किया। कैसे बच्चे पले, बेगाने हुए, चले गए, क्या जाना आपने? *(चीखकर)* महसूस किया है, आपने कभी बेबाप के बच्चों की माँ होने का दंड?

बूढ़ी : *(जल्दी-जल्दी)* रवि को पान सोम को दर्पण,
मंगल को गुड़ कीजै अर्पण,
बुध को धनिया बीफै राई
सुक कहे मोहे दही सुहाई,
कहे सनी जो अधरक पाऊँ,
सातों लोक जीत घर जाऊँ।

[चुप्पी। रुक्मिणी के सुबकने की आवाज़।]

नन्ददुलारे : आठ दिन *(चुप्पी)*, आठ दिन ददूदाजी इंटेंसिव केयर में रहे और मैं जा भी नहीं पाया देखने।

बूढ़ी : दुलारे, दुलारे कहते-कहते गए। *(चुप्पी)*

रुक्मिणी : सो सब सोचने से अब क्या? कैसी बढ़िया क्रिया तो आपने करा ही दी अम्मा बाबूजी को गया भेज के। एक सौ इक्कीस ब्राह्मण जिमाए उन्होंने—

नन्ददुलारे : पर अन्त समय, मैं तो पास नहीं रहा न। मुझे बताया भी नहीं तुम लोगों ने—

रुक्मिणी : कितना बड़ा सम्मेलन चल रहा था उस समय आपका? देश-विदेश के प्रतिनिधि आए थे—चेयरमैन थे आप। सारे देश की किरकिरी होती, अगर उस वक़्त आपको

हस्पताल बुलवा भेजते तो–*(चुप्पी)* होश में तो वे थे भी नहीं।

बूढ़ी : बेहोशी में भी बुदबुदाते थे–दुलारे, ले तेरे लिए अमरूद लाया हूँ। *(चुप्पी)*

नन्ददुलारे : बचपन में उनके कन्धों पर चढ़कर मैंने रामलीला देखी है, घर आकर वे घंटों पीठ दबवाते, पर वहाँ मुझे कभी उतरने को नहीं कहा–*(चुप्पी)* ठीक कहती हो तुम, मेरे पास जो ओहदा है, वह राष्ट्रीय और अन्तर्राष्ट्रीय नीतियों के तो मुझसे वारे न्यारे कराता है–पर अपनों तक नहीं जाने देता।

रुक्मिणी : तभी मैं भी कहती हूँ कि तिलांजलि दो इस नौकरी को! नई शुरुआत करो और खास शाही सलाहकार बनो। सबको तभी बदलवा पाओगे तुम। पेड़ की जड़ें ज़मीन के भीतर हों तो क्या, पानी तो ऊपर से ही दिया जाता है न। *(पास आकर)* मेरी मानो, मर्द बनो! ठोकर मारो इस राजपत्रित नौकरी को, और सीधे निडर होकर दोबारा जाओ, दोबारा माँगो! सलाहकार बनकर उनके हाथ मज़बूत करो। सलाहकार बनो, सेवक नहीं!

नन्ददुलारे : पर जानती हो कि वह एक और ही दुनिया है, उस दुनिया के दाँव-पेंचों–

रुक्मिणी : का खूब ज्ञान हो जाएगा जल्दी ही। और हुकूमत की असली बागडोर कहाँ है, यह सब जानते हैं। वह इस नौकरी में रहकर कभी थाम नहीं सकता अब कोई–

नन्ददुलारे : और मेरे साथ के और लोग? वे पचा सकेंगे, मेरा उनसे इस तरह दामन झाड़कर अगल हट जाना?

रुक्मिणी : यह उनका सरदर्द है। आप उसकी फ़िकर क्यों करते हैं? आपके अलग हटने से पहले ही क्या उन्होंने आपसे नाते नहीं काट लिए थे? ठीक कहते थे आप कि, उनकी दोस्ती झूठी थी, पिछले सात बरसों में खूब परख लिए, मैंने उनके और उनकी बीवियों के ओछे दिल। पक्की दुश्मनी एक बारगी भाईचारे में बदल भी जाए, पर राजकर्मचारियों की एक बार टूटी दोस्ती दोबारा नहीं जुड़ती।

ममता : तुम दरअसल दोस्ती से भी बहुत ज़्यादा माँग करती रहीं, वैसे ही जैसे कि अपने बच्चों से।

रुक्मिणी : और कमी क्या है मेरे बच्चों में, ज़रा मैं भी तो सुनूँ? बेटा वहाँ बाहर के मुल्क में ऐसी ऊँची नौकरी पा गया है, जिसको पाने को गोरे लोग भी एड़ी-चोटी का पसीना एक कर देते हैं। और तू *(ममता की ओर)* इस उम्र में इतनी बड़ी डिग्री–

ममता : मेरी बात मत करो।

रुक्मिणी : क्यों न करूँ? कहते नहीं थे मिश्राजी कि–

ममता : वे कहते हैं क्योंकि उनकी फ़ाइलें पापा के पास अटकी हैं।

रुक्मिणी : हिश्त! पागल है तू! देशभर में क्या लिख और छप रहा है, इसकी राई-रत्ती ख़बर रहती है मिश्राजी को। पापा के पास क्या ऐसे ही पहुँच होती है लोगों की? कोई भी रिपोर्ट छपने से पहले वे मुझे फोन करके–

ममता : तुम बन्द भी करोगी, कि मैं जाऊँ यहाँ से?

बूढ़ी : बोलो सन्तो राम! राम-राम! राम-राम! *(चुप्पी)*

नन्ददुलारे : *(रुक्मिणी से)* वह ग़लत नहीं कह रही है, रुक्मिणी! इस ओहदे की खुशबू से भी सैकड़ों मँडराने लगते हैं, आगे-पीछे, और वे लोग दिलजोई का कोई भी मौक़ा नहीं खोते। फिर उस क्षेत्र में चला जाऊँगा तो यह भीड़ चौगुनी हो जाएगी और तब उन सबसे बात करना ज़रूरी हो जाएगा। मेरा बेटा-बेटी होने की भारी क़ीमत चुकाई है बच्चों ने–यह कहें या नहीं, उस दूसरी दुनिया में मेरे जाने से और भी–

रुक्मिणी : एकदम ग़लत है ये बात। आपके ओहदे की ही बदौलत मुल्क के सबसे बढ़िया स्कूलों में पढ़े हमारे बच्चे।

ममता : स्कूलों में भी दोस्त नहीं थे हमारे, वहाँ भी। कॉलेज में, उन्होंने दोस्ती की हमसे, जिन्हें मुफ़्त पास चाहिए थे या कार में लिफ़्ट–और सभाओं में आज जो मेरे पीछे-आगे मँडराते हैं, उनमें से अधिकतर हफ़्ते-दो-हफ़्ते के भीतर फोन करके कोई रुका काम डैडी से करवाने को कहेंगे।

सामान्य आदमी की तरह जीना क्या होता है, इसके लिए तरस गई मैं।

रुक्मिणी : *(व्यंग्य से)* अगर सामान्य आदमी की तरह रही होती न? तो फिर नहीं चाहती यह। तभी मैं कहती हूँ, अपने-जैसों में उठ-बैठ, जैसे भैया–

ममता : भैया के दोस्त यहाँ हैं कहाँ? वे भी तो भैया की तरह बाहर चल दिए, क्योंकि जिनके पास ताक़त है उनके लिए वह रास्ता सबसे आसान है, जो बच रहे, वो या तो जाने की तैयारी में हैं या जब-जब हम मिलते हैं, तो न जा सकने का रोना रोते हैं रात-दिन। घिन आती है मुझे उनसे, अपने-आप से।

रुक्मिणी : न कहीं आएगी, न जाएगी, न लोगों से मिलेगी तो कैसे–

नन्ददुलारे : औरों जैसी नहीं है वह, रुक्मिणी, उसे अकेला छोड़ दो।

रुक्मिणी : *(शहीदाना साँस लेकर)* करो, वही जो चाहते हो फिर। मैं होती भी कौन हूँ? *(चुप्पी)* मैं कौन होती हूँ?

[धीमे-धीमे रोती है। अन्धकार।]

दृश्य : 3

[प्रकाश स्टेज के पृष्ठभाग में। तख़त या दरी पर बूढ़ी बैठी-बैठी कागज की अनेकों पुड़ियाँ बना रही है। बाएँ सामने बैठी रुक्मिणी बुनाई कर रही है—दाएँ एक कुर्सी ख़ाली पड़ी है।]

बूढ़ी : कुछ कहा क्या?

रुक्मिणी : नहीं!

बूढ़ी : ऐं! क्या? ये मरे कान तो जब से वो नई दवाई शुरू की है, पट्ट बन्द हो गए हैं। *(चुप्पी)* कुछ कहा क्या?

रुक्मिणी : *(तनिक कुढ़कर, ऊँचे सुर में)* नहीं, अम्मा जी! *(चुप्पी)*

बूढ़ी : जाने क्या हो गया है मेरी दवाई से, कभी हलका-हलका फिर भी सुनाई पड़ जाता है, कभी बस, सन्न-सन्न।

[ममता का प्रवेश बाएँ से।]

ममता : *(बूढ़ी से)* अभी बनी नहीं परचियाँ?

बूढ़ी : हँ?

ममता : *(हाथ से इशारा करते हुए कतिपय ऊँचे स्वर में)* परचियाँ। तुम्हारी राम नाम की परचियाँ।

बूढ़ी : बस पचासेक और रह गई हैं। भला हो मिसरा जी का, बेचारे जब कभी हरद्वार जाते हैं, पहले बता जाते हैं।

ममता : तो ये रामनामी चारा क्या सिर्फ़ वहीं की मछलियाँ खाती हैं?

रुक्मिणी : *(स्वत)* ढोंग है, ढोंग!

ममता : शट अप!

बूढ़ी : हँ? क्या कहा?

ममता : कुछ नहीं। *(चुपचाप दूसरी कुर्सी पर बैठ जाती है और एक पत्रिका उठा लेती है। चुप्पी)*

रुक्मिणी : आज फिर तेरा मूड ख़राब क्यों है? अब क्या बिगड़ गया?

ममता : पूरी-की-पूरी ज़िन्दगी। *(कुछ तल्खी से)* बुनना बन्द भी करो। तुम्हारा सिर नहीं चकराता, हरदम बुनते-बुनते?

रुक्मिणी : *(शहीदाना मुसकराहट के साथ)* तुम्हीं लोगों के लिए बुनती हूँ। आख़िर जाड़ा तो हर साल आता है ना!

ममता : तो स्वेटर एक ही जाड़े में तो तमाम नहीं होते। अल्मारियाँ भर डाली हैं तुमने, कपड़े बुन-बुनकर। अब मेरे लिए तो कम-से-कम मत ही बुनना। समय की बर्बादी—ऊन की बर्बादी।

रुक्मिणी : तुझे न सही, वहाँ मिलिन्द को तो ज़रूरत होगी। ठंडा मुल्क है—

ममता : ख़ाक़ है! न ठंडा है, न गर्म है वहाँ। हर वक़्त एक-सा टैम्प्रेचर रहता है, कमरों का वहाँ। स्वेटर-फेटर कोई नहीं पहचानता। भूल चुके हैं लोग वहाँ कि मौसम क्या होता है?

रुक्मिणी : मैं अपने बेटे की जानती हूँ। उसे ठंड ज़्यादा ही लगती है।

ममता : यहाँ लगती थी। वहाँ सवाल ही नहीं। *(चुप्पी)* वह भी भूल चुका है।

रुक्मिणी : *(तल्ख़ी से)* तो ठीक है, मैं तुम से तो सलाह नहीं माँग रही हूँ।

ममता : नहीं, इतनी आज़ाद-ख़याल तुम कभी थीं ही नहीं।

रुक्मिणी : *(तड़पकर)* क्या मतलब?

ममता : मतलब यही कि मेरी सलाह तुमने ली ही किस मामले में? मेरी पढ़ाई? मेरी परवरिश?

रुक्मिणी : तो ऐसे ही इतनी बड़ी और मुँह ज़ोर हो गई तू?

ममता : शायद न होती, अगर कभी मुझसे पूछा गया होता, कभी कुछ सुना गया होता। पर यहाँ तो उसका मौक़ा ही नहीं आया कभी।

रुक्मिणी : क्या नहीं किया गया तुम्हारे लिए, ज़रा मैं भी तो सुनूँ? कभी किसी चीज़ की कमी हुई तुम्हारे लिए? कभी बर्थडे नहीं मनाया गया तुम्हारा? कभी छुट्टियों में तुम्हें—?

ममता : बस वही, वही, वही। इसके आगे भी कोई इच्छा हो सकती है, कहाँ जाना तुमने? मन उचाट है तो सिर में तेल डाल लो, नींद नहीं आती, च्यवनप्राश खा लो, पढ़ाई से मन उचटता है, बादाम चबा लो। पेट के अलावा बच्चों के भीतर और भी कुछ दुखता है, तुमने जाना क्या?

रुक्मिणी : *(अचानक रोते हुए)* अब गिन-गिनकर सब दोष मेरे ही निकालेंगे। क्या-क्या नहीं सहा मैंने, इसका कौन हिसाब देगा? तुम? तुम्हारे पापा?

ममता : तो किसने कहा था तुमसे शहीद बनने को? अभी तो कुछ भी नहीं हुआ। पापा शाही सलाहकार बनेंगे तो हम सबसे कितना कट जाएँगे, इसका अन्दाज़ा क्या नहीं है तुम्हें?

रुक्मिणी : तुम सबसे ज़्यादा है, पर तुम्हारे पापा को भी मैं तुम सबसे ज़्यादा जानती हूँ। दम घुटता है उनका इस नौकरी में। यहाँ कोई क़द्र नहीं है उनकी ईमानदारी की, उनकी मेहनत की। हम सबसे कट गए तो क्या, जितना सन्तोष इस ओहदे पर आकर उनको मिलेगा, कभी सौ साल में भी मिल सकता है क्या, इन टुच्चे लोगों के बीच? अपने लिए मैंने क्या किया है आज तक? मन मेरा भी होता था कि पार्टियों में पापा के साथ जाऊँ, देश के बाहर विदेशों की सैर करूँ—घर को अपनी तरह से सजाऊँ—

ममता : तो किया होता न यही सब। जबरन एक शहीदी बाना पहनकर तुमने तो पूरे घर को ही मक़बरा बना डाला। तुम्हारे त्याग का बोझ ढोते-ढोते क़तई उक़ता गई हूँ, मैं भी। इसी से भैया घर से दूर चला गया—इसी से पापा—

रुक्मिणी : तू चुप भी होगी क्या?

ममता : नहीं! किसी-न-किसी को कभी-न-कभी कहना था ही ये सब। चाहे ग़लत-सलत तरीक़े से ही हो। एक तेज़ाबी गटर की तरह इतने सालों से जो भीतर उफना रहा था—उसे बाहर आना ही था। *(चुप्पी)*

बूढ़ी : ले चल। ये काम भी पूरा हुआ। अब एक पिलास्टिक की थैली ला दे, मेरे कमरे से—तो ये सँभाल के बाँध दूँ।

ममता : *(धीमे-धीमे यन्त्रचालित-सी उठते हुए)* तुम्हारे कमरे में कहाँ?

रुक्मिणी : *(बुनाई पटककर उठती हुई)* कहा तो मुझी से जा रहा है। तूने आज तक ये काम किए भी हैं कभी? सेवा-सत्कार का तो फैशन नहीं रहा न अब। मैं ही लाऊँगी। *(जाती है। चुप्पी। ममता बैठ जाती है।)*

बूढ़ी : बिट्टो! ए बिटिया!

ममता : हूँ!

बूढ़ी : अपनी महतारी का जीउ ना दुखा, बेटा!

ममता : तो वही तो—

बूढ़ी : अरे, बेचारी का मन आजकल ठिकाने है क्या? भैया तेरा जा बसा उत्ते दूर काले-कोसों—और छाती पै जवान लड़की बैठी—

ममता : हुँह, जैसे उन्हें फ़िकर है मेरी।

बूढ़ी : अरे, क्यों नहीं होगी? महतारी नईं वो तेरी?

ममता : क्या पता?

बूढ़ी : *(जैसे ममता ने कुछ कहा ही न हो)*—हमारे टेम की बात होती तो अब तक दो-तीन गोद में खेलते होते तेरे। पर आजकल की तुम लोग ऐसेई राज़ी भी तो नहीं होतीं—ये मोटा है, वो नाटा है, ये साँवला है—अरे, किसुन भगवान नहीं थे साँवले?

ममता : *(मुस्कराहट)* तो उन्होंने धरी भी तो थीं सत्रह सौ—

बूढ़ी : और मिलिन्द भी उधर अनब्याहा—क्या ऽऽऽ कुछ नहीं जी—

[रुक्मिणी का प्रवेश। एक प्लास्टिक की थैली बूढ़ी को देती है। चुपचाप बैठकर बुनाई उठा लेती है। चुप्पी।]

रुक्मिणी : *(ममता से)* काम पर आज नहीं जाना है?

ममता : *(बग़ैर किताब से आँख उठाए)* नहीं।

रुक्मिणी : तो उन्हें बता दे, फोन करके।

ममता : कोई फ़र्क नहीं पड़ेगा। *(चुप्पी)*

रुक्मिणी : अगर यह काम भी पसन्द नहीं तो कोई कोर्स क्यों नहीं—?

ममता : नहीं!

रुक्मिणी : मैं तो तुम्हारे ही—

ममता : ज़रूरत नहीं। रहने दो। *(चुप्पी)*

रुक्मिणी : *(उदास स्वर में)* क्या यह भी मेरी ही ग़लती है कि यह नौकरी भी तुझे रास नहीं आई? अगर वापस आकर दिन-रात ऐसे ही झींकना था तो वहीं क्यों नहीं तलाश की?

ममता : क्योंकि वहाँ से भी मन भर गया था।

रुक्मिणी : मन तो लगाने से लगता है।

ममता : ठीक है। शायद लगाया ही नहीं।

रुक्मिणी : पर क्यों? हमने तो कभी तुम्हें—

ममता : नहीं! मैं ही वहाँ नहीं बस सकती थी। मिलिन्द की बात और है।

रुक्मिणी : कैसे और है? क़रीब-क़रीब एक ही साथ तुम दोनों बाहर गए। एक ही साथ वहाँ पढ़ाई शुरू की। मिलिन्द को कैसे खटाखट एक के बाद एक नौकरियाँ मिलती चली गईं!

ममता : मैंने कहा न उनकी बात दूसरी है। अगर रहना ही चाहो तो रास्ता निकल ही आता है।

रुक्मिणी : तो तू वहाँ रहना नहीं चाहती थी?

ममता : नहीं।

रुक्मिणी : क्यों?

ममता : वैसे ही, जैसे तुम्हारा बेटा यहाँ नहीं रहना चाहता था।

रुक्मिणी : उसका तो कारण था—न यहाँ अच्छी पढ़ाई, न नौकरी, न तनख़्वाहें—दुनिया-भर के रिश्तेदारों की आवाज़ाही ऊपर से—वहाँ ये सब झमेला तो नहीं।

ममता : *(धीमे से)* अच्छा?

रुक्मिणी : *(तीखेपन से)* अच्छा क्या?

ममता : कुछ नहीं! मैं तो सोचती थी कि यही झमेला तुम्हें रुचता था।

रुक्मिणी : हँसी-खुसी से निबाहना भी एक बात होती है। मैंने तो कभी शिकायत नहीं की। *(चुप्पी)*
(उत्तेजना से) की-की? बोलो?

ममता : *(उकताहट से)* क्यों बेकार बात बढ़ाती हो? छोड़ो उसे।

रुक्मिणी : *(बुनाई रखकर)* नहीं! मुझे जवाब चाहिए। अभी। इसी दम। कब मैंने शिकायत की?

ममता : *(हँसकर)* अभी! *(चुप्पी)*

रुक्मिणी : *(कुछ खिसियाकर)* यों तो मैं एक बात कह रही थी *(चुप्पी। तनिक उत्तेजना से)*

पूछो-पूछो एक-एक से घर में, क्या कोई कमी हुई कभी किसी के लिए?

[बूढ़ी ज़ोर से डकार लेकर राम-राम कहती उठती है, और झुकी कमर थामे कुछ देर दादाजी व अपने पति की तसवीरें देखती है, फिर धोती से आँसू पोंछकर चली जाती है। चुप्पी]

रुक्मिणी : उफ़्फ़, सर दर्द से फटा जा रहा है। *(सिर पीछे डालकर आँखें मूँद लेती है।)*

ममता : चाय पियोगी?

रुक्मिणी : *(सख़्त स्वर में)* नहीं। *(चुप्पी)*

ममता : एस्पिरिन दूँ?

रुक्मिणी : *(रुँधे स्वर में)* नहीं!

[अचानक फोन घनघना उठता है। रुक्मिणी चौंककर चैतन्य होती है। ममता फोन उठाती है।]

ममता : हैलो! जी हाँ, मैं उनकी बेटी ममता। अच्छा आप दीजिए। *(माँ से)* पापा का फोन है। *(रुक्मिणी तेज़ी से हकबकाकर ऐसी उठती है कि बुनाई में उलझकर एक-बारगी ठोकर खाने को होती है। उसे तल्ख़ी से दूर ठोकर मारकर उत्तेजना से दौड़कर फोन लेती है। ज्यों-ज्यों वार्तालाप आगे बढ़ेगी, उसके चेहरे का शोक घटते-घटते एक अजीब ख़ुशी में छा जाएगा और आवाज़ एक हिस्टोरिकल ढंग से ऊँची हो जाएगी।)*

रुक्मिणी : हाँ! जी हाँ, मैं बोल रही हूँ। हाँ-हाँ, क्या हुआ? ओह! सच में *(रिसीवर के माउथपीस पर हाथ रखकर ममता से)* हो

गया। *(ममता सिर झुकाए स्तब्ध बैठी है)* हाँ-हाँ! मैंने कहा था न कि आपके माँगने की ही देर है—मिलने की नहीं। *(सुनने का नाट्य)* बिलकुल ठीक कहा कि तुम्हीं इस लायक़ हो। मैं तो हमेशा *(सुनने का नाट्य)* हाँ, हाँ, सो तो लोग ईर्ष्या के मारे कहेंगे ही। पर लोगों की हमें क्या परवाह! *(गर्व से)* कह दो कि हमारे ख़ानदान ने इसकी परवाह—नहीं भाई। *(कमरे में बस ममता है सुनने का नाट्य)* क्या? हाँ-हाँ, खुश क्यों नहीं होगी—इतना बड़ा सम्मान आपको मिलेगा और आपका अपना ख़ून—ज़ोर से ख़ुशी मनाना तो आप दोनों को ही नहीं आता ना? *(ठुनककर)* पर इस बार आपको मानना ही होगा—और नहीं तो पार्टीवालों को दावत, हाँ-हाँ मैं भी जानती हूँ, बाहर शहनाई बजवाने को कहूँ इतनी बेवकूफ़ मैं नहीं—पर जिन्होंने इतनी भाग-दौड़ की है—इतनी—*(तनिक अप्रतिम-सी हो)* अच्छा, ठीक है। आप आ जाइए तभी सही। कितनी देर? पन्द्रह-बीस मिनट। ठीक है। *(फोन रखकर कुछ देर खड़ी रहती है। फिर ममता से)* तुम्हारे पापा निजी सलाहकार नियुक्त हो ही गए। जल जाएँगे ख़बर पाकर वे पाँचों, जो दाँव-पेंच-तिकड़म में जुटे हुए थे अब तक—*(बूढ़ी का पुनः प्रवेश।)*

बूढ़ी : बहू, मेरा चश्मा नहीं—

[रुक्मिणी तेज़ी से तख़त की ओर जाती है। चश्मा उठाकर देती है।]

रुक्मिणी : ये रहा। *(मुस्कराकर)* लड्डू बँटवाइए, अम्मा जी! आपका बेटा निजी सलाहकार के ओहदे पर आ गया। *(चुप्पी)*

बूढ़ी : *(थके स्वर में)* ख़ुशी रहे—राजी-ख़ुशी रहे, मेरी ख़ुशी उसी में है।

[चली जाती है।]

रुक्मिणी : और कोई होता तो गले लगाकर आशीशों की झड़ी लगा देता—

ममता : पर वह भी तो तुम्हें पसन्द नहीं न? तुम्हीं तो कहती थीं, तुम्हें यह सब लच्छेदार भावुकता की बातें नहीं सुहातीं–*(खड़ी होकर पत्रिका कुर्सी पर डाल देती है।)*

रुक्मिणी : *(उसी रौ में)* ख़ैर, इनके किए-न-किए से क्या होता है? मैं मनाऊँगी ख़ुशी। मैं बुलाऊँगी लोगों को। ज़रा लोग भी देख लें कि हमारा दिल कितना बड़ा है। बैंक भी जाना होगा ज़रा, *(ममता से)* देख, एक कॉल बुक कर दे भैया के लिए–उसे सबसे ज़्यादा ख़ुशी होगी–और अच्छा, ठीक है, बाक़ी मैं कर लूँगी। *(जाने का उपक्रम करती-करती रुक जाती है)* और हाँ, ज़रा हाथ-मुँह धोकर ये मनहूसियत कुछ देर को चेहरे से उतार दो। इतना बड़ा सम्मान पाकर इनसान घर आए तो कम-से-कम घरवालों के चेहरों पर तो ख़ुशी होनी चाहिए। *(प्रस्थान)*

[ममता फोन उठाकर मिलाती है। फेड आउट।]

तीसरा अंक

दृश्य : 1

[दृश्य वही। मिश्राजी बाएँ से तीन-चार अगरबत्तियाँ हाथ में लिये आते हैं। उनसे तीनों बूढ़ों की तसवीरों की आरती करते हैं, फिर मालाएँ सीधी करते हैं, एक थाली से रोली लेकर उन्हें तिलक लगाते हैं। उनके हाव-भाव से साफ़ है कि वे इस घर के सदस्य की हैसियत रखते हैं। बाएँ से ममता का प्रवेश।]

ममता : मिश्राजी, पापा कब तक लौटेंगे, कुछ अन्दाज़ा है आपको? इंटरव्यूवाले तीन बार फोन कर चुके हैं कि टाइम वही है कि नहीं?

मिश्राजी : *(थाली रखते हुए)* स्पष्ट तो कहा नहीं भाई सा'ब ने, पर आज थोड़ा लेट ही चल रहा था प्रोग्राम। एक तो धरने के कारण सड़कें-उड़कें बन्द हैं, सो आफ़िसों का काम अटक गया है, तिस पर कोआर्डिनेटिंग वाली कमेटी की भी–*(तनिक रुककर)* क्या बहू जी की तबीयत...?

ममता : ख़ास नहीं। *(मेज़ से कुछ उठाकर यूँ ही रखती है।)*

मिश्राजी : दवा खा ली उन्होंने?

ममता : बड़ी मुश्किल से।

मिश्राजी : खाना?

[ममता कन्धे उचकाकर सिर हिलाती है, यानी नहीं खाया।]

मिश्राजी : च्च च्च, ऐसे शरीर कब तक चलेगा भला? *(कुछ सोचकर)* वो जो आरोग्य आश्रम का पता लगाया था मैंने, वहाँ के बारे में भाई साहब से बात हुई थी? अहाहा बड़ा चमत्कार है, उन गुणकारी देसी औषधियों में भी—तन-मन के सब विकार हरने में—फिर घर से दूर होकर—

ममता : *(उदासी से)* डॉ. बिरमानी का कहना है कि अभी उन्हें इस हालत में घर से दूर करना ठीक नहीं। दिन-भर भैया के कमरे में बैठकर उसके पुराने कपड़ों-किताबों से बात करती रहती हैं—न सोना, न खाना, पर फिर भी घर के बीच रहना, एकदम नई जगह जाने से बेहतर है। यहाँ रहकर शायद उन्हें अभी भी लगता है कि भैया हैं—यहीं कहीं, उनके आस-पास—

मिश्राजी : अब इतने बड़े मनोरोग-चिकित्सक से क्या कहा जाए? ठीक है, इन्तज़ार सही *(साँस लेकर)* ऊपरवाले की किसने जानी है? बैठे-बिठाए ऐसे हीरा जैसे इकलौते बेटे को उठा लिया—माँ का मन विक्षिप्त न हो तो क्या हो? विधना का जो है, सो समझ नहीं आता। *(तसवीरों को देखकर)* हम तो कहते हैं कि अच्छाई है कि दादा-दादी चले गए, इस दुख को सहे बग़ैरे—अहाहा पुत्रशोको महत्शोकः। और भाई सा'ब भी कहें-न-कहें, उनके कलेजे में भी चोट तो हुई है। *(चुप्पी)* पर क्या करें, दुनिया का व्यौपार तो चलता ही है। अब वे 'कुरियर' वाले आ रहे हैं आज इंटरव्यू को। उन्हें कहना है कि इन्तज़ार करें—भाई सा'ब आज देंगे ही देंगे उन्हें इंटरव्यू। दो मर्तबे पहले कैंसल हो चुका—

[रुक जाता है। बाएँ दरवाज़े से रुक्मिणी का प्रवेश। अस्तव्यस्त वेशभूषा। दृष्टि में एक पगलाई चमक है। दरवाज़े के पास खड़ी होकर कुछ सूँघती है—फिर कमरे के कोने-कोने में दरी, कुशन, किताबें उठा-उठाकर सूँघती है।]

ममता : *(नरमाई से, जैसे बच्चे से बोल रही हो)* क्या ढूँढ़ रही हो, माँ?

रुक्मिणी : नहीं आ रही? तुझे नहीं आ रही गन्ध?

[ममता विवश भाव से मिश्राजी को देखकर सिर हिलाती है।]

ममता : नहीं तो।

रुक्मिणी : उफ़्फ़ कुछ है, जो सड़ रहा है, कहीं, इसी कमरे के भीतर *(फिर सूँघती है)* उफ़्फ़। जी मिचला जाता है इस बास से, जैसे कोई लाश सड़ रही हो।

ममता : माँ! *(पास जाकर बाँह पर हाथ रखते हुए)* अच्छा-अच्छा, मिश्राजी ठीक से दिखवा लेंगे। तुम चलो, तब तक अपना दूध पी लो, और नींद की दवाई–

रुक्मिणी : छिः, नाम मत ले खाने-पीने का। गिलास होंठों तक ले जाती हूँ तो जानती है, उसका सिरा गोल चाकू की तरह दिखने लगता है–दूध में बालों के गुच्छे तैरते हुए दिखते हैं–

ममता : मैं दो बार अपने हाथ से छानकर लाई हूँ, माँ, अब वह ठीक-ठाक है–चलो, चलो न, थक गई होंगी तुम, सुबह से बैठी नहीं हो, ऐसे ही कमरा-कमरा घूमती रही हो।

रुक्मिणी : *(धीमे-धीमे)* थकान? नहीं, अब नहीं होती थकान भी। न नींद आती है, न थकान। हर वक़्त छाती में एक धधक-सी उठती रहती है, जैसे कुछ गन्दा-सा निगल लिया हो और उसे उगलते भी नहीं बनता।

ममता : *(कन्धों पर हाथ रखकर)* चलो न माँ, दूध ठंडा हो जाएगा, चलो!

[मिश्राजी से गर्दन से इशारा करती है, वे मुस्तैदी से परदा हटाते हैं–दोनों माँ-बेटी का बाएँ से प्रस्थान। मिश्राजी जेब से चश्मा निकालकर लगाते हैं। फिर दूसरी जेब से कागज़ निकालकर पढ़ते हैं। तभी दरवाज़े की घंटी बजती है। मिश्राजी दरवाज़ा खोलते हैं। दरवाज़े से प्रेस-रिपोर्टर जिमी नन्दा और फ़ोटोग्राफ़र बनी का प्रवेश। जिमी 27-28 वर्ष का छरहरा, चुस्त और फुर्तीला पत्रकार है–उसकी

आँखें लगातार दौड़ती हुई जगह को, लोगों को मापती रहती हैं। वह बीड़ी पी रहा है, बड़ी ही स्पष्टता से जताते हुए कि जो वह पी रहा है, बीड़ी ही है, सिगरेट नहीं। बनी अपेक्षाकृत दोहरे बदन का मस्त तबीयत का फ़ोटोग्राफ़र है। वह ख़ाकी मिलिटरीनुमा वेशभूषा में है। उसके कन्धे पर फ़ोटोग्राफ़र के सामान का बैग है। मिश्रा बड़े तपाक से।]

मिश्रा : अख़्वाह गुरुवर! स्वागतम्! स्वागतम्! *(हाथ मिलाते हैं।)*

जिमी : *(हाथ मिलाते हुए)* स्वागतम् साहब, कहिए क्या ख़बर है?

मिश्राजी : खबरनवीसों को हम जैसों से क्या ख़बर मिलेगी, साहब? अजी ख़बर तो हुजूर आप लोग बनवाते हो, ओ' आपै लोग छापते हो—हा-हा!

जिमी : *(उँगली से ना-ना करते हुए)* सॉरी मिश्राजी—बनवाते हैं आप, छापते हैं हम।

मिश्राजी : *(नकली विनय से अपने चेहरे पर तमाचा मारते हुए)* अजी, तौबा-तौबा, आज़ाद मुल्क में आज़ाद प्रेस के रहते ख़ुद ख़बर बनाए, ऐसा मूरख नहीं है राधारमण मिश्रा। *(ठहाका लगाकर धौल जमाते हुए)* बैठिए-बैठिए बर्ख़ुदार, चाय, पानी? क्या लेंगे? हुकुम करें।

जिमी : ज़रा ठंडा पानी पिलवा दीजिए, बड़ी मेहरबानी।

बनी : मुझे भी।

मिश्राजी : अवश्य! अवश्य! *(भीतर जाता है। उसके भीतर जाते ही।)*

जिमी : साला। जानते हो इस मुल्क में साँप के काटे का मन्तर है, मिश्रा के काटे का नहीं—

बनी : तो यही है वो मिश्रा—?

जिमी : द सेम! वही। वही।

[सीटी बजाता हुआ बनी उठ खड़ा होता है। तीनों बूढ़ों की तसवीर को पास से मुआयना करता है। जिमी से।]

बनी : असली एंटीक्स हैं यहाँ। सीधे रामायण-महाभारत से निकलकर आए हुए।

[जिमी उठकर पास आता है। एक बूढ़े के माथे का चन्दन छूकर सूँघता है। कुटिलता से मुसकराता है। बनी कैमरा उतारकर तीनों तसवीरों की तसवीरें लेता है। भीतर से एक ट्रे में गिलास लिये मिश्रा का प्रवेश।]

जिमी : अरे मिश्राजी, यार आपने क्यों तकलीफ़ की?

मिश्राजी : हेःहेः! भाईसाहब इस घर में मेहमानों की अपने हाथों ख़ातिर की जाती है। लीजिए न। असल ठंडाई है—हम अपनी देख-रेख में बनवाए हैं। ग्रहण करें।

जिमी : *(बनी को आँख मारकर)* पी ले, यार! असल बादाम-पिस्ते की ठंडाई अब यहीं मिलेगी तुझे। पी ले। *(रुककर)* यार मिश्राजी, इंटरव्यू का क्या हिसाब है? आज छह का टाइम आपने दिलाया था—हम दस मिनट पहले ही आ गए—पिछली बार—

मिश्राजी : भाई सा'ब, वही तो मैं कहने जा ही रहा था—यक़ीन मानें, चेष्टा इस बार भी की हमने, पर ऐन मौक़े पर ये साला धरना फिर आ गया। साहब ने ताबड़तोड़ भेजा हमें यहाँ, कि आप लोगों से क्षमा माँग लें कि कुछ देर हो जाएगी—बस, धरना ख़त्म हुआ नहीं कि वे—

जिमी : पर कब तक?

बनी : यार, वो मुझे फिर दूसरा असाइनमेंट भी—

जिमी : एक मिनट—*(मिश्राजी से)* हाँ, तो फिर साहब हमारा आज इंटरव्यू क्या—?

मिश्राजी : न-न-न साहब, निराश न हों क़तई—धरनों में होना ही क्या है, थोड़ी देर लीडर लीडरों से बोलेंगे, मज़दूर मज़दूरों से और छोकरे छोकरियों से, फिर सब अपनी-अपनी राह लग लेंगे, और कल सुबह के अख़बार में मज़ा ले-लेकर पढ़ेंगे कि राजधानी में कामकाज कैसे ठप्प रहा। बस ज्योंहि धरना खत्म हुआ नहीं कि साहब लौट आएँगे। आते ही,

आप तो जानते हैं कि प्रेस के बारे में अपने साहब कितने वक़्त के पाबन्द हैं—*(रुककर चालाकी से)* वैसे आप जाना चाहें तो हम रोकेंगे नहीं—हम जानते हैं, आप लोग क्या कम व्यस्त—?

जिमी : नहीं, नहीं, जब आ ही रहे हैं, तो रुक जाएँगे। *(मुसकराकर)* मजाल है राजधानी में किसी की, कि मिश्राजी का हुक्म टाल जाए?

मिश्राजी : *(खींसें निपोरते हुए)* अरे, हम तो दासानुदास हैं अपने साहब के—यानी जिसे आप लोग अपनी अंग्रेज़ी में क्या कहते हैं? हाँ, रिफ़्लैक्टेड ग्लोरी। महानता की परछाईं में पलनेवाले दीन लोग हैं हम—*(अचानक घड़ी देखकर)* अरे रे, मैं चलूँ भाईसाहब, आपे लोगों के हेतु रुका था। आप विराजें, मैं ज़रा भीतर बोलकर आऊँ, फिर अभी के लिए आप से आज्ञा—*(बाएँ भीतर जाते हैं।)*

बनी : *(भेद भरे स्वर में)* हूँऽऽऽ। बड़ा डिप्रेसिंग मनहूस घर है साला, नहीं? बाहर लॉन के फूल तक मनहूसियत नहीं हटाते इसकी—ऐसा भुतहा लगता है सारा माहौल, जैसे सालों से न यहाँ कोई दाख़िल हुआ है, न यहाँ से बाहर गया है—

जिमी : स्कूप है यार ये इंटरव्यू, स्कूप! इसके लिए तो दो घंटा क्यों दो सौ घंटे—

बनी : मुझे तो अचरज यह है कि यह तुझे दे कैसे रहा है इंटरव्यू? सुनते हैं, सख़्त एलर्जी है इसे प्रेस से—

जिमी : *(मुसकराकर)* प्रेस के लिए बड़े लोगों के दिल में प्रेम यूँ ही नहीं पनपता है, मुन्ने! *(स्वर तनिक धीमे कर)* दरअसल इधर इनकी अपनी गद्दी कुछ डाँवाडोल है—दबाव हैं बहुत-से। तभी इस पब्लिसिटी का सहारा लिया जा रहा है—अपने किए की इस तरह सफ़ाई देना ख़तरे की पहली घंटी है *(मुसकराकर)* पापे, तुसी देखते जाओ—

बनी : *(इधर-उधर देखकर)* पर डाँवाडोल हालत हुई क्यों?

जिमी : बात यह है मुन्ने कि इस नर्मदिल मुल्क में एक सख़्तदिल सलाहकार क़तई फ़िट नहीं हो सकता। उसकी

सख़्ती के सर उठाते ही और नर्मदिल सलाहकारों को, निजी उद्योग के सबको भारी तकलीफ़ होने लगती है—अपने साथ के पुराने लोगों से इनकी पुरानी रंजिशें तो थीं ही; नए लोगों से अब नई भी हो गई हैं। नए और पुराने मिलकर—यह धरना जो है इसके पीछे भी वही लोग हैं—

बनी : यार, यू ऑलमोस्ट—लगता है तू इसके पक्ष में है?

जिमी : हमारे पेशे में पक्ष-विपक्ष नहीं मुन्ने, खबर का दोतरफ़ा वज़न तौला जाता है। यह अपनी ईमानदारी और चतुराई का ढोल पीटते हैं, हमेशा प्रेस कॉन्फ्रेंसों में, उधर इन्हीं के विभाग के एक मुअत्तल हुए सचिव ने मुझे अन्दरूनी बातों का ब्यौरा दिया है, सारे दस्तावेजों के साथ। प्योर डायनामाइट है, डायनामाइट! एक तरफ़ वह—एक तरफ़ इनकी अपनी जवाबी सफ़ाई—एक बम के धमाके से कम नहीं होगा यह इंटरव्यू। फिर—*(दोनों बोलते-बोलते चुप हो जाते हैं। ज्योंही मिश्राजी पुनः आता है।)*

मिश्राजी : अच्छा तो गुरुवर—

जिमी, बनी : *(साथ-साथ)* अच्छा! *(मिश्राजी का प्रस्थान। बाहर कार स्टार्ट होकर दूर जाने की आवाज़।)*

बनी : यार, कब तक रुकेगा तू?

जिमी : *(कुछ सोचते हुए से चौंककर)* क्या? हूँ? अभी तो देख लेता हूँ—चाहे रात भर रुकना पड़े।

बनी : अच्छा तो फिर ऐसा करते हैं कि तब तक धरना कवर कर आऊँ—सुना, औरतें भी हैं उसमें—ज़रा पुलिस धरपकड़ करेगी तो कुछ ह्यूमन इंटरेस्ट बन जाएगा। सुमी कह रही थी कि उनका गुट बड़े मिलिटेंट मूड में है—

जिमी : सुमी कौन? के.के. की बहन?

बनी : दि सेम। वही तो लीडर है, इसी बूते मेक्सिको का चक्कर लगा आई कॉन्फ्रेंस में। अब सुना, मुल्क की पिछड़ी हरिजन महिलाओं पर पेपर पढ़ने हारवर्ड भी जानेवाली है—यार, हम-तुम साले घास खोदते रह गए। अच्छा तो अपन गए और आए। ओ.के.?

जिमी : जा साले—महिलाएँ तो तेरे ही लिए धरना देके बैठी होंगी—!

बनी : *(आँख मारकर)* एकदम सही बात है, प्यारे। जब तक फ़ोटोग्राफ़र न आए, नारे तक नहीं लगाती हैं। फ़ेथ हो तो ऐसा। सी...या। *(प्रस्थान। जिमी उठकर दरवाज़ा बन्द करता है फिर दबे पाँव कमरे की चीज़ों का मुआयना करता है—फ़ोटो देखता है—एकाध कागज़ उठाता—पलटता है—कुर्सी तक जाता है। तभी बाएँ से ममता का प्रवेश। जिमी तुरन्त खड़ा होकर अपनी सबसे प्रभावशाली युवा मुसकान निपोरता है।)*

जिमी : हाय। ममता आई प्रिज़्यूम?

ममता : *(कुछ अटकते हुए)* ओह। हाँ। जी हाँ—आप?

जिमी : मैं जिमी नन्दा हूँ—जामदग्नि नन्दा—द कूरियर से। मैं आपके डैड का इंटरव्यू लेने आया हूँ—बल्कि कहना चाहिए, आया था—अभी मिश्राजी ने बताया कि शायद लेट आएँगे—

ममता : जी हाँ—शायद कुछ काम आ गया है—आप बैठिए—*(जिमी बैठ जाता है—फिर वह भी। चुप्पी)* कुछ पीएँगे तब तक?

जिमी : थैंक्स—मिश्राजी बड़ी बढ़िया ठंडाई पिलवा गए हैं—

ममता : अच्छा। *(चुप बैठी हाथों को घूरती रहती है। चुप्पी असहज हो जाती है तो जिमी गला खँखारता है।)*

जिमी : मिश्राजी ने इन्तज़ार करने को कहा था।

ममता : अच्छा। *(चुप्पी)*

जिमी : *(जबरन हँसकर)* चलिए, कोई नहीं। वो तो जब आएँगे तब आएँगे—चलिए, तब तक आपसे ही बात की जाए—आप भी तो अख़बारों में फ्रीलांस करती रही हैं न—मुझे नाम सुना-सुना-सा लगता है।

ममता : शायद। *(चुप्पी)*

जिमी : *(सोचने का नाट्य करते हुए)* अगर मेरी याददाश्त धोखा नहीं दे रही है, तो आप ने रीजनल भाषाओं के साहित्य पर कभी—

ममता : जी हाँ—

जिमी : फिर?

ममता : फिर कुछ नहीं।

जिमी : लिखा ही नहीं, कि अंग्रेज़ी में नहीं लिखा–

ममता : आप इंटरव्यू मेरा लेने आए हैं या पापा का?

जिमी : *(हँसकर)* सॉरी। वैसे वह सीरीज़ अच्छी थी–हमारे जैसे लोगों के लिए, जो जानना तो चाहते हैं–अऽऽऽ कि रीजनल भाषाओं में क्या लिखा जा रहा है, पर–

ममता : *(तलख़ी से)* पर सिर्फ अंग्रेज़ी में ही।

जिमी : *(हँसकर)* नहीं, ऐसा तो नहीं, पर यू सी–हमारी पीढ़ी के साथ यह बहुत बड़ी ट्रेजेडी हुई कि हमें रीजनल भाषाओं में कभी शिक्षा ही नहीं मिली। आप–यू शुड नो, आप भी तो इसी बैकग्राउंड से आती हैं–आप क्या सोचती हैं अपने बचपन के बारे में–?

ममता : *(अचानक बिफरकर)* आप जानना क्या चाहते हैं–भाषा का सवाल? या शाही सलाहकार की बेटी का सनसनीखेज़ पास्ट? *(चुप्पी)*

जिमी : सॉरी। मैंने शायद आपको–आयम सॉरी–मेरा मतलब यह नहीं था–आयम रियली सॉरी।

ममता : *(उसाँस लेकर)* छोड़िए *(चुप्पी)* आयम सॉरी, हम लोगों की कुछ निजी तकलीफ़ें हैं, कभी हावी हो ही जाती हैं–

जिमी : *(तत्परता से)* आइ नो। आइ नो। आपकी माँ का नर्वस ब्रेकडाउन। वेरी सेड इनडीड–आपके भाई की एक्सीडेंट में मौत–

ममता : होमवर्क काफ़ी अच्छा करके लाते हैं, आप लोग। मेरे भाई की अचानक मौत और उसके बाद मेरी माँ के पागल हो जाने के अलावा हमारे परिवार की और क्या-क्या सनसनीखेज़ ख़बरें हैं आपके पास? मेरी नौकरियाँ? मेरे भाई की पोस्टमार्टम रिपोर्ट–मेरी माँ की दवाओं की प्रेसक्रिप्शन?

जिमी : आयम सॉरी, ममता! *(खिसियाहट भरी हँसी)* शुरुआत ही जिसे कहते हैं, ग़लत हो गई, ग़लती पर ग़लती–आयम सॉरी। *(चुप्पी)*

ममता : छोड़िए। *(थकान से आँखें मलती है।)*

जिमी : अगर इजाज़त हो तो मैं ज़रा फोन—?

ममता : *(चौंककर)* सॉरी। क्या? फोन? हाँ-हाँ—वह रहा। *(इशारा करती है।)*

जिमी : थैंक्यू *(उठाकर फोन डायल करता है।)* हलो बैनर्जी? यार बनी गया धरना कवर करने? हाँ-हाँ, टाइम पर भेज दिया है—हाँ, अभी देर लगेगी कुछ—हाँ-हाँ चार पेज—चारी से बात हो गई थी, उसने एक फ़ार्म रोक लिया है—राइट। सी यू। *(फोन रखकर आ बैठता है। बीड़ी जलाकर कनखियों से ममता को देखते हुए)* आपके डैड की साहित्य के बारे में क्या राय है? यानी किस किस्म की किताबें पढ़ते हैं वो, जब फुर्सत होती है—?

ममता : यह आप उन्हीं से पूछ लीजिएगा। *(चुप्पी)* एक बात के लिए रिक्वेस्ट कर सकती हूँ आपसे? *(कुछ सुनने का उपक्रम करती है। कार रुकने, दरवाज़ा बन्द होने की आवाज़)।*

जिमी : *(सुनते हुए)* ज़रूर। ज़रूर। कहिए न।

ममता : डैडी थके हैं, अकेले हैं, तमाम चिन्ताओं से घिरे हैं—इस वक़्त उन पर पीछे से हमला करना उनके साथ नाइनसाफ़ी होगी। *(उठकर बाएँ भीतर जाती है।)*

[दाहिनी ओर से नन्ददुलारे का प्रवेश। थका हुआ चेहरा। हाथ में कुछ फूलमालाएँ हैं, जिन्हें मेज़ पर डालते हुए वे जिमी को देखकर थोड़ा धमकते हैं।]

नन्ददुलारे : माफ़ कीजिएगा—इस बार फिर आपको—

जिमी : *(तपाक से उठकर)* नहीं सर, कोई बात नहीं—

नन्ददुलारे : *(जैसे सुना ही न हो।)* कुछ पिया आपने या नहीं? उफ़् इस क़दर गर्मी है बाहर, धूल—गर्द—अरे ममता! बेटा, इन्हें कुछ दो—

जिमी : जी नहीं, तकलीफ़ न करें। काफ़ी कुछ पा चुका हूँ।

[ममता का प्रवेश।]

नन्ददुलारे : बेटे, ये हैं जिमी। मुल्क के इस वक़्त एक बहुत अच्छे और होनहार पत्रकार। हम थर-थर काँपते हैं इनकी कलम से—क्यों?

ममता : *(किंचित रुखाई से)* मैं मिल चुकी हूँ।

नन्ददुलारे : *(थोड़े अप्रतिम हो उसकी पीठ थपथपाते हैं)* ओह। गुड। दैट्स गुड। अच्छा तो तुम—आप बैठिए—बस मुझे पाँच मिनट की मुहलत चाहिए—बस, अभी हाज़िर हुआ—ज़रा यह सब धूल वगैरह साफ़ करना होगा—बस पाँच मिनट। ममता, तुम बैठो तब तक। *(जाते-जाते धमककर प्रश्नसूचक दृष्टि से ममता को देखते हैं।)*

ममता : माँ सो रही है।

[नन्ददुलारे सिर हिलाते हैं—कुछ झुक-से जाते हैं—प्रस्थान। चुप्पी।]

ममता : सच में कहें, अगर आपके पेशे में सिर्फ़ सच कहना सम्भव हो तो—

जिमी : *(मुसकराकर)* तो?

ममता : मेरे डैडी के बारे में आप खुद क्या सोचते हैं?

जिमी : अऽऽऽ *(सोचते हुए)* अपनी तरह के एक ही आदमी हैं आपके डैड। *(धीरे-धीरे)* औरों से सचमुच फ़र्क हैं वे। अ रिमार्केबल मैन।

ममता : माफ़ कीजिएगा, इतने कमअक़्ल तो आप नहीं लगते कि आप एक पूरी-की-पूरी सीरीज़ तय कर लें और उसके पीछे आपका अपना कोई निजी दृष्टिकोण न हो—

जिमी : दृष्टि क्या?

ममता : दृष्टिकोण—नज़र का कोना—पाइंट ऑफ़ व्यू—एंगल—

जिमी : हा हा—देखिए ना, आपकी ऑल इंडिया रेडियोवाली हिन्दी से मैं कन्फ्यूज़ हो गया—

ममता : *(तीखेपन से)* मेरी बात का जवाब यह नहीं है—

जिमी : हा-हा, अपने डैड से कम चतुर नहीं हैं आप—

ममता : यह भी जवाब नहीं है—साफ़ कहिए—इस सीरीज़ के, इस इंटरव्यू के पीछे आपका असली मक़सद क्या है?

जिमी : *(बड़ी तन्मयता से नई बीड़ी जलाता हुआ)* रफ़ली—वेरी वेरी रफ़ली—यानी मोटे तौर से—हा-हा, मेरी हिन्दी इतनी बुरी नहीं, सोहबत का—

ममता : मोटे तौर से क्या?

जिमी : *(गला साफ़ करता है)* आपके डैड के बेहद फ़ास्ट और, और अनयूज़ुअल—आप क्या कहेंगे?

ममता : असाधारण।

जिमी : ठीक। असाधारण कैरियर को शुरू से आख़िर तक उनकी नज़रों से हम देखना चाहते हैं, ताकि उसके साथ पिछले पन्द्रह सालों के मुल्क के इतिहास का मिलान करके लोग देख सकें कि बदलाव कब, कहाँ, कैसे और क्यों आए।

ममता : औरों की छोड़िए। आप क्या सोचते हैं?

जिमी : देखिए, यह सब नाप-तौल करना हमारा काम नहीं—हमारा काम तो लोगों के आगे सिर्फ़ सच्चाई पेश करना है—उसे देखकर अपना मत लोग ख़ुद बनाएँगे—

ममता : पर जब तक आपके मन में ख़ुद अपना मत पक्का न हो, आपको किसी बात को तयशुदा सच्चाई क़रार देने पर क्या हक़ है?

जिमी : सच्चाई, सच्चाई है—

ममता : कौन-सी सच्चाई?

जिमी : जो मेरा पेशा मुझे देखना सिखाता है—आयम अ कमिटेड मैने। *(चुप्पी)*

ममता : *(धीमे-धीमे)* राष्ट्रीय और निजी शर्म के इस युग में आप जैसे पत्रकार का यह कहना ख़ुद में एक हैडलाइन के बराबर है—नहीं? *(चुप्पी)* और अपने बारे में सवाल तो आप पी ही गए—क्यों?

जिमी : *(एक ठंडी भद्र उकताहट से ऐश ट्रे में बीड़ी कुचलते हुए)* आप जानना क्या चाहती हैं? कि मैं कहाँ बढ़ा, पला, पढ़ा-लिखा? यही न? शायद आपको जानकर कुछ तकलीफ़ ही हो कि मैं अपने माहौल और अपने समय की वैसा ही प्रोडक्ट हूँ जैसी कि आप। अंग्रेज़ी मीडियम स्कूलों में पढ़ा, फिर ऊँची पढ़ाई की ख़ातिर बाहर भेजा गया—पर

आपकी ही तरह अपने देश लौट आया—पाँच साल फ्रीलांस—

ममता : नहीं। मेरा मतलब आपके इस सीरीज़ को लिखने के पीछे छुपे उद्देश्य से था—यह हो ही नहीं सकता कि आप मुल्क के इतने महत्त्वपूर्ण आदमी का ख़ाका पेश करने जा रहे हों और उनके बारे में कोई पक्की राय, उनके कुछ चुनिन्दा पहलू जो आप अपनी बात साबित करने को ख़ासतौर से हाइलाइट करेंगे, आपने मन में पहले से तै नहीं किए होंगे!

जिमी : देखिए, पहले से ऐसे ख़ाके-वाके हम नहीं बनाते—इंटरव्यू ख़ुद-ब-ख़ुद बनाता चला जाता है पूरे प्रोफ़ाइल को—

ममता : तो फिर क्या इसका मतलब यह है कि शाही सलाहकार में आपकी सिर्फ़ एक तकनीकी रुचि है—बतौर एक पेशेवर—अऽऽकमिटेड पत्रकार के? एक मनुष्य की तरह आपको उनसे कोई निजी इमोशनल लगाव या घृणा नहीं?

जिमी : जब आप इतिहास लिखते हैं, तो क्या आप एक डॉक्टर की तरह ठंडे तौर से अहम घटनाओं और लोगों का मुआयना नहीं करते? हमारे पेशे का यह रूल नम्बर एक है कि अपने निजी इमोशन इंटरव्यू लेते वक़्त ताक पर रख दो—

ममता : देखिए, आप मेरे डैड जैसे कंट्रोवर्शियल आदमी को लेकर एक लम्बा-चौड़ा इंटरव्यू ले रहे हैं और ज़ाहिर है कि उनकी निजी रुचियों से लेकर उनके घर की अन्दरूनी बातों तक में आपकी रुचि ही नहीं, घोर रुचि है। गली-मोहल्ले की बुढ़ियों की तरह खोद-खोदकर आपने सब तरफ़ से उनके बारे में तथ्य इक्ट्ठा भी किए हैं तो क्या यह सब एक तरह के नज़रिए को नहीं दिखाता? आप झूठ कहते हैं कि आप तटस्थ हैं—

जिमी : आप शायद एक क्रियेटिव लेखक और बेटी की नज़र से इस इंटरव्यू को बहुत इमोशनल होकर देख रही हैं, *(हँसकर)* आप भूल रही हैं कि मैं सिर्फ एक अदना-सा अख़बारनवीस हूँ और मुल्क का इतिहास जो आपके डैड जैसे लोग बनाते हैं उसे मैं एक कैमरे या एक टेपरिकार्डर

की तरह ठीक-ठीक नोट-भर करना चाहता हूँ ताकि सच्चाई का रिकार्ड रहे। आप हम अख़बारनवीसों को सामान्य लोगों की तरह नहीं, एक कैमरे या टेपरिकार्डर जैसी मशीन-भर ही समझिए—

ममता : नहीं, रिकार्डिंग की एडिटिंग करनेवाले हाथ भी आपके पास हैं और लेंस को फ़ोकस करनेवाली उँगलियाँ भी। आप मशीन नहीं हैं, मशीन को अपनी मर्ज़ी के मुताबिक़ इस्तेमाल करनेवाले लोग हैं—*(चुप्पी)*

जिमी : *(हँसकर)* लगता है, आप पर सिर्फ़ एक बॉक्स देने से भी नहीं चलेगा—एक पूरा लीड आर्टिकल आप पर भी जल्द ही निकालना होगा शायद—देश की अगली पीढ़ी की प्रखर आवाज़—हाउ डु यू लाइक माय हिन्दी? हँ? हा हा—?

ममता : *(उठते हुए)* आप सुनते हैं—समझते हैं नहीं, या शायद यह भी पेशे के प्रति कमिटमेंट की बात हो। क्यों? *(प्रस्थान! नन्ददुलारे का प्रवेश—जिमी पैड सँभालता और टेपरिकार्डर व्यवस्थित करता है। नन्ददुलारे आकर बैठते हैं।)*

नन्ददुलारे : तो शुरू करें?

[फ़ेड आउट।]

दृश्य : 2

[वही कमरा। ममता बैठी हुई कुछ पढ़ रही है–हलका प्रकाश–फोन बजता है। ममता उठकर जाती है।]

ममता : हलो–जी हाँ, मैं उनकी बेटी ममता–जी? जी नहीं, अभी तो यहाँ नहीं पहुँचे–क्या? *(अचानक शायद फोन कट जाता है। ममता दो-तीन बार हलो-हलो कहकर झुँझलाकर रख देती है)* जाने कौन था? *(वापस कुर्सी तक जाकर बैठने को होती है कि दरवाज़े की घंटी बजती है। जाकर दरवाज़ा खोलती है। हाथ में एक बड़ा-सा भूरा लिफ़ाफ़ा लिये मिश्राजी का प्रवेश। घबराया लगता है।)*

मिश्राजी : भाई साहब आ गए क्या?

ममता : नहा रहे हैं।

[मिश्राजी स्वस्ति के भाव से सिर हिलाता है। ममता बैठकर पत्रिका उठाती है।]

मिश्राजी : *(लिफ़ाफ़ा आगे बढ़ाकर)* ग़ज़ब होने जा रहा है–देखिए ज़रा–

ममता : ग़ज़ब?

मिश्राजी : *(लिफ़ाफ़े से पत्रिका की प्रति निकालते हुए, आगे बढ़ाता है)* जी हाँ–वो तो हमको तो पहले भनक हो गई थी कि साले 'कूरियर' वाले गड़बड़ी पर उतारू हैं। तभी भाँप गए थे हम जब उस जिमी नन्दा को भेजा गया था–हम जानते थे कि कौन है वो? हमारे एक पुराने सचिव जो दो साल

पहले मुअत्तल हुए, बहुत घूम रहे थे, इनके साथ। एक तो भाई साहब का पुरा आलोचक है 'कूरियर', औ' कड़वी रिपोर्ट लिखने में मशहूरी है जिमी की। जिनने भेजा उन्होंने एक ढेले से दो शिकार करा लिए—ये देखिए, अडवांस कापी—लोकल बाज़ार में बँटने लगी होगी ये अब तक? *(बैठते हुए)* हम पहलेई कहते रहे भाई साहब से कि ये लौंडा जो है, बड़ा पाजी है। वैसे ये तो लिखवाया गया है उससे—साफ़-साफ़, ये देखिए। इंट्रो में कहते हैं कि श्री नन्ददुलारे का कहना है, घी-दूध-दही की नदियाँ बह रही हैं मुल्क में, पर ज़रा पूछिए शाही सलाहकार के पुराने मातहतों से, देश की माँओं से कि किसका मुल्क? शाही सलाहकारों का? उनके नाकारा अनुयायियों का? या वह मुल्क जो गलियों-कूचों *(बिफरकर)* आज गलियों-कूचों की बात करता है यह? अजी इसके बाप की करोड़ों की कोठी है राजधानी के सबसे महँगे इलाके में—वहाँ अपनी फिरंगी बीवी के साथ रहकर साला अख़बार में समाजवाद छाँटता है। इनकी मैं नस-नस पहचानता हूँ। भाई साहब, बस हुक्म दें तो साले को भरे बाज़ार—

ममता : पर आपके पास सबूत क्या है कि यह लिखवाया गया है?

मिश्राजी : लीजिए। अरे, इसी—इस जिम्मी नन्दा को पिछले महीने अपने भाई के दिल के इलाज के लिए सपरिवार विदेश जाने-आने का ख़र्च किसने दिया? इसकी मोटर का आउट ऑफ़ टर्न अलाटमेंट क्योंकर हुआ? किसके ख़र्चे पर हर साल तीन महीना पहाड़ों की सैर करता है ये? पूछे कोई मेरे यार से। हुँह। शाही सलाहकार पर उँगली उठाएँ ये—अजी काट के फेंक न देगा, राधारमण मिश्रा इनका हाथ। जिनके घर शीशे के हों, उन्हें पत्थर समझ-बूझकर उठाना चाहिए—हाँ।

ममता : ढाई लाख का सकुर्लेशन है 'कूरयिर' का। और हर बड़े अख़बार में वे इश्तहार दे चुके हैं इस इंटरव्यू का।

मिश्राजी : देंगे नहीं? अजी, सबको पता है कि पत्रिकाओं का घटाटोप छाया है? धड़ाधड़ हिंसा, अपराध और वेश्याओं की

सत्य-कथाओं को छापने के बावजूद सबका सर्कुलेशन जा रहा है नीचे। ऊपर से दक्षिण से सस्ते में छपने लगे हैं, कई-एक नए साप्ताहिक-मासिक पत्र! जभी नित्त नए हथकंडे अपना रहे हैं पत्रकार। *(पढ़ते हुए)* और सुनिए—पूछते हैं कि क्या सलाहकार के रूप में आप बाहरी आदमी होने के कारण असुरक्षित महसूस नहीं करते हैं? क्या यही कारण नहीं कि आपने पार्टी की रुचियों को अपने विवेक पर बार-बार हावी होने दिया?

ममता : छी!

मिश्राजी : मैं तो कह रहा हूँ, यह संस्करण सीधे जाकर रेलवे स्टेशनों पर ज़ब्त कराना होगा, वर्ना ये लोग तो भाईसाहब के नाम पर कालिख पोतने पर तुले हुए हैं। और आगे पढ़िए जहाँ पाठकों से पूछा गया है कि क्यों न अपने विभाग को लेकर पिछले पाँच सालों में उठाया शाही सलाहकार का हर क़दम विपक्ष द्वारा बनाई एक कमेटी द्वारा फिर से जाँचा जाए? उनके लिए हर समझौते, हर व्यापारिक गठबन्धन की फ़ाइलें जनता के आगे खोलकर रखी जाएँ—अगर वे साबित करना चाहते हैं कि उनका दामन साफ़ है? ऐसे-ऐसे लोडेड सवाल हैं कि मैं तो हैरान हूँ कि भाईसाहब ने जवाब ही क्योंकर दिए—

[नन्ददुलारे का प्रवेश।]

नन्ददुलारे : किसके जवाब देने पर हैरानी है आपको?

[मिश्रा अचकचाकर उठता है, चरणधूलि लेता है।]

मिश्राजी : सर, ग़ज़ब होते-होते रह गया। यह देखिए 'कूरियर' के नए संस्करण की प्रति जिसमें आपका इंटरव्यू है—

[नन्ददुलारे एक प्रकार से कागज़ छीन लेता है ममता से।]

नन्ददुलारे : *(नज़र दौड़ाते हुए)* हूँऽऽऽ, यह उसी जिमी नन्दा—?

मिश्राजी : वही-वही भाई साहब, आपको स्मरण होगा कि—

[नन्ददुलारे हाथ से चुप रहने का इशारा करते हैं। वह चुप हो जाता है। नन्ददुलारे पढ़ते हैं। कुछ क्षण चुप्पी। ममता नाख़ून कुतरती दूसरी प्रति पढ़ रही है।]

ममता : यह सब पहले से योजना बनी हुई थी, मुझे जिमी से बातचीत में ही लगा था कि जिस तरह वह जवाब देना बचा रहा था—

मिश्राजी : एकदम पीछे से हमला है यह।

नन्ददुलारे : हूँऽऽऽ। तो इनको हमारी सारी सहकारी योजनाओं के पीछे की नीयत से तकलीफ़ है? जाँच कराएँगे? *(ममता से)* मालूम है—हमारी सहकारी योजना पर विश्व बैंक की रिपोर्ट ने क्या कहा था?

ममता : पर इनका कहना है कि उस रिपोर्ट में दिए आँकड़े सही नहीं थे—तीसरे पन्ने पर वाक्य देखिए—उसमें कहा गया है कि आपके विभाग ने आपकी योजना के लागू होने के पहले और बाद के आँकड़ों में जानबूझकर हेराफेरी की है। ताकि लगे कि जो बढ़ती हुई सो सहकारी योजना लागू होने के बाद ही!

नन्ददुलारे : *(क्रोध से)* क्या हेराफेरी की है? ये कहते हैं गाँवों के बच्चों को दूध नहीं मिल रहा है, पर शहरों को क्यों नहीं देखते? दूध-पनीर-चॉकलेट—क्या कुछ नहीं मिल रहा है वहाँ? यह क्यों स्वीकार नहीं करते ये लोग कि उसकी जगह उनके माँ-बाप उन्हें भरपेट रोटी-दाल तो दे पा रहे हैं? उनके घर नई-नई चीज़ों से खुशहाल वहीं बन गए हैं? घर-घर में ट्रांजिस्टर हैं—हर गाँव में ट्यूबवेल पम्प हैं—दवाख़ाने हैं।

ममता : पर दूध?

नन्ददुलारे : कौन गधा कहता है कि ग़रीबों के लिए दूध इतना ज़रूरी है? यह सब खेतिहर सभ्यता के ज़माने के ख़याल हैं, उन्हें प्रोटीन चाहिए तो सोयाबीन खाएँ। दुनिया का महँगा पशु-प्रोटीन है दूध। जितना अनाज खाकर अपने मुल्क की एक गाय पाव-भर दूध देती है, उतने में चार बच्चे पल सकते हैं, उसे खिलाएँ ये अपने बच्चों को। दूध मुल्क में वे पिएँगे जो उसे एफ़ोर्ड कर सकते हैं, यह औद्योगिक

सभ्यता की सच्चाई है। हमारे गाँवों की सबसे बड़ी ज़रूरत दूध है भी नहीं इस वक़्त–

मिश्राजी : अजी दूषित राजनीतिक उद्देश्यों से लिखा गया है यह सब। एक चाल है आपको, आपके विभाग की कर्मठता को डुबो देने की। साले काम-चोर भ्रष्ट निठल्ले लोगों को हमारी सफलता काँटे को तरह गड़ती है। मजाल है, ये जाँच कर लें? हम सबके सब सात सौ मातहत आपके एक साथ क्या नाम, इस्तीफ़ा दे देंगे अगर जाँच की गई तो। यह सरासर अपमान है हमारा–

नन्ददुलारे : खट-खट कर काम करे मेरा विभाग, उसकी योजना चल निकले और वह मुनाफ़ा कमाने लगे, तो पाप हो गया? यानी सारी समाज-सेवा करूँ मैं, इनकी बीमार इकाइयाँ चलाऊँ मैं, और चल जाए तो आर्थिक लाभ उठाएँ इनके निजी प्रतिष्ठान! यह क्या तमाशा है? *(ममता से)* जानती हो, बच्चों के लिए डिब्बाबन्द दूध बनानेवाले आए थे मेरे पास–बोले, तुम हमारे हलके में हाथ मत डालो, पिट जाओगे–आपका सारा माल ख़रीदकर हम उसे समन्दर में डाल देंगे, सारे कर्मचारी हमारी जेब में हैं। मैंने कहा कि जनाब, यह चैलेंज है मेरे लिए, मैं हाथ ही नहीं डालूँगा, आपसे पच्चीस प्रतिशत ज़्यादा मुनाफ़ा कमाकर दिखाऊँगा। और किया वही। पतलून उतार दी मैंने इन सालों की। इसी से तिलमिलाए हुए हैं ये लोग। यह सब उन्हीं भ्रष्ट राजकर्मचारियों और निजी उद्योग वालों की मिलीभगत है। वे जानते हैं कि मैं जानता हूँ कि सरकारी उद्यम सिर्फ़ नौकरशाही को बढ़ाते हैं, और पैसा वैसा कुछ नहीं कमाते–इसी से मैंने यह काम अपने पुराने साथियों से छीनकर सहकारिता संघ को दे दिया। मैं अपनी योजनाओं को नुकसान पर नहीं चलाता। न मैं भ्रष्टाचार बर्दाश्त कर सकता हूँ–हाँ, ऐसे मौक़े मैं ज़रूर बनता हूँ तानाशाह, कुल तीन मिनट में बर्ख़ास्त किया है मैंने ऊँचे-से-ऊँचे कर्मचारी को जिस पर भ्रष्टाचार का आरोप था–

ममता : पर बात इतनी सीधी और साफ़ है तो मैं नहीं समझती कि जाँच कराने में–

नन्ददुलारे : बात इतनी सीधी नहीं जितनी कि लगती है, न ही इतनी बेदाग़। इस रिपोर्ट का एक-एक मुद्दा मैं ग़लत साबित कर दूँ तो भी महीनों लोग इसी के चर्चे उठाएँगे। यह जाँच क़तई एक निष्पक्ष जाँच नहीं हो सकती, क्योंकि कमेटी नियुक्त करेंगे वे लोग। यह तो एक हथियार की तरह इस्तेमाल होगी मेरे लोगों का, खुद मेरा मनोबल तोड़ने को–हमें सरेआम अपमानित करने को। आइ कांट परमिट दिस। *(उत्तेजना से)* कहाँ थे ये सब समाजवादी छोकरे, जब बीस साल पहले मैंने एक डूबती अर्थव्यवस्था की बागडोर सँभाली थी?–तब मुल्क के किस शहर में साल के हर दिन मनचाही मात्रा में सस्ता दूध और अनाज मिल सकता था? किस सड़क पर रात हो जाने पर लोग बेख़ौफ़ टहल सकते थे? कौन कलाकार था जो अभाव और भूख से चालीस का होते-होते दम नहीं तोड़ देता था? मैं दूध को गाँवों से शहरों में लाया–मरती हुई लोक-कलाओं को मैंने अनुदान दिलाकर बचाया, मैंने ही पहले-पहले मुल्क के हर शहर में कलादीर्घाएँ खोलीं–साधारण लोगों को तमीज़ सीखने–कुछ बनने का मौक़ा दिया, सो इसलिए कि आज जब सब कुछ ठीक-ठीक चल रहा है, तो मेरी, मेरे विभाग की जाँच कराई जाए?

मिश्राजी : आपका त्याग कौन नहीं जानता, भाईसाहब–क्या-क्या नहीं सहा आपने–आपके परिवार ने? क्या-क्या कुर्बानियाँ नहीं दीं–माँजी... *(कुर्ते से आँखें पोंछता है।)*

नन्ददुलारे : मैंने इस मुल्क को कला दी, संवेदना दी, शहरों में दूध की नदियाँ बहा दीं। लोगों को रोटी, कपड़ा, मकान और बूढ़े-बच्चों के लिए अस्पताल और स्कूल दिए–न अपने समय की परवाह की, न परिवार की। अपने बीवी-बच्चों तक पर ध्यान नहीं दे सका मैं। सो क्या इसलिए कि आज, यह कल के छोकरे मुझ पर यह आरोप लगाएँ कि मैं आँकड़ों में हेरा-फेरी कराता हूँ? मुझसे स्पष्टीकरण माँगे,

कि मैंने सख़्त क़दम उठाकर अपने विभाग को चुस्त क्यों बनाया?

मिश्राजी : आप इसका स्पष्टीकरण कतई न देंगे, भाई साहब। यह स्पष्टीकरण वो दें, सो उनकी ओर से आना ही उचित होगा।

नन्ददुलारे : *(धीमे से)* पर अगर किन्हीं कारणों से वे न देना चाहें तो? *(चुप्पी)* इतना मूर्ख मैं नहीं कि यह न जानूँ कि जिन कारणों से हम काम करते हैं, वे कारण उनके लिए नहीं—उनके कारण दूसरे ही होते हैं, और उनका स्पष्टीकरण कभी नहीं दिया जाता—*(चुप्पी)*

मिश्राजी : तब फिर देना नहीं, लेना होगा। *(चुप्पी)*

[फोन बजता है। एक क्षण सब खड़े रहते हैं—फिर मिश्रा लपककर उठाता है। एक क्षण सतर हो जाता है, ज्यों बिजली का करंट छू गया हो। फिर बिना कुछ कहे रिसीवर बढ़ाता है। नन्ददुलारे उठाता है।]

नन्ददुलारे : जी हाँ, मैं बोल रहा हूँ *(चुप्पी)* जी हाँ। हाँ *(चुप्पी)* जी हाँ। *(चुप्पी)* नहीं—पर—*(चुप्पी)* जी हाँ *(चुप्पी)* पर-पर *(चुप्पी)* लेकिन मैं—

[दूसरी ओर से फोन कट गया है शायद। कुछ देर नन्ददुलारे फोन का रिसीवर मरी हुई चिड़िया की तरह हाथ में लिये खड़ा रहता है। फिर उसे रखकर लड़खड़ाते कदमों से आगे आता है। मिश्रा और ममता सिर्फ़ प्रश्नसूचक निगाहों से देखते हैं। चुप्पी।]

नन्ददुलारे : *(भर्राए स्वर में)* मुझसे कहा गया है कि मैं जाँच को प्रस्तुत हो जाऊँ। *(चुप्पी)*

मिश्राजी : *(उत्तेजना से)* तो इसे निकलने दें। हम अभी प्रेस कॉन्फ्रेंस बुलाकर घोषणा करते हैं, पूरे विभाग के कर्मचारी सामूहिक इस्तीफ़े देंगे। फिर करने दें इन्हें जाँच—या फिर—

नन्ददुलारे : नहीं। हम इस्तीफ़े की घोषणा करेंगे तो ये कहेंगे कि मैंने जबरन दबाव डालकर दिलवाए हैं ये इस्तीफ़े—जिमी जैसों के हाथ अपना विभाग जाँच को नहीं सौंपूँगा मैं। *(उत्तेजना से)*

ठीक कहा था तुमने कि इस मुल्क को परवाह नहीं। इट डज़ंट केयर। एक आदमी की मेहनत से बनाई हुई चीज़ को इस मुल्क के लोग हथौड़ा लेकर तोड़ सकते हैं, पर खुद उसे बना नहीं सकते—उनकी रुचि सिर्फ़ धमाके में है और अपना स्वार्थ पूरा करने में। यहाँ अन्त में आकर कोई उत्तरदायी नहीं बनना चाहता।

[रुक्मिणी का प्रवेश।]

रुक्मिणी : खिड़कियाँ बन्द करो तो सड़ाँध के मारे दम घुटता है, खिड़कियाँ खोल दो तो प्रेत भीतर चले आते हैं। फूलों में कीड़े हैं, आसमान में धुन्ध, हवा में धूल। *(पति से)* सुनते हो, ज़मीन, आसमान, हवा—इन तीनों को साफ़ करो। खुरचो। छुरियाँ लेकर खाल को मांस से, मांस को हड्डी से अलग करो—*(हाँफने लगती है।)*

ममता : *(पुचकारकर धीमे-धीमे बोलने के साथ-साथ वह माँ को भीतर ले जाती है।)*—माँ। ममी। चलो भीतर, दवा खा लो—और सो जाओ—चलो, चलो।

[धीरे-धीरे पुचकारती हुई निढाल हुई माँ को भीतर ले जाती है। चुप्पी।]

नन्ददुलारे : *(धीरे-धीरे)* कई बरस पहले जब पहला वरदान माँगने गया था और उसके बाद दूसरा, तो सोचने में बहुत वक़्त लगा था, सोचने में, तय करने में। तब लगता था, बहुत-से प्रियजन, बहुत-सी राहें, बहुत-से मूल्य सामने हैं—*(खिन्नता से हँसकर)* अब ठिठकूँ भी तो किसके लिए? जो सत्ता अपने वफ़ादार लोगों को भी बेवजह हस्तक्षेप से नहीं बचा सकती, उसे सलाह क्या दूँ? *(मिश्रा गला खँखारकर अदब भरी चुप्पी में खड़ा रहता है।)* मैं अपने हाथ में सब कुछ क़तई नहीं चाहता था, पर अपने हर किए की सफ़ाई मैं अदालत में खड़ा होकर दूँगा? मुझे जाना ही होगा तीसरी बार—पर माँगने नहीं, लेने को!

[कहीं कड़ाके से बिजली गिरती है, बत्ती चली जाती है।]

दृश्य : 3

[वही कमरा, हलका प्रकाश। सामने रुक्मिणी और ममता काली चादरों में लिपटी एक कुर्सी पर एक-दूसरे से चेहरा फिराए बैठी हैं—अपने-अपने निजी दुखों में खोई हुई। पीछे प्रकाश-वृत्त तीन तसवीरों पर उभरता है। पानी बरसने की ध्वनि। कहीं बिजली कड़कती है। तसवीरों के बूढ़े एक के बाद एक तसवीरों के फ्रेम से निकलकर कष्ट से चलते हुए आकर माँ-बेटी के अगल-बगल और बीच में खड़े हो जाते हैं—प्रकाश घटता-बढ़ता रहता है।]

बूढ़ा एक : यह बहुत समय पहले की बात नहीं है।
एक आदमी था, जो मछुआरा नहीं था।
और—

दद्दाजी : उसकी घरवाली मछुआरे की बीवी नहीं थी।
उसे पड़ी मिली एक चमकदार मछली, कहीं रेत पर।
मछली का वह आदमी, जो मछुआरा नहीं था, करता भी क्या?
उसने मछली को फेंक दिया समुन्दर में।
औ' बदले में पाए तीन वरदान, उस मछली से।
जो सच में मछली नहीं, समन्दर की रानी थी।

बूढ़ी : उसकी घरवाली मछुआरे की बीवी नहीं थी।
पर उसे लगा कि थोड़ा-सा तो माँगा ही जा सकता है।
प्रतिदिन, वरदान, या जो भी कुछ।

समन्दर की रानी से।
आदमी जो मछुआरा नहीं था।
मछुआरे की तरह हिचकिचाया, फिर गया।
एक बार मिला,
दो बार मिला,
पर अब तक उसकी घरवाली, जो मछुआरे की बीवी नहीं थी,
जान गई थी कि हर वरदान इस हाथ देता
और उस हाथ लेता जाता था,
उनके बेटा, बेटी, नींद और थकान

[फ्रेम को लौट जाती है।]

बूढ़ा दो (पिता) : पर अब तक वह आदमी जो पहले मछुआरा नहीं था,
मछुआ बन चुका था जो जाल फेंककर।
वह चाहता था छीन ले, खुद रानी का जगमग करता ताज।

[ज़ोर से बिजली कड़कती है।]

वह गया,
रानी मुसकराई,
उसने अपना आकार बढ़ाया मुसकान के साथ–
वह मुसकाती गई, बढ़ती गई,
एक लपट की तरह ख़तरनाक होती गई,
वह आदमी जो मछुआरा नहीं था, यह देखकर
डर से काठ हुआ,
काठ से कोयला,
कोयले से राख,
और रानी के सर पर का ताज जगमग करता रहा,

[रुककर धीमे-धीमे।]

फिर रानी शायद हँसी भी थी।

[प्रकाश कम होता जाता है। बूढ़ा दो फ्रेम को वापस होता है। बैठता है। पानी की ध्वनियाँ तेज़ होती हैं, प्रकाश पूरी तरह समाप्त होता है। परदा।]

काजर की कोठरी

बाबू देवकीनन्दन खत्री के उपन्यास पर आधारित

प्राक्कथन

खत्रीजी के उपन्यास 'काजर की कोठरी' का नाट्य-रूपान्तरण मेरे लिए एकाधिक कारणों से एक बहुमूल्य और उत्तेजक अनुभव रहा। एक ओर तो भाषा-पिपासु मेरे मन को, लगभग बिसर चुकी एक भाषा की चंचल-थिरकन-भरी अथाह राशि मिली, जी भरकर डूबने-उतराने को; दूसरे, मेरे भीतर के परिहास-रसिक रचनाकार को एक नायाब मौक़ा हाथ लगा, समय की दूरबीन को उलटकर एक अपने-आप में पूरे कथानक को उसके घटना-काल से तोड़कर देखने, पुनः अपने समय के बीच जोड़कर करने का।

मुझे पूरा यक़ीन है कि खत्रीजी ने जब इस उपन्यास की रचना की तो, उन सामन्ती मूल्यों के प्रति (जिनका प्रतिनिधित्व उपन्यास के सारे उच्चवर्गीय-उच्चवंशीय पात्र करते हैं और जिसकी असहज मर्यादा कथा की वेश्याएँ तक बड़ी सहजता से स्वीकार करती हैं) उनके मन में कोई भी आत्मसजग, क्षमा-प्रार्थीपना, या संकोचपूर्ण दुविधा जैसी चीज़ नहीं थी। हरनन्दन का वेश्या की मदद से वाग्दत्ता वधू का उद्धार करने का संकल्प उनके लिए भी, स्वयं हरनन्दन की ही तरह ख़ानदान और मर्दानगी की आन बचाने-जैसी पवित्र चीज़ ही थी। पर उपन्यास पढ़ते-पढ़ते मुझे लगा कि हमारे समय तक आते-आते सामन्ती दुनिया का वह मूल्यात्मक ढाँचा ऐसा चरमरा चुका है कि आज पूरे कथानक में अनेक विडम्बनापूर्ण सम्भावनाएँ उभर आई हैं। मैंने सिर्फ़ इतना किया है कि उन विडम्बनापूर्ण दरारों को तनिक चौड़ा कर दिया है और उससे पूरा कथानक अपने-आप एक फ़र्क़ आकार लेने लगता है, वे सवाल उठाने लगता है जो यक़ीनन उस समय अकल्पनीय थे। मसलन, अगर भावी पत्नी के कलंकित या जूठी होने की सम्भावना हरनन्दन के लिए इतनी भद्दी है, तब वह उसे बचाता ही क्यों है? दूसरे, ऐसा क्यों है कि जिस मर्यादा की सबसे अधिक दुहाई दी जाती है, वे बहन की मर्यादा की रक्षा करनेवाले पारम्परिक खम्भे, यानी भाई, तो बन गए हैं उसकी मर्यादा हरनेवाले, और उसकी मर्यादा बचाने को आगे आ गईं समाज की सबसे

ज़्यादा उपेक्षिता दो इकाइयाँ—वेश्या माँ-बेटी। पर तब भी पलड़ा परिवारवालों का ही भारी क्यों? हरनन्दन जिस तटस्थ क्रूरता से वेश्याओं की पीठ पीछे अपने दोस्त को इनका 'इस्तेमाल' करने की अपनी चाल समझाता है, मुझे वह कहीं भी सरला के खलनायक भाइयों से कम नीच नहीं लगा। पर यक़ीनन अपने समय में वह धीरोदात्त नायक रहा होगा।

आज के मूल्यों की दृष्टि से देखा जाए तो कथानक का हर पात्र सामन्ती जीवन की काजर-कोठरी का बाशिन्दा है। छोटी या बड़ी काजर की लीक सब पर ही लगी है। इसी से अन्त में एक छोटा-सा दृश्य जोड़ दिया है, इस तमाम कालिख-भरे समूह को एक साथ समो पाने को, जहाँ पूरे घटनाचक्र से नितान्त अनजान फ़ोटोग्राफ़र अपना चेहरा काले कपड़े से ढँककर इस कुनबे को आदेश देता है—इस्माइल प्लीज़—कृपया हँसिए! और वे फ्रीज़ होते हैं। परदा गिरने के साथ हमारा समय शुरू होता है।

—मृणाल पांडे

पात्र-परिचय

ठाकुर लालसिंह
ठाकुर कल्याणसिंह
ठाकुर सूरजसिंह (ठाकुर कल्याणसिंह के मित्र)
ठकुराइन (ठाकुर कल्याणसिंह की पत्नी)
रामसिंह (ठाकुर सूरजसिंह का पुत्र)
हरनन्दन (ठाकुर कल्याणसिंह का पुत्र)
पारसनाथ, धरणीधर, राजाजी, दौलतसिंह — ठाकुर लालसिंह के भतीजे
ठाकुर हरिहरसिंह (पारसनाथ के मित्र)
सरला (ठाकुर लालसिंह की पुत्री)
बाँदी तवायफ़
बाँदी की माँ रसूलबाँदी
एक कमसिन तवायफ़
कुटनी सुलतानी-बी
लोकनाथ (पत्रवाहक)
बाँदी की लौंडी
सिपाही, भृत्यगण तथा पारसनाथ के यार-दोस्त
साजिन्दे, मीरासी-संख्या में 2 या अधिक
(नेपथ्य से आवाज़)

पहला अंक

दृश्य : 1

नेपथ्य से : संध्या होने में अभी दो घंटे की देर है, मगर सूर्य भगवान के दर्शन नहीं हो रहे, क्योंकि काली-काली घटाओं ने आसमान को चारों तरफ़ से घेर लिया है। जिधर निगाह दौड़ाइए, मज़ेदार समाँ नज़र आता है। ऐसे समय में हम अपने पाठकों को उस सड़क पर ले चलते हैं जो दरभंगा से सीधी वाजितपुर की तरफ़ गई है।

[परदा उठता है। पेड़ के नीचे 3 साज़िन्दे और 4 तवायफ़ें बैठे हवा खा रहे हैं। तवायफ़ 1 तथा 2 बूढ़ी हैं, 3 तथा 4 कमसिन लड़कियाँ हैं।]

तवायफ़ 1 : उफ़, अब ज़रा बदन में हवा लगी तो जाके मेरी तबीयत हरी हुई। वरना बैलगाड़ी में बैठे-बैठे लगता था कि...।

साज़िन्दा 1 : जैसे हम सब तंग लिहाफ़ों में लिपटी सारंगियाँ हों। *(हँसी)*

साज़िन्दा 2 : बैलों की ये कम्बख़्त किराची गाड़ी भी चर्ख़ा होती है। जब तक पैदल चलनेवाला सौ क़दम जाए, वो बत्तीस से ज़्यादे न जाएगी। हम आराम करके उठेंगे, तो भी क़सम से दो मोड़ पर पकड़ लेंगे...!

तवायफ़ 2 : पर जल्द ही चलना होगा, वरना ज़मींदार साहब के यहाँ पहुँचते अँधेरा हो आएगा, और इधर तो तुम जानो डाकुओं-बटमारों का इलाक़ा है।

तवायफ़ 3 : जिस पे हम सब पे थोड़ा-बहुत गहना-पत्ता भी है... *(चौंककर)* उई ये कौन मुआ घोड़ा दौड़ाए जा रहा है?

[नेपथ्य में घोड़ा रुकने की आवाज़। अचानक चारों स्त्रियाँ सवार को पहचानकर हँस पड़ती हैं।]

तवायफ़ 4 : *(यह सबसे कम-उम्र है)*—वाह वा! आप कहाँ भागे जा रहे हैं, जनाब मोती?

[उसे हाथ से चुप रहने का इशारा करते सवार का प्रवेश। उम्र 40 वर्ष, मज़बूत, कसरती काठी, स्याह रंग, चेहरा कुटिल व आँखें चमकदार। दूसरों को जाने का इशारा करता है। वे चले जाते हैं।

सवार : *(हँसकर, तवायफ़ 4 से)* तुम्हारी यही होशियारी बनी रही तो सब काम चौपट करोगी तुम, बाँदी!

बाँदी : *(शरमाकर)* नहीं-नहीं, मैं कोई ऐसा लफ़्ज़ मुँह से न निकालती, जो और लोग भी...।

सवार : वाह, मोती तो कह गई।

बाँदी : ठीक है। मगर...।

सवार : ख़ैर, जो हुआ सो हुआ। अब बहुत सँभालकर काम करना। *(गठरी देता है)* सँभाल लो इसे! *(इशारे से दिखाता है)* देखो, वह जगह दीख पड़ती है न, यहीं जाना है तुम्हें! दिखाई दिया?

बाँदी : ठीक है। मगर ये तो कहो कि तुम कहाँ भागे जा रहे हो? *(रुककर)*...कपड़े पूरे हैं?

सवार : हाँ, मुझे अभी काफ़ी काम है। हाँ, एक बात सुन लो।

[झुककर कुछ कहता है, बाँदी नखरे से चपत जड़ती है। हँसते हुए सवार का एक ओर से प्रस्थान। दूसरी ओर से अन्य लोगों का पुनः प्रवेश।]

तवायफ़ 1 : क्या कहने आया था?

बाँदी : वही। सरलावाली बात।

तवायफ़ 2 : आय-हाय! कुफ्र इनकी ख़ानदानियत पे। लोग हमें बदनाम करते हैं। पर इन्हें देखिए, ख़ानदानी इनसान होके भी दोस्तों की सगी चचेरी बहन के नसीब फोड़ते इन्हें सोग नहीं—ना ही शरम। इनकी पहली बीवी की तो सगी मौसेरी बहन होती थी, पर ये ठहरे ख़ानदानी उठाईगीर! गठरी दी?

बाँदी : हाँ, दे गए गठरी। *(दिखाती है)*

तवायफ़ 3 : ऐन बेचारी की शादी के रोज़।

साज़िन्दा 1 : हुआ क्या आख़िर, बुआ? कुछ कहोगी भी कि पहेलियाँ ही बुझाओगी? यह गठरी?

साज़िन्दा 2 : ये वही थे न?

तवायफ़ 1 : अरे, चील की निगाह चाहे चूक जाए, पे मीरासियों की नज़र में चूक *(हँसकर)* कैसे होगी? हाँ-हाँ, यही थे वे, रईसों के भड़वे लालसिंह के नालायक़ भतीजों के लंगोटिया यार, बेइमानों के सरताज।

साज़िन्दा 1 : पर चक्कर क्या है?

तवायफ़ 2 : क्यों जानम, बता दें? अजी, ये तो अपने ई हैं।

तवायफ़ 1 : अजी, हमारे पेशे में छुपा क्या औ उघड़ा क्या, बता दो!

तवायफ़ 2 : बैठ के बताती हूँ, फिर चल पड़ेंगे। ज़रा पान खिलाइयो।

[सब बैठ जाते हैं। एक जनी पान लगाकर सबको देती है।]

तवायफ़ 2 : तो सुनो। जिस ठाकुर कल्याणसिंह के बेटे हरनन्दन की शादी में हम लोग मुजरा देने जा रहे हैं न, उनके समधी।

तवायफ़ 1 : समझी नहीं। जो होनेवाले थे, वो समधी कहो।

साज़िन्दा 2 : अँय! ये क्या चक्कर है?

तवायफ़ 4 : अजी तुम भी वक़्त-बेवक़्त बात उलझाने लगती हो। *(सबसे)* अजी, तो दूल्हे मियाँ हरनन्दन की मँगेतर सरला के बाप लालसिंह को कह रही है। यानी ठाकुर साहब के समधी! हाँ, अब बोलो।

तवायफ़ 1 : ज़ुबान की नोंक पकड़ेगी ये भी। हाँ तो बहू, यानी सरला के बाप ठाकुर लालसिंह के बारे में तो सभी जाने हैं, के गुस्सा तो मानो ईश्वर के घर से ही उनके हिस्से में पड़ा हो। बड़ा ही कड़वा आदमी है। ज़रा-ज़रा-से कसूर पे बिगड़ के बेइज़्ज़ती औ फ़ज़ीहत कर दे, औ कौड़ी-कौड़ी दाँत से सेंतता है। न कभी कोठे चढ़ा, न कभी हम भाँड-मिरासियों को न्योता।

साज़िन्दा 2 : ख़ुश्कदिल है, ये कहो।

तवायफ़ 1 : सो सब तो है, पे रूपै ने सब ऐबों पे जालीलेट का परदा डाला हुआ है। औ ऊपरवाले का न्याय भी देखिए। दौलत बेशुमार है, पे बेटा एक भी नहीं दिया, बस ले-दे के एक यही लड़की है सरला। उसी को सब जायदाद लिख दी है।

साज़िन्दा 2 : तो ये कहो कि अपनी कुल जायदाद ठाकुर लालसिंह ने अपनी बेटी के नाम लिखकर दामाद को तो निहाल कर दिया, पर सगे भाई-भतीजों को सूखाई टरका दिया।

तवायफ़ 1 : हाँ, वैसे खाने-पीने की कोई तकलीफ़ वो अलबत्ता इनमें से किसी को नईं देते। चौके में से सब नाकारा रिश्तेदार, सैकड़ों लोग जीम जाएँ, इसका वे ख़याल न करेंगे, बल्कि ख़ुशी से बुला-बुला के उन्हें शरीक करेंगे, पे नगदी के मामले में एकदम अड़ियल इनसान। अब अपना वसीयतनामा जो लिखा है, सो भी क्या अजीबोग़रीब शै है। ज़रा बताना तो इन्हें बहन, मेरी तो मरी याददाश्त को जाने क्या होता जा रहा है—आधी बात ही भूल जाती हूँ।

तवायफ़ 2 : अपनी बेटी सरला के नाम जो वसीयतनामा उन्होंने किया है सो उसकी तफ़सील कुछ यूँ है कि, ''मैं लालसिंह अपनी 20 लाख रुपे की जायदाद अपनी बेटी सरला के नाम करता हूँ। इस जायदाद पर सिवा मेरी बेटी के किसी का हक़ न होगा। बशर्ते कि चार शर्तों का पूरा बरताव किया जाए—

एक, सरला को अपनी कुल जायदाद का मनीजर अपने पति को बनाना होगा।

तवायफ़ 1 : दो, सरला अपने पति की मरज़ी बिगैर उसे न किसी को दे सकेगी और ना ही उसमें से कुछ ख़र्चा कर सकेगी।

तवायफ़ 2 : तीन, सरला के पति को जायदाद पर बतौर मनेजरी के हक़ होगा, न कि बतौर मालिकाना। वो चाहे तो मनेजरी की तनख़ा बतौर पाँच सौ रुपे महीना उसकी आमदनी से ले ले।

तवायफ़ 4 : *(मटककर)* और चार ये, कि सरला की शादी मैंने ठाकुर कल्याणसिंह के बेटे हरनन्दन से तै कर दी है। गर मेरे रहते हो गई तो ठीक, वरना मेरे ना रहने पर भी सरला के लिए

लाज़मी होगा कि उसी से शादी करे। अगर मेरी मरज़ी के ख़िलाफ़ वो किसी ग़ैर से ब्याह करेगी, तो मेरी कुल जायदाद के आधे हिस्से के वारिस मेरे चारों भतीजे–पारसनाथ, राजाजी, धरनीधर और दौलतसिंह होंगे–बाक़ी आधा सरला के पति का होगा।

तवायफ़ 1 : हाँ, पर आगे यह भी कहा गया है कि दूल्हा हरनन्दन की बदचलनी का सबूत पाकर सरला उसे गर छोड़ना चाहे, तो उसे अख़्तियार होगा कि जिससे चाहे शादी कर ले...।

तवायफ़ 2 : और हाँ, जो शादी के बाद हरनन्दन की बदचलनी उजागर हो, तो सरला उसे मनेजरी से ख़ारिज कर काशीवास को चली जाए–और उसे जायदाद से हज़ार रुपे महीना बाँध दिए जाएँ।

साज़िन्दा 1 : अजीब झक्की रईस हैं ये लालसिंह भी।

साज़िन्दा 2 : औ, ज़िद्द के पूरे।

साज़िन्दा 3 : अजी वो शौहर क्या जो शक्की न हो, और अजी वो रईस ही कैसा जो झक्की न हो! पे ये आपने बताया नहीं कि ये घुड़सवार हरहरबाबू इस जायदाद और घरेलू मामलात में कहाँ से टपक पड़े?

तवायफ़ 1 : अरे इसकी न पूछो, मरदूद की एक आँख है उस अभागी सरला पे, औ दूजी लगी है लालसिंह की बेशुमार दौलत पे। इसी ने उन चार भाइयों को पट्टी पढ़ाई है कि सरला को ऐन शादी के रोज़ तिड़ी करके क़ैद कर लिया जाए, और किसी तरह से झाँसा दे के इससे ब्याह किया जाए। तब हरनन्दन से शादी न होने के सबब से आधी दौलत वसीयत के हिसाब से उन चारों भाइयों को मिल जाएगी, आधी इसे, बतौर सरला के पति होने के।

साज़िन्दा 1 : ये मान लो ब्याह होने के बाद सरला ने हल्ला कर दिया कि हरहर बाबू से मेरी शादी ज़बरदस्ती हुई है तो? इसकी बदलचनी का ऐलान करके वो बेदखल न करा देगी इसे मनेजरी से?

तवायफ़ 2 : *(पीक थूककर)* तुम भी मियाँ कोठों में रहते-रहते इन महलवालियों को सन्तनी ही समझ बैठे। अजी सत्रह बरस

के सिन में जायदाद और पति को ठुकरा के काशीवास करने कौन मुई जाएगी?

[बाक़ी सब सहमति में सिर हिलाते हैं]

तवायफ़ 3 : पे वैसे हमने तो सुनी है कि वो भी अड़ियल बाप की अड़ियल बेटी है। मान लो कि अड़ गई कि मैं हरहर से न करूँगी ब्याह तो? कैसी वनमानुस जैसी तो शक्ल है मरे की। औ जब सरला ब्याह ही न करे, तो उन चारों को दौलत में आधा साझा क्योंकर मिलेगा?

तवायफ़ 4 : औ अगर उन्हें आधा साझा न मिला, तो वे क्योंकर इस हरिहर की मदद करेंगे? तब इस सारे स्वाँग का क्या मतलब?

तवायफ़ 3-4 : *(साथ-साथ)* है कि नहीं?

तवायफ़ 1 : बेटियो, तुमने अभी रईसों की स्वाँग-भरी दुनिया दूर से ही देखी है—इसके अन्दरूनी हालात नहीं जानतीं। वे रईस लोग जो हैं न, वे अपनी दौलत में तैरते-तैरते थक जाते हैं, और ज़िन्दा रहने को सर ऊँचा रखना चाहते हैं। पर दौलत है कि घटती नहीं। नाक की तरफ़ चढ़ती है। तब कोफ़्त से ये लोग उसे चेहरे के आगे से हटाने को हाथ मारते हैं, और उस वक़्त जो छींटे उछल जाते हैं, उनमें हमारी-तुम्हारी जैसी दस-बीस पला करती हैं। तो तेल देखो औ तेल की धार देखो। *(उठते-उठते)* चलो उठो अब सब, वरना शाम घिर आएगी। अपने वायदे का ख़याल करके इनका काम निभा देना। आख़िर पैसा तो हमने उसका लिया है। इनकी आपसी हाहा-हूहू से हमें क्या?

[प्रस्थान।]

दृश्य : 2

नेपथ्य से : अब हम अपने पाठकों को एक गाँव में ले चलते हैं। यद्यपि यहाँ की आबादी बहुत घनी और लम्बी-चौड़ी नहीं है, तथापि यहाँ जितने भी आदमी रहते हैं, सब प्रसन्न हैं। विशेषकर आज क्योंकि इस मौज़े के ज़मींदार कल्याणसिंह के लड़के हरनन्दन की शादी होने वाली है। दरवाज़े पर बाजे बज रहे हैं। महफ़िल का सामान हो रहा है।

[स्टेज के बाईं ओर के भाग में चिकें पड़ी हैं। ध्वनियों से स्पष्ट है कि उधर महिला-वृन्द का गाना हो रहा है। दाहिनी ओर का सजा हुआ कमरा शयनागार है। एक ओर छपर-खट पड़ी है, जिस पर कल्याणसिंह सो रहे हैं। नेपथ्य में मन्द स्वरों में घुँघरू व सारंगी के साथ-साथ चिमेगोइयाँ भी चल रही हैं।

एक आवाज़ : ये ठाकुर कल्याणसिंह जी कहाँ चल दिए?

दूसरा व्यक्ति : सुना, सो रहे हैं।

एक आवाज़ : वाह जी, खूब रही, यहाँ इन्दर सभा का अखाड़ा जमा है और वे हैं कि खर्राटे ले रहे हैं! *(एक सज्जन से)* क्यों भाई, कब उठेंगे ठाकुर साहब?

सज्जन : क्या जाने भाई—आप जानिए सुबह से खुशी के सुरूर में काम करते-करते थक गए, सो लेटे औ पलक लग गई।

दूसरा व्यक्ति : अरे, थोड़ी देर पहले तो वो कमसिन तवायफ़ बीड़ा दे रही थी उन्हें? क्या नाम है, यार? हाँ-हाँ, बाँदी।

सज्जन : बस वही ख़ाके कुछ देर नौकर-चाकरों का काम देखते रहे, फिर बोले कि सर दुख रहा है औ जाके लेट रहे। *(आवाज़ें बन्द, कुछ सरसराहट से शयनागार के कोने में कंकड़ियाँ गिरती हैं।)*

कल्याणसिंह : *(चादर हटाते हुए, अलसाये से)* कौन है, यार? *(अचानक बत्ती बुझकर धप्प से कुछ गिरता है।)*

: अरे भाई चौकीदार! ये बत्ती कैसे गुल हुई? और ये आवाज़ कैसी है? लाना ज़रा लालटेन।

[प्रकाश। अन्य जनों का प्रवेश। पलंग के पास एक पिटारा पड़ा है, रस्सी से बँधा हुआ।]

: ओहो, ये देखो तो क्या है? *(सिपाही पिटारा खोलकर एक-एक कर शादी के-से बहू के कपड़े निकालता है। हाथ उठाकर रोशनी की तरफ़ घुमाता है।)*

चौकीदार : ख़ून! कपड़े ख़ून में तर हैं। और हुज़ूर, कोई काँटेदार चीज़ भी है पिटारे में, सुई की तरह कुछ चुभा।

कल्याणसिंह : ओफ़! निस्सन्देह कोई भयानक बात है। अच्छा पिटारा खेंचकर अब उजाले में ले चलो, ये कपड़े तो कुछ पहचाने-पहचाने-से नज़र आते हैं।

[घूँघट डाले रोती स्त्रियों का प्रवेश।]

ठकुराइन : *(रोकर)* हाय, ये तो बहू की ब्याह की ओढ़नी है—काहे नहीं पहचानोगे! अजी अपने हाथों से लचका-सितारे टाँक के तो मैंने कल समधियाने भेजे थे। हाय, बैरियों की नज़र लग गई!

[सिर पर हाथ देके दोनों पति-पत्नी बैठ जाते हैं। नौकर व रिश्तेदार, पीछे जाकर सहारे से बिठाते हैं, पानी-वानी देते हैं। सूरजसिंह का प्रवेश। रुदन बढ़ता है। सूरजसिंह समझा-बुझाकर दर्शकों को बाहर करते हैं। फिर पास बैठते हैं।]

कल्याणसिंह : यार सूरजसिंह, तू भी अपने दोस्त के अरमानों का ख़ून देख ले!

सूरज : *(पीठ पर हाथ रखकर)* अब होनी पर किसका बस? ख़बर मिलते ही सीधा चला आ रहा हूँ। सुना, अभी समधियाने से भी ख़बर आ गई कि सरला कमरे में नहीं है, फ़र्श पर बस ख़ून...।

[ठकुराइन दहाड़ मारकर रो पड़ती है। सूरज शर्मिन्दगी से—]

: हौसला रक्खो, भाभी! भैया को सँभालो, और हरनन्दन की सोचो।

ठकुराइन : हाय मेरा लाड़ला! कहाँ हम सेहरे और शादियाने के सपने देख रहे थे, कहाँ ये वज्रपात हुआ! हाय, अपने लाल को मैं क्या कहके मुँह दिखाऊँ? लाला, तुम्हीं नेक समझा आओ ने। जवानी का ख़ून है, कहीं जोश में...!

कल्याणसिंह : यार सूरज, बात ठकुराइन ठीक कहती है। ज़रा देख लो, लौंडा ठिकाने से तो है? *(साँस लेकर)* हाय, यही दिन देखना था! *(सूरज का प्रस्थान)*

[चुप्पी। मियाँ-बीवी कपड़े देखते हैं, सर धुनते हैं। तभी उत्तेजना से सूरज का पुनर्प्रवेश।]

कल्याणसिंह : *(ताज्जुब से)* आप? लौटे क्यों? क्या कोई दूसरी बात पैदा हुई?

सूरज : भाभी, ज़रा उधर हो जाएँ। *(पति के इशारे से ठकुराइन का प्रस्थान)* मैं अपने बेटे को साथ लेके हरनन्दन के कमरे में पहुँचता हूँ, तो मालूम हुआ कि हज़रत बाहर से आई बाँदी नाम की किसी तवायफ़ के पास बैठे दिल बहला रहे हैं।

कल्याणसिंह : *(चौंककर)* नहीं! तवायफ़ के यहाँ? कभी नहीं, वह ऐसा लड़का नहीं है।

सूरज : मेरा भी यही ख़याल है। अभी बात को पक्का जानने की नीयत से मैंने रामसिंह को उस तरफ़ भेजा है।

कल्याणसिंह : *(अफ़सोस के साथ)* अगर यह बात सच निकली तो बड़े ही शर्म की बात होगी। हँसी-ख़ुशी के दिनों में ऐसी बातों

पर लोगों का ख़ास ध्यान नहीं जाता, न ही हम बड़े लोगों में इसे कोई ऐब माना जाता है, मगर आज ऐसी आफ़त के समय हरनन्दन की ये हरकत बड़ी शर्मनाक लगती है। हर एक छोटा-बड़ा बदनाम करेगा और फिर समधियाने में बात जाएगी तो...। *(चुप हो जाता है)*

सूरज : बात तो ऐसी ही है, मगर मैं फिर भी यही कहता हूँ कि हरनन्दन ऐसा लड़का नहीं है। उसे अपनी बदनामी का ध्यान उतना ही रहता है, जितना जुआरी को अपना दाँव पड़ने का उस समय जब कि कौड़ी किसी खिलाड़ी के हाथ से गिरा ही चाहती है।

[हरनन्दन के साथ-साथ रामसिंह का प्रवेश।]

कल्याणसिंह : क्यों जी रामसिंह, हरनन्दन से कहाँ मुलाकात हुई?

रामसिंह : बाँदी तवायफ़ के डेरे में।

कल्याणसिंह : हैं? *(हरनन्दन से)* क्यों जी, तुम कहाँ थे?

हरनन्दन : बाँदी तवायफ़ के डेरे में।

[दोनों बुज़ुर्ग मूक क्रोध का अभिनय करते हैं।]

रामसिंह : *(कल्याण से)* मगर हमारे मित्र इस योग्य नहीं हैं कि आपको कभी अपने ऊपर क्रोधित होने का अवसर दें। मैं पक्का तो नहीं कह सकता, पर हाँ, इतना दावे के साथ कहता हूँ कि इनके ऐसा करने के पीछे कोई-न-कोई सबब ज़रूर है।

हरनन्दन : बेशक ऐसा ही है।

कल्याण, सूरज : *(एक साथ)* बेशक ऐसा ही है?

हरनन्दन : जी हाँ।

[एक मुचड़ा हुआ कागज़ का पुरज़ा जेब से निकालकर देता है। कल्याण बेचैनी से उसे पढ़कर सूरज को देते हैं। कहते हुए–]

कल्याणसिंह : बेशक ऐसा ही है।

सूरज : *(पढ़कर)* बेशक ऐसा ही है।

दृश्य : 3

[स्थान—ठाकुर लालसिंह के घर का दालान। ठाकुर निढाल दीवार के सहारे पड़े हैं। चारों भतीजे—राजाजी, पारसनाथ, धरणीधर और दौलतसिंह ढाँढस बँधा रहे हैं। दो-एक और हितू बैठे हैं। सभी के चेहरों पर उदासी और हमदर्दी है। ख़बरिए का प्रवेश।]

लालसिंह : दे आए भैया कुलच्छनी ख़बर? हाय समधियों पे भी कैसी बीती होगी!

राजाजी : कहाँ कल तक शादियाने बजते होंगे...!

पारस : नाते-रिश्तेदारों की हँसी-दिल्लगी होती होगी!

धरणीधर : ब्याह की घोड़ी सजी होगी...!

दौलतसिंह : सेहरा गूँथ के मालनियाँ बख़्शीशें पाती होंगी।

चारों : *(एक साथ)* और फिर, हाऽऽय!

[चुप्पी]

ख़बरिया : ख़बर तो दे दी मालिक, पर...।

लालसिंह : पर क्या?

पारसनाथ : अबे बोल ना! पर-पर क्या लगा रखी है?

ख़बरिया : *(गला खँखारकर)* हुजूर कहते तो कलेजा कटता है। पे कहे बिना रहा भी ना जाता है। हुआ ये हुजूर क़े ख़ून-ख़राबे की मनहूस ख़बर ले के जो मैंने ठाकुर कल्याणसिंह की हवेली में पैर रखा तो पाया कि वहाँ कोहराम मचा है—ठाकुर के सोते में पिटारे में बन्द बहू का शादी का जोड़ा, बदमाश तभी डाल के चम्पत हुए थे। इधर ठाकुर

पछाड़े खाते थे, उधर ठकुराइन को गश आ रहे थे। नातेदार सभी मूँ बनाए बैठे थे, पर हुज़ूर...!

पारसनाथ : फिर वही पर।

ख़बरिया : ये सब हाल मा:लूम हो जाने पर भी हरनन्दनसिंह को कोई रंज न हुआ। और हुज़ूर, मशालची के साले तिनकौड़ी ने मुझे बताया कि इधर माँ-बाप को पछाड़ें खाता छोड़के लौंडा महफ़िल में नाचने को आई किसी बाँदी नाम की तवायफ़ के साथ बैठा हँसी-दिल्लगी किया करै था। यहाँ तक कि उसके बाप ने बुलाबे को कई आदमी भी भेजे, पर वो बन्दा बाँदी के पास से न उठा। आख़िर ठाकुर सूरजसिंह के बेटे रामसिंह गए और जबरन पकड़ के लिवा लाए...!

[लालसिंह की हालत सुनते-सुनते बदल रही है। अन्त तक वह क्रोध से भभूका हो चुका है।]

पारसनाथ : यूँ देखने-सुनने औ बातचीत से तो हरनन्दन बड़ा नेक औ बुद्धिमान मालूम पड़ता था न, क्यों चाचा?

राजाजी : अजी, मनुष्य का चित्त अन्दर-बाहर से एक नहीं हो सकता।

धरणीधर : मुझे तो पहले ही उसके चाल-चलन से शक था, मगर लोगों में उसकी तारीफ़ इतनी ज़्यादे फैले हुई थी कि मैं अपने मुँह से उसके ख़िलाफ़ कुछ कहने का साहस नहीं कर सकता था।

दौलतसिंह : अजी, अक़्लमन्द ऐयाशों का यही ढंग रहता है।

पारसनाथ : असल में क्या है, के हरनन्दन को अपनी बुद्धिमानी का घमंड हद से ज़्यादे था।

राजाजी : अजी बिलकुल। वो तो उसने केवल हमारे देवता-समान चाचाजी को धोखा देने को ये रूपक बाँधा हुआ था, नहीं तो वह पक्का बदमाश और...।

पारसनाथ : अजी, मैं एक दफ़े चाचाजी से कह भी चुका था कि ये हरनन्दन जो है, वो वैसा नहीं जैसाकि आप उसे समझे हुए हैं, मगर मेरी कोई सुनता तब न! उस दम तो उलटे सब मुझी को उल्लू बनाते थे।

लालसिंह : वास्तव में मैं उसे बड़ा नेक ख़ानदानी आदमी जानता था।

पारसनाथ : मैं तो आज भी डंके की चोट कह सकता हूँ कि बेचारी सरला का जो भी हुआ, इन्हीं हज़रत हरनन्दन की बदौलत हुआ है। और साँच को आँच क्या, मुझे बस ज़रा रुपए-पैसे से मदद-भर की जाए, मैं ये बात साबित करके दिखा सकता हूँ।

लालसिंह : सचमुच?

पारसनाथ : बेशक मेरा दिल गवाही देता है कि हमारी प्यारी बहन सीता सरला मरी नहीं, ज़िन्दा है, और उद्योग के साथ पता लगाया जाएगा, तो वो मिल जाएगी।

लालसिंह : क्या यह काम तुम्हारे किए हो सकता है?

पारसनाथ : बेशक। मगर ख़र्च बहुत करना होगा।

लालसिंह : वैसे मैं तुम पर ख़ास भरोसा नहीं करता, पर इस बात में अन्धा और बेवकूफ़ बनकर भी तुम्हारी मार्फ़त ख़र्च करूँगा। ये तो बताओ कि हरनन्दन सरला के साथ दुश्मनी करके अपना नुक़सान भला कैसे कर सकता है?

पारसनाथ : इसका बहुत बड़ा सबब है।

लालसिंह : आख़िर वह क्या ऐसा सबब है, साफ़-साफ़ क्यों नहीं कहते?

पारसनाथ : *(इधर-उधर देखकर)* मैं किसी समय एकान्त में अर्ज़ करूँगा।

लालसिंह : यहाँ अभी इसी जगह एकान्त हो जाता है, जो कहना हो तुम कहो। तुम्हें मालूम नहीं कि इस घड़ी मेरे दिल पर क्या बीतती है!

[औरों को इशारा करते हैं, वे चले जाते हैं। कमरे में अब मात्र लालसिंह और पारसनाथ हैं।]

लालसिंह : हाँ, तो अब कहो।

पारसनाथ : ऐसा है चाचाजी, कि हरनन्दन अपनी बुद्धि और विद्या के आगे रुपए की कोई क़दर नहीं जानता। वह रुपए को पैर से ठोकर मारता है। हाँ, उसका बूढ़ा बाप बेशक आपकी दौलत–अपनी बनाना चाहता है। अब क्या कहूँ, कहते

संकोच होता है। दरअसल हरनन्दन वहाँ के एक ग़रीब की लड़की से शादी करना चाहता है, औ उसके बूढ़े बाप को ये क़तई मंजूर नहीं। तो उसने यही चाल खेली है जिससे सरला की बदनामी हो जाए औ शादी रद्द कर दी जाए। वैसे तो मैं इस बारे में और भी बहुत-कुछ जानकारी रखता हूँ, पर वे सब बातें आपके सामने कहना गुस्ताख़ी होगी, क्योंकि आप बड़े हैं, औ वो बातें छोटी हैं।

लालसिंह : *(ताज्जुब के साथ)* क्या, ये तुम सच कहते हो?

पारसनाथ : मेरी बातों में रत्ती-भर भी झूठ हो तो जो सज़ा चोर की सो मेरी। मैं छाती ठोक के दावे के साथ कहता हूँ कि अगर आप ख़र्चे की पूरी-पूरी मदद करेंगे तो मैं थोड़े ही दिनों में ये सब बातें सिद्ध करके दिखा दूँगा।

लालसिंह : ख़र्च कितना बैठेगा?

पारसनाथ : यही कोई दस हज़ार रुपए। और अगर जीती-जागती सरला का भी पता लग गया औ उसे छुड़ा के मैं अपने घर ले आया तो फिर 25 हज़ार रुपए से कम ख़र्च न होगा।

लालसिंह : *(छाती पर हाथ रख के)* मुझे मंजूर है।

पारसनाथ : तो फिर मैं भी जान हथेली पर रखकर उद्योग करने को तैयार हूँ। बस, ये बातें हमीं दोनों तक रहनी चाहिए।

[प्रस्थान।]

दृश्य : 4

[स्थान—ठाकुर कल्याणसिंह की बैठक। कल्याणसिंह बैठे हुक्का पी रहे हैं। कमरे में और कोई नहीं। बाहर से खँखारकर हरनन्दन का प्रवेश।]

हरनन्दन : पिताजी, आपने बुलाया था क्या?

[कल्याणसिंह कुछ देर घूरते हैं, फिर हुक्के की सटक से इशारा करते हैं कि बैठ जाओ।]

हरनन्दन : *(बैठकर, एक चुप्पी के बाद)* तो?

कल्याणसिंह : *(गरजकर)* ये क्या लुगाइयों की तरह तो-तो लगा रखी है! मुद्दे पर आओ।

हरनन्दन : कैसा मुद्दा? ये आपकी त्योरियाँ कैसी चढ़ी हुई हैं? क्या वह परचा आपको रामसिंह ने नहीं दिखाया?

कल्याणसिंह : उसी की बाबत पूछने को हमने तुम्हें बुलाया है। *(परचे की इबारत पढ़ते हैं)* "प्यारी बाँदी, सौदा पट गया, माल ठिकाने लग गया—घुड़सवार।" उस रंडी बाँदी को परचे में किसने किस सौदे की बाबत कहा है? और वह माल क्या है, जो ठिकाने लग गया?

हरनन्दन : मैं एक-एक करके जवाब देता हूं। वह परचा जो है, वो बाबू हरहरनाथ ने सरला के चचेरे भाई पारसनाथ के साथ मिल के लिखा था। बाँदी से उन दोनों ने सौदा किया था कि मुजरे के दौरान आपको पहले तो बेहोशी की दवा दे दी जाए, और उधर सरला को उड़ा लिया जाए। जब तक आप जागें, इधर उसके कपड़े फेंककर शुबहा पैदा किया जाए कि वह मारी गई।

कल्याणसिंह : ओफ़्फ़ोह वह पान का बीड़ा? तभी मैं कहूँ कि बेवक़्त मेरा सर चकराया कैसे? वो तो उसकी भोली सूरत...। *(डटकर)* आगे कहो!

हरनन्दन : जी तो ये तो पहले से तय था कि इधर हरहरनाथ और उनके आदमी ठाकुर लालसिंह के घर से माल यानी सरला को उड़ा लेंगे—और फिर इधर चुपके से ऐसे हालात पैदा किए जाएँगे कि सबको यूँ शुबहा हो जैसे कि सरला मारी गई...!

कल्याणसिंह : धन्य। क्या ज़माना आ गया है!

हरनन्दन : इसी सबब से वो कपड़ों की गठरी आपके सोते समय ऊपर से टपकाई गई!

कल्याणसिंह : अन्धेर है, अन्धेर! हमारा तो ख़ून...*(गुस्से से)* औ साहबज़ादे, आप यह ख़बर मालूम होते हुए भी उस रंडी के पास जा बैठे और छेड़छाड़ में मुब्तिला हो गए? और दिन होता तो कोई बात न थी, पर ऐसे रंज के मौक़े पर...। जानते हो, सब थुड़ी-थुड़ी करते थे...।

हरनन्दन : *(मुसकराकर, शहीदाना भाव से)* मैं जानता था, आप भी यही सोचेंगे। *(साँस लेकर)* सोचें भी क्यों न? आम लोगों की तरह आप भी...।

कल्याणसिंह : *(डपटकर)* तो बताते क्यों नहीं पूरी बात?

हरनन्दन : *(खड़े होते हुए)* जी, वही अर्ज करने जा रहा था, पर आप कहने दें, तब न? मुझे जब वो परचा मिला तो दो बातें एक साथ मेरे ज़हन में आईं।

कल्याणसिंह : सो क्या?

हरनन्दन : *(इधर-उधर ताककर)* पहली तो ये कि सरला अब अगर ज़िन्दा भी है तो हमारे किसी काम की नहीं रही।

कल्याणसिंह : बेशक! हम ख़ानदानी लोग हैं। दूसरे की जूठी पत्तल चाटेंगे, क्योंकर?

हरनन्दन : परन्तु सरला के साथ जो लक्ष्मी अपने यहाँ आने को थी, उसको भी एकाएकी अनदेखा करना उचित नहीं। हम पत्तल न भी चाटें, उसे अपने *(चुप्पी)* दालान में तो डाल ही...।

कल्याणसिंह : तो क्या?

हरनन्दन : आप ख़ुद सोच देखिए—ठाकुर लालसिंह की वसीयत की बात आपसे छुपी नहीं है, और यह भी आप बख़ूबी जानते हैं कि हर हालत से बतौर मनेजरी हक़ उस जायदाद पर मेरा ही बनता है। उस काजर की कोठरी के बाशिन्दे वे चारों भतीजे इसमें कुछ नहीं कर सकते।

कल्याणसिंह : तो?

हरनन्दन : तो क्या? मैं सोचता हूँ कि इन सब बातों को मद्देनजर रखते हुए, सरला की खोज जारी रखना ही मुनासिब है। और अब तक के सबूतों से यह लगता है कि वह अपने भाइयों के ही क़ब्ज़े में क़ैद है।

कल्याणसिंह : लगाओ स्सालों को जूते तान-तान के!

हरनन्दन : जी हाँ, सो तो लगेंगे ही, पर इस वक़्त मौक़े की नाजुकी को देखते हुए महीन चाल चलना ही मुनासिब होगा।

कल्याणसिंह : यानी?

हरनन्दन : यानी यही, कि बाँदी को भी पटा के रखा जाए, ताकि उससे वहाँ का भेद मिलता रहे, और यहाँ ठाकुर लालसिंह को पूरी बात बता दी जाए, इस ताक़ीद के साथ कि वे इसे गुप्त रखें। इससे फिर दो फ़ायदे होंगे। एक तो लालसिंह की नज़रों में हमारी गिरी साख दूनी होकर लौट आएगी, दूसरे वे अपने भतीजों से ख़बरदार भी रहेंगे।

कल्याणसिंह : पर वसीयतनामा तो वे लिख चुके हैं, मुहर वग़ैरा भी लग चुकी है उस पे।

हरनन्दन : पर बुड्ढे आदमी पर उसके नापाक भतीजे दबाव डालकर दूसरा वसीयतनामा भी तो बनवा सकते हैं न! ख़ास तौर से जब उसे यक़ीन हो चला हो कि उसकी लड़की स्वर्ग सिधार चुकी है और होनेवाला दामाद रंडियों के जाल में पड़ा है।

कल्याणसिंह : मान लो वे न मानें? लालसिंह अड़ियल इनसान है।

हरनन्दन : तब तो उनकी जान को और भी ख़तरा है क्योंकि उनकी लड़की के न रहने पर जायदाद भतीजों की हो जाएगी। और भतीजों की उतावली आपसे छुपी नहीं।

कल्याणसिंह : ओफ़्फ़ोह।

हरनन्दन : जी हाँ! इसी से मेरी आपसे इल्तिजा है कि आप बाँदी के यहाँ मेरे आने-जाने को लेके सबके आगे शर्मिन्दगी न दिखाएँ, बल्कि कहें कि हाँ यह ठीक है। इसमें ऐसा-वैसा क्या? और फिर हम लोगों में यह ऐसी अनहोनी चाल भी नहीं।

कल्याणसिंह : *(सोचते हुए-से)* ठीक है।

हरनन्दन : तो मैं जाऊँ?

कल्याणसिंह : कहाँ? *(पूछने के साथ ही शर्मिन्दगी से)* पर बेटे, यदि सरला पा ली गई तो क्या तुम उसे...?

हरनन्दन : और नहीं तो क्या? हम लोगों के ज़नानख़ानों में इतनी रहती हैं, क्या उसके लिए ठौर न होगी?

कल्याणसिंह : वह भी ठाकुर की इक़लौती लड़की है, ऐंठ तो न दिखाएगी?

हरनन्दन : *(मुसकराकर)* तो उसके लिए और ठौर भी है नहीं?

[जाता है।]

दृश्य : 5

[स्थान—बाँदी तवायफ़ के मकान का एक सजा-धजा कमरा। मसनद के सहारे लेटा पारसनाथ बाँदी से बात कर रहा है। उस समय के छैला की पोशाक पहने हुए।]

पारसनाथ : मैं तुम्हारे सर की कसम खाकर कहता हूँ, क्योंकि इस दुनिया में तुमसे बढ़कर मेरा...।

बाँदी : *(उसाँस लेकर)* हम लोगों के यहाँ जितने आदमी आते हैं, सभी लम्बी-चौड़ी कसमें खाया करते हैं, मगर उनकी मैं परवाह नहीं करती। हाँ, तुम्हारी कसमें ज़रूर मेरे कलेजे पे लिखी जाती हैं।

पारसनाथ : बस, यही हाल मेरा है। मैं तो यही मानता हूँ कि बाप-माँ, भाई-बिरादर, देवता-धर्म—सबसे बिगड़ जाए तो बिगड़ जाए, मगर तुमसे किसी तरह कभी बिगड़ने या झूठे बनने की नौबत न आए। सच तो ये है कि अब तुम्हारे हाथ बिक गया हूँ। देखो, अब की दफ़े मेरी माँ सचमुच मेरी दुश्मन हो गई, मगर मैंने उसका भी कुछ ख़याल न किया। यहाँ तक कि हाथ लगी रक़म को लौटाने का ख़याल भी दिल में न लाया, और तुम्हारी ख़ातिर उस रक़म को ले ही आया। ईश्वर ने मेरी सुन ली और तुम्हारी मेहनत ठिकाने लग गई तो तुम्हें मालामाल कर दूँगा।

बाँदी : तुम्हारी कसम खाकर कहती हूँ, मुझे धन-दौलत का ख़याल नहीं। मैं तो बस तुम्हें ही चाहती हूँ, औ तुम्हारे लिए जान भी देने को तैयार हूँ। पर इन माँओं को क्या कहा जाए? मेरी अम्मा तो साक्षात चांडालिन है। अभी कल ही की

बात है, उस दम मैं बँगले में बैठी तुम्हें याद कर रही थी। खाना-पीना कुछ नहीं किया था। अम्मा के पुछवाने पर पेट-दर्द का बहाना करके टाल दिया था।...इत्तफ़ाक़ से न मालूम कहाँ से नासपीटा एक गाहक आ बैठा और अम्मीजान को ज़िद्‌द हुई कि मैं उसके पास ख़ातिर-तवज्जो को जाऊँ। पर मैं थी कि तुम्हारे ख़याल के अलावा और कुछ न सुहाता था। ज़िद्‌द में मैं यहीं बैठी रही, नीचे न उतरी। बस अम्मा ऊपर धड़धड़ाती हुई चली आई और तुम्हारा नाम ले-ले के कहने लगी कि पारसनाथ आएँगे तो रात-रात बैठी बातें किया करेगी, कोई दूसरा रईस आकर बैठेगा तो पूछेगी भी नहीं? आख़िर घर का ख़र्च कैसे चलेगा? मैं मक्कर साधे पड़ी रही। सर तक न उठाया। आख़िरकार बकझक कर वो रुख़सत हुई। न जाने गाहक को क्या कहकर विदा किया! एक दिन की कौन कहे, रोज़ ही ऐसी खटपट होती रहती है।

पारसनाथ : ख़ैर। थोड़े दिन और सब्र करो फिर तो मैं उन्हें भी ख़ुश कर दूँगा। मेरे चाचा की आधी जायदाद भी कम नहीं। जिस समय वे तुम्हें बेगमों की तरह ठाठबाट में देखेंगी और ख़ज़ाने की तालियों का झब्बा अपनी करधनी से लटकता पाएँगी, उस समय उन्हें बोलने का कोई मुँह न रहेगा। दिन-रात तुम्हारी बलाएँ लिया करेंगी।

बाँदी : ख़ैर, वो तो अब भी मेरा क्या बिगाड़ सकती है? वो तो मैं ही लोक-निन्दा के मारे चुप रहती हूँ। वरना...।

पारसनाथ : नहीं-नहीं, ऐसा कुछ न करना जिससे तुम्हारी बदनामी होए, जो रईस लोग तुम्हारी ढिठाई के चर्चे घर-घर करें। अब मैं तुम्हें क़तई तकलीफ़ न होने दूँगा और घर का ख़र्च किसी-न-किसी तरह जुटाता रहूँगा।

बाँदी : नहीं जी, मैं अपने किसी भी ख़र्चे की ख़ातिर तुम्हें तकलीफ़ नहीं देना चाहती। मैं इस लायक़ हूँ कि दसियों रईसों को उल्लू बनाकर पैसा सीधा कर लूँ। मगर क्या करूँ, अम्मा के मिज़ाज से लाचार हूँ। इसी से दिल मसोस के तुम जो देते हो लेना पड़ता है। अगर—अगर उनके हाथ

में यह कहकर कुछ रुपै न दूँ कि पारसबाबू ने दिया है, तो बिगड़ने लगती हैं। कई मर्तबे तो जब तुम बिना कुछ दिए चले जाते हो तो जो मैं अपने और गाहकों की दी रक़म उनसे छिपाकर रखे रखती हूँ, उससे कुछ निकाल-नुकूलकर तुम्हारे नाम से पकड़ा देती हूँ। मुझसे वो चीं-चपड़ न करेंगी।

पारसनाथ : यह तो मैं ख़ूब जानता हूँ कि तुम मुझे जी-जान से चाहती हो, और मुझ पर मेहरबान हो—पर क्या करूँ, लाचार हूँ। तो भी इस बात की कोशिश करूँगा कि जब भी आऊँ तुम्हारे वास्ते कुछ-न-कुछ...।

बाँदी : अजी रहो भी। तुम तो पागल हुए जाते हो। इसी से मैं तुमसे कुछ ना कहती थी। जब मैं उन्हें कुछ-न-कुछ देकर खुश कर ही लेती हूँ तो तुम्हें...। *(लौंडी का प्रवेश)* क्या बात है?

लौंडी : बीबी, नीचे छोटे नवाब आए हैं।

बाँदी : अरे, आज क्या है? कहाँ बैठे हैं?

लौंडी : अम्मा ने इन्हें पूरबवाली कोठड़ी में बिठाया है, खुद भी वहीं बैठी हैं।

बाँदी : अच्छा तू चल, मैं आती हूँ। *(पारसनाथ से)* बड़ी मुश्किल है, न जाऊँ तो कहेंगे, लो साहब इनका तो मिज़ाज ही नहीं मिलता और चट बेइज़्ज़ती पे उतारू हो जाएँगे...।

पारसनाथ : नहीं-नहीं, उन्हें रुसवा न करो। लो मैं जाता हूँ, तुम भी जाओ। *(उठते हुए)* बातों ही बातों में बड़ी देर हो गई।

बाँदी : अच्छा, वादा कर जाओ फिर कब आओगे?

पारसनाथ : कल तो नहीं, हाँ, परसों ज़रूर आऊँगा।

बाँदी : मेरे सर पे हाथ रखो।

पारसनाथ : *(सिर पर हाथ रखकर)* तुम्हारे सर की कसम।

[पारस का प्रस्थान। बाँदी गुनगुनाती हुई टहलती है। कुछ देर बाद अम्मा का प्रवेश।]

अम्मा : गया?

बाँदी : हाँ, गया। कम्बख्त जब कभी आता है, उठने का नाम नहीं लेता।

अम्मा : क्या करेगी बेटी, हम लोगों का काम ही ऐसा ठहरा। अब जाओ, कुछ खा-पी लो। हरनन्दन बाबू आते होंगे, अभी मैंने नवाब साहब के आने का बहाना करवा भेजा था।

बाँदी : यहीं मँगवा लो न। *(पुकारकर)* अरे, खाना हम दोनों जनों का यहीं ले आना!

[दोनों बैठ जाती हैं। बातचीत के दौरान ही लौंडी खाना व पानी के गिलास आदि रख जाती है। बातचीत खाने के दौरान चालू रहती है।]

बाँदी : अच्छा और चाहे जो हो, देखना, सरला किसी और से ब्याह न करेगी।

अम्मा : *(हँसकर)* दूसरे की बात जाने दो, उसे तो ख़ास हरिहरसिंह से शादी करनी पड़ेगी, जिसकी सूरत वह सपने में भी नहीं देखना चाहती।

बाँदी : *(कुछ देर सोचते रहकर)* लेकिन ऐसा न हुआ तब?

अम्मा : तब पारसबाबू को कोई भी फ़ायदा न होगा।

बाँदी : वाह! पारसनाथ को तो हरनन्दन के अलावा किसी भी और जन से सरला की शादी होने से फ़ायदा होगा। बस वो शख़्स उनका कोई अपना दोस्त हुआ चाहिए।

अम्मा : हाँ, ये तो है। सरला के शौहर का उनका दोस्त होना ज़रूरी है, वरना वसीयतनामे पर फिर झगड़ा हो जाएगा।

बाँदी : अच्छा, अगर सरला का बाप लालसिंह पहलेवाले वसीयतनामे को तोड़कर दूसरा लिखे, तब?

अम्मा : इसी ख़याल से मैंने तो पारसबाबू को सलाह दी थी कि बाप के जीते-जी सरला की शादी न होनी चाहिए, और मैं समझती हूँ, उसने बात पकड़ी है।

बाँदी : पर लालसिंह बड़ा ही काइयाँ है।

अम्मा : ठीक है, मगर वह उस दम पारसनाथ के फेर में आ ही जाएगा। जब वह उसे यहाँ लाकर यहाँ बैठे हुए हरनन्दन से उनका मुक़ाबला करा देगा।

बाँदी : पर एक बात है, अम्मा! लालसिंह जब हरनन्दन को यहाँ देखेगा तो बग़ैर टोके न रहेगा, और अगर टोकेगा तो

हरनन्दन बाबू को परतीत हो जाएगी कि बाँदी वग़ैरा ने मेरे साथ दग़ा की।

अम्मा : नहीं, नहीं, हरनन्दन बाबू को हम ये समझने का मौक़ा ही न देंगी। अरे, हमें उनके निजी झगड़ों में काहे टाँग अड़ानी? दोनों तरफ़ का फ़ायदा उठाना और दोनों को ही आसामी बनाए रखना, यही हमारे धन्धे की रीत है।

बाँदी : और ये धन्धा भी तो इन्हीं रईसों का बनाया है।

अम्मा : बेशक। मियाँ की जूती, मियाँ के सर।

बाँदी : ख़ैर, पर ये सोचो कि क्या तरकीब की जाए?

अम्मा : देखो, हरनन्दन बाबू को हम सरला का पता बताने का झाँसा दिए यहाँ लाएँगी। सो पते का उन्हें बताना और लालसिंह को हरनन्दन की सूरत दिखाना—ये दोनों काम एक ही समय होना चाहिए और इसके तुरन्त बाद हम दोनों लालसिंह से बिगड़ने का नाटक करती हुई उसे यहाँ से निकल जाने को कहेंगी। उस हल्ले में हरनन्दन बाबू को न तो हम पर शक होगा, न ही बूढ़े को उनसे सवाल-जवाब का वक़्त मिलेगा।

बाँदी : पर ये हरनन्दन बाबू सरला का पता लग जाने के बाद भी आते रहें, वैसे आसामी नहीं। इससे बहुत दिन फ़ायदे की उम्मीद न करना।

अम्मा : *(मुसकराकर)* अरे, यहाँ हमने बड़े-बड़े जातियों को मुरुंडा बना लिया है, हरनन्दन है क्या चीज़? अगर मेरी तालीम का असर तुझ पर पड़ता रहा तो यह कोई बड़ी बात न होगी।

बाँदी : कोशिश तो मैं बराबर करती रहूँगी। पर सुनने में बराबर यही आया है कि हरनन्दन बाबू को हम लोगों की ज़ात से चिढ़ है, न ही गाने-बजाने, हँसी ठिठोली का उन्हें कोई शौक है।

अम्मा : ठीक है, इस मिज़ाज के सैकड़ों आदमी होते हैं, और हैं। पर उनके ख़यालों की मज़बूती हमारे आँचल की हवा लगने तक ही क़ायम रहती है। एक-दो कौन कहे, पचासों

जती-ब्रह्मचारियों की ख़बर तो मैं ले चुकी हूँ। हाँ, अगर तेरे किए कुछ हो न सकता तो बात दूसरी है।

बाँदी : मैं तो...।

[लौंडी का प्रवेश।]

लौंडी : जी, हरनन्दन बाबू तशरीफ़ लाए हैं।

अम्मा : *(हड़बड़ाकर उठते हुए)* कहाँ हैं? कहाँ बिठाया है?

लौंडी : जी, नीचे पूरबवाली कोठड़ी में।

अम्मा : *(जाते हुए)* मैं अभी ले के आती हूँ उन्हें, तू ठीक-ठाक हो ले।

[माँ व लौंडी का प्रस्थान। बाँदी आईने में चेहरा व पोशाक दुरुस्त करती है। एकाध मसनद वग़ैरा सीधी करती है। माँ व हरनन्दन का प्रवेश।]

बाँदी : सलाम करती हूँ, सरकार!

अम्मा : बाँदी, हुजूर को यहीं बिठाओ, नीचे की कोठड़ियाँ तो ग़ैरों के लिए हैं, ये कमरा हुजूर के लायक़ ठीक है, क्यों?

बाँदी : जी हाँ, ऐसा ही करती हूँ।

[आदर से बिठाती है। माँ का खीसें निपोरते प्रस्थान।]

: कल तो आपने ख़ूब ही छकाया। दो बजे रात तक मैं बराबर बैठी-बैठी इन्तज़ार करती रही। आख़िर बड़ी मुश्किल से नींद आई। नींद में भी मैं बराबर चौंकती रही।

हरनन्दन : हाँ, कुछ ऐसा टेढ़ा-सा काम आ पड़ा था कि बाबूजी ने रात बारह बजे तक पास से न हटने दिया। उस समय और भी कई लोग वहाँ बैठे हुए थे, कैसे आता?

बाँदी : जभी। मैं भी यही सोच रही थी कि आप बिना भारी सबब के वादाख़िलाफ़ी करनेवाले नहीं हैं।

हरनन्दन : अजी, मैं अपने वायदे का बहुत ख़याल रखता हूँ, और हमने कभी किसी को ये कहने का मौक़ा नहीं दिया कि हरनन्दन बाबू सच्चे नहीं हैं।

बाँदी : इस बारे में तो तमाम ज़माना आपकी तारीफ़ करता है। मुझे आप जैसे रईस की सोहबत पर फ़ख़्र है। अभी कल मेरे यहाँ बी इमामीजान आई थीं। बात ही बात में उन्होंने मुझसे कह ही तो दिया, 'हाँ बाँदी, अब तुम्हारा दिमाग़ आसमान के नीचे क्यों उतरने लगा? हरनन्दन बाबू ऐसे रईस को पा के तुम जितना घमंड करो थोड़ा है।' मैं समझ गई कि ये डाह के मारे ऐसा कह रही हैं।

हरनन्दन : *(ताज्जुब की शक्ल बनाकर)* ये इमामीजान को मेरे यहाँ आने का हाल कैसे मालूम हुआ? क्या तुमने कह दिया था?

बाँदी : *(ज़ोर देकर)* अजी नहीं। मैं भला क्यों कहने लगी थी? यह काम तो उसी दुष्ट पारसनाथ का है। उसी ने तुम्हें कई जगह बदनाम किया है। मैं तो जब भी उसकी सूरत देखती हूँ, मारे गुस्से के आँखों में ख़ून उतर आता है, यही जी चाहता है कि उसे कच्चा ही खा जाऊँ। मगर क्या करूँ, लाचार हूँ। तुम्हारे काम का ख़याल कर रुक जाती हूँ। कल वह फिर मेरे यहाँ आया था। मैंने गुस्से को बहुत दबाया, पर फिर भी ज़ुबान चल ही पड़ी, बात ही बात में कई जली-कटी कह गई।

हरनन्दन : पर उससे ऐसा ही सूखा बरताव रखोगी तो मेरा काम कैसे चलेगा?

बाँदी : आप ही के काम का ख़याल तो मुझे इससे मिलने पर मजबूर करता है, अगर ऐसा न होता तो मैं उसकी वह दुर्गति करती कि वह भी जन्म-भर याद करता। मगर उसे आप पूरा बेहया समझिए, तुरन्त ही मेरी दी हुई गालियों को बिलकुल भूल जाता है और खुशामदें करने लगता है। कल मैंने उसे यक़ीन दिलाया है कि मुझमें और आपमें लड़ाई हो गई, और अब सुलह नहीं हो सकती, अब यक़ीन है कि दो-तीन दिन में आपका काम हो जाएगा।

हरनन्दन : अरे हाँ, परसों उसी कम्बख़्त की बदौलत एक बड़ी मज़ेदार बात हुई।

बाँदी : *(और आगे खिसककर और ताज्जुब के साथ)* क्या? क्या?

हरनन्दन : उसी के सिखाने-पढ़ाने से लालसिंह ने एक आदमी मेरे बाप के पास भेजा। उस समय जबकि मेरे बाप से बातें हो रही थीं, इत्तिफ़ाक़ से मैं भी जा पहुँचा। उस आदमी ने मेरी बहुत-सी शिकायतें कीं और बात-बात में कहता रहा कि हरनन्दन बाबू ने तो बाँदी को रख लिया है, दिन-रात वहीं पड़े रहते हैं, ऐसे आदमी को हमारी लड़की का क्या रंज होगा? *(तिरछी नज़र से देखता है।)*

बाँदी : तो?

हरनन्दन : तो क्या? मेरे पिता कुछ देर तो बरदाश्त किए, फिर डपटकर बोल उठे, 'के अगर मेरा लड़का हरनन्दन ऐयाश है तो तुम्हारे बाप का क्या लेता है? तुम्हारी लड़की जाय जहन्नुम में, औ अब अगर वह मिल भी जाए तो मैं अपने लड़के की शादी उससे नहीं कर सकता। जो जवान लड़की इस तरह घर से बहुत दिनों तक ग़ायब रहे, वह किसी भले आदमी की ब्याहता बनकर रहने लायक़ नहीं रहती। अब सुन लो कि मेरे लड़के ने खुल्लम-खुल्ला बाँदी तवायफ़ को रख लिया है, और बहुत जल्द ही उसे यहाँ ले आवेगा। बस तुम तुरन्त मेरी आँखों की ओट हो जाओ। मैं तुम्हारा मुँह नहीं देखना चाहता।'

बाँदी : तब फिर?

हरनन्दन : फिर क्या? ये सुनना था कि वो आदमी उठ के चला गया और तब मेरे बाप ने मुझसे कहा कि बेटा, अगर तुम अभी तक बाँदी से कुछ भी वास्ता न रखते थे, तो अब खुल्लम-खुल्ला उसके पास आना-जाना शुरू कर दो, और अगर चाहो तो उसे यहीं ले आओ। मैं उसे पाँच सौ रुपए माहवार बाँध दूँगा ताकि हमेशा बैठ के चैन से खाए, तुम्हारा हाथ मैं कभी न रोकूँगा। देखें तो सही, लालसिंह हमारा क्या कर लेते हैं? ये हमारी ठकुरैती की आन है।

बाँदी : *(बड़े प्यार से उसका पंजा पकड़कर)* सच कहना, क्या हक़ीक़त में ऐसा हुआ?

हरनन्दन : *(उसके सिर पर हाथ रखकर)* तुम्हारे सर की कसम, भला मैं तुमसे झूठ बोलूँगा? तुमसे क्या मैंने आज तक कभी...?

बाँदी : नहीं-नहीं, इस बात को तो मैं बहुत अच्छी तरह से जानती हूँ कि आप कभी किसी से भी झूठ नहीं बोलते।

हरनन्दन : और दूसरों को भी यक़ीन हो जाए; इससे मैं आज यहाँ खुल्लम-खुल्ला आया हूँ। बल्कि साथ में एक नौकर और दरबान को भी लाया हूँ जो नीचे खड़े सीढ़ियों पे पहरा देते हैं कि बिना मेरी मर्ज़ी के कोई यहाँ घुसने न पाए।

बाँदी : *(ताज्जुब से)* हैं?

हरनन्दन : हाँ। और आज मैं यहाँ खूब देर तक बैठकर तुम्हारा मुजरा सुनूँगा। डेरे पर मैं सबों को कह भी आया हूँ कि मैं बाँदी के यहाँ जाता हूँ। अगर कोई ज़रूरत आन पड़े तो बुलवा भेजना। तो आज से तुम मुझे अपना ही समझो और विश्वास रखो कि तुम बहुत जल्द अपने-आप को किसी और ही रंग-ढंग में देखोगी।

बाँदी : *(ख़ुशी से हरनन्दन के गले में हाथ डाल के)* ये तो तुमने बड़ी खुशी की बात सुनाई। मगर रुपे-पैसे की मुझे कुछ भी चाह नहीं है। मैं तो बस तुम्हारे साथ रहने में ख़ुश हूँ।

हरनन्दन : मुझे भी तुमसे ऐसी ही उम्मीद है। पर हाँ, हमारी ठकुरैती की आन की ही माँग है कि हमारी औरत बस हमारी ही रहे! अब जहाँ तक हो सके, तुम उस काम को ठीक करके पारसनाथ को जवाब दे दो, और इस मकान को छोड़कर किसी दूसरे आलीशान मकान में रहने का बन्दोबस्त करो। यूँ अब मुझे सरला का पता लगाने की ज़रूरत तो रही नहीं, मगर फिर भी मैं अपने उस बाप का वचन सच्चा साबित किए बिना रह नहीं सकता, जिसने मुझे तुम्हारे साथ वास्ता रखने के लिए इतनी आज़ादी दे रखी है। और तुम्हें भी इस बात का हमेशा ख़याल हुआ चाहिए।

बाँदी : *(मुस्कराकर)* जी, वो तो हमेशा ही रहता है।

हरनन्दन : शाबाश, मेरा बाप चाहता है कि सरला वापस अपने घर पहुँच जाए, और तब लालसिंह तड़प-तड़प के देखे कि कैसे

हरनन्दन उनकी बेटी से शादी न करके बाँदी तवायफ़ के साथ मज़े की ज़िन्दगी बिता रहा है।

बाँदी : ऐसा ज़रूर होना चाहिए। मैं आपको पक्का वादा करती हूँ कि चार दिन के भीतर ही भीतर सरला का पता लगा के पारसनाथ का मूँ काला करूँगी।

हरनन्दन : *(बाँदी की पीठ पर हाथ फेरकर)* शाबाश।

बाँदी : और अब आपको किसी का डर नहीं रहा और आप एकदम आज़ाद हैं, पर मेरी मानें तो आप अपनी आज़ादी दो-चार दिन ज़रा छिपाए रखें, ताकि पारसनाथ से मैं अपना काम बाख़ूबी निकाल लूँ।

हरनन्दन : ख़ैर! जैसा तुम चाहो, पर इस बात को ख़ूब समझ रखना के आज से तुम हमारी हो चुकी, तुम्हारा कुल ख़र्च मैं अदा करूँगा और तुम्हें किसी के आगे हाथ फैलाने का मौक़ा न दूँगा। आज से मैं तुम्हारा मुशाहरा मुक़र्रर किए देता हूँ, और तुम भी ग़ैरों के लिए अपने घर का दरवाज़ा बन्द कर दो।

बाँदी : जो कुछ आपका हुक्म होगा मैं वही करूँगी और जैसे रखोगे वैसे रहूँगी। मेरा तो कुछ ज़्यादे ख़र्च नहीं है और न मुझे रुपए-पैसे का लालच है। मगर क्या करूँ, अम्मा के मिज़ाज से लाचार हूँ और उनका हाथ भी ज़रा शाह-ख़र्च है।

हरनन्दन : तो हर्ज क्या है, रुपए-पैसे की जब कमी हो, तब तक ही ऐसी बातों पर ध्यान देना चाहिए। जब तक मैं मौजूद हूँ, तब तक किसी तरह की फ़िक्र तुम्हारे दिल में पैदा नहीं हो सकती और न तुम्हारा कोई शौक पूरा हुए बिना दिल में रह सकता है। अच्छा ज़रा अपनी अम्मा को तो बुला लाओ।

बाँदी : बहुत अच्छा, मैं ख़ुद जाकर उन्हें अपने साथ ले आती हूँ।

[मटकते हुए प्रस्थान। हरनन्दन विचारों में डूबे बैठे हैं। अम्मा के साथ बाँदी का पुनर्प्रवेश।]

अम्मा : ख़ुदा सलामत रखे! आले-आले मरातिब हों, मैं तो दिन-रात दुआ करती हूँ। कहिए, क्या हुक्म है?

हरनन्दन : बड़ी बी, मैं तुमसे एक बात कहना चाहता हूँ।

अम्मा : कहिए, कहिए! क्या बाँदी से कुछ बेअदबी हो गई है?

हरनन्दन : नहीं-नहीं। वो बेचारी ऐसी बेअदब नहीं है, मैं तो उससे इतना ख़ुश हूँ कि हमेशा उसे अपने पास रखना चाहता हूँ।

अम्मा : ठीक है। अगर आप जैसा अमीर इसे नौकर न रखेगा तो रखेगा ही कौन? और रईस लोग तो ऐसा करते ही हैं। मैं तो पहले से ये सोचे हुए थी कि आप ऐसे दिलदार रईस उठाईगीरों की तरह चूल्हा रखना पसन्द न करेंगे।

हरनन्दन : मैं नहीं चाहती कि जिसे मैं अपना बनाऊँ उसे दूसरों के आगे हाथ फैलाना पड़े या कोई दूसरा उसे उँगली से भी छुए।

अम्मा : ठीक है, ठीक है। भला ऐसा कब हो सकता है? जब आप ही की बदौलत मेरा पेट भरेगा, तो किसी ग़ैर को मैं यहाँ क्योंकर आने दूँगी? आप जैसों की ख़िदमत को ही तो मैंने हज़ारों रुपे अपनी गाँठ से ख़र्च करके मैंने इसे तालीम दिलवाई है। और *(पास सरककर)* सच तो यूँ है सरकार कि ये आपके लायक़ है भी। मैं तो बड़े ताज्जुब में पड़ी रहती थी और यों सोचती थी कि ये तो दिन-रात आप ही के ध्यान में डूबी रहती है, और इधर मैं फ़र्ज़ के बोझ से दबी जाती हूँ। आख़िर काम कैसे चलेगा? चलो, अब मैं हलकी हुई। अब तो आप जानें, आपकी बाँदी जाने। इसकी इज़्ज़त-हुरमत अब आप के हाथों में है।

हरनन्दन : अच्छा, भला कहना तो सही कितने रुपे महीने में तुम्हारा अच्छी तरह गुज़र-बसर हो सकता है?

अम्मा : ऐ हुज़ूर, मैं भला क्या बताऊँ? आपसे कौन बात छिपी हुई है? घर में दस आदमी खानेवाले ठहरे, तिस पर महँगी के मारे नाकों दम हो रहा है। हाथ का फुटकर ख़र्च ही दिन-रात अलग परेशान किए रहता है। अभी कल को ही लीजिए, छोटे नवाब साहब इसे दो सौ रुपे महीना देने को राज़ी थे, मगर नाच-मुजरा बन्द करने को कहते थे, मैंने मंज़ूर न किया क्योंकि घर की आमदनी तो उन्हीं से होती

है। जब भी मुश्किल से चलता है। ख़ाली दो सौ रुपे से भला क्या हो सकता है?

हरनन्दन : ख़ैर, नाच-मुजरा तो मेरे वक़्त में भी बन्द करना ही पड़ेगा। मगर रियाज़ बना रहने के ख़याल से मैं ख़ुद इन्हें सुना करूँगा और उसका इनाम अलग दिया करूँगा। अभी तो मैं इसके लिए चार सौ रुपे महीने का इन्तज़ाम किए देता हूँ, फिर पीछे देखा जाएगा। मैंने अपना इरादा और अपने-आप का हाल इसे कह दिया है। तुम सुनोगी तो ख़ुश होवोगी। *(3 अशर्फ़ियाँ बुढ़िया के आगे फेंककर)* लो, इस महीने की तनख़ाह पेशगी दिए जाता हूँ। अब तुम्हें कोई दूसरा आलीशान मकान इस गली से दूर किराए पर ले लेना चाहिए, उसका किराया मैं अलग से दूँगा।

अम्मा : *(ख़ुशी-ख़ुशी अशर्फ़ियों को उठाकर)* बस-बस, इतने में मेरे घर का ख़र्च बख़ूबी चल जाएगा, नाच-मुजरे की भी ज़रूरत न रहेगी। बाक़ी रहा गहना, कपड़ा, सो आप जानिए और आपकी बाँदी जाने, जिस तरह रखिएगा, रहेगी। अब मैं एक ही दो दिन में अपना और इसका गहना बेच के क़र्ज़ा भी चुका देती हूँ। आप ऐसे रईस की ख़िदमत में रहनेवाली बाँदी के घर किसी तगादगीर का आना अच्छा नहीं है, और मैं यह बात पसन्द नहीं करती।

[बुढ़िया कनखियों से प्रत्युत्तर को देखती है। हरनन्दन कुछ नहीं कहते। सलाम कर बुढ़िया का प्रस्थान।]

दृश्य : 6

[स्थान—लालसिंह की हवेली। समय : रात। लालसिंह कमरे में बैठा क़लम हाथ में लिये कुछ सोच रहा है। सामने एक मोमी शमादान जल रहा है। कभी-कभी जब कुछ ख़याल आ जाता है तो कागज़ पर कुछ लिख देता है। ख़िदमतगार का प्रवेश। आकर एक पुरज़ा सामने रखता है। पहले तो पुरज़ा पढ़कर लालसिंह नाक-भौं चढ़ाता है, फिर कुछ सोच-विचार कर कहता है।]

लालसिंह : *(ख़िदमतगार से)* अच्छा, आने दे। *(कागज़ जेब में रख लेता है)*

[सूरज का पोशाक पर काली चादर ओढ़े प्रवेश। लालसिंह खड़ा होकर ज़ाहिरी ख़ातिरदारी का बरताव करके पास बिठाता है।]

लालसिंह : आज तो आपने मुझ बदनसीब पर बड़ी कृपा की।

सूरज : *(मुसकराकर)* बदनसीब कोई दूसरा ही कम्बख़्त होगा। मैं तो इस समय एक ख़ुशनसीब और बुद्धिमान आदमी के बग़ल में बैठा हुआ बातें कर रहा हूँ, जिससे मिलने के लिए आज चार दिन से सोच-विचार में पड़ा हुआ था।

लालसिंह : *(कुछ चौंककर)* ताज्जुब है, आप एक ऐसे आदमी को ख़ुशनसीब कहते हैं जिसकी इकलौती लड़की ठीक ब्याहवाले दिन इस बेदर्दी से मारी गई है कि जिसकी कैफ़ियत सुनने से दुश्मन को भी रंज हो, और साथ ही इसके जिसके समधी तथा दामाद की तरफ़ से ऐसा

बरताव हुआ हो जिसके बरदाश्त की ताक़त कमीने-से-कमीना आदमी भी न रखता हो?

सूरज : यह आपका भ्रम है।

लालसिंह : *(आश्चर्य से)* सो कैसे? क्या सरला मारी नहीं गई? और क्या उस दम आपके हरनन्दन बाबू एक तवायफ़ के साथ ख़ुशियाँ मनाते हुए...?

सूरज : नहीं, नहीं। ये दोनों बातें झूठ हैं, औ यही बात साबित करने मैं आपके पास आया भी हूँ।

लालसिंह : कहने के लिए तो मुझे भी लोगों ने यही कहा था कि सरला के मरने में शक है। मगर बिना किसी तरह का सबूत पाए ऐसी बातों का विश्वास कब हो सकता है?

सूरज : ठीक है, मगर मैं बिना किसी तरह का सबूत पाए ऐसी बातों पर ज़ोर देनेवाला आदमी भी तो नहीं हूँ।

लालसिंह : तो क्या आपके पास इस वक़्त कोई सबूत है कि सरला मारी नहीं गई, और जो कुछ हरनन्दन ने किया वह उचित था?

सूरज : जी हाँ।

[एक पुरजा निकालकर लालसिंह को देते हैं। पुरज़ा पढ़कर लालसिंह आश्चर्य से उनका चेहरा देखता है।]

सूरज : कहिए, इन हरफ़ों को आप पहचानते हैं?

लालसिंह : वेशक, बहुत अच्छी तरह पहचानता हूँ।

सूरज : और आप इसे मेरी बातों का सबूत मान सकते हैं कि नहीं?

लालसिंह : मानना ही पड़ेगा, पर सिर्फ़ एक ही बात का।

सूरज : दूसरी बात का सबूत अगर आप नहीं मानेंगे तो मुझे उसके बारे में कुछ जुबानी भी कहना होगा।

लालसिंह : कहिए, कहिए—मैं आपकी बातों पर विश्वास करूँगा, क्योंकि आप ख़ानदानी आदमी हैं और आपको मेरी भलाई का ख़याल है।

सूरज : यह सुनकर आपको ताज्जुब होगा कि बाँदी तवायफ़ के पास हरनन्दन के बैठने का कारण ये पुरज़ा है। इस तथ्य

को जाने बिना ही लोगों ने उसे बदनाम कर दिया। यों तो आपको भी उसके मिज़ाज का हाल मालूम है, मगर ताज्जुब है कि आप भी बिना सोचे-विचारे दुश्मनों की बातों पर विश्वास कर बैठे!

लालसिंह : तो क्या यह पुरज़ा हरनन्दन के हाथ लगा था। मुझे लोगों ने ख़ूब धोखे में डाला!

सूरज : जी हाँ। जिस समय बाँदी महफ़िल में नाचने को तैयार हो रही थी, उसकी पोशाक में से ये पुरज़ा गिरा पड़ा, जिसे हरनन्दन के एक नौकर ने उठा लिया। वो नौकर हिन्दी पढ़ सकता है, सो उसने यह पूरज़ा पढ़ा तो फ़ौरन ताज्जुब में आ गया औ फ़ौरन इसे हरनन्दन के पास लाया। उसी वक़्त महफ़िल का रंग बदरंग हो गया जैसा कि आप जानते हैं। अब आप ही बताइए कि इस पुरज़े को पढ़ के हरनन्दन को क्या करना चाहिए था?

लालसिंह : *(कुछ सोचकर)* ठीक है, उस समय इसे पाकर सीधे बाँदी के पास ही जाना उसके लिए उचित था। क्योंकि वह नीतिकुशल लड़का है, ये बात मैं भी जानता हूँ।

सूरज : केवल उसी दिन नहीं, बल्कि जब तक हमारा मतलब न निकले तब तक हरनन्दन को बाँदी से मेल रखना ही चाहिए। वैसे भी ठाकुर का बेटा तवायफ़ के घर जाए, यह अनहोनी तो न कहलावेगी!

लालसिंह : पर क्या यह काम हरनन्दन को ही करना ज़रूरी है?

सूरज : बेशक इसे कोई और भी कर सकता है, मगर वही जिसे उतनी ही अक़्ल हो जितनी हरनन्दन को। इसके अतिरिक्त बाँदी को जो फ़ायदे की आशा हरनन्दन से होगी, वही किसी दूसरे से क्योंकर हो सकती है?

लालसिंह : *(सूरज का हाथ पकड़कर)* आज़ आपका आना मेरे लिए बड़ा ही मुबारक हुआ। अगर आप आज ये भेद न खोलते, तो मेरे ये नालायक़ भतीजे जाने मेरी क्या गत बनाते! उड़ती अफ़वाहों और इन चारों की बातों ने तो मुझे एकदम उल्लू बना दिया, औ बेचारे हरनन्दन की तरफ़ से मेरे दिल में मैल भर दिया। पर आज आपके यह राज़

ज़ाहिर करने से उसके लिए मेरा दिल साफ़ हो गया। अब अगर उसे कोई मुझे बाँदी का हाथ पकड़े ही सरे आम उछलता भी कोई दिखा दे तो मेरे दिल में उसकी तरफ़ से कोई शक न बैठेगा। हाँ, बेचारी सरला का पता लगना-न लगना आप की मेहरबानी और मेरे भाग्य के आधीन है।

सूरज : सरला का पता लगेगा औ लगके रहेगा। हरनन्दन ने मुझे ख़ुद अपने बाप के सामने कहा है कि बाँदी ने उससे सरला को दिखा देने का वादा किया है, औ इस बात का भी पक्का सुबूत दिया है कि वो इस दम पारसनाथ के क़ब्ज़े में है।

लालसिंह : क्या कहा! पारसनाथ के क़ब्ज़े में?

सूरज : जी हाँ। हरनन्दन ये मालूम होने के बाद बाँदी के घर पैर नहीं रखना चाहता था, पर उसके बाप कल्याणसिंह ने उसे बहुत समझाया औ उस बेवकूफ़ तवायफ़ के साथ चालबाज़ी करने का रास्ता भी बताया। मैंने भी उसे ताक़ीद की। तब लाचार हो उसने बाँदी के घर आना-जाना शुरू किया औ इससे उसे बहुत-सी बातों का पता लगा है।

लालसिंह : बेशक ऐसा हुआ होगा। जभी पारसनाथ इस बारे में मुझसे दिन-रात बातें किया करता है।

सूरज : मुनासिब समझें तो मुझे भी वह बातें कह सुनावें जो उसने कही हैं, क्योंकि तब मैं हरनन्दन को उन बातों से आगाह करके उसका काम और भी आसान कर सकूँगा।

लालसिंह : बेशक, इसके अलावा मैं आपसे राय भी लेना चाहता हूँ। कि मुझे अब क्या करना चाहिए।

सूरज : इस बात को तो आप भी समझते होंगे कि तवायफ़ें कैसी चालबाज़ और शैतान होती हैं, और बड़े-बड़े घरों को वे कैसे चन्द दिनों में बरबाद कर सकती हैं, क्योंकि आपने भी अपनी नौजवानी का कुछ हिस्सा इनकी सोहबत में गँवाकर दुनियादारी सीखी है।

लालसिंह : जी हाँ, मैं इन कम्बख़्तों की करतूतों से ख़ूब वाकिफ़ हूँ। सरस्वती के कृपापात्र ही इनसे बच पाते हैं। केवल लक्ष्मी के कृपापात्रों को तो वे लोग लक्ष्मी का वाहन ही बनाकर

दम लेती हैं, तिस पर उनकी 'अम्माजानों' से तो ईश्वर ही बचावें।

सूरज : बस-बस-बस। अब—अब, आप समझते ही हैं कि पारसनाथ औ हरनन्दन दोनों ही जब बाँदी के यहाँ जाते हैं, तो बाँदी यही चाहेगी कि जहाँ तक बन पड़े दोनों से पैसे-रुपए वसूल करे, मगर उसी का पक्ष वो ज़्यादे लेगी जिससे ज़्यादे आमदनी की सूरत बनती हो।

लालसिंह : बेशक।

सूरज : सो जब तक वो पारसनाथ से वसूल करती रहेगी उससे दोस्ती गाँठें रखेगी। सो सबसे पहले हमें वही काम करना उचित है जिसमें पारसनाथ रुपए के बारे में बार-बार बाँदी से झूठा बनता रहे...।

लालसिंह : *(बीच में ही)* ठीक है, ठीक है, मैं आपका मतलब समझ रहा हूँ। हाँ, मुझे एक और ज़रूरी बात आपसे करनी है।

सूरज : मुझे भी आपसे अभी बहुत-सी बातें करनी हैं।

[कुछ खुसफुसाने का नाट्य। फिर दोनों उठ खड़े होते हैं। लालसिंह शाल ओढ़ लेते हैं और एक मोटा डंडा जिसके भीतर गुप्ती छुपी हुई है, ले लेते हैं। दोनों का प्रस्थान।]

दृश्य : 7

[स्थान वही। सुबह का वक़्त। लालसिंह तम्बाकू पी रहे हैं। पारसनाथ का प्रवेश। अदब से अभिवादन कर एक किनारे को खड़ा हो जाता है।]

लालसिंह : *(हाथ से पास की चौकी पर बैठने का इशारा कर)* रात को तुम कहाँ चले गए थे? जब हमने तुमको बुलाया तब तुम घर में न थे।

नेपथ्य से : पाठको, यह बात उसने बिलकुल झूठी कही।

पारसनाथ : *(ताज्जुब से)* मैं तो रात घर पर ही था। आपने कब याद किया था?

लालसिंह : उस समय मैं अपने तरद्दुदों में डूबा हुआ था, सो ठीक-ठीक कह नहीं सकता कि कितनी रात गई होगी।

पारसनाथ : ठीक है। तो बहुत रात न गई होगी, क्योंकि जब मैं लौट आया था तो पहर-भर से ज़्यादे रात न गई होगी।

लालसिंह : शायद ऐसा ही हो।

पारसनाथ : रात में आपके पास आया भी था, पर सुना आप काली चादर ओढ़े हुए एक अनजान आदमी के साथ बाहर गए हैं।

लालसिंह : उस समय तुम क्यों आए थे?

पारसनाथ : दो-एक नई ख़बरें जो मुझे कल मिली थीं, वही आपको सुनाने आया था। सोचता था, आप जागते हों तो आपसे कह के दिल का बोझ हलका कर लूँ।

लालसिंह : वह क्या ख़बर थी ऐसी?

पारसनाथ : उस ख़बर का लब्बोलुबाव ये था कि आज रात आप मेरे साथ चलें तो मैं आपको श्रीमान हरनन्दन को बाँदी तवायफ़ के कोठे पे बैठा हुआ दिखा सकूँगा।

लालसिंह : *(सोचकर)* बात तो ठीक है, मगर मैं सोचता हूँ कि अब हरनन्दन को तवायफ़ के घर बैठे देखकर मेरा मतलब ही क्या निकलेगा?

पारसनाथ : *(उदास होकर)* भला मेरे कहने का आपको विश्वास तो हो जाएगा। और मैंने तो आपकी ही आज्ञा पाकर बड़ी कोशिश से, कई आदमियों को इनाम-इकराम देने का वादा करके इस काम का बन्दोबस्त किया है। वह...।

लालसिंह : *(लापरवाही से)* ख़ैर, लेने-देने की तो कोई बात नहीं है, उन लोगों को जो तुम कहोगे, अगर उचित होगा तो दे दिया जाएगा, और वैसे अगर हम हरनन्दन को देखने जाएँगे ही नहीं तो उनकी ज़रूरत भी न होगी। तब उन्हें कुछ देने की क्या ज़रूरत?

पारसनाथ : अब आपको अख़्तियार है आप उसे देखने जाएँ न जाएँ, मगर वे लोग तो अपना काम कर ही चुके हैं और जब उन्हें कुछ देना ही पड़ेगा तो ज़रा-सी तकलीफ़ करने में हर्ज ही क्या है? और कुछ नहीं तो मुझे आप के आगे सच्चे बनने का...।

लालसिंह : *(बात काटकर)* केवल हरनन्दन को तवायफ़ के यहाँ दिखाकर तुम सच्चे नहीं बन सकते। तुमने हमें सरला के जीते रहने का विश्वास दिलाया है।

पारसनाथ : ठीक है, मगर मैंने साथ ही इसके यह भी तो कहा था कि सरला अगर मारी गई तो, जो भी है, तो उसके साथ बुराई करनेवाला हरनन्दन ही है। मैं सरला को भी खोज निकालने का बन्दोबस्त कर रहा हूँ, मगर उसी के साथ हरनन्दन की बदचलनी का सबूत दिखाकर कुछ तो अपने बोझ से हलका हो जाऊँगा।

लालसिंह : हाँ, सो तो हो सकता है। मगर मेरा ये कहना है कि जब तक सरला का ठीक पता न लग जाए, हरनन्दन की बदचलनी देखकर भी मैं क्या जस लगा लूँगा? बिना सबूत के उस पर शक भी तो नहीं कर सकता। बड़े-बड़े लोगों में उसका उठना-बैठना है, उसका ख़याल भी तो किया

चाहिए। हाँ, यदि सरला का पता लगता हो, तो जो कुछ कहो देने या ख़र्चने को मैं तैयार हूँ।

पारसनाथ : सरला का पता भी शीघ्र लगा चाहता है। अभी कल ही उन लोगों ने मुझे सरला के जीते रहने का विश्वास दिलाया है, जिन्होंने आज हरनन्दन को बाँदी के यहाँ दिखा देने का प्रबन्ध किया है। यदि उनका पहला उद्योग व्यर्थ कर दिया जाएगा, तो आगे के काम में उनका जी न लगेगा, बल्कि ताज्जुब नहीं कि मेरी बेइज़्ज़ती पे उतारू हो जाएँ।

लालसिंह : ठीक है, रुपया ऐसी ही चीज़ है। रुपए के वास्ते लोग सभी कुछ कर गुज़रते हैं, भला-बुरा सब भुला देते हैं। लेकिन जिस तरह रुपए के लिए वे लोग तुम्हारी बेइज़्ज़ती कर सकते हैं, उसी तरह तुम भी तो अपना रुपया बचाने के लिए बेइज़्ज़ती सह सकते हो। मेरे इस कहने का मतलब यह नहीं है कि मैं रुपए ख़र्च करने से भागता हूँ या रुपए को सरला से बढ़कर प्यार करता हूँ। मगर हाँ, व्यर्थ रुपए ख़र्च करना भी बुरा समझता हूँ। यों तो तुम जो कहोगे दूँगा, मगर घड़ी-घड़ी मेरे दिल में यही बात पैदा होती है कि बाँदी तवायफ़ के यहाँ हरनन्दन को देख लेने से ही मेरा क्या मतलब निकलेगा? माना इससे उसकी बदचलनी का सबूत मिल जाएगा, मगर मैं बिना रुपए बरबाद किए ही अगर यह मान लूँ कि हरनन्दन बदचलन है, तो इसमें नुक़सान ही क्या है? बल्कि फ़ायदा ही है। इसके अतिरिक्त एक बात और है। मान लो, कोठे पर जाकर मैं हरनन्दन को देख भी लूँ और वो मेरी परवा न करे या एक-दो शब्द बेइज़्ज़ती से बोल पड़े तो मुझे कितना रंज होगा!

पारसनाथ : आप तो हरनन्दन को बड़ा नेक समझते हैं। फिर उससे ऐसी उम्मीद क्यों?

लालसिंह : अब तुम्हीं तो मुझे यक़ीन दिला रहे हो कि वह ऐसा नहीं, बल्कि नालायक़ औ ऐय्याश है। तब फिर दिल में यह ख़याल पैदा होगा ही।

पारसनाथ : *(निरुत्तर होकर)* ख़ैर! आप बड़े हैं, आपसे बहस करना मैं उचित नहीं समझता। आप जो कुछ आज्ञा देंगे, मैं वही करूँगा।

लालसिंह : अच्छा, इस समय तुम जाओ। मैं स्नान-पूजा-भोजन से छुट्टी पाकर इस विषय पर विचार करूँगा। फिर जो निश्चय होगा तुम्हें बुलवाकर कहूँगा।

[पारसनाथ का प्रस्थान।]

दृश्य : 8

[स्थान—बाग, हरनन्दन व रामसिंह टहल रहे हैं।]

हरनन्दन : तुम कहते तो हो, मगर ज़्यादे खुल खेलना भी मुझे पसन्द नहीं है।

रामसिंह : ज़्यादे खुल खेलना ज़माने की निगाह में नहीं, सिर्फ़ बाँदी और पारसनाथ की निगाह में।

हरनन्दन : हाँ, सो तो होगा ही, और होता भी है, मगर इस बात की ख़बर पहले ही बाबू लालसिंह को इस ख़ूबी के साथ हो जानी चाहिए कि उनके दिल में रंज औ शक की जगह न मिलने पाए। औ मुनासिब तो ये होगा कि वो ख़ुद अपनी जान की हिफ़ाज़त का पूरा-पूरा बन्दोबस्त कर रक्खें, औ हो सके तो कुछ दिन के लिए मुर्दों में अपनी गिनती करा लें।

रामसिंह : *(आवाज़ पर ज़ोर देकर)* बेशक, ऐसा ही होना चाहिए। यह बात परसों ही मेरे दिल में पैदा हुई थी कि इस मामले में मैंने पिताजी से बात भी की है। वो उन्हें समझा देंगे।

हरनन्दन : वैसे वो ज़िद्दी क़िस्म के हैं, पर आशा है तुम्हारे पिताजी कहेंगे तो बात उनके दिल में बैठ जाएगी।

रामसिंह : आशा तो ऐसी ही है। हाँ, तुम कुछ कह रहे थे कि एक नौकर के लिए।

हरनन्दन : यार, एक औरत ऐसी चाहिए जिस पर हम लोगों का भरोसा हो और जो हमारी ओर से जाके बाँदी के कोठे पे नौकरी कर ले।

रामसिंह : ठीक है। मैं तुम्हारा मतलब समझ गया। बूढ़ी समझदार औरत का ही बन्दौबस्त करना ठीक रहेगा। *(कुछ सोचकर)* मगर यार, इस बात का खुटका मुझे हमेशा लगा

रहता है कि ये औरतों का चक्कर कुछ ऐसा ही है। कहीं ऐसा न हो कि बाँदी तुम्हें ही अपने क़ाबू में कर ले। देखा चाहिए, उस काजर की कोठरी से तुम अपने पल्ले को कहाँ तक बचाए रख सकते हो! स्यानों ने कहा तो है—

काजर की कोठरी में कितनो ही सयानो जाय,
एक लीक काजर की लागि है पै लागि है॥

हरनन्दन : मैं दावे के साथ तो नहीं कह सकता, मगर नित्य सवेरे उठते ही पहले ईश्वर से यही प्रार्थना करता हूँ कि मुझे इस बुरी हवा से बचाए रहियो।

रामसिंह : ईश्वर ऐसा ही करे। *(ऊपर ताककर)* बादल तो बेतरह घिरे आ रहे हैं।

हरनन्दन : हाँ, चलो, कोठी की छत पे बैठ के प्रकृति की शोभा देखें।

रामसिंह : अच्छी बात है, चलो।

[बातें करते-करते प्रस्थान।]

दृश्य : 9

[समय—रात्रि। स्थान—क़ैदख़ाने की कोठरी। कोने में चिराग़ जल रहा है। सरला मैले अस्तव्यस्त कपड़ों में अधलेटी पड़ी रो रही है।]

सरला : *(स्वागत)* तो क्या जान देने के लिए भी कोई तरकीब नहीं निकल सकती?

[कोठरी का दरवाज़ा खुलता है। चन्द नक़ाबपोश एक नए क़ैदी 'पारसनाथ' को भीतर डालकर चले जाते हैं। सरला पहले डरती है, फिर पहचानकर रोती हुई क़दमों पर "हाय भैया" कहकर गिर जाती है। पारसनाथ चुपाता है।]

सरला : भैया, क्या तुम सब मुझे एकाएकी भूल ही बैठे? पिताजी भी?

पारसनाथ : प्यारी बहन, क्या ऐसा सम्भव है कि तेरा पता लगे औ हम सब हाथ पे हाथ धरे बैठे रहें? जब से तू ग़ायब हुई है, मैं दीवानों की तरह तेरी खोज में भटक रहा हूँ। और अब जिन दुष्टों ने पैसे के लालच में तुझे चुराया, उन्हीं ने मुझे भी अपना क़ैदी बना लिया है।

सरला : मैं तो अभी तक यही समझे थी कि तुम्हीं ने मुझे इस दशा में पहुँचाया, क्योंकि तुम्हीं शादीवाले रोज़ मुझे बुला के चोर दरवाज़े से ले गए थे जहाँ से वे बदमाश मुझे उठा ले आए।

पारसनाथ : राम-राम! ये बिलकुल तेरा भ्रम है। मगर तेरा क्या दोष? मुसीबत में आदमी को अपना-पराया भूल जाता है। वो

दुनिया-भर को दुश्मन देखता है। तूने यही किया तो कोई अजब नहीं।

सरला : मगर अब मेरा शक मिट गया। पर तुम यह बताओ कि हुआ क्या?

पारसनाथ : वास्तव में मैं चाचाजी की आज्ञा का पालन कर रहा था। मुझे क्या ख़बर थी कि वहाँ वे दुष्ट...!

सरला : तो क्या पिताजी ने इन दुष्टों को वहाँ मुस्तैद कर मुझे...?

पारसनाथ : हरे-हरे-हरे! वे बेचारे तो तू जब से ग़ायब हुई है, मुर्दे से भी बदतर हो रहे हैं। मैं उनकी हालत बयान भी नहीं कर सकता।

सरला : तब यह सब बखेड़ा हुआ कैसे?

पारसनाथ : जब वे लोग तुझे ज़बरदस्ती उठाकर घर से बाहर निकले तो मैंने उनका पीछा किया, मगर दरवाज़े से बाहर निकलते ही उनमें से एक आदमी ने मुझे घुमाकर ऐसा लट्ठ मारा कि मैं चकराकर गिर पड़ा। घंटे-दो घंटे बाद होश आया तो मैं लड़खड़ाता हुआ चाचाजी तक पहुँचा औ उनसे सब हाल कहा। बस चारों ओर रोना-पीटना मच गया, पचासों आदमी इधर-उधर दौड़ाए गए, सैकड़ों कार्रवाइयाँ होने लगीं। मगर सब व्यर्थ। न तुम्हारा कुछ पता चला, न उन दुष्टों की ही कुछ टोह लगी। फिर तुम्हारे ससुराल ख़बर दी गई, वहाँ भी रोना-पीटना मच गया। मगर भाई हरनन्दन पे घटना का कोई असर न पड़ा। वो तो उठके बाँदी तवायफ़ के डेरे चला गया, औ जब बुजुर्गों ने उसे उसकी नादानी पे शर्मिन्दा करना चाहा, तो उसने ऐसा उत्तर दिया कि सब कोई कान पे हाथ धरने लगे, औ उसका बाप भी उससे बेहद ख़फ़ा हो गया।

सरला : *(दुख व लज्जा से सिर झुकाकर)* ख़ैर, वह बताओ कि आख़िर तुम्हें मेरा पता कैसे लगा?

पारसनाथ : बताता हूँ। हरनन्दन की बात पता होने पर तुम्हारे पिताजी को बड़ा गुस्सा आया। उन्होंने मुझे बुलाकर कहा कि ये सब कार्रवाई उसी हरनन्दन की मालूम पड़ती है। अस्तु,

तुम पता लगाओ कि इसका असल भेद क्या है? जो ख़र्च होगा, सो मैं दूँगा। बस, उसी दम से मैं जान हथेली पे रखे तुम्हारी तलाश में भटक रहा हूँ। क्या-क्या तकलीफ़ें मैंने झेलीं क्या कहूँ, पर मुझे शीघ्र ही पता चल गया कि ये जाल उसी हरिहरसिंह के फैलाए हैं—जिन्हें तुम्हारी मौसेरी बहन कल्याणी ब्याही थी—हरे हरे, अच्छा हुआ बेचारी पति का ये पतन देखने से पहले बैकुंठ धाम गई।

सरला : पर मैंने हरिहरसिंह का क्या बिगाड़ा था जो उसने मेरे साथ ऐसा सलूक किया? मेरे पिताजी ने भी उनके साथ कभी कोई बुराई न की।

पारसनाथ : सो तो है, पर इसका असली सबब है तुम्हारे बाप का वसीयतनामा, जिसके बारे में तुम जानती ही होगी!

सरला : हाँ, मैं माँ से सुन चुकी हूँ।

पारसनाथ : बस। वही वसीयतनामा तुम्हारी जान का काल हो गया, और उसी के लालच में हरिहर ने ये किया।

सरला : पर क्या इससे हरिहर को मेरे बाप की दौलत मिल जाएगी?

पारसनाथ : हाँ, अगर तुम्हारी शादी उसके साथ हो गई तो।

सरला : मगर इस हाल में तो आधी दौलत तुम चारों भाइयों को भी मिलेगी?

पारसनाथ : *(झेंपकर)* हाँ, मगर हम लोग ऐसी दौलत पे लानत भेजते हैं जिसमें तुम्हारा या चाचाजी का यूँ दिल दुखे। हाँ, इतना ज़रूर कहेंगे कि जान के आगे दौलत क्या है! और इस दम तुम्हारे हाथ में कम-से-कम चार आदमियों की जान तो ज़रूर है। औ अपनी नहीं, तो अपने रिश्तेदारों की जान का ख़याल तुम्हें करना चाहिए।

सरला : *(चौंककर)* मैं बात समझी नहीं।

पारसनाथ : यही कि अगर तुम हरिहरसिंह से शादी करने को हाँ कर दो तो इसी समय तुम्हारी, तुम्हारे माता-पिता और साथ ही मेरी भी जान बच जाएगी और रुपया-पैसा तो हाथ का मैल है। तुमने सुना ही होगा कि लक्ष्मी का सुभाव चंचल है। आज यहाँ तो कल उधर। दौलत का क्या ठिकाना?

सरला : पर मैं तो दिल से माने हुए हूँ कि मेरी शादी तो हो चुकी है, दोबारा शादी का सवाल ही पैदा नहीं होता। हाँ, मैं शादी न करके दो तरह से अपने पिताजी की जान बचा सकती हूँ।

पारसनाथ : ख़ैर, तुमसे और बातों पे इस दम मैं बहस न करूँगा, पर ज़रा सुनूँ तो वो दो तरीक़े कौन-से हैं जिनसे तुम सबकी जान बचा सकती हो?

सरला : उनमें से एक तो मैं बता नहीं सकती, दूसरा यही है कि बस मेरी जान निकल जाए। इसी से सब बखेड़ा तै हो जाएगा।

पारसनाथ : यह सब सोचना तुम्हारी नादानी है। अगर तुम मेरी तरह शास्त्र पढ़ी होतीं और हिन्दू धर्म को जानती होतीं, तो मेरी बातों पर विश्वास करतीं। यह न सोचतीं कि मेरी शादी हो चुकी, और जान देने में...।

सरला : *(बात काटकर)* अब तुम्हारी इन लड़कपने की बातों का मैं कहाँ तक जवाब दूँ?

पारसनाथ : और जब तुम मुझी को स्वार्थी कहकर पुकारती हो तो अब तुम्हें किसी तरह का उपदेश करना भी व्यर्थ है।

सरला : निस्सन्देह।

पारसनाथ : *(निराशा से)* ख़ैर, अब मुझे तुम्हारे हृदय की कठोरता का हाल पता हो गया, और निश्चित हो गया कि न तो तुम्हें किसी से प्यार है, न किसी के जान जाने की परवाह ही है।

सरला : ठीक है, यही समझो।

पारसनाथ : अच्छा, तब मैं अपनी जान से भी हाथ धोता हूँ, और कह देता हूँ कि इस विषय में अब एक शब्द भी मुँह से न निकालूँगा।

सरला : इसी नहीं, किसी भी विषय पर अब तुम्हें न बोलना चाहिए, क्योंकि मैं अब तुम्हारी कोई बात नहीं सुनना चाहती।

[क्रोध से उठकर दूर बैठ जाती है—चुप्पी। कुछ समय बाद एक नक़ाबपोश का प्रवेश।]

नक़ाबपोश : क्या तुम लोगों को किसी चीज़ की ज़रूरत है?

सरला : हाँ, मुझे मौत की ज़रूरत है।

पारसनाथ : हाँ, मैं ज़रा फ़ारिग होना चाहता हूँ।

[नक़ाबपोश के साथ पारसनाथ का प्रस्थान।]

दृश्य : 10

नेपथ्य से : इस समय हम बाँदी को उसके मकान में छत के ऊपरवाली उसी कोठरी में अकेली बैठी हुई देखते हैं जिसमें दो दफ़े पहले भी उसे पारसनाथ और हरनन्दन के साथ देख चुके हैं। हम यह नहीं कह सकते कि उसके बाद पारसनाथ और हरनन्दन बाबू का आना इस मकान में कै दफ़े हुआ। हाँ, वे आए ज़रूर, मगर यहाँ हम उसी ज़िक्र को लिखेंगे जिसमें कोई ख़ास बात होगी।

[स्थान—बाँदी का कोठा। बाँदी बैठी हुई कुछ सोचती-सोचती पान लगा रही है। मुँह में गिलौरी डालती है, लौंडी का प्रवेश।]

लौंडी : पारसनाथ आए हैं। बड़ी बी उन्हें बरामदे में रोक के बातें कर रही हैं।

[बाँदी लौंडी को हाथ से जाने का इशारा कर पानदान सरका देती है। और पतली चादर ओढ़ के लेट जाती है। पारसनाथ का प्रवेश। बैठकर बाँदी की पीठ पर हाथ रखता है।]

बाँदी : कौन है?

पारसनाथ : तुम्हारा एक ताबेदार।

बाँदी : *(उठते हुए)* वाह-वाह, मैं तो तुम्हारा ही इन्तज़ार कर रही थी।

पारसनाथ : पहले ये तो बताओ इतनी सुस्त और उदास क्यूँ हो?

बाँदी : कुछ नहीं, शायद बेवक़्त सो रहने के सबब से।

पारसनाथ : रहने भी दो। बहाना न करो। तुम्हारी अम्मा मुझे सब-कुछ कह चुकी है।

बाँदी : तो फिर मैं और क्या बताऊँ? तुम तो ख़्वामख़ाह ही हुज्जत...।

पारसनाथ : उन्होंने खुलासा बात नहीं कही। मैं तुम्हारी जुबान से पूरी बात सुनना चाहता हूँ।

बाँदी : *(व्यंग्य से हँसकर)* जी हाँ, क्या बात है आपकी चालाकी की! दुनिया में आप ही तो समझदार और सच्चे रह गए हैं!

पारसनाथ : *(चौंककर)* यह सच्चे होने का ताना किसलिए? क्या मैं झूठा हूँ? तुम्हें धोखे में डालना चाहता हूँ?

बाँदी : नहीं हो तो फिर इतना चमके क्यों? तुम्हें सच्चा कहा तो क्या बुरा किया? अगर मुझे ऐसा ही मालूम होता तो दावे के साथ तुम्हें झूठा कहती। ख़ैर, ये सब जाने दो। पहले ये बताओ कि कल तुम कहाँ रह गए? यहाँ हरनन्दन बाबू को अपने चाचा को लाकर दिखाने का वादा करके न गए थे? तुम्हारे भरोसे आधी रात तक जाने किन-किन तरकीबों से मैं उन्हें यहाँ रोके रही। आख़िर वही टाँय-टाँय फिस। हरनन्दन बाबू को तुम्हारे चाचा का कोई डर नहीं, और वे भारी बेवकूफ़ होंगे जो उन्हें देखने को यहाँ आएँगे।

पारसनाथ : *(तरद्दुद की सूरत बनाकर)* बात तो कुछ ऐसी ही मालूम पड़ती है, मगर इतना मैं फिर भी कहूँगा कि कल के पहले इस क़िस्म की बात न थी—पर मैं बिना इसका सबब पता किए छोड़नेवाला नहीं।

बाँदी : *(मुसकराकर)* अजी जाओ भी। बसन्त की ख़बर तो हुई नहीं, कहते हैं कि कल से रंग कुछ बुरे नज़र आते हैं!

पारसनाथ : तुम तो ताना मारती हो, पर कल से हवा कुछ बिगड़ी हुई ज़रूर है, तुम्हारे सर की कसम!

बाँदी : बस, लाजवाब हुए तो मेरे सर की कसम खाने लगे। इनके हिसाब से मेरा सर यों मुफ़्त का आया है। ख़ैर कहिए, कल आपने क्या ऐसा देखा जो बोलते हैं?

पारसनाथ : क्या कहूँ, तुम तो दिल को दुखा देती हो। हाय, क्या ज़माना आ गया है, जिसके लिए हम मरें वही इस क़दर चुटकियाँ ले!

बाँदी : जी हाँ, मरते तो सैकड़ों को सुनती हूँ, मुर्दा निकलता किसी का न देखा। *(खिलखिलाकर हँसती है)* ज़रा-ज़रा-सी दिल्लगी में रो देने को ये ढंग अच्छा सीखा है। ये भी नहीं समझते कि कौन-सी बात ठीक कहती है, कौन दिल्लगी के तौर पर। अच्छा बताओ तो सही कल क्यों नहीं आए? मुझे कितना तो रंज हुआ।

पारसनाथ : *(गले में हाथ डालकर)* बेशक, हुआ होगा। मुझे क्या इसका ख़याल न था? मगर वहाँ एक शख़्स ने आ के चाचाजी का मिज़ाज बदल दिया और अब वो दूसरे ही ढंग की बातें कर रहे हैं।

बाँदी : *(हाथ हटाकर)* तो कुछ कहो भी तो सही।

पारसनाथ : परसों रात काली चादर ओढ़े एक शख़्स चाचाजी के पास आया। कोई उसे पहचान न सका। सुबह जब मैं चाचाजी के पास पहुँचा और कहा कि यहाँ का बन्दोबस्त हो गया है, तो जानती हो क्या बोले? मुँह बिगाड़कर बोले, हरनन्दन को तवायफ़ के यहाँ देखने से फ़ायदा ही क्या होगा, जब तक इस बात का पूरा सबूत न मिल जाए कि मेरी बेटी को तकलीफ़ पहुँचाने का सबब यही है? लाख समझाया, पर सुनें तब न!

बाँदी : ठीक है, मगर मैं फिर वही कहूँगी कि ये बदलाव अभी का नहीं, कई रोज़ का है। जब हरनन्दन के बाप ने टके-सा सूखा जवाब दे दिया और हरनन्दन खुल्लम-खुल्ला इन गलियों में आने-जाने लगे, तो वे उसका कर ही क्या सकते हैं? वे ठहरे सूम। ऐसी हालत में वे पैसा-धेला भला क्योंकर ख़र्च करेंगे? जब तो जितनी जल्द हो, सरला की शादी दूसरी के साथ हो जानी चाहिए। हाँ, मैंने आज ये भी सुना कि तुम्हारे चचाजान दूसरा वसीयतनामा तैयार कर रहे हैं।

पारसनाथ : *(चौंककर)* तुमसे किसने कहा?

बाँदी : एक मुसाहब एक ज़मींदार साहब के बेटे की शादी में मुजरे का बयाना देने आया था, उसी ने कहा। मैं तो नाम भूल गई, ये अम्मा को याद होगा।

पारसनाथ : अगर ऐसा हुआ तो बड़ी मुश्किल होगी।

बाँदी : बेशक।

पारसनाथ : भला यह भी मालूम हुआ कि दूसरे वसीयतनामे में उन्होंने क्या लिखा है?

बाँदी : तुम भी अजीब अहमक हो। भला ये मैं उससे पूछ भी सकती थी क्या?

पारसनाथ : ठीक है। *(सोचकर)* यही बात है तो फिर चचा को ही रास्ते से जल्द हटाना होगा।

बाँदी : सो तुम जानो, मगर मैं पूछती हूँ कि अब तक तुमने सरला की शादी का इन्तज़ार क्यों न किया? वो हो जाती तो ये बखेड़ा भी मिट जाता।

पारसनाथ : सो तो है, पर जब तक सरला दिल से शादी को राज़ी न हो, हमारा मतलब नहीं निकलेगा। तुम उसे नहीं जानतीं, वो बड़ी ज़बरदस्त लड़की है। वो हल्ला कर देगी कि मेरी ज़बरदस्ती शादी कराई गई। उधर उसे छुपाए रखे तो नाउम्मीद होकर हो सकता है कि मेरे सूम चाचा कुल जायदाद ख़ैरात कर दें या कोई दूसरा वसीयतनामा ही लिख दें। एक चाल तो यूँ भी हम लोगों की नाकामयाब रह गई।

बाँदी : सो क्या?

पारसनाथ : यही कि चचा हरनन्दन से ख़फ़ा हो के कह देते कि सरला को ढूँढ़कर उसकी दूसरी जगह शादी कर दी जाए। बस उसी समय मुझे ख़ैरख़्वाह बनने का मौक़ा भी मिल जाता। मगर सरला को प्रकट करके कह देता कि इसे डाकुओं से छुड़ा लाया हूँ, अब शादी दूसरे से हो जाती तो वसीयतनामा बदलने के पहले चचा को ही रास्ते से हटा देता। पर नसीब को क्या कहा जाए!

बाँदी : सो तो है।

पारसनाथ : हरिहरसिंह भी यही कहते हैं कि सिर्फ़ चचा के मरने से हमें फ़ायदा न होगा, फ़ायदा तो जभी होगा कि वह मरे भी और सरला अपनी ख़ुशी से दूसरी शादी कर ले। पर वो छोकरी माने तब न!

बाँदी : *(ताज्जुब से)* हाँ। तुम सरला के पास गए थे क्या? क़ैदख़ाने की कोठरी में?

पारसनाथ : और नहीं तो क्या भाड़ झोंक रहा था इतनी देर?

बाँदी : *(सोचकर)* अच्छा, अगर मैं सरला को दूसरी शादी को राज़ी कर दूँ तो?

पारसनाथ : *(लाड़ जताते हुए)* तुम मुझसे क्या पूछती हो! ये सब तुम्हीं को तो मिलना है अन्त में। हमारा क्या? जो तुम हाथ से उठा के दे दोगी, उसी में ख़ुश रहेंगे।

बाँदी : ठीक है। मुझे तो रुपे-पैसे का लालच एकदम नहीं है, मैं तो बस मोहब्बत की भूखी हूँ। मगर अम्मा का क्या करूँ—आज बात ही बात में तुम्हारा ज़िक्र आ गया था तो बोली, मेरा दिल ख़ुश किया जाए तो मैं दो-तीन ही दिन में सरला को राज़ी कर दूँ। जो किसी के किए न हो सके वो हम लोग कर सकती हैं। उन्हीं की बात याद आ गई तो मैं उनका ख़याल कर इनाम की बात उठा बैठी, वरना मैं भला क्यों तुमसे कुछ भी माँगने लगी? तुम अम्मा की बातों पे मत जाओ, वो तो पागल हैं।

पारसनाथ : नहीं-नहीं, तुम्हें ऐसा न कहना चाहिए, आख़िर अम्मा को जो मिलेगा, तुम्हारा ही तो होगा। मेरे दिल का हाल तो तुम जानती ही हो कि तुम्हारे मुक़ाबले मैं किसी भी चीज़ की हक़ीक़त नहीं समझता। ख़ैर, पहले ये बताओ कि वो चाहती क्या थी?

बाँदी : अजी छोड़ो भी। उनकी बातों में कहाँ तक पड़ोगे? वे तो कहेंगी कि अपना घर उठा के दे दो, तो क्या कोई घर उठा के दे देगा?

पारसनाथ : और कोई दे-न दे, मगर मैं तो सब तुम पे पहले ही न्यौछावर किए बैठा हूँ, तुम कहो भी तो सही। मतलब तो अपना काम सधाने से है।

बाँदी : *(नख़रे से)* हाय! मैं क्या कहूँ? मुझसे तो कहा नहीं जाता।

पारसनाथ : फिर वही नादानी की बात। मेरे सर की कसम!

बाँदी : कहती थीं कि अभी बतौर बयाने के वो सब गहने मुझे दे दो जो सरला के बदन से तुम्हारे लोगों ने उतारे हैं। और काम हो जाए तो दस हज़ार नक़द लूँगी। मगर वो कहती है कि इस दस हज़ार की बाबत एक पुरज़ा आप पहले ही लिख के दे दें—बतौर वादे के।

पारसनाथ : इसमें हर्ज ही क्या है? पुरज़ा तो मैं अभी लिख दूँ, पै एक कठिनाई है।

बाँदी : सो क्या?

पारसनाथ : सरला के आधे गहने हम बेच चुके हैं।

बाँदी : तो हर्ज क्या है? जो आधे बचे हैं वही दे दो, मैं कह-सुनकर राज़ी कर लूँगी। ऐसी ही ज़िद्द करेंगी तो मैं भी ऐंठ जाऊँगी। वाह! मेरे मीत से वो कैसे मनमानी कर लेंगी भला? तो बुलाऊँ उन्हें?

पारसनाथ : हाँ-हाँ, पुरज़ा तो मैं अभी लिख देता हूँ। बचे गहने, सो उन्हें लेकर कल हाज़िर हो जाऊँगा। मगर तुम उन्हें ख़राब बातें न कहा करो। वो घर की बड़ी हैं। घर के बुज़ुर्गवारों की हमें इज़्ज़त करनी चाहिए। यही ख़ानदानी तरीक़ा है।

बाँदी : ऊँह! जो दिन-रात हमारा दिल जलाएँ, वो कहाँ के बुज़ुर्गवार? यही ख़ानदानी तरीक़ा है?

[प्रस्थान। पारसनाथ उत्तेजना व .ख़ुशी से टहलता है। पानदान में झाँककर गिलौरी खाता है। अम्मा के साथ बाँदी का प्रवेश। अम्मा के हाथ में क़लम-दवात है।]

पारसनाथ : बाँदी की अम्माजान रसूलबाँदी से मैं इक़रार करता हूँ कि उसकी कोशिश से मेरी बहन सरला अगर मेरी इच्छानुसार हरनन्दन के अलावे किसी और से .ख़ुशी-.ख़ुशी शादी कर लेगी तो मैं रसूलबाँदी को दस हज़ार रुपए नकद दूँगा। बस। ये लो दस्तख़त भी बनाए देता हूँ।

[असीसें देती बूढ़ी का प्रस्थान। लौंडी का प्रवेश।]

लौंडी : हरनन्दन बाबू आए हैं।

पारसनाथ : लो, तुम्हारे हरनन्दन बाबू आ गए, अब मुझे बिदा करो।

बाँदी : मेरे काहे को होंगे? तुम्हारे काम का ख़याल कर उन्हें आने देती हूँ, वरना मुझे गरज़ क्या?

पारसनाथ : उनकी गरज़ न सही, रुपए की तो है!

बाँदी : जी नहीं, मैं तो बस मुहब्बत की भूखी हूँ। कसम ले लो जो तुम्हारे सिवा किसी को ध्यान में लाऊँ! वो तो अपना काम साधने को उसे फँसाया है।

पारसनाथ : तो हरनन्दन से भला हमारा काम क्या हो सकेगा?

बाँदी : वाह-वा! इसी अक़्ल पर सरला की शादी दूसरे से कराने चले थे?

पारसनाथ : तो क्या?

बाँदी : अजी, हमारी चाल ये होगी कि हरनन्दन से किसी तरह एक ऐसा पुरज़ा लिखवाया जाए जिसमें कहा गया हो कि घर से भगाई औरत में उसे कोई दिलचस्पी नहीं। उसे पढ़कर सरला के दिल में रंज और बदले की बात आवेगी—और बदला उतारने को वो दूसरे से ब्याह रचाने की हामी भर देगी। चाहे वैसे न कभी करे।

पारसनाथ : ठीक है। मैं समझ गया। बहुत अच्छे। सरला हरनन्दन की लिखाई को पहचानती भी है। *(उठता हुआ)* अच्छा मुझे कोई पिछवाड़े का रास्ता बताओ तो—मैं नहीं चाहता कि वो कम्बख़्त मुझे देखे।

बाँदी : बस, तुम सीढ़ी के बगल के संडास में छिप जाओ। वो ऊपर आ जाए, तुम नीचे चले जाना—बाहर ही बाहर निकल जाओगे।

[दोनों का प्रस्थान। थोड़ी देर में बाँदी का हरनन्दन के साथ प्रवेश। उन्हें बिठाकर पंखा झलती है—हरनन्दन ख़ुद झलना चाहते हैं, हाँ-नहीं के नख़रे इत्यादि।]

हरनन्दन : मालूम होता है, पारसनाथ आया था!

बाँदी : *(मुसकराकर)* जी हाँ।

हरनन्दन : है या गया?

बाँदी : *(मुसकराकर)* गया ही होगा।

हरनन्दन : क्या मतलब? तुम्हें पक्का नहीं मालूम?

बाँदी : बात ये है कि आपका सामना करना उन्हें मंजूर न था सो छुपने की मुझे एक ही जगह सूझी, सीढ़ियोंवाला संडास। उसमें अजूमत बड़ी-किलबिल मची रहती है, सो उसे धो-धा चुके होंगे तो आपको कोसते हुए निकल चुके होंगे। ख़ानदानी आदमी हैं न, बेढंगे सड़क पर कैसे निकल पड़ें?

हरनन्दन : ख़ानदानी तवायफ़ों की ही तरह ख़ानदानी लोगों की ख़ातिर करती हो तुम सब, क्यों?

बाँदी : *(मुसकराकर)* जैसा चेहरा, वैसी थपेड़। न मैं उसे चाहती हूँ, न वो मुझे। एक तो दिवालिया, तिस पे फरेबी। वो तो अम्मा की ज़ेरबार हूँ सो मुसकरा के दुआ-सलाम कर लेती हूँ। फिर तुम्हारे काम का ख़याल भी है—जभी तो मुंडी-कटे को बार-बार आने देती हूँ, वरना मैं तो उसके नाम पे थूकूँ नहीं।

हरनन्दन : *(प्यार से बाँदी को पास खींचते हुए)* मारो गोली कम्बख़्त को। कब से बैठा था?

बाँदी : कोई दो घंटे से मगज़ चाट रहा था।

हरनन्दन : मेरा ज़िक्र तो आया होगा?

बाँदी : भला ये भी पूछने की बात है?

हरनन्दन : क्या-क्या कहता था?

बाँदी : वही सरलावाली बातें। लाख दफ़े मैंने कही कि हरनन्दन बाबू अब सरला से ब्याह न करेंगे, पर वो यक़ीन ही नहीं करता। यूँ एक सबब भी है इसका...।

हरनन्दन : सो क्या?

बाँदी : तुमने चाहे सरला को भुला दिया हो, पर वो अभागी तुम्हें न भूली।

हरनन्दन : तुम्हें कैसे पता?

बाँदी : पारसनाथ नक़ली क़ैदी बन के क़ैदख़ाने की कोठरी में उससे मिले थे—वो आपको छोड़ दूसरे की ब्याहता होने को

तैयार ही नहीं। कहती है, वो बस आपकी हो चुकी, अब दोबारा फेरे न फिरेगी।

हरनन्दन : किसने कहा?

बाँदी : पारसनाथ ने ख़ुद कहा। और कौन कहेगा?

हरनन्दन : *(सोचकर)* अगर ऐसा है तो मुझे कुछ ऐसी तरक़ीब करनी चाहिए कि सरला के दिल से मेरा ख़याल जाता रहे।

बाँदी : देखो, इससे बढ़के कोई तरक़ीब न होगी कि उसे क़ैद से छुड़ा के तुम उससे ब्याह कर लो। मैं इस काम में तुम्हारी पूरी मदद करूँगी। ख़ुदा कसम, मुझे तनिक भी रंज न होगा।

हरनन्दन : सो कैसे?

बाँदी : क्योंकि मेरा दिल घड़ी-घड़ी कहता है कि जब सरला जानेगी कि उसका उद्धार और आपसे ब्याह मेरी बदौलत हुआ है, तो वो मुझे भी प्यार की निगाह से देखेगी, और इसके सबब से वो ख़ुशी-ख़ुशी बाद में भी आपकी बगल में मुझे बरदाश्त करेगी। ऐसी हालत में हम दोनों की बड़ी हँसी-ख़ुशी से बीतेगी। हम बहनों की तरह रहेंगी, तुम्हारी चेरियाँ बन के।

हरनन्दन : *(पीठ ठोककर)* शाबाश! आख़िर हो न ख़ानदानी तवायफ़। तुम्हारे ये ऊँचे ख़यालात तुम्हारी शराफ़त का नमूना हैं। मगर बाँदी, अब तो तुम पर इस तरह मिट चुका हूँ कि तुम्हारे अलावे उसे या किसी दूसरी को दिल में लाने का ख़याल ही ओछा लगता है।

बाँदी : पर इसमें हर्ज क्या है?

हरनन्दन : मैंने कहा न, मैं बात बढ़ाना नहीं चाहता—उसी का दिल फिराने की सोचो।

बाँदी : ख़ैर, तुम्हारी ख़ुशी पर ये तो तभी होगा जब वो तुम्हारी ओर से क़तई नाउम्मीद हो जाए, औ कहीं और शादी कर ले।

हरनन्दन : मैं तो यही चाहता हूँ। हाँ, इतना ज़रूर चाहूँगा कि वो किसी नेक आदमी के पल्ले पड़े।

बाँदी : ये काम तो बस इमामीजान कर सकती है।

हरनन्दन : इमामीजान? सो कौन है?

बाँदी : है एक कुटनी। अम्मा के पास अकसर आती-जाती है।

हरनन्दन : ठीक है, तो इस काम में उसी को तैनात करो। *(रुककर)* पर तुमने ये सोचा है कि वो सरला तक कैसे जाएगी?

बाँदी : इसका इन्तज़ाम मैं कर लूँगी। मैं पारसनाथ को कई तरह समझाकर कहूँगी कि अगर सरला तुम्हारा कहा नहीं मानती तो मेरी पहचान की इस कुटनी का सहारा लो, औ उसे बात की बात में राज़ी...।

हरनन्दन : बस-बस-बस—बढ़िया, बल्कि बहुत ही बढ़िया रहेगी ये तरकीब—औ पारसनाथ ज़रूर ही इसे मान लेगा।

बाँदी : पर उस औरत को हमें यह भी तो बताना होगा कि सरला को किसके साथ शादी करने को राज़ी करे...?

हरनन्दन : मैं सोचकर बताऊँगा—क्योंकि चाहे मैं ख़ुद उससे शादी न करूँ, पर मैं यही चाहूँगा कि सरला की शादी उसी शख़्स से हो जिसे मैं पसन्द करूँ।

बाँदी : हाँ, ये तो ज़रूर होना चाहिए, पर साथ ही ये भी बन्दोबस्त करना ज़रूरी है कि सरला का ध्यान तुम पै से हट जाए—उसे तुम्हारी ओर से कोई उम्मीद बाक़ी न रहे।

हरनन्दन : यह तो कोई मुश्किल नहीं है, मैं एक चिट्ठी ऐसी लिख दूँगा जिसे देखते ही उसका दिल मेरी तरफ़ से खट्टा हो जाएगा। और उसमें...।

बाँदी : बस-बस-बस, मैं आपका मतलब समझ गई। *(कुछ सोचकर)* मगर कम्बख़्त इमामी को लालच ज़्यादा है।

हरनन्दन : कोई चिन्ता नहीं, जो कुछ कहोगी उसे दे दिया जाएगा। और बस मेरा ये काम-भर कर दो तो मैं तुम्हारे हाथों बिक जाऊँ।

बाँदी : *(मुहब्बत से हाथ पकड़कर)* जहाँ तक होगा मैं कोशिश करूँगी। तुम्हारे हज़ारों रुपया का मुझे लालच नहीं, तुम मुझे चाहते हो इतना ही मेरे लिए बहुत है।

[हरनन्दन मुसकराता है।]

दृश्य : 11

नेपथ्य से : अब हम थोड़ा-सा हाल लालसिंह के घर का बयान करते हैं, लालसिंह को घर से ग़ायब हुए आज तीन या चार दिन हो चुके हैं। न तो ये किसी से कुछ कहकर गए, न बताकर ही गए हैं कि कहाँ गए हैं और कब आएँगे। सबके सब तरद्दुद और परेशानी में पड़े हैं तथा ताज्जुब के साथ एक-दूसरे का मुँह देखते हैं।

[दृश्य लालसिंह के घर का है। उदासी छाई है। लालसिंह घर से तीन-चार रोज़ से लापता है। घूँघट किए ठाकुर लालसिंह की पत्नी बैठी है—पारसनाथ से बातचीत कर रही है।]

ठकुराइन : न किसी से कुछ कह के गए, ना ही सफ़र का सामान ले गए जिससे हम समझते कि कहीं सफ़र पर काम से गए हैं।

पारसनाथ : बिलकुल! न तो पहरेवाला कुछ जानता है, न ही ख़िदमतगार—बस पागलों की तरह मैं ही चाचा की खोज में जुटा हूँ।

ठकुराइन : *(नरमी से)* बेटा, तुम्हारे जैसा लायक़ भतीजा आज नहीं तो कब काम आएगा?

[अकस्मात परदेसी का प्रवेश। ठकुराइन घूँघट नीचा कर लेती है। परदेसी पारसनाथ के हाथ में चिट्ठी देकर अलग खड़ा हो जाता है।]

पारसनाथ : ये क्या है? अयँ—चाचा की लिखावट? सुनती हैं, चाचीजी—चाचाजी का ख़त आया है।

[ठकुराइन इशारे से पढ़ने का निवेदन करती है।]

पारसनाथ : *(पढ़ता है)* चिरंजीव पारसनाथ योग्य लिखी लालसिंह की असीस। अपनी राज़ी-ख़ुशी का हाल लिखना तो व्यर्थ ही है। हाँ, ईश्वर से तुम्हारा कुशल-क्षेम मनाते हैं। मेरे यकायक ग़ायब होने से सब ताज्जुब औ तरद्दुद में पड़े होंगे, औ सबको रंज भी हुआ होगा। मगर मैं क्या करूँ? अपनी दिली उलझनों से लाचार हो मुझे ऐसा करना पड़ा। सरला के ग़ायब होने और हरनन्दन की ऐयाशी ने मेरे दिल पर गहरी चोट पहुँचाई। अब मैं गृहस्थ-आश्रम छोड़कर संन्यासी हो गया हूँ। अपनी गृहस्थी या मिल्कियत से मुझे अब कोई वास्ता न रहा। जो कुछ वसीयतनामा मैं लिख चुका हूँ, आशा है, तुम ईमानदारी से उसी के मुताबिक कार्रवाही करोगे और अपनी चाची को धीरज व दिलासा देकर रोने-कलपने से बाज़...।

ठकुराइन : *(ज़ोर से रोकर)* अरे, ख़ुद चल दिए तो मुझे यहाँ किसके भरोसे छोड़ गए? हाय मैं तो लुट...!

[पारसनाथ ढाँढस देता है। पत्र आगे पढ़ने की बेचैनी उसके चेहरे पर है।]

पारसनाथ : चाचीजी, हौसला रखिए। हौसला बड़ी चीज़ है। देखिए आगे चाचाजी क्या कहते हैं—
हाँ, तो आज मैं यह स्थान भी छोड़कर गुरुजी के साथ बदरिकाश्रम की ओर जाता हूँ, औ उधर ही जंगल में तपस्या कर चोला त्याग दूँगा। अब हमारे लौटने की रत्ती-भर भी आशा न रखना और जिस तरह मुनासिब समझना, घर का इन्तज़ाम करना—तुम्हारा चाचा, ठाकुर लालसिंह।

[पारसनाथ कुरते के छोर से आँसू पोंछता है।]

पारसनाथ : *(मुसाफ़िर से)* क्यों भाई, तुम्हारा क्या नाम है?

मुसाफ़िर : लोकनाथ।

पारसनाथ : मकान कहाँ है?

मुसाफ़िर : काशीजी।

पारसनाथ : हमारे चाचा साहब ने तुम्हारे ही सामने संन्यास लिया था?

लोकनाथ : जी हाँ। उस समय जो कुछ उनके पास था, दो सौ रुपे मुझे देकर बाक़ी सब दान कर दिया और ये चिट्ठी जो उन्होंने पहले से ही लिख रखी थी, देके कहा कि ये हमारे भतीजे पारसनाथ को पहुँचा देना और जो दो सौ रुपे हमने तुम्हें दिए हैं, इस काम की मजूरी मानना। दूसरे दिन वे दंड-कमंडल लिये हरिद्वार को रवाना हुए, मैं इस तरफ़।

पारसनाथ : अफ़सोस! ना मालूम चाचा साहब को क्या सूझी! उनका पता मालूम होता तो मैं अभी जाके लिवा लाऊँ। अगर संन्यास ले लिया तो क्या, अलग बैठे रहेंगे और हम लोगों को आज्ञा दिया करेंगे—उनके सामने रहने से ही हम लोगों को आसरा बना देगा।

चाची : हाय पारसनाथ, तुमने मेरे जी की कह ही दी एकदम। भतीजा हो तो ऐसा।

लोकनाथ : *(किंचित रुखाई से)* एक तो आप जैसा जानते हैं उनका पता लगना ही कठिन है। दूसरे, वे ऐसे संतमेंत के बच्चे संन्यासी नहीं हुए हैं कि किसी के समझाने-बुझाने से घर लौट आवें। अब आप लोग उनका ख़याल छोड़ दें और घर-गृहस्थी के धन्धे में लगें।

पारसनाथ : तो क्या हम लोग बिलकुल निराश हो जाएँ?

लोकनाथ : निस्सन्देह। *(ठकुराइन रोती है)* अच्छा, अब आप मुझे बिदा करें तो मैं घर जाऊँ।

[ठकुराइन पारस को इशारा करती है।]

पारसनाथ : *(ठकुराइन से)* बेशक। *(लोकनाथ से)* नहीं, नहीं, अभी कुछ देर विश्राम करें, कुछ फल-फूल...।

लोकनाथ : *(रुखाई से)* किसी के रोकने से मैं न तो यहाँ रुक सकता हूँ और न ही भोजन के तौर पर कुछ ले सकता हूँ, क्योंकि ऐसा करने के लिए लालसिंह ने मुझे कसम दिला दी है। आप मुझे जल्द छुट्टी दीजिए, ताकि मैं जितनी जल्द हो सके इस इलाके के बाहर जाकर अपने खाने-पीने का

बन्दोबस्त करूँ। *(और ग़ौर से पारसनाथ को देखकर)* कोई कुछ कहे, मैं कसम को टालकर धर्म न बिगाड़ूँगा।

पारसनाथ : *(हताशा से)* तो चाचीजी, क्या आज्ञा है?

ठकुराइन : *(लोकनाथ से)* मुझे तुम्हारी बातों पर विश्वास है भैया, और यह चिट्ठी भी उन्हीं के हाथ की लिखी हुई मौजूद है, फिर तुमसे मैं क्या कहूँ! पारसनाथ बेटा, इन्हें विदा करके मेरे पास भीतर आओ।

[थके क़दमों से प्रस्थान। पारसनाथ का लोकनाथ को विदा करना—फिर जेब से एक पत्र निकालता है।]

पारसनाथ : अरे कोई है?

[भृत्य का प्रवेश]

पारसनाथ : लो, ये चिट्ठी अभी हरहर बाबू को दे आओ, समझे? क्या?

भृत्य : हरहर बाबू...।

पारसनाथ : हाँ! ठीक है। जाओ।

[भृत्य का एक ओर से प्रस्थान। पारसनाथ का दूसरी ओर से।]

दृश्य : 12

नेपथ्य से : आज हम फिर हरनन्दन और उसके दोस्त रामसिंह को एक साथ हाथ में हाथ दिए उसी बाग के अन्दर सैर करते हुए देखते हैं। यों तो उनमें बहुत देर से बातें हो रही हैं, मगर हमें इस समय की थोड़ी-सी बातों को लिखना ज़रूरी जान पड़ता है।

[स्थान—ठाकुर, कल्याणसिंह की हवेली। हरनन्दनसिंह व रामसिंह टहल रहे हैं।]

रामसिंह : ईश्वर न करे, कोई कम्बख़्त इन तवायफ़ों के चक्कर में पड़े। इस रास्ते बड़े-बड़े चलनेवालों को मुँह के बल गिरते देख चुका हूँ।

हरनन्दन : ठीक है। मैं भी यही सोचता हूँ, मगर तुम मेरे बारे में इस क़िस्म की बदगुमानियों को दिल में जगह न दो। मेरे जैसा कोई पढ़ा-लिखा आदमी इनके हथकंडे में पड़कर बरबाद नहीं हो सकता—चाहे ख़ुशदिली के सबब से इन लोगों की सोहबत का शौकीन हो तो हो।

रामसिंह : कभी नहीं, मेरा दिल इस बात को मान ही नहीं सकता। हो सकता है, तुम बच निकलो, क्योंकि तुम्हारी सोहबत चन्द ही दिनों की है, तिस पे डंडे की तरह मैं हरदम तुम्हारे सर पर मुस्तैद रहता हूँ। मगर दोस्त, जो कोई भी इनकी सोहबत में दिल ख़ुश करने को गया बेदाग़ न बचा, चाहे कितना ही चालाकी का दम क्यों न भरता हो! क्या तुम्हें याद नहीं है कि पहले-पहल जब तुम अपने दोस्त नारायण के ज़िद करने पर मोहरजान के मकान पे गए थे तो दरवाज़े से भीतर घुसते हुए तो पैर काँपते थे, पै जब ऊपर जाके घंटे-दो घंटे बैठ

लिए तो वो बात जाती रही और हम सोचने लगे कि भला यहाँ की किस बात को लोग-बाग बुरा कहते हैं?

हरनन्दन : ठीक है। माना कि दुनिया के सारे ऐबों की जड़ यही औरतें हैं, पर बुजुर्गों का ये भी तो कहना है न कि इनकी सोहबत के बिना आदमी चतुर नहीं हो सकता!

(रामसिंह को मुसकराते देखकर) यह बात मैं इस ख़याल से नहीं कहता कि इनकी सोहबत मुझे पसन्द है, बल्कि यों ही मामूली तौर पर कहता हूँ।

रामसिंह : *(मुसकराकर)* काजर की कोठरी में कैसो ही सयानो जाये, काजर की एक रेख लागि है पै लागि है। और कुछ नहीं तो दो दिन में इनकी सोहबत का आप पर इतना असर हो गया कि आपको इनकी सोहबत ज़रूरी महसूस होने लगी!

हरनन्दन : नहीं, नहीं! मेरे कहने का मतलब यह नहीं था। तुम तो ख़ामख़्वाह...।

रामसिंह : अच्छा, अच्छा, दूसरा मतलब ही सही, मगर ये तो बताओ कि क्या हम ज़िमींदार लोग कम धूर्त, चालाक और फ़रेबी होते हैं?

हरनन्दन : *(हँसकर)* बहुत खासे साहब! अपने को और मुझे ही देखिए।

रामसिंह : ख़ैर, इन पचड़ों को जाने दो। हाँ, ये बताओ कि अब तुम बाँदी के यहाँ कब जाओगे?

हरनन्दन : आज नहीं तो, कल तो ज़रूर ही जाऊँगा। बस अब दिन और समय-भर ठीक करना रह गया, ये काम तुम्हारा है।

रामसिंह : अगर बाँदी से सरला का पता लग गया होता तो सारा काम सहज ही हो जाता...।

हरनन्दन : अजी, मैंने तो यही कोशिश की, मगर कम्बख़्त ने बताया नहीं और कहने लगी—मुझे मालूम ही नहीं। फिर मैंने भी और ज़्यादा ज़ोर न दिया—क्या पता उसे शक पड़ जाए!

रामसिंह : हूँ! चलो बाक़ी भी तै कर ही आएँ। *(पुकारकर)* कोचवान! अरे माली! हमारे कोचवान से गाड़ी लाने को कहो।

[प्रस्थान।]

दृश्य : 13

[स्थान—एक कोठरी। वहाँ पारसनाथ के कई दोस्त व हरिहर चिलम में गाँजा पी रहे हैं। कुंडी खड़कती है।]

हरिहर : अबे कौन है?

एक आवाज़ : पारसनाथ है—गूलर का फूल।

[हरिहर इशारा करता है। दरवाज़ा खोला जाता है। पारसनाथ का प्रवेश। सब खड़े होकर बड़ी ख़ातिर से उसे बिठाते हैं। बातचीत।]

हरिहर : कहो दोस्त, क्या रंग-ढंग है?

पारसनाथ : बहुत अच्छा है। आनन्द ही आनन्द दीखता है। और हाँ, अपने मामले का वो पुराना कोढ़ भी निकल गया। अब निश्चिन्त होकर हम लोग अपना काम कर सकते हैं।

हरिहर : *(चौंककर)* कहो-कहो, जल्दी कहो, क्या हुआ?

दूसरा : हाँ यार, कुछ हम भी तो सुनें कि ऐसी क्या ख़ुशख़बरी है जो आप लाए हैं?

पारसनाथ : अजी, ऐसी ख़ुशख़बरी लाया हूँ कि आप सब सुनते ही फड़क उठेंगे।

हरिहर : भला, कुछ कहो भी कि यों ही जी ललचाया करोगे!

पारसनाथ : सच यों है कि दम लगा लेंगे तभी कुछ कहेंगे।

दूसरा : *(तैयार चिलम पारसनाथ की ओर बढ़ाकर)* लीजिए, दम भी तैयार है। मलते-मलते मोम कर डाला है।

पारसनाथ : *(दम लगाकर)* हम लोगों को अपने कम्बख़्त चचा लालसिंह का बड़ा ही डर लगा हुआ था। ये सोचते थे कि कहीं ऐसा

न हो कि दूसरा ही वसीयतनामा लिखकर हमारी सब मेहनत मिट्टी न कर दे। ऐसी हालत में सरला की शादी दूसरे के साथ हो जाने पर भी इच्छानुसार लाभ न होता और इसी सबब से हम लोग उसे मार डालने की सोच रहे थे।

तीसरा : हाँ-हाँ, तो क्या हुआ? क्या बूढ़ा मर गया?

पारसनाथ : मरा तो नहीं, पै मरे के बराबर ही हो गया।

हरिहर : सो कैसे? तुमने तो कहा था कि वह कहीं चला गया।

पारसनाथ : हाँ, ऐसा ही हुआ था। मगर आज एक आदमी उसके हाथ की लिखी एक चिट्ठी दे गया...।

हरिहर : उसमें क्या लिखा था?

पारसनाथ : *(जेब से चिट्ठी निकालकर व हरिहर को दिखाकर)* लो, जो कुछ है पढ़ लो और हमारे इन दोस्तों को भी सुना दो।

हरिहर : *(चिट्ठी पढ़कर)* बस, बस, बस। अब हमारा काम हो गया। जब उसने संन्यास ही ले लिया तब न उसे जायदाद पर ही हक़ रहा, न ही अब वह दूसरा वसीयतनामा लिख सकता है। बस, अब तो सरला की शादी किसी दूसरे से कराने भर-से काम चल जाएगा, और किसी को कोई उज्र न रहेगा। मगर एक बात है...।

पारसनाथ : वह क्या?

हरिहर : वही कि शादी हो जाने के बाद सरला अपने मुँह से किसी बुजुर्ग के आगे कह दे कि ये शादी उसकी राज़ी-ख़ुशी से हुई है।

पारसनाथ : इसका भी मैं बन्दोबस्त कर चुका हूँ।

हरिहर : वह क्या?

पारसनाथ : बाँदी ने इस काम के लिए एक खूसट बुढ़िया को तै कर दिया है, वह ठोक-पीट के सरला को राज़ी कर लेगी।

हरिहर : मगर भाई, मुझे तो यक़ीन नहीं होता कि सरला यूँ पटाई जा सकेगी। उस रोज़ तुम भी तो गए थे न उसे बहलाने!

पारसनाथ : अजी, उसके लिए बाँदी जान की अम्मीजान ने चालाकी की वो काट की है कि सुनोगे तो दंग रह जाओगे।

हरिहर : सो क्या?

पारसनाथ : उसने बाँदी की मारफ़त हरनन्दन से चिट्ठी लिखवा ली है कि मुझे एक ऐसी नौजवान और कुँवारी लड़की को ब्याहना क़तई मंज़ूर नहीं जो घर से कई-कई दिन ग़ायब रही हो। ऐसी शादी हमारे धर्म-शास्त्र के विरुद्ध है। बाँदी बता रही थी कि इसके अलावा और भी बहुत-कुछ ऐसा हरनन्दन ने उस ख़त में लिखा है, जिसे पढ़ के सरला आग हो जाएगी और क़तई उसका मुँह देखना भी गवारा न करेगी।

हरिहर : वाह, अगर ऐसा है तो अब तो काम में कोई अड़चन ही नहीं रही।

पारसनाथ : ठीक है, मगर बाँदी की दो बातें हमें पसन्द न आईं।

हरिहर : सो क्या?

पारसनाथ : एक तो उसने सरला के गहने मुझसे धरा लिए और ऊपर से मुझसे काम हो जाने पर दस हज़ार रुपे नक़द देने का इक़रारनामा भी लिखा लिया है।

हरिहर : ख़ैर, ये तो इतनी बड़ी बात नहीं। जहाँ इतनी बेशुमार दौलत मिलेगी वहाँ दसेक हज़ार ख़र्चा होना कोई ख़ास बात नहीं।

पारसनाथ : यही मैंने भी सोचा।

हरिहर : और दूसरी बात क्या है?

पारसनाथ : हरनन्दन से चिट्ठी लिखवाने की ख़ातिर शायद कुछ रुपया-पैसा उधर से और भी ऐंठना चाहती हो। धरम औ आबरूँ तो इन बाज़ारू औरतों के लिए बने नहीं।

हरिहर : सो तो है पर वो बात क्या है सो तो कहो?

पारसनाथ : हरनन्दन ने कहा कि वे चिट्ठी तभी लिखेंगे जब कि उनके ही किसी दोस्त से सरला की शादी की जावे ताकि वे उसे कभी-कभी देख सकें। औ शायद रुपे का लालच भी दिया तो माँ-बेटी की लार टपक पड़ी।

हरिहर : *(कुछ मुँह बनाकर)* ख़ैर, जो चाहो सो करो, मगर मैं तो समझता हूँ कि तुम कुछ और रुपया देने का इक़रार करते तो शायद ये पचड़ा बीच में न उठता।

पारसनाथ : नहीं, यार! यह काम मेरे अख़्तियार के बाहर था। रुपे से भी यहाँ काम न बनता।

हरिहर : *(साँस लेकर)* ख़ैर, किसी तरह काम हो जाए, यही बड़ी बात है। मेरे साथ सरला की शादी हो या न हो।

पारसनाथ : *(हरिहर का पंजा पकड़कर)* नहीं-नहीं, मेरे दोस्त, तुम्हें इस बात से रंज न होना चाहिए, मैं तुम्हारे फ़ायदे का भी बन्दोबस्त कर चुका हूँ। सरला के साथ शादी होने से जो कुछ तुम्हें फ़ायदा होता सो अब भी होगा।

नेपथ्य से : पाठको, यह बात उसने एकदम झूठ कही।

हरिहर : *(कुछ चिढ़कर)* अच्छा?

पारसनाथ : सो ऐसे कि जिस आदमी के साथ सरला की शादी होगी उसे हम पटा लेंगे और फिर वो तुम्हारा भी हिस्सा वसीयतनामे में कर देगा।

हरिहर : *(आधा ललचाया)* ख़ैर, रुपयों से हमें कुछ नहीं लेना-देना। हम तो यही चाहते हैं कि बस तुम्हारा काम-भर हो जाए।

पारसनाथ : सो भी हो जाएगा और न भी हुआ तो मैं तुमसे इक़रार करता हूँ कि जो भी मुझे मिलेगा उसमें से आधा तुम्हारा होगा।

हरिहर : *(प्रसन्न होकर)* ख़ैर, वो सब जब होगा तब देखी जाएगी—अब यह बताओ कि बुढ़िया वहाँ कब जाएगी—सरला को लेकर?

[दरवाज़े पर खटखटाने की ध्वनि, सुल्तानी का प्रवेश।]

सुल्तानी : लीजिए साहब, मैं आपका काम कर आई। कुछ हरनन्दन की चिट्ठी का असर और कुछ मेरा बहलाने का तरीक़ा। यक़ीन जानिए कि सरला की आँखों से आँसू की झड़ी लग गई और हिचकियाँ रोके न रुकीं। फिर मैंने खूब समझाया। ऊँच-नीच दिखाया तो उसने बख़ुशी कुबूल कर लिया कि न केवल वो हरनन्दन के दोस्त शिवनन्दन से ब्याह कर लेगी, बल्कि अपने हाथों आपको इस मज़मून

की चिट्ठी भी लिख देगी कि उसने अपनी ख़ुशी और रज़ामन्दी से ये शादी की है।

पारसनाथ : वाह वा, जियो! बस अब तुम शादी के फेरे फिरने तक परछाई की तरह सरला के पास बनी रहो और उसे ढाँढस दिलाती रहो ताकि वो वादे से मुकरे नहीं। हम तुम्हारी तबीयत ख़ुश करके बिदा करेंगे।

सुल्तानी : तो मैं चलूँ फिर। समय एक बार फिर बता दीजिए।

पारसनाथ : कल शाम ठीक नौ बजे तुम यहाँ सरला को लेके आओगी, ब्याह का जोड़ा उसे पहना देना, हम अन्य सब प्रबन्ध कर देंगे और पंडित के साथ यहीं इन्तज़ार करेंगे।

सुल्तानी : और नौशा?

पारसनाथ : नौशा—वो भी होगा। बस उसने दो बातों का होना अपने ख़ानदान की रसम होने के सबब से बहुत ज़रूरी बताया है—एक तो ये कि वो चेहरे पे लाल रोली मले हुए आएँगे। और दूसरे, ये कि चेहरे पे भारी बन्ददार सेहरा बाँध के ही वो घर से निकलेंगे। तो कल...।

सुल्तानी : जीं, बहुत ठीक।

[प्रस्थान।]

दृश्य : 14

[स्थान–वही घर। एकाध बन्दनवार बँधी है। पारस, हरिहर, सुल्तानी, सरला तथा पंडित इन्तज़ार कर रहे हैं। कुंडी खड़कती है।]

हरिहर : कौन?

आवाज़ : गूलर का फूल।

[दरवाज़ा खोलने पर शिवनन्दन के साथ पारसनाथ के भाई धरणी का प्रवेश। शिवनन्दन मोटी स्याह चादर उतारते हैं तो नीचे से दूल्हे की पोशाक है।

कार्रवाई शुरू होती है। पारसनाथ वगैरा बात-बात में पंडित को जल्दी करने को उकसाते हैं। पंडित जी पुरानी चाल के आदमी हैं। श्लोकों का हिन्दी में उल्था करने व ओं-ओं करने आदि में ढिलाते रहते हैं। अन्ततः शादी हो जाती है। उचक-उचककर पारसनाथ क़लमदान लाता है और सरला के आगे रखता है।]

पारसनाथ : अब वादे के मुताबिक़ तू लिख दे कि मैंने अपनी रज़ामन्दी से शिवनन्दन बाबू से ब्याह कर लिया है। इसमें न तो किसी का दोष है, न ही किसी ने मुझ पर कोई दबाव डाला है। *(सरला लिखकर दे देती है)*

: *(पढ़ते हुए)* अयँ? यह क्या लिखा है? *(पढ़ता है)* "मुझे अपने पिता की आज्ञानुसार हरनन्दन के अलावा किसी और के साथ शादी करना स्वीकार न था। यद्यपि मेरे

भाइयों ने इसके विपरीत काम कराने को हर तरह के दुख मुझे दिए, पर मेरी बात रह गई और हरनन्दन बाबू से मेरी शादी हुई?" मैं पूछता...?

[दरवाज़े पर अचानक खटखटाहट।]

धरणी : *(क्रोध से)* कौन?

बाहर से आवाज़ : गूलर का फूल।

[दरवाज़ा खुलते ही मशाल लिये ठाकुर लालसिंह व कल्याणसिंह आदि का आदमियों के साथ प्रवेश। ठाकुर लालसिंह संन्यासी का बाना पहने हैं।]

सुल्तानी : *(लालसिंह से)* आदाब है। सरकार! ये रहे आपके प्यारे भाई-भतीजे। ऐसा ख़ानदान आप लोगों को मुबारक हो। मेरा हिसाब आप कर दें तो मैं चली—बाँदी बेचारी राह तकती होगी।

लालसिंह : *(चौंककर)* क्या? हाँ-हाँ, लो। *(एक थैली उसे देते हैं।)*

सुल्तानी : *(आदाब कर)* शुक्रिया। *(सरला से)* नौशा मुबारक हो बेटी, अब ज़रा इन्हें आँचल की गाँठ से बाँध के रखियो, कहीं किसी दूसरी का उद्धार करने को फिर कोठे की राह न पकड़ लें।

[हँसती-हँसती चली जाती है। शेष लोग मशालों की रोशनी में पुतले-से खड़े हैं।

फ़ोटोग्राफ़र का प्रवेश। काला कपड़ा हाथ पर टाँगे। वह पूरे माहौल के तनाव से अनभिज्ञ है और अन्त तक अनभिज्ञ रहेगा।]

फ़ोटोग्राफ़र : ज़रा देरी हो गई, माफ़ी चाहता हूँ। मुबारक हो, ठाकुर साहब! क्या ख़ूब जगह छाँटी आपने शादी के लिए, मैं तो तरद्दुद में था कि यहाँ क्यों ब्याह हो रहा है! पर जगह बेशक फ़ोटो लायक़ है।

लालसिंह : क्या? हाँ, हाँ।

फ़ोटोग्राफ़र : तो शुरू करें?

[लालसिंह सूरज की ओर देखते हैं। फ़ोटोग्राफ़र अपना चेहरा एवं शरीर काले कपड़े से ढँककर सबको निर्देश देता जाता है।]

फ़ोटोग्राफ़र : हाँ भाई लोग, ज़रा नौशा दुल्हन के क़रीब आ जाएँ। अरे, पास आइए न। अब तो आप सबे बिरादर हो गए। बहन, आज ही घर है, फिर तो पराई हो जाएगी। हाँ-हाँ, प्यार से हाथ में हाथ थामिए, शरमाइए नहीं। हाँ ठाकुर साहब, ज़रा तिरछे—आप ज़रा ऐसे, नहीं-नहीं वैसे, हाँ, बस अब बिलकुल ठीक है—इस्माइल प्लीज़।

[सब फ्रीज होते हैं।]

नेपथ्य से : भला यह सुल्तानी कौन थी? सरला ने क्योंकर उसका यक़ीन किया? हरनन्दन कब और कैसे दुल्हा बनकर शिवनन्दन की जगह आ गया? ये सब बातें उपन्यास में गुप्त थीं, पर ध्यान देकर पढ़नेवालों को इनका राज़ अवश्य झलक गया होगा तथापि जिन्होंने न समझा हो उन्हें हम बता दें कि सुल्तानी को दरअसल हरनन्दन के दोस्त रामसिंह ने मुक़र्रर किया था। जभी सरला ने उसकी बात स्वीकार कर ली और जो कुछ उसने मन्त्र पढ़ाया उसी के अनुसार काम किया। इसी तरह शिवनन्दन यानी दूसरा दूल्हा भी रामसिंह का ही आदमी और उसकी इच्छा के अधीन था। वहाँ आने से पहले यह चुपचाप अलग हो गया था और दूल्हा का रोल ठाकुर हरनन्दन ने पूरा किया। सेहरे वग़ैरा के सबब से किसी को पता न चल पाया कि दूल्हा बदल गया है। ठाकुर कल्याणसिंह के घर जिस तरह की ख़ुशी हुई उसका बयान करना व्यर्थ कागज़ रँगना है, मगर बाज़ार में हरेक की ज़ुबान से यही निकलता था कि रंडियों की बदौलत ठाकुरों ने बहू का पता लगा लिया।

चोर निकल के भागा

पात्र-परिचय

महेश
सुरेश : तीन युवा रंगकर्मी
रमेश
रामऔतार : ढाबे का छोकरा
नीता : सुरेश की मित्र
बाबाजी
मास्टर गेंदालाल : दो बूढ़े पारसी थियेटर के भूतपूर्व रंगकर्मी
शरीफा बी
टी.वी. उद्घोषक या उद्घोषिका
अधिकारी
कर्मचारी
बब्बर भाई साहब
(स्विट्ज़रलैंड वाले)
टीटो-पीटो
(बब्बर भाई साहब के दो गुंडे)
जोकर
जेम्स बॉण्ड

पहला अंक

दृश्य : 1

[स्थान एक जीर्ण-शीर्ण ढाबा, जहाँ मेज़ के नाम पर काठ की एक बेंच पड़ी है और उसके चारों ओर कुछ घिसे मोढ़े (या टीन की पिचकी कुर्सियाँ) हैं। उन्हीं पर बैठे तीनों मित्र—महेश, सुरेश और रमेश—गम्भीर बौद्धिक बहस में लीन हैं। रामऔतार एक कोने में ट्रे बजाता, ढिठाई से खड़ा तीनों मित्रों की बातचीत सुन रहा है। परदा उठता है।]

रामऔतार : *(ट्रे बजाते हुए ढिठाई की)* ऑडर होगा अब? आधे घंटा तो हो गया।

रमेश : ओए, व्हाट इज योर प्रॉब्लम यार! अभी दो लोग और आने को हैं।

रामऔतार : ऑडर तो आपने वही दो कप का देना है—खाली कप कितने लाना है, बाद में बता देना।

महेश : बन्धु, चाय का एक बटा अट्ठासीवाँ प्याला भी हम पिएँ तो उसे गर्मागर्म तो होना ही चाहिए, है कि नहीं? अब तूने लाके रख देनी चाय, ते उन दोनों ने एज यूजुअल देर लगानी, तो बोल, चाय का आइसक्रीम हो जाना है कि नहीं?

रमेश : *(पुचकारकर)* तुम अपना काम करो बॉस, हम आपको पुकार लेंगे।

[रामऔतार का स्पष्ट अनिच्छा से ट्रे बजाते हुए प्रस्थान।]

महेश : कहा था मैंने, बिलकुल कहा था कि महाराजाधिराज जी अपनी संयोगिता को लेकर साढ़े छह से पहले आ जाएँ तो मेरा नाम बदल देना। ये ही सब सामन्ती संस्कार हैं बुर्जुआ वर्ग के, जो हिन्दी के तुम्हारे नाट्य-जगत में क्रान्ति नहीं होने दे रहे।

[सुरेश का प्रवेश]

सुरेश : ओए, कौन क्रान्ति नहीं होने दे रहा है भाई? *(रमेश से)* क्यों बे हातिमताई?

रमेश : तू! तू! तू! साले मुवे बुर्जए!!

महेश : और तेरी लैला! अरे छैला! *(इधर-उधर देखकर)* परन्तु अकेला? क्या हुआ? ऐ बुर्जुआ? देरी का कारण?

सुरेश : यानी नीता का फीता। अथ सूत उवाच—*(पूजा करानेवाले पंडित के स्वर में)* एक बार की बात है कि बस में किसी के पैर के नीचे दबकर नीता की चप्पल का फीता जो था सो टूट गया। अकाल असमय ग़रीबी के बीच फीते के ऐसे टूटने से वह दुखी बुर्जुआ सन्नारी इस वक्त मोची नामक प्रोलितारियन जीव को तलाश कर रही है। पर चूँकि इस वामपन्थी इलाके में प्रोलितारियेत का पुनर्जन्म हो चुका है...

महेश : देखो, वामपन्थ पर ये गैरजिम्मेदाराना छींटाकशी ठीक नहीं। एक तो लेट आते हो...

सुरेश : ओए, कार्ल मार्क्स—ताने न मार! कुल आधा घंटा ही तो लेट हैं यार! *(बैठते हुए)* इतवार के दिन तो दुनिया गढ़नेवाले ने भी आराम किया था।

महेश : ये सब तुम कलावादी कैपिटलिस्टों के धार्मिक मिथक हैं।

सुरेश : ओए, तो अपने विष्णु भगवान तो हरदम एक प्रतिबद्ध यानी कुंडलीबाज़ शेषनाग पर ही लेटे रहते हैं। यार, *(गम्भीरता से)* मुझे तो लगता है...

रमेश : *(समवेत)* क्या?

सुरेश : कि बड़ी दार्शनिक गहराइयाँ हैं अपने इस पारम्परिक भारतीय बिम्ब में। एक तो वह अजगर लो, जिस पर वह लेटे हैं, वह प्रतीक है कि अजगर करै न चाकरी, यानी

अजगर हुआ आजाद खयाल कलाकार और जो लाल कमल विष्णु की नाभि से निकला है, सच मानो तो ये तीसरी दुनिया के कलाजगत की क्रान्ति का प्रतीक है–*(मुक्तिबोध को कोट करता है)* "तब मैंने देखीं वह बाँहें, जिसमें काँपता रहता प्रतिपल–अरुण कमल एक।"

महेश : तुम...तुम मुक्तिबोध को गलत-गलत सन्दर्भों में कोट नहीं कर सकते–यहाँ पहली बार अन्तर्राष्ट्रीय क्षेत्रों में आदमी सतह से ऊपर उठ रहा है, कलाओं के जनतन्त्र में लगातार हस्तक्षेप हो रहा है और तुम खिल्ली उड़ाते हो! भारत भवन में, यानी भारत-भर में इस समय कला का जनतन्त्र खतरे में है। नुक्कड़ नाटक ही उसे बचा सकते हैं, जैसाकि बादल सरकार कहते हैं। भारत-भर में बंगाल ही जानता है सच्ची क्रान्ति का मर्म–*(जोर से)* "आमा के चाय एकटी मुक्ति कौथा आमा के चाय..."

[रामऔतार का नेपथ्य से धड़धड़ाते हुए दो प्याले चाय लेकर प्रवेश। प्याले रखकर विजय गर्व से]

रामऔतार : दो चाय।

[सम्मिलित ठहाका। महेश की स्थिति कुछ हास्यास्पद। रामऔतार भौचक्का मुँह देखता है।]

रामऔतार : क्या आप सबके लिए एक-एक चाय आएगी?

सुरेश : मुन्ने, वह शुभ दिन जब आएगा तब तक तू अपने पोते के कन्धे का सहारा लेकर चल रहा होगा। अच्छा, जा...हाँ, खाली प्याले?

[रामऔतार पीठ के पीछे छुपाए हाथ में तीन प्याले फटाक से निकालकर रखता है। ट्रे बजाते हुए प्रस्थान]

महेश : हँसो मत। तुम नाटक वालों के लिए होते हो पर हम कामकाजी लोगों के लिए वर्ग-संघर्ष मामूली चीज़ नहीं है सुरेश–समाज के सर्वहारा वर्ग की तकलीफ...

सुरेश : के बारे में इसदम मेरे कान बन्द है–*(नाटकीयता से पारसी थियेटराना अन्दाज में)* क्योंकि–एक शेर फरमाया है, मुलाहिजा हो–

रमेश : *(समवेत) इरशाद!*

सुरेश : *(गाकर)* दिल को नशा है इश्क का, आँखों को दीद का।
सोहराब आब गुलाम है, गर्द आफरीद का।

[रमेश-उमेश वाहवाही के पुल बाँधते हैं।]

महेश : यह सब सामन्ती थियेटर के लटके छोड़ो। प्रतिबद्धता से खुद को जोड़ो। मैं फिर दोहराता हूँ कि क्रान्ति की सम्भावना चुकी नहीं इस मुल्क में। जैसाकि मारक्यूस भी कहता है–बस, हमें एक नया मॉडल चाहिए। समय आ गया है, मैं कहता हूँ, आ गया है समय, कि हम तीसरी दुनिया के बौद्धिक लोग खुले दिल से स्वीकार करें कि हमें शोषित मुल्कों के पूँजीवाद पर चोट करनी ही होगी...

[नीता का प्रवेश–वह सुरेश की मित्र है।]

नीता : *(बैठते हुए)* और इन शोषित लोगों की जो शोषित औरतें हैं, उनके बारे में क्या राय है आपकी? उनकी जगह कहाँ है–वाम, दक्षिण या हाशिए पर?

सुरेश : *(नकली अचरज से)* औरतें? कहाँ? कहाँ?

रामऔतार : *(एक कोने से झाँकते हुए)* प्याला और लाऊँ या चाय?

सुरेश : खाली प्याला ही लाना भाई–आज तो कड़क मामला है, एकदम।

रमेश : ऐसा करें यार कि व्यवस्था के पीसे हुए समर्थ पूँजीपति लोगों का एक सहृदय प्रतिष्ठान बनवाएँ–ऐसा प्रतिष्ठान, जो चुके हुए लेखकों के कॉफी हाउस का बिल चुकाए। उसका नाम होगा–'चुके का चुकाना'।

सुरेश : और उसके मेनीफैस्टो का शीर्षक होगा–'चुक चुके का चुकाया'...

रमेश : और उसका उद्घाटन एक धाँसू नाटक से करना होगा–चाहे मालवी में मौलियर कर लें...

नीता : या बुन्देलखंडी में ब्रेश्त।

सुरेश : या सरायकैला छाऊ में सोफोक्लीज़...या बृजभाषा में बैकेट!

महेश : *(उठने का उपक्रम करता है)* ऐसी बकवास सुनने से तो...*(सब उठकर उसे बिठाते हैं।)*

नीता : *(सुरेश से)* बकवास बन्द करो...*(महेश से)* यार, तुम भी खूब हो! सुरेश की चखचख का बुरा मानने लगे तो हो चुका। असली बात तो रह ही गई...

महेश : *(बैठता हुआ)* क्या बात?

नीता : चाय।

[रामऔतार का एक और प्याला लिये प्रवेश, प्याला रखकर दूसरे हाथ से एक ड्रॉपर देता है महेश को]

महेश : यह क्या है?

रामऔतार : मालिक ने भेजा है कि दो-तीन लोग और आ गए तो उनकी जीभ पर इससे टपका देना।

[हँसते हुए ट्रे बजाते हुए प्रस्थान]

रमेश : बड़ा बदजुबान लड़का है।

महेश : दरअसल इस सर्वहारा का आक्रोश एक वर्ग-संघर्ष की उपज है। उसे हमने-तुमने अपने नाटकों में जगह देनी ही होगी—जैसाकि ब्रेश्त ने...

नीता : क्या आज सारी शाम हम ब्रेश्त के वर्ग-संघर्ष की बात करते हुए ड्रॉपर से चाय पिएँगे?

रमेश : यार, ये ज़रा ज़्यादती है। पहले तो अपने मित्र की परममित्र को यहाँ बुलाकर उसे टू-इन-सिक्स चाय पिलाओ, ऊपर से वर्ग-संघर्ष, चलो संघर्ष-फंघर्ष के बजाए कुछ अच्छी भारतीय बातें करें।

सुरेश : मसलन प्रेम।

महेश : *(तुनककर)* ये बुर्जुआ हिन्दोस्तानी लन्तरानियाँ आपको ही मुबारक! मैं चला *(उठने का उपक्रम करता है; सुरेश, रमेश और नीता पकड़ के फिर बिठा देते हैं।)*

सुरेश : लो। अरे पापे, प्रेम से बड़ा प्रोलितारियन और इन्टरनेशनल मसला तो अल्ला मियाँ ने बनाया ही नहीं। *(भावुकता से)* शीरीं फ़राहद की ही सोचो—प्यारा मेहनतकश फरहाद! *(फर्श पर घुटने टेककर अभिनय करता है ज़मीन खोदने का)*

रमेश, नीता : *(समवेत)* हाय! हाय!

सुरेश : हाज़रीने जल्सा, उस मुरीदे-इश्क का दामन चाक-चाक है।

रमेश, नीता : हाय! हाय!

सुरेश : औ 'पहाड़ खोदता पुकारे जाता है—लैला'।

नीता : वो तो मजनू था।

सुरेश : यार, तू तो कर चुप। हाँ, तो भाइयो, क्या अपना मजनू शोषित नहीं था? प्यार का मारा?

रमेश, नीता : *(गाते हैं)* हाय, पत्थर से न मारो मेरे दीवाने को!

[नेपथ्य से जोरदार आवाज़ में]

आवाज़ : अलख! अलख! अलख निरंजन बम शंकर! बाबा आया है, बाबा प्यासा है। बाबा कुछ पिएगा...

[रामऔतार का प्रवेश। ट्रे खड़खड़ाकर जैसे बन्दरों को भगाने के लिए किया जाता है, एक पाँच का सिक्का फेंकता है।]

रामऔतार : ओए बाबे, मालिक ने ये पाँच पैसा दिया है, ले और फूट! चले आते हैं मुफ्तखोरी करने को—चार पैसा टिप का कभी देंगे नहीं..

[बाबा का प्रवेश। भव्य लम्बा-चौड़ा डीलडौल, गेरुआ वस्त्र।]

बाबा : बेअदब, बदगुमान, दो कौड़ी का बच्चा और दो हाथ की जुबान? जा, पत्थर की मूरत बन जा!

[रामऔतार ट्रे हाथ में पकड़े फ्रीज हो जाता है। चारों युवा अचरज से कभी एक-दूसरे को—तो कभी बाबा को देखते हैं।]

सुरेश : बाबा जी, चाय पिएँगे? *(नीता उसे चिकोटी काटती है।)*

बाबा : *(अट्टहास कर)* तू पिलाएगा हमें बर्खुर्दार? ला, पिला...

नीता : *(डरते-डरते)* बाबा मुंडू को छोड़ दीजिए तो एक प्याला और मँगा लें।

बाबा : इसे? इस उद्धत बालक को? कभी नहीं–प्याला चाहिए? ये लो, ओं बमभोले! *(हवा से प्याला निकालकर)* ला, पिला–*(बैठ जाते हैं डरते-डरते शेष लोग भी। रामऔतार मूर्तिवत खड़ा है।)*

महेश : बाबा, आप पूरा प्याला ले लीजिए, हम बाँटकर एक से ही पी लेंगे।

[बाबा गटागट एक प्याला पी जाते हैं।]

बाबा : *(डकार लेकर)* ओं! बमभोले शंकर, काँटा लगे न कंकर। बाबा तृप्त हुए। माँगो जो माँगना है।

महेश : मैं...

सुरेश : *(टोककर)* परम पूज्य बाबा साहब, इससे पहले कि यह भोला बालक सोवियत संघ में कम्यूनों के पुनः दूधो नहाने पूतों फलने की या प्रोलितारियत के घर सुख-सम्पत्ति और सन्मति देने की माँग करे–मैं आपको खुलासा कर दूँ कि हमारी असल ज़रूरतें क्या हैं?

रमेश : यार, क्यों बाबा जी को...

बाबा : बोलने दो बालक को...

सुरेश : हाँ, तो बाबाजी, बात ये है कि हम चारों दोस्त जो हैं, सो एकदम कड़क...

बाबा : बस, बस, बस! त्रिकालदर्शी बाबा ने सब जान लिया–तुम चारों का मूल कष्ट है धनाभाव। पैसे की तंगी–लैक ऑफ मनी–ठीक?

चारों : ठीक।

बाबा : तो मेरे साथ मेरा गुरुमन्त्र दोहराओ–ऊपर वाले ने चाहा तो राह निकल आएगी। बोलो–परम्परा।

सब : परम्परा।

[बाबा मिलिटरी बैंड की धुन की नकल में बोलेंगे–चारों मित्र उसे वैसे ही दोहरावेंगे।]

बाबा : परम परम, पररम, पररम। परम्परा।

सब : परम्परा!

[इसी तरह तीन-चार तरह से जाप करवाने के तत्पश्चात्]

बाबा : *(प्रसन्न होकर)* इत्यलम्। बहुत है। बाबा ख़ुश हुए। *(हवा में हाथ घुमाकर कहीं से दो डिबियाँ निकालते हैं)*—यह लो। यह दो प्रकार की भभूत है—एक का नाम है अणिमा, दूसरी का गरिमा। इनका समझ-बूझकर प्रयोग करो, काम सध जावेगा। जय शंकर!

महेश : पर बाबा, इस भभूत से होगा क्या?

बाबा : *(किंचित रोष के साथ)* बहुत सवाल पूछता है बालक! एक झापड़ देंगे बाबा, तो अक्कल बाएँ से दाएँ आ जाएगी।

नीता : *(डरते-डरते)* बाबा, उसका मतलब सिर्फ यही था कि इन भभूतों के गुण क्या हैं?

बाबा : *(उसके सिर पर चपत मारकर)* री मूर्खे, यही होता है, हिन्दी ठीक से नहीं पढ़ने से। तुम्हारी आँखों के आगे कामधेनु बँधी रहेगी और तुम लोग रुके रहोगे कि कोई अंग्रेज़ी में बताए तुम्हें कि दिस होली काउ गिव्स थिंग्स नॉट मिल्क। हूँ?

सुरेश : बिलकुल सही फरमाया बाबा! इनसे कहिए भभूत, तो समझेंगे कि कोई भूत को देखकर हकला रहा है।

बाबा : *(अट्टहास करके)* तुम्हारी हाजिरजवाबी से बाबा प्रसन्न भए। जाओ, तुम्हारी सहायता हमारा एक गण करेगा। *(आँखें मूँदकर)* बाबा सिर्फ एक बार बोलेंगे, नोट कर लो—*(चारों मित्र उत्सुकता से पास सिमट आए हैं)* यहाँ से पाँच मील दूर उत्तर दिशा में डी.डी.ए. का भयानक जंगल है। वहाँ पहुँचने के लिए तुम्हें जान हाथ पर लेकर सात-सात फ्लाईओवर नामक ऐसे समुद्र पार करने होंगे, जहाँ नगर निगम के ठेले, परिवहन की बसें तथा टू और थ्री व्हीलर नामक भयानक जीव मँडराते होंगे। पर डरना मत। जंगल आने पर गुरु-मन्त्र जपते हुए पहले दाहिने

मुड़ो, फिर आठ मकान छोड़कर बाएँ। वहाँ डबलरोटी की दुकान के पीछे एक ऊँची इमारत है—इमारत की छत पर बरसाती है—नम्बर है 420। वहाँ मास्टर गेंदालाल नाम के बाशिन्दे से मिलना और उसे यह डिबिया दिखाकर बताना कि तुम बाबा के भेजे हो। आगे की राह वही बताएगा, जै शंकर...

रमेश : *(साष्टांग दंडवत करके)* जै हो बाबा, बस एक विनय और!

बाबा : *(गरजकर)* क्या है?

रमेश : बाबा, इस मुंडू नामधारी बालक को भी क्षमा...

बाबा : तुम लोग कहते हो तो ठीक है—पर इतना शाप इस पर रहेगा कि अगले बारह घंटों तक तब-जब यह मुख खोलेगा, उससे कुत्ते की वाणी ही निकलेगी।

[अपने कमंडल से पानी छिड़कते हैं; रामऔतार चैतन्य। फिर भौं-भौं करता हुआ ट्रे में प्याले समेटकर ले जाता है। इसी ड़बड़ी के बीच बाबा चले जाते हैं।]

नीता : *(अचानक)* अरे, बाबा कहाँ चले गए?

[नेपथ्य से रामऔतार का दौड़ते हुए प्रवेश। बड़े अचम्भे से कन्धों पर हाथ लगाकर उड़ने का तथा चुटकी बजाकर छूमन्तर होने का भाव जता कर बाहर को इशारा करता है। यानी बाबा उड़न छू हो गए।]

सभी : *(समवेत)* क्या?

रामऔतार : भों! भों! भों!

[परदा गिरता है।]

दृश्य : 2

[परदा उठता है। स्थान मास्टर गेंदालाल की बरसाती का कमरा। खूँटियों पर कपड़े टँगे हैं, एक ओर बैंड वाले की वर्दी टँगी है, एक बोर्ड सामने टँगा है, जिस पर लिखा है : 'दि न्यू अल्फरेड दिलकश बैंड ऑफ बाम्बे'। लुंगीधारी मास्टर गेंदालाल हार्मोनियम पर बैठे 'अमानत' की इन्दरसभा का कोई गाना गा रहे हैं—कोने में एक अधेड़ पर अभी भी चटक-मटक तेवरों वाली स्त्री, एक स्टोव पर चढ़ी पतीली में कड़छी चला रही है। कोने में एक टोकरी में भाजी रखी है। यह स्त्री मास्टर गेंदालाल की सहधर्मिणी शरीफा बेगम हैं—दोनों का हाव-भाव करतबों से स्पष्ट है कि विगत में दोनों काफी समय एकसाथ नाटकों में काम कर चुके हैं।]

गेंदालाल : *(गाता है)* अरी जोगना दर्द की मुब्तिला
फकीरों का भेस तूने क्यूँ कर लिया?
अरी जोगनाऽऽऽ

शरीफा : *(कड़छी चलाते हुए)* महाराजा, पूछो ना हम फकीरों का हाल
फकीरों का दिल दर्द से है निहाल—
महाराजा पूछो ना।।

गेंदालाल : अरी जोगनाऽऽऽ

शरीफा : महाराज़ा, पूछो नाऽऽऽ

गेंदालाल : अरी...

[अचानक दरवाजा खटखटाने की आवाज़ होने पर दोनों यकायक चुप हो जाते हैं।]

गेंदालाल : अरी शरीफा, देखियो जरा, कौन आया हैगा ससुरा इस टैम?

शरीफा : ऐ है—तुम्हारे पैरों में क्या मेहँदी लगी है माश्टर? जरा उठ के खुद क्यों नहीं झाँक लेते? मैंने ये मुई पतीली छोड़ी नहीं कि तमाम सालन जल लाएगा—यूँ भी छीछड़े ही दिए हैं कम्बखत कलुए ने। कहलाता है—उधारी पे गोल बोटी का सालन कैसे दे दूँ? मुआ नसीबों जला!

[गेंदा कराह कर उठता है। द्वार खोलता है। द्वार से चारों मित्रों का प्रवेश।]

सुरेश : *(गला खँखारकर)* मास्टर गेंदालाल?

गेंदालाल : जी हाँ, हमीं हैं, फर्माइए!

[चारों अप्रतिभ से एक-दूसरे की ओर देखते हैं।]

गेंदालाल : बोलिए जनाब, ये यूँ-मूँ में दही क्यों जमाए खड़े हैं? आएँ? चन्दा-वन्दा लेना हो तो अपना रास्ता नापिए—समझे—ये वो गुड़ नहीं तो चींटे खाएँ।

महेश : दरअसल हमें आपके पास बाबा जी ने भेजा है।

गेंदा : *(तनिक शक-भरे स्वर में)* कौन बाबा?

नीता : वही अलख निरंजन बम शंकर।

उमेश, रमेश : परम्परा, परम्परा, पररम् परररम् परम्परा!

गेंदा : *(अचानक चिल्लाकर)* अरी शरीफा, दौड़ियो! अरी चट आइयो इधर, अरे अपने बाबा ने गुरुभाई भेजे हैं। धन्नभाग! अरेरेरे, आइए-आइए! जनाब तशरीफ लाइए। पहले क्यों न बोला कि रँगीले-छबीले बाबा ने भेजा है?

शरीफा : *(कड़छी लिये आती हुई)* मैं जभी बड़े तरद्दुद में थी के ये चार सूटबूट वाले लोग यकायक कैसे? मैं कहूँ के अरी शरीफा, आजकल तो सराधों के दिन हैं—जब अपने

बैंडवाले गए हैं धान रोपाई को गाँव, तो इन दिनों बैंड-बाजेवालों को बयाना देने भला कौन आया? *(दरी बिछाती है)* बैठिए-बैठिए!

[सब बैठ जाते हैं।]

गेंदालाल : *(हार्मोनियम पर उँगलियाँ फिराते)* तो बताइए जानेमन, अपने गुरुभाइयों की क्या खिदमत करे ये नाचीज़? चलिए, ठीक पचास बरस बाद गुरु महाराज ने याद तो किया खाकसार को। *(आँखें पोंछते हुए)* कसम से, हम औ, हमारी शरीफा तो उम्मीद ही छोड़ बैठे थे।

शरीफा : उधर हमारी बच्ची का खोना, हमारे दिलों और हमारी नाटक कम्पनी का टूटना, और इधर गुरु महाराज से नाता छूटना, फिर शुरू हुआ ये आलम मुफलिसी का—हाय। *(साँस लेकर फटा पल्लू दिखाते हुए गाती है।)*
ये मेरी ओढ़नी क्या है, मेरे दिल का नमूना है,
फरक बस है ये कि इस चाक से, वो चाक दूना है।

गेंदालाल : *(गाता है)* उड़ा दी मुफलिसी के नाखूनों ने धज्जियाँ इसकी मगर...खैर अब ये गुजरे जमाने के दुखड़े कब तक रोएँ—थोड़ी कही बहुत जानना, कहने का कुल मतलब ये कि जैसे हैं, ठीक हैं। हाँ, ये बताइए कि आपका इधर आना कैसे हुआ?

महेश : *(गला साफ करता है)* जी, वो दरअसल ऐसा है कि बाबाजी से हमारी एक ढाबे में मुलाकात हुई थी और उन्होंने प्रसन्न होकर कुछ *(डिबिया दिखाता है)* दिया और फिर मदद माँगने के लिए...

सभी : *(समवेत)* आपके पास भेजा है।

गेंदालाल : मदद? कैसी मदद? *(तरन्नुम से)* इस इन्तेज़ार का कुछ माजरा कहो तो सही, मिजाज कैसा है आयँ दिलरुबा? कहो तो सही। *(हार्मोनियम पर उँगलियाँ तेजी से दौड़ाकर)*

शरीफा : हमारे बाबा जी हो गए क्यूँ बेवफा, कहो तो सही।
ये क्यों जमाने की जा बदली हवा, कहो तो सही॥

सुरेश : इससे पेश्तर कि आप लोग...*(गला खँखारता है)* मैं खुलासा कर दूँ कि हमें आपके बाबाजी ये दो भभूत की डिबियाँ पकड़ा गए हैं...

नीता : अणिमा और गरिमा नाम की।

सुरेश : हमें कुछ पता नहीं कि ये क्या है कि इनसे क्या काम किया जा सकता है कि कैसे ये हम चारों की तंगदस्ती मिटाकर हमें लखपति बना सकेगी, क्योंकि यही वरदान था जो हमने माँगा था।

शरीफा : अए-हए, तुम नासमझे निगोड़ों कि—
देखोजी, देखोजी, किस्मत के खेल, छछून्दर के सर पे चमेली का तेल के रामजी खा गए शबरी के बेर, औ' अन्धों के हाथों में लग गई बटेर।

गेंदालाल : बस करिए मिस शरीफा, ज्यादे ठिठोली भली नहीं, के ठिठोली के सबब से भरतमुनि के सौ-सौ एक्टर बेटे सुरग से निकाले जा के शूद्दर हो गए, के ठिठोली के सबब से नारद ने बिस्नु भगवान को सराप दे दिया, के ठिठोली के ही सबब से हँसते-हँसते अपने यहाँ कई जनता-फनता सरकारें उलट गईं, तो जानो के हर घड़ी हर शै में ठिठोली मुनासिब नहीं। *(गम्भीरता से)* आप साहबान पहले अपना तआरूफ कराबें, तो बात आगे चले, औ' हमारे दिल की कली खिले।

महेश : मैं महेश हूँ, यह रमेश, यह सुरेश, यह नीता—सुरेश की दोस्त। हम चारों साथ-साथ स्कूल में पढ़े और अब साथ-साथ कड़की से गुजर रहे हैं। नाटक खेलने के अलावे टाइपराइटिंग की अप्रेंटिसी से लेकर छापेखाने की प्रूफरीडिंग तक तमाम काम हम लोग कर चुके हैं पर दो-चार महीने से ज्यादे, कहीं जुगाड़ बैठता नहीं। नाटकों की दुनिया का हाल तो आपसे छुपा नहीं—मैं पेशे से इंजीनियर हूँ, मैं भी बेठौर हूँ...

शरीफा : तो ये कहो कि जेबों में है छेद, औ' पैरों में चक्कर, पै' ख्वाब चाँदों-सितारों के हैं...

सुरेश : कुछ ऐसा ही समझिए...

शरीफा : *(नीता से)* तो अए बेटी, तूने शरीफों की बेटियों की दूसरी राह यानी कि शादी करके गिरस्थासरम बसाने की क्यूँ न सोची? क्या माँ-बाप नहीं हैं तेरे?

नीता : नहीं—सुनते हैं, मुझे गोद लिया गया था। माँ-बाप गुजर गए। अब बस, एक सौतेला भाई है, जो कहीं लखपति बना बैठा है।

शरीफा : है कहाँ वो?

नीता : बम्बई या दुबई, फिलाडेल्फिया या फिलिस्तीन, चिली या चीन, जापान या ताइवान—कहीं भी हो सकता है। बस, चिट्ठियों का ही नाता है।

शरीफा : औ' जमीन-जायदाद कुछ छोड़ गए माँ-बाप कि नहीं?

नीता : माँ-बाप की जायदाद तो आधों आध हम दोनों के नाम थी, पर अफसोस कि भाई ने हेराफेरी करके दबा ली। अब मैं हूँ, औ' मेरी पार्टटाइम नौकरियाँ हैं—औ' इन दोस्तों की ओट है।

गेंदालाल : अफसोस! हकदार तरसें, अंगारे बरसें।

शरीफा : आमीन!

गेंदालाल : हाँ, तो बच्चो, आपकी हालत सुन के दिल को अफसोस हुआ। करेंगे। हम औ' हमारी शरीफा, जो बन सकेगा, करेंगे आपके हित क्योंकि आप लोग एक तो फाकेमस्त एक्टर, भरतमुनि के वंशज, तिस पै बाबा का आसीस आपके सिर पे। और ये जानिए कि ये अपनी शरीफा भी कोई ऐसी-वैसी नहीं है, समझे? अपने जमाने में अल्फरेड, न्यू अल्फरेड, विक्टोरिया, मदान, मिनर्वा सारे थेटर वाले जूतियाँ चटखारते फिरते थे इसके दर के आगे कि जानी, कांट्रैक्ट पे दस्तखत घुमा दो। पर क्या लगाई इसने आशनाई इस नाचीज़ मास्टर गेंदालाल से कि थूक दिया उस सारी दौलत पे, सनीमों के डैरेक्टरों पे, औ' हमारी बेटी के गुम होने औ' हमारे सरपरस्त बाबाजी के संन्यास लेने से जो अपनी नाटक कम्पनी बन्द हुई तो सीधे थामी हमारी कलाई, निभाई आशनाई, औ' याँ चली आई।

शरीफा : *(किंचित लजाकर)* ऐ हैं, बच्चों के सामने क्यूँ ख्वामख्वाह चने के भाड़ पे चढ़ाते हो, औ' तिल का ताड़ बनाते हो। वो गुज़री दास्तान बन्द करो अब। आओ बच्चो, भूखे होंगे, सालन है, चारेक रोटियाँ भी हैं, अल्ला के फजल से साथ-साथ खा लो—बातें तो होती रहेंगी। साथ-साथ खाने में बड़ी बरक्कत है।

गेंदालाल : अरे दिवानी, तेरे होते इस घर में क्या कमी? सुन चूल्हा, चक्की, तवा, हांडी, चपनी, फुकनी, फिरकिनी, भँवरा, लट्टू, चट्टू, बजरबट्टू सभी कुछ तो मौजूद है—वे छोटी-सी दो चार चीज़ें नहीं तो क्या हुआ?

सुरेश : क्या-कया नहीं है मास्टर जी?

गेंदालाल : अच्छा खाना, उम्दा कपड़ा, दौलत, इज्जत, बस यही नहीं।

शरीफा : अब बदलगाम, अपनी जुबान थाम। यूँ पुराने नाटकों के पार्ट बोले हो तो दिल उमड़ा आवे है।

गेंदालाल : रूठ गई? अच्छा जाव प्यारी, तुम पर जाऊँ वारी। जाओ, खाने का इन्तजाम करो...

रमेश : मास्टर जी, ये बाबाजी हैं कौन? औ' आपकी बेटी के गुम होने की...?

गेंदालाल : *(लम्बी साँस लेकर)* हैं एक पहुँचे साधू महाराज बेटा। तुम्हारे पूरब जनम के फले सुकरम, जो पड़ी तुम पे उनकी निगाहें करम। सेठ छबीलदास रंगीलदास नाम से मशहूर होते थे बाबाजी। उस जमाने की मशहूर शै, पारसी थियेटर के आका थे, आका। शरीफा औ' मैं उनके बेटे-बेटी समान थे। पे एक बार लाहौर के दंगों के दर्म्यान कम्पनी पर जो गुंडों ने हमला किया तो हमारी इकलौती बच्ची हमसे बिछड़ गई। इस हादसे औ' कम्पनी की टूटफूट से दिल जो दहला तो बाबा की लौ लग गई ऊपर वाले से, सब कुछ छोड़ के उन्होंने कफनी पहन ली औ' चल दिए हिमालै की ओर। बीच-बीच में सपनों में कह जाते थे कि अए गेंदा बेटे, तुझे औ' तेरी बेटी को भूला नहीं हूँ। करूँगा, कुछ करूँगा तेरे लिए। मिलाकर रहूँगा बिछड़े दिलों को।

शरीफा : ये जानो के बीसियों भूतपिशाच बरम-पिरेत डाकिनी करन पिसाचिनी सिद्ध है उनको। *(एक पतीली और कटोरदान लाकर रख देती है)* लो, आधपाव सालन है, औ' चार चपातियाँ। यही है सुदामा की रूखी-सूखी–खाओ औ' ऊपर के गुन गाव।

सभी : *(समवेत)* हम खाकर आए हैं।

शरीफा : *(डपटकर)* सो तो शक्लें बता रही हैं, चलो, बैठो।

गेंदालाल : दरअसल इसी मौके पर आपको मुतास्सिर करते हैं इन भभूतों के राज से। जरा दीजिए हमें गरिमा भभूत की डिबिया–*(डिबिया लेकर चुटकी-चुटकी भभूत पतीले व कटोरदान में डालते हैं।)* अब हमारे साथ पाँच बार पढ़िए गुरुमन्त्र।

सभी : *(समवेत)* परम्परा, परम्परा, परम्परा, परम्परा, परम्पराऽ ऽ *(गेंदा और शरीफा को छोड़कर पाँचों मित्र एक साथ)* अरे! यह क्या?

गेंदालाल : जी हाँ–पतीला सालन से लबालब भर गया औ' कटोरदान रोटियों से। ये था गरिमा भभूत का चमत्कार। जो हर चीज़ को बढ़ा देती है चौगुना-आठ गुना जितना चाहो औ' इसके ठीक उल्टे हैं यह अणिमा। *(शरीफा से)* शरीफो जानी, सब्जी की डलिया में रखे कद्दू पर चुटकी डालियो इसकी, तब तलक हम मन्तर पढ़ते हैं *(शरीफा कोने में रखी टोकरी तक जाती है–चुटकी डालती है–बाकी सब मन्त्र पढ़ते हैं–परम्परा-ऽ। शरीफा का एक नन्हा-सा दाना लिये प्रवेश।)*

शरीफा : ये रहा मुआ कद्दू। पे' हुजूर, इसकी तो रात को तरकारी बननी थी, अब क्या खाओगे? मेरा भेजा?

गेंदालाल : हः हः हः! अब कद्दू-लौकी-तोरी खाने के दिन लद गए जानेमन! अब तो हम छहों खाएँगे, मुर्ग-मुसल्लम, तन्दूरी नान औ' करेंगे अपने बाबा जी के गुणों का गान। अए सुभान बोलों रंगीले-छबीले बाबा की..

सभी : जै!

गेंदालाल : हाँ, तो भाइयो, खाना शुरू करो औ' खाते-खाते प्लान भी बनाते चलें। ठीक?

सभी : ठीक।

सुरेश : *(निवाला तोड़ते हुए)* तो दो-दो ताकतें इस दम इन डिबियों के रूप में हमारे हाथ में हैं—चीज़ों को खूब बड़ा करने की...

रमेश, नीता : और खूब छोटा करने की।

महेश : सवाल ये है कि इनका बेहतरीन इस्तेमाल कैसे होवे? क्योंकि कुल मिलाकर चार-छै चुटकी ही भभूत होगी दोनों में।

नीता : मैं बताऊँ, अपन चलें किसी तिजोरी या बैंक के तहखाने में, औ' वहाँ अणिमा भभूत छिड़क के तमाम लॉकरों को नन्हा-मुन्ना बनाके अपने थैले में भर लाएँ? फिर गरिमा भभूत छिड़क-छिड़क के उन्हें उनका आकार देते जाएँ, बेचते जाएँ?

महेश : बैंक मैनेजर तुम्हारा चचा लगता है क्या, जो तुम्हें बिना पूछताछ-बिना अकाउन्ट वहाँ ले जाएगा? और जब वह अपनी चाभी लगाने वहाँ पहुँचेगा तब? *(चुप्पी)*

रमेश : मेरी राय में किसी विदेशी कार डीलर के यहाँ जाकर कारों पर ट्राई किया जाए? एक ही कार लाखों में...

सुरेश : पर बेचेगा किसे मेरे बाप?

रमेश : क्यों? उद्योगपति है, फिल्मी सितारे...

सुरेश : इश्को-मुश्क की तरह विदेशी कार और विदेशी बीवी छुपाए नहीं छुपते। दोस्त! तिस पर पचास-साठ कारें उड़ाओगे तो बेचते हुए बच जाओगे क्या? चट से धरे जाओगे।

रमेश : या चन्द नए मकानों पर भभूत डालकर उन्हें छोटा बनाया जाए, और फिर शहर से बाहर ले जाकर ओरिजिनल आकार में लाकर ठिकाने लगाया जाए, आजकल जमीन के दाम धड़ाधड़ आसमान छू रहे हैं।

नीता : तुम चुराओगे कौन से मकान? ये डी.डी.ए. के फ्लैट? अजी राजधानी के बाहर कोई टके को नहीं पूछेगा इन्हें, फिर किरायेदारों का क्या करोगे? बने-बनाए खाली मकान इस मुल्क में हैं कहाँ? मय किरायेदारों के मकान बेचोगे?

शरीफा : *(निवाला चबाती हुई)* मेरी नानी कहती थीं कि अगर गोताखोरी करनी ही हो, तो कुएँ-बावड़ी के बजाए समन्दर में गोता लगाओ—डूबना तो दोनों जगह हो सकता है, पर समन्दर में कूदो तो स्यात् कोई मोती हाथ लग जाए!

गेंदालाल : सो तो है। मकान उड़ाना ही है, तो ऐसा उड़ाओ कि एक ही में जी तर हो जाए।

महेश : आइडिया। एक पूरा म्यूजियम—एक-एक आइटम लाखों का—कि ये मोहनजोदड़ो की मोहर, ये साँची की सुराही, ये पाटलिपुत्र का पपीता...

सुरेश : नहीं यार, एक तो अलग-अलग आइटमों को डिवेलप करने में मुश्किल होगी—छोटा तो मजे में कर लोगे, पर असली रूप में लाने को हर आइटम के लिए जितनी भभूत चाहिएगी हमें—वह कहाँ से आएगी? लैट अस वी सेलेक्टिव।

नीता : बात ठीक है। दाँव लगाएँ तो ऐसी इमारत पर जो दुनिया-भर में मशहूर हो। यानी उसे उड़ाकर बेचें तो खरीदने को कतार के कतार—अमरीकी-जापानी-जर्मन-फ्रांसीसी-अरबी-फारसी-ईरानी-तूरानी।

रमेश : आइडिया! दुनिया का आठावाँ आश्चर्य-यानी ताजमहल!

सभी : *(समवेत)* ताजमहल की चोरी?

सुरेश : भई वाह! मान गए गुरु! क्या पते की बात सोची है! क्यों महेश?

महेश : उस सामन्ती प्रेम के प्रतीक को उड़ाओगे? क्या वकत है उसकी?

नीता : क्यों नहीं? देश तो देश, अजी विदेशों से भी खरीददार दौड़ पड़ेंगे लूटने को—जब गुजरात की टूटी कड़छी और उड़ीसा का फूटा तवा तक हजारों डालरों में बिक जाते हैं, तो अपने ताज का तो कहना क्या! मैनें अपनी आखिरी नौकरी में थोड़ी कॉपीराइटिंग की थी—*(भावुक स्वर में)* मैं कल्पना में देख सकती हूँ, उसकी सुनहरी कॉपी—'बिकाऊ है, काल के गाल पर ठहरा हुआ वह अनमोल आँसू, अमर

प्रेम का अमर प्रतीक, दि ताज, ठाज महौल, दि एट्‌थ बंडर ऑफ द वर्ल्ड। युअर्स ओनली फॉर..."

महेश : एक शहंशाह ने दौलत का सहारा लेकर
हम ग़रीबों की मुहब्बत का उड़ाया है मजाक।
मेरी महबूब कहीं और मिला कर मुझसे।

सुरेश : कहाँ? पहाड़गंज में, या करौल बाग में?

महेश : शट अप!

गेंदालाल : ज़रा अपने खयालात को लगाम दीजिए आप लोग। ताज की चोरी किब्ला सूरज की चोरी से कम दिक्कत याफ्ता नहीं।

शरीफा : हाँ, पोशीदा नहीं रख पाएँगे आप इसे जबकि, औ' विज्ञापन देते ही क्योंकर गर्दन न नप जाएगी आप सबकी? औ' बिगैर विज्ञापन के जिंस धरी की धरी—कुछ जुगत ऐसी सोचिए कि साँप भी मर जाए, औ लाठी भी न टूटे...

सब : यानी?

शरीफा : *(जूठे बर्तन समेटती हुई)* यानी यही के पहले इस किस्म के हालात पैदा कर दिए जाएँ कि चोरी की बात मालूम होते हुए भी जाहिर न की जा सके। जभी आप लोग चोरी के बाद बगैर खतरे के चटपटी विज्ञापन दे-दिलाकर खरीददार ढूँढ़ सकोगे। *(बर्तन लेकर जाती है।)*

सुरेश : क्या ब्रेन है! भाई वाह!

गेंदालाल : अजी, इसी बिरेन के बूते पे यहूदी की बेटी का रोल करै थी, मिस शरीफा तो कसम खुदा की चालीस-चालीस वंस मोरें ले जाती थी। बात एकदम पते की कहती है, हाँ। तो तै तो हुआ कि हम ताजमहल पर ही निगाहें टिकाएँ, पर अब सोचना हमें ये है कि चोरी करें तो किस तरीके की?

शरीफा : *(आते हुए)* ऐ लो, उसमें सोचना-फोचना कैसा? पहले खुदै उड़ाइए अफवाहों की धूल, औ' जब गर्द जरी बैठ जाए तो चुप्पे से गिनिए फूल कि...

सुरेश : बिकाऊ है दुनिया के सबसे बड़े प्रेमियों के दो जुड़वाँ ताबूत समेत एक अजूबा। अपनी प्रियतमा को इस बार दीजिए, प्यार का यह नायाब तोहफा ए वफ़ा...

रमेश : ब्रिलियेंट यार, ब्रिलियेंट। माताहारी से कम नहीं आप, शरीफा जी!

नीता : विज्ञापन हम कुछ इस तरह से दे सकते हैं कि आपके एकदम अपनों के लिए उनके एकदम अपने दो कालजयी प्रेम-कंकाल। एक की कीमत...इतनी...इतनी...जोड़ी खरीदने पर दस प्रतिशत की छूट।

सुरेश : छूट-वूट कुछ नहीं, उस बिल्डिंग को, प्रेमियों को अलग-अलग टुकड़ों में बाँट करके बेच ही नहीं सकते। मान लो, एक हिस्सा इराक ने ले लिया, एक अमेरिका ने तो अन्तर्राष्ट्रीय समस्या हो जाएगी।

रमेश : शीत युद्ध के बजाए प्रीत युद्ध।

गेंदालाल : पे एक मुश्किल ये पेश होती है अब कि कैसे इस काम को इस सिफत से किया जाए कि चोरी भी हो जाए, औ' जगजाहिर भी न होने पाए।

सुरेश : शरीफा जी, हम फिर से आपकी शरण में आते हैं।

शरीफा : *(इत्मीनान से छालियाँ काटती हुई)* ऐ लो। इसमें क्या? वो भेड़िया आया वाली नस्ल तो सुनी होगी तुम सबने?

सभी : जी हाँ।

शरीफा : तो उसी पे अमल करो।

सुरेश : यानी पहले हल्ला मचा दें कि चोरी हो गई?

शरीफा : नहीं मुन्ने, गौर से सुनो, औ' जी में गुनो। इधर आओ सब, पास में। *(सब पास खिकसते हैं)* पहले सिर्फ हल्ला भर मचा दो कि ऐसी-ऐसी चोरी होने जा रही है, जैसे डकैत-लुटेरे लोग हमारे जमाने में सेठों के घर रुक्का भेज दिया करते थे।

नीता : पर इससे तो बड़ा हल्ला मच जाएगा और पहरेदारी सख्त से सख्त कर दी जाएगी। काम तो और भी...

शरीफा : *(पीक थूककर)* वही तो हल्ला होएगा तो सरकार औ' पुलिसवाले जी तोड़ सख्ती से पहरा देंगे, *(इधर-उधर देखकर)* शायद फौजी पहरा भी लग जाए। बस, इसके बाद जिस रोज

चोरी करनी हो उस रोज अपन लोग कुछ बाकयात ऐसे पैदा कर दें कि लगे कि चोर आए तो थे, पे पहरे की सख्ती के सबब से काम सधा नहीं, सो आधा छोड़ के भाग गए। *(सब की प्रश्नसूचक मुद्रा)* क्या होगा, इससे पूछते हो? इससे होगा ये कि हर कोई पुलिस से लेकर कलट्टर तक और सन्त्री से लेकर मन्त्री तक अपनी जै-जैकारी बुलवावेगा कि वाह रे हमारी मर्दानगी, धरी-की-धरी रह गईं डकैतों की उम्मीदें। देखो रे लोगो, तुम्हारा मुल्क, तुम्हारा ताजमहल हमारे हाथों कैसा रे लोगो, तुम्हारा मुल्क, तुम्हारा ताजमहल हमारे हाथों कैसा महफूज है!

रमेश : फिर?

शरीफा : फिर क्या? आठ-दसेक दिन अपनी तारीफ के समन्दरों में तैरते-तैरते थक के हक्मत पहरे में ढील दे देगी, बस तभी अपन लोग उधर जा निकलें, औ' माल पे हाथ साफ करके खड़ाखड़ी लौटे आएँ—शर्त बद लो इतनी पब्लिकसिटी औ' वाहवाही लूट चुकने के बाद बदनामी और खिल्ली उड़ने के डर से हुकूमत बात को कतई बाहर फैलने न देगी, बस तुम्हारी पौ बारह हैं यानी ताज तुम्हारे हाथ में औ' न पुलिस का डर, न फौज का। वो बोलें, तो अपनी ही धोती खोलें।

गेंदालाल : यानी पाँचों उँगलियाँ घी में, औ' सिर कड़ाही में। वाह मिस शरीफा, जो सिफत पुरानी बासमती में है वो नए दानों में कहाँ?

रमेश : औ' जो बात पारसी थियेटर की है, वे आज के गानों में कहाँ—

सभी : मुकर्रर! मुकर्रर!

गेंदालाल : तो ये तो हुई इस्कीम। अब आप चारों जो हो, सो आला तालीम याफ्ता हो, सो आप लोग अब आगे विचार करो कि किस-किस को और किस तरह इस चोरी की इत्तला दी जाए, औ' कब?

सुरेश : शुभस्य शीघ्रं मास्टर गेंदालाल जी! चलिए लिस्टें बना लें—पहले तो तमाम बड़े अखबार और न्यूज एजेंसियाँ *(महेश से)* लिख बे। *(महेश लिखने लगता है।)*

नीता : रेडियो और दूरदर्शन...

रमेश : वे नहीं घोषणा करेंगे जब तक उन्हें ऊपर से स्वीकृति न मिल जाए। लिखो तमाम विपक्षी पार्टियाँ और उनकी तमाम प्रामाणिक, अप्रामाणिक शाखाएँ...

सुरेश : डिस्ट्रिक्ट पुलिस मुख्यालय और कमिश्नर तथा कलेक्टर। लिखा?

महेश : हाँ। कोई और?

सुरेश : मेरी समझ से तो इतने काफी हैं। उनकी प्रतिक्रिया जानने को अगले दिन के अखबार हैं ही। क्यों?

सभी : ठीक है।

शरीफा : अजी मास्टर जी, मैं तो भूल ही गई थी—वो बाबाजी ने एक आतशी शीशा न दिया था, हमारे इधर आते दम? क्या वो इन बच्चों के कुछ काम आ सकेगा?

गेंदालाल : अरे वाह! क्या खूब याद दिलाई। *(चारों से)* रंगीले छबीले बाबा ने एक चमत्कारी आतशी शीशा हमें ऐसा दिया हुआ हैगा कि जिसे गुरुमन्त्र पढ़कर काले कपड़े पर फोकस करो तो आनन-फानन दूरदराज बैठे जिनको भी देखना-सुनना चाहो टेलीविजन के पर्दे की तरह देख लो। हम दोनों पहले अक्सर उससे मुल्क-भर के नाटक देखते रहे—अब जब से अच्छी कम्पनियाँ बन्द हुईं, किसी चैनल पे नए सनीमे या लोकसभा की कार्यवाही भर कभी-कभार देख लेते हैं। निकालियो जरा।

महेश : कैपिटल। पहले हम भेजें चोरी की वार्निंग, फिर यहाँ बैठकर जान लें दुश्मनों की प्रतिक्रियाएँ—क्या बात है। दिस इज़ सस्पेंस। दिस इज़ लक।

सुरेश : तो चलो करें शुरू—नीता, तुम हिन्दी और अंग्रेज़ी दोनों में सोचो कि क्या मैसेज होगा—रमेश, तू फोन सँभाल पब्लिक बूथ पर। हाँ, माउथपीस पर रूमाल जरूर रख लेना और महेश, तुम ताज का नक्शा कहीं से प्राप्त करो।

[सबका सोचने का नाट्य। परदा गिरता है।]

दूसरा अंक

दृश्य : 1

[स्थान वही। गेंदालाल स्टेज के बीचोबीच आतशी शीशा लिये बैठा है। उसके बगल बाकी लोग बैठे हैं, सामने एक छोटा काला कपड़ा बिछा है। दाएँ विंग्स से अखबारों का बड़ा पुलिन्दा उठाए नीता का प्रवेश।]

नीता : *(धड़ाम से अखबारों का पुलिन्दा नीचे डालकर ईवनिंग न्यूज बेचने बालों की तरह एक अखबार लहराती हुई)* लीजिए, पढ़िए देश-भर को हैरत औ' दहशत से भर देने वाली सनसनीखेज धमकी।

शरीफा : आहिस्ता-आहिस्ता बेटी! सैकड़ों-दुश्मन लगे हैंगे इधर-उधर। किवाड़ फेर दिया, ठीक से?

नीता : जी हाँ।

शरीफा : जरी पढ़ियो मास्टर, क्या कहते हैंगे ये अखबार वाले?

गेंदालाल : बहराम, चल दस्त-बदस्त जंग में दोबारा सोहराब की रहनुमाई कर। सोहराब की फतह, तेरे इन्तकाम की फतह-मुहब्बत पीछे हट। फर्ज आगे बढ़।

शरीफा : गुस्तहम! तुम्हारा हर लफ्ज खतरे का ऐलान कर रहा है, पर अखबार से पढ़ के पूरा कहो कि क्या-क्या हुआ?

गेंदालाल : अए दिले नेकबख्त दुई को छोड़ होजा, औ' याद कर ऊपर वाले को जिसने कि ये शै बनाई—रब की शान न्यारी—मैं

वारी बलिहारी। *(चुपचाप नीता से)* पढ़ियो बेटी, अपनी ज़रा अंग्रेज़ी की स्पेलिंग कमजोर हैगी। मिस डेज़ी न्यू अल्फरेड वाली हमेशा छेड़ा किए थी कि तुम सीख चुके अंग्रेज़ी।

शरीफा : *(कुढ़कर)* इनको तो वो फिरंगन याद आवे है जो अभी भी मोर से कूका किए है। उफ्फोह! फिर उसी नसीबों जली का जिक्र-नीता, पढ़ियो बेटी, किसने किया हंगामा? गैरत ने? किस्मत ने? हिम्मत ने?

नीता : ये देखिए, शरीफा बी, यह अंग्रेज़ी का मशहूर अखबार दो इंची लफ्जों की हैडिंग दे के चीखता है—'अब प्यार के अनमोल प्रतीक ताज पर भी आतंक का शिकंजा'! गुमनाम गुट की धमकी—*(पढ़ती है)* क्या दुनिया से प्रेम और सुन्दरता मिट जाएगी? क्या भारत अपने माथे का जगमगाता रतन, अपना ताजमहल—अपनी सबसे अनमोल कला-धरोहर खो बैठेगा? क्या हम देखते रहेंगे और देश की संस्कृति लुट जाएगी? भारतवासियों, जागो! वेक अप इंडियंस!

सुरेश : *(दूसरे अखबार से पढ़ता है)* 'ताज की सुरक्षा के सवाल पर विपक्ष द्वारा वाक-आउट'! सदन के इस सत्र की आज यह सबसे गहमागहमी भरी बैठक रही—माकपा के श्री लेनिन चटर्जी ने अपनी जोशीली तहरीर में दावा किया कि इस नापाक साज़िश के पीछे अमरीकी पूँजीवादी साम्राज्यवादी एजेंसियों का हाथ है—इस पर भा.क.पा. के श्री ज.पा.स.पा. जो तीन दिन पूर्व अपनी नई पार्टी बना चुके हैं, ने आक्रोश प्रकट करते हुए माननीय सदस्य से कुछ ऐसे शब्द कहे जिन्हें बाद को संसद की कार्यवाही से निकाल दिया गया। ज.पा., स.पा., ट.पा., क.पा. ने कहा कि यह साफ के.जी.बी. की साजिश है, और इसकी जड़ें सीधे मास्को तक पहुँची हैं—

महेश : *(तीसरा अखबार उठाकर)* इसने तो पूरा एडीटोरियल पहले पन्ने पर दिया है—एक विख्यात कला-समीक्षक का। *(पढ़ता है)* 'बीसवीं शताब्दी के इस आखिरी दौर तक

पहुँचते-पहुँचते साहित्य और कला की दुनिया को भी आतंकवाद ने अछूता नहीं छोड़ा। यह अनायास नहीं है, कि तोड़-फोड़ की नवीनतम धमकी ताजमहल जैसी कलाकृति को लेकर दी गई है। कलादृष्टि की बहुलता पर, और कलाओं के तनाव, द्वन्द्व और सहअस्तित्व-भरे इस अनौपचारिक जनतन्त्र पर इधर लगातार आक्रमण हो रहा है, और आज इस धमकी को देखते हुए लगता है कि हम कला के साथ सहअस्तित्व की बजाए उसके सर्वथा अस्वीकार की ओर बढ़ रहे हैं। ताज को उड़ा लेने की यह धमकी साहित्य और कलाओं की बुनियादी सत्ता को कलाविरोधी चिन्तन की चुनौती है। हम देश के डेढ़ सौ बुद्धिजीवी हस्ताक्षरित अभियान द्वारा देश की सरकार से माँग करते हैं कि हमारी पीड़ा की अनिवार्यता और पवित्र आशय...वगैरा-वगैरा।

उमेश : *(दूसरा अखबार उठाकर)* वाह! यह देखिए, देश के प्रखर चिन्तक-आलोचक और पत्रकार बरुण होरी की व्याख्या–*(पढ़ने को है, तभी)*

सुरेश : यार, ये तो बड़ी कठिन अंग्रेज़ी में घुमा-फिरा कर लिखता है...

शरीफा : सो तो हमारे औ' मास्टर के पल्ले न पड़ेगी–तुम सीदे-सादे लफ्जों में आसान उल्था करते जाव।

उमेश : अच्छी बात है–*(पढ़ता है)* 'राज का ताज और ताज का राज'–जरूरत यह नहीं है कि ताज को आज तस्करों के किस गिरोह से खतरा है–इसका पता लगाया जाए। जरूरत इस बात की है कि पहले यह पता किया जाए कि इस गिरोह के पीछे सत्तारूढ़ दल के कौन-कौन से लोग हैं? हमारे यहाँ के पत्रकार चूँकि होमवर्क करते नहीं, तरह-तरह की अटकलबाजियाँ लगाई जा रही हैं। मैं, यद्यपि इस वक्त राजधानी में नहीं हूँ बल्कि स्विट्ज़रलैंड में छुट्टी मना रहा हूँ–इस वक्त भी अपने भारतीय दोस्तों से ज्यादा जानकारी रखता हूँ। मैं कुछ तसवीरें भेज रहा हूँ, जो मेरे एक बड़े अजीज दोस्त ने तीन महीना पहले ताज के

दरवाजे के पीछे छुपकर खास तौर से मेरे लिए खींची थीं—इन तसवीरों में नम्बर 3 में टूरिस्टों की भीड़ में बाएँ से तीसरा शख्स जो धारीदार कमीज़ पहने है, क्या आपने पहले कहीं देखा है? शायद हाँ-क्योंकि यह है, मशहूर तस्कर हीरापहलवान के साढू भाई पोपट लाल काका, जिन्हें मैंने कल स्विट्ज़रलैंड के बैंक डु नेशनल के आगे संदिग्ध हालत में खड़े देखा—जाहिर है, वे सत्तारूढ़ पार्टी के इशारे पर स्विट्ज़रलैंड से लेकर भारत तक षड्यन्त्रों का भयावह जाल बिछा रहे हैं। पर जैसाकि मैं बार-बार कह चुका हूँ, मैं कोई मसीहा नहीं कि आपकी साधारण जनता की अगुआई या रहनुमाई करूँ। इस सड़ियल व्यवस्था के लिए आप ही लोग पूरी तरह जिम्मेदार हैं—यू ब्लडी फूल्स, वेक अप।

शरीफा : वाह री जुबान-ए-बर्तानिया। यानी चोर भी तू और मोर भी तू ही। हाज़रीन इक नोहा अर्ज है—*(गाकर)*
होरी ने जो कुछ भी लिखा मुल्क में मकबूल हुआ,
फ़िकरा जो भी होरी ने तराशा वही माकूल हुआ।
अंग्रेज़ तेरी बोली पे सदके हैं शरीफा—
होरी ने अखबार पे थूका भी तो बिलड़ी फूल हुआ।

गेंदालाल : मुकर्रर शरीफो! वाह, क्या बात है! अजी, यही तो अदाएँ हमारा—

रमेश : *(एक और अखबार उठाकर)* और सुनिए—ये जनाब एक अलग बॉक्स देते हैं कि कला और संस्कृति विभाग ने इस पर क्या प्रतिक्रिया दी है।

सभी : पढ़ो। पढ़ो।

रमेश : *(गला खँखारकर)* केन्द्रीय कला तथा संस्कृति विभाग के प्रवक्ता ने आज एक पत्रकार सभा में आश्वासन दिया है कि भारत की स्थापत्य कला तथा प्रेम के पवित्रतम प्रतीक ताज तक पहुँचने की दुश्मनों की हर तरकीब नाकाम कर दी जाएगी। उन्होंने सदन को यह जानकारी भी दी कि सरकार के हाथ कुछ ऐसे गुप्त सूत्र लगे हैं, जिनसे साबित होता है कि कार्रवाही का संचालन बहुत बड़े पैमाने पर

एक बहुत धनसम्पन्न विदेशी गुट द्वारा किया जा रहा है, जिसके प्लानों की पूरी जानकारी सरकार को है और उसके विरुद्ध कुछ ठोस कदम उठाए जा चुके हैं। सात कमेटियों की स्थापना कर दी गई है, और सात उप-कमेटियों की भी, और सत्रह वरिष्ठ कर्मचारी कला-तस्करों के बारे में विशेष ट्रेनिंग लेने लन्दन चले गए हैं। सचिवालय के एक वरिष्ठ कर्मचारी ने—जिन्होंने अपना नाम गोपनीय रखने का आग्रह किया है, इस संवाददाता को यह भी बताया है कि सरकार ने 'जाँबाज कलाबाज' नाम से एक कमांडो दस्ते का गठन किया है जिसे ताज के और विशेष रूप से उसकी अनमोल कब्रों की सुरक्षा का दायित्व सौंपा गया है।

[चुप्पी]

गेंदालाल : *(साँस लेकर)* नहीं मालूम राज़े मर्ग दुनिया के तबीबों को! क्यों शरीफा, क्या सोचती हो?

शरीफा : *(कुढ़कर)* मुझसे क्यों पूछते हो—पूछो अपनी मिस मैरीफेंटन और लूसी जेकब से जिनके पीछे कटी पतंग से डोले थे—*(व्यंग्य से)* अंग्रेज़ी सीखने को। *(जाने का उमक्रम करती है)*

गेंदालाल : ठहर, ऐ हसीन मुसाफिर, ठहर! तू कारगाहे तमन्ना को खराब ये यास, निशात को मातमसरा बनाकर कहाँ जा रही है! वापस आ जा ऐ नामालूम जिन्दगी की रहरो, वापस आ, तेरे जाने के बाद दुनिया में सिर्फ फ़रियाद औ' आँसुओं की आबादी रह जाएगी...

[सब शरीफा की चिरौरी करते हैं रुक जाती है।]

गेंदालाल : चलिए गुस्सा थूक दीजिए, औ' जरा आखीर में हम देख लें कि अपना टी.वी. क्या कहता है? *(आतशी शीशा फोकस करता है)*

[टी.वी. अनाउंसर का हाथ में माइक लिये प्रवेश।]

टी.वी. अनाउंसर : नमस्कार। आज के मुख्य समाचारों में है *(इधर-उधर देखती है—जैसे कैमरामैन को इशारा दे रही हो—अचानक पाती है वह टी.वी. पर है। मुस्कुरा कर)* सदन को संस्कृति तथा कलामन्त्री द्वारा ताजमहल की पूर्ण सुरक्षा का आश्वासन, देश का सात हज़ार नौ सौ सत्तरवाँ ट्रांसमीटर झुमरीतलैया में स्थापित, चीन में बाढ़ का आतंक और अर्जेंटीना द्वारा अफ्रीकी देशों की ग़रीबी और बढ़ती आबादी पर चिन्ता व्यक्त।

सरकार ने सदन को पूरा आश्वसन दिया है कि ताजमहल की चोरी की तथाकथित धमकी के मामले की गहराई से छानबीन की जा रही है। ताजमहल की सुरक्षा का पूरा प्रबन्ध किया गया है। वक्तव्य और स्थिति की गम्भीरता को देखते हुए हुए दर्शकों तथा पर्यटकों के वहाँ जाने पर पूरी तरह रोक लगा दी गई है। विपक्षी दल के सदस्यों के यह आपत्ति उठाने पर ताजमहल के चारों ओर तिरपाल की ऊँची बाड़ लगाना गैर-कानूनी है—विभागीय मन्त्री महोदय ने कहा कि स्थिति की गम्भीरता और ताजमहल की पूर्ण सुरक्षा के लिहाज से ही ऐसा किया गया है। सरकारी सूत्रों के अनुसार तिरपाल बनाने वाली कम्पनियों के भेजे टेंडरों को लेकर उठाए गए सवालों में कोई सच्चाई नहीं है। सरकारी सूत्रों ने इस खबर को भी निराधार तथा शरारतपूर्ण बताया कि विदेशी मुद्रा अर्जित करने के लिए भारत सरकार विश्व बैंक के दबाव से ताजमहल को विकसित देशों के गुट के हाथों गिरवी रखने को बाध्य हुई है। सरकार ने सदस्यों को आश्वासन दिया है कि शीघ्र ही विरोधी पार्टियों के मनोनीत सदस्यों का एक विशेष पर्यवेक्षक दल ताजमहल दर्शन को ले जाया जाएगा ताकि इन अफवाहों का खंडन किया जा सके। आज देश का नौ हजार नौ सौ सत्तरवाँ...

[मास्टर गेंदालाल आतशी शीशा लपेटकर रख देता है। अनांउसर का प्रस्थान।]

शरीफा : हूँ, तो कल-परसों में ताज देखने पाल्टी जा रही है।

गेंदालाल : तो शरीफा जानी, ये है कुल सुरत आपके आगे।

नीता : अब आप कीजे कुछ उपाए।

शरीफा : साहबान, दिल ठहराइए, बैठ जाइए, औ' इत्मीनान औ' सहूलियत के साथ वाकयात् को याद फर्माइए—
सोचना रस्ते से तारीकी हटाता जाएगा।
रफ्ता-रफ्ता रौशनी में आता सब-कुछ जाएगा॥

सुरेश : अफ़सोस के सिवा कुछ नहीं। आज बृहस्पतिवार है—ताज पर जुटे संगदिल सात सौ पहरेदार हैं, हम यहाँ इस तरह बैठे हैं, और उड़ाने को बस दूसरा शनिवार है। कैसे होगा? क्या होगा?

महेश, रमेश : *(बारी-बारी से)* अक्ल काम नहीं करती। तुक भी नहीं मिलती, काफिए तंग हैं, फँसे बेढंग हैं

नीता : कहिए-कहिए हमारी अच्छी शरीफा बीं। कोई ऐसी शै सुझाइए कि बिगड़ती सँवर जाए।

शरीफा : *(मुस्कुराती हुई)* प्यारे बच्चो, हमने तो दुनिया से रंजो-खुशी से अपना पूरा हिस्सा ले लिया है, इसलिए इस काम को सुलझाने के खतरे का बोझ हम लेते हैं अपने ऊपर। ए मियाँ माश्टर—

गेंदालाल : हाजिर हूँ, मेरी जान!

शरीफा : भीतर पिटारी से अपना ऐयारी का झोला निकालिए औ' जरा नेता का भेस बना लाइएँ। आगरे जाना होगा हमें।

[गेंदालाल का तुरन्त प्रस्थान।]

सभी : क्या ?

शरीफा : जी हाँ, विरोधी पाल्टी वालों के संग कल माश्टर जी भी ताज देखने जाएँगे, और जेब में होगी उनके—ये शरीफा, औ' आप चारों।

नीता : मैं समझी नहीं?

गेंदालाल : *(नेपथ्य से)* बेगम, ये खंजर और नीमचा भी रख ले साथ में?

शरीफा : अए खुदा गारत करे! अजी हवाई जहाज में तलाशी न होगी क्या? हमें दीजिएगा तो हमारे साथ छुपे रहेंगे।

सुरेश : पर मेरी समझ में तो कुछ नहीं आता...

शरीफा : अए बेटा, गलती तुम्हारी नहीं, इस बेदर्द जमाने की है। इस्कूलों में बजाए मादरी जुबान में उर्दू-हिन्दी सिखाने के, तुम्हारे पे तमाम अगड़म-बगड़म लम्बी-चौड़ी विलायती डिगरियों वाले माश्टर लोग, तुम्हें लगातार विलायती तालीम का रट्टू तोता बनाते चले गए। अंग्रेज़ी डिरामा की तालीम दी पे देसी तरीके के न तिलिस्मी दाँवपेंच सिखाए, न खंजरबाजी, अजी ट्रैजिक में दामन चाक-चाक करने, और कामिक में नाड़ा नचाकर लोट-पोट होने का गुर तो बताया नहीं। मूँ पे मुखौटे लगा कि अलबत्ता जनानियों के से लटके-गटके सिखा दिए। इन्हीं ऐयारी और तिलिस्मी हुनरों के सबब से, खुदा झूठ न बुलवाए, हमारी कम्पनी के डिरामे देखने को भिश्ती लोग मशकें तक बेच देते रहे। एक तमंचा छुटा, औ' गोले से किशुन भगवान् प्रगट हो जाते बंसरी लिये, ड्राप सीन देखो तो उँगली दाँतों तले दबा लो औ' आप लोग? थेटर के नाम पे मुई बेबा की माँग से सूने इस्टेज, औ' उसपे खड़े विलायती नाटकों के हिन्दी तर्जुमे आप बोला करते हो। तभी तो हॉलों में उल्लू बोला किए हैं—उल्लू!

[गेंदालाल का प्रवेश नेता की भूषा में, हाथ में थैला]

गेंदालाल : हजार-हजार शुक्र है परवरदिगार का, मतलब हासिल हुआ मुझ खाकसार का। अभी पुराने दाँव-पेंच आजमाता हूँ, यानी तुम सबको जादुई भभूत से च्यूँटी-सा बनाके हवाई अड्डे पहुँचाता हूँ। वे बना लेंगे हमको सरकारी मेहमान, तो बहुत जल्दी हो जाएगा इम्तिहान। *(शरीफा से)* हम सोचते हैं, मौके को देखते हुए नेता और ज्योतिषी का डबल स्वाँग भरें तो कैसा होगा? पाल्टी चाहे जो हो, ज्योतिषी के आगे सारे नेता नरम पपीता बन जाते हैं, क्यों?

शरीफा : अय मैं निसार! क्या मेरे मुँह की बात पकड़ी है माश्टर! *(उन चारों से)* देखी, माश्टर की अक्ल की बारीकी!

समझदार को बस इशारा काफी है। अब बस उन चंडूलों को पटा के इन्होंने हमें ताज के भीतर पहुँचाया समझो। न हवाई सफर का खर्चा–न पुलिस का चर्चा।

गेंदालाल : *(थैला देते हुए)* ये लीजिए, इनमें हैं खंजर, नीमचा, आतशी शीशा और भभूत की दोनों डिबियाँ।

शरीफा : *(थैला लेते हुए)* बस, अब आप हम पाँचों पे छिड़किए भभूत औ' धीमे से रूमाल से उठा के जेब में डाल लीजिए, औ' ताजमहल के भीतर किसी कोने में हमें खड़ा करके बस पुराने सैज (साइज़) में तब्दील कर दीजै, बाकी हम सँभाल लेंगे। *(चारों से)* बेटा, तुम लोग भीतर जाके दुछत्ती पर से गेंती-फावड़ा, बाल्टी औ', रस्सी उतार लो, हम दोनों भी अभी वहीं आते हैं, बगैर तामझाम के, भभूत डलवाने।

[चारों का प्रस्थान]

शरीफा : *(गेंदा से)* बस मास्टर, हमारे दिल में धुकधुकी है, तो हवाई अड्डे के कोतवाल को लेके, वह पास दे दे, तो फतह अपनी।

गेंदालाल : खुदा की शान, मेरी जान! कोतवाल की क्या है आन, जो बिगाड़े हमारी शान? मैं क्या लगता हूँ चोर, जो वो काट देगा शोर? अरे नेताओं की दुम पकड़ के तो कैसे-कैसे तर गए पुलिस की वैतरणी। तुम फिकर न करो।

शरीफा : अच्छा-अच्छा मियाँ शेखी वाले, अब तो हम पड़े हैं आपके पाले। कीजे बस ऐसी चतुराई, कि मान जाए सारी खुदाई।

गेंदालाल : आमीन!

[दोनों का प्रस्थान। परदा गिरता है।]

दृश्य : 2

[स्थान गेंदा मास्टर की बरसाती। छहों बैठे हैं—बीचोबीच एक बैग रखा है। सब ठट्ठा मारकर हँस रहे हैं।]

गेंदालाल : तो खैर, हम सब तिरपालों से घिरी बाड़ के भीतर औ' माकपा के नेताजी जपाहपा के प्रतिनिधि से बोले कि सत्य है बन्धु, ताजमहल तो यहीं का यहीं है। लगता है, यह भी सत्तारूढ़ दल की चाल थी कोई, अब चलो बाहर चलकर गर्म चाय पी जाए। बस, हम क्यूँ पीछे रहते। अपना ज्योतिषी का भेष रंग पकड़ चुका ही था, सो बोल पड़े के ताज की कुंडली में मार्कण्डेय योग हैगा—सूर्य बुध से और शनीचर मंगल से सपोर्ट पा रहा है, अभी राहू का जो खतरा है, सो आते-आते टल रहा है।

शरीफा : अय-हय, वहाँ दम घुटा जा रहा था हमारा, तुम्हारी बीड़ियों के बंडल के बगल में पड़े-पड़े—औ' तुम थे कि उन्हीं से गिटपिट किए जा रहे थे—ये नहीं कि तनिक ओट में जाकर हम पाँचों पे भभूत डाल दो। बस, ज्योतिष पे ज्योतिष!

नीता : हमें तो पता नहीं था कि आप ज्योतिष भी जानते हैं।

शरीफा : ऐ हैं, जानते हैं, मेरा सर। ये पैदायशी एक्टर ठहरे—जानते हैं कि ये सारे नेता ज्योतिषियों के दीवाने हैं। सो जहाँ देखा कि इन पे शुबहा है, वहाँ चालू हो गए राहू-शनीचर-मंगल ले के।

गेंदालाल : बस उसी से तो चंडूल को मैं हत्थे चढ़ा ही रहा था, कि तुम लोगों ने जेब के भीतर से बेशुमार च्यूँटियाँ मारनी

शुरू कर दीं। मैं बोला बमुश्किल, बाथरूम-बाथरूम औ' भागा। *(ठहाका)* खैर, वो सब तो टल गया, ये बताओ कि हमारी पाल्टी विदा होने के बाद आप लोगों पे क्या-क्या बीती?

सुरेश : क्या-क्या नहीं बीती, ये पूछिए...

नीता : छह घंटे तो छिपकलियों की तरह दीवारों से चिपकते और गारद से बचते हुए बीते।

रमेश : फिर अँधेरा घिर गया तो हम काम में लग गए, पहले जैसा कि शरीफा बी ने कहा, रस्सी का एक फन्दा बनाकर लटकाया—

शरीफा : *(छाली काटती हुई)* अजी कमन्द कहो, कमन्द। हाँ तो एक तो कमन्द लटकाया हमने, के लगे, हाँ लुटेरे इस पे से आए-फिर एक कोने में गड्ढा-सा बनवा दिया, फव्वारों के पास, ताकि लगे के नींव खोदने की कोशिश भी हुई है—फिर बड़े-बड़े निशान बनाए इधर-उधर औ' बस, फिर फावड़ा-गेंती वहीं छोड़ के आके चुप्पे से होटल में सो रहे।

गेंदालाल : शक नहीं हुआ किसी को?

शरीफा : अजी कहाँ से होता—भभूत जो डाल ली थी फिर से इन चारों पे—ये नन्हे मुन्ने बना के चारों खीसे में रखे, औ' निकल आई।

गेंदालाल : गारद ने टोका नहीं?

शरीफा : वाह, पुरानी ऐयारी के कमाल क्या बिसरा दिए? मैंने भेस बनाया गारद का, औ' चुप्पे से निकल आई। वैसे अधनींद तो सभी थे। मुए उस वक्त भोर का तारा भी न डूबा था तब तलक।

गेंदालाल : हाँ, सुभे सात बजे की खबरों में ही हमने सुनी थी कि आपकी कारस्तानी...

महेश : जी हाँ, अगली सुबह अखबारों में, टी.वी. पर हर जगह चर्चे-ही-चर्चे कि तस्कर आए तो सही, पर चाक-चौबन्द मामला देखकर भाग गए। क्या बताएँ, कैसी मसखरी हुई सुन के।

गेंदालाल : पाँच हजार रुपे बख्शीश इधर खरी हुई। कुछ ऊटपटाँग जन्तर-मन्तर पढ़ के हमने सरकारी लोगों से कह दिया कि जाओ, अब ताज की ईंट भी नहीं चुरा सकता कोई। रेडियो पे खबर कर आना था कि होटल में एम.पी., ऐमेले, मिनिश्टरों के ठट्ठ-के-ठट्ठ ज्योतिषी की चरनों की धूल लेने उमड़ पड़े *(शरीफा को थैली देता है)* लो सँभाल लो, पूरे बीस हजार का चढ़ावा हैगा। बेचारे अब पछताते बैठे होंगे। उस वक्त तो...

सुरेश : जी हाँ, पुलिस अधिकारियों की धड़ाधड़ तरक्कियों की घोषणा हो गई—गारद को महीने भर की तनख्वाह का बोनस मिला—इंटरव्यू दे-दे के संस्कृति विभाग के सन्त्री से लेकर मन्त्री तक सबका गला बैठ गया।

[चुप्पी]

शरीफा : बस दो सब अपनी-अपनी पीठें ठोंकते हुए घूम रहे थे, गाफिल हो चुके थे, तो जभी हमने फिर हाथ मारा। इस बार भेस बनाया मैंने मेम का, औ' कैमरे के खोल के भीतर बिठा लिये, ये चारों। अमावस की रात को सब बेखबर थे, दूसरे दिन था महीने का दूसरा शनीवार, तीसरे दिन इतवार। बस। बात-की-बात में भभूत डाल के ताज को ऐसा *(बैग से ताज का छोटा मॉडल निकालती है)* बनाया, औ' लपेट-लुपूट के यह जा, वह जा। हम तो हाल-की-हाल में बस पकड़ के वापस आपके पास आन पहुँचे—औ' वहाँ इस वक्त सुन-गुन हो रही होगी। जाने क्या करते होंगे ये जान के कि पंछी पिंजरा तोड़ के जा उड़ा।

नीता : बाबा रे, तब तो असल खतरा अब शुरू हुआ, पूछताछ, पकड़-धकड़।

गेंदालाल : अजी साहब, अब क्या खाके हल्ला मचाएँगे? नाक न कट जाएगी सबकी? अभी उनकी जश्नों-दावतों के चूल्हे तक ठंडे न पड़े होंगे। यकीन न आए तो आतशी शीशे से देख लो। *(फोकस करता है—सब पास सिमट आते हैं। बत्ती कम होती है, फिर जब तेज़ होती है, तो दाईं ओर एक*

लकड़ी की मेज़ है जहाँ कुर्सी पर जिला अधिकारी बैठा है—उसके सामने एक चपरासी खड़ा है। मेज़ पर रखे प्लेकार्ड पर बड़े शब्दों में लिखा है—उच्च ज़िला अधिकारी।)

कर्मचारी : गुड मार्निंग सरकार!

अधिकारी : तुम्हें ठीक से अंग्रेज़ी में उच्चाधिकारियों को सम्बोधित करना नहीं आता?

कर्मचारी : नहीं सरकार। हाल की सरकार बदलने तक तो जेई चलता रहा।

[अधिकारी उठकर बेंत बजाता हुआ मेज़ के तले इशारा करता है]

अधिकारी : वहाँ देखा? क्या है? बोलो? *(कर्मचारी झुककर देखता है)* देखा, कितनी धूल पड़ी है?

कर्मचारी : देखी तो नहीं, पर आप कहते हैं तो होगी सरकार। जरूर होगी—हैः है! आपके चरणों की धूल से तो बड़े-बड़े तर जाएँ। मुख्यालय की क्या बात है? और कहाँ-कहाँ है सरकार, जरा हम भी देख लें।

अधिकारी : मैंने कहा नहीं कि है?

कर्मचारी : हाँ, सरकार, है। जरूर है। जहाँ चरण, वहाँ धूल।

अधिकारी : तो दोबारा क्यों पूछते हो?

कर्मचारी : दोबारा क्या, सरकार?

अधिकारी : पूछा कि नहीं तुमने?

कर्मचारी : क्या पूछा सरकार?

अधिकारी : हमारी मुर्गी बनाता है हरामखोर! अब इससे दोबारा वही कहलवाना चाहते हो? हैं? तुम सोचते हो कि मैं तुम्हें बर्खास्त नहीं कर सकता?

कर्मचारी : बुरा न मानें सरकार, आप डिपार्टमेंट के सिकेट्री को बरखास्त करा सकते हैं, पर चपरासी यानी चतुर्थ श्रेणी को नहीं।

अधिकारी : तुम्हें मुझे यह बताने की जरूरत नहीं।

कर्मचारी : अरे नहीं सरकार! मुझे मालूम है कि आपको सब मालूम है सरकार!

अधिकारी : निरे मिट्टी के लोदे हो तुम भी। जाने कहाँ से छाँटकर ऐसे-ऐसे घनचक्कर मेरे अंडर भेज दिए जाते हैं, जाने कौन छाँटता है इन्हें?

कर्मचारी : किन्हें सरकार?

अधिकारी : खबरदार, हमसे जवाब तलबी न करो।

कर्मचारी : मैंने सोचा था—

अधिकारी : *(बात काटकर)* तुम सरकारी मुलाजिम होके भी नहीं जानते क्या कि तुम्हें सोचने की तनख्वाह नहीं मिलती? *(सोचकर)* वैसे तुम चतुर्थ श्रेणी वाले डरते-वरते तो हो नहीं हम सबसे। हम अफसर ही आते-जाते रहते हैं पर तुम सब तो अपनी-अपनी जगह पे ध्रुव तारे की तरह अटल हो। क्यों? दो-चार ट्रक तो जोड़ ही ली होंगी अब तक? चार छह दुकानें, पाँच-सात मकान?

कर्मचारी : हुजूर की दया है, खाने-पीने भर को हो जाता है। कभी घर का घी लाऊँगा। हमारे इलाके का घी बड़ा मशहूर है।

अधिकारी : ठीक है, ठीक है। तुमने सुना था कि क्या स्थिति है, उधर पड़ोसी इलाके में?

कर्मचारी : भारी गश्त जारी है हुजूर, परिन्दा भी पर नहीं मार सकता ताजमहल के हाते में। टूरिस्ट-फूरिस्ट सब बन्द हैं।

अधिकारी : हूँ ऽ ऽ। जमाना खराब है—चौकसी हम लोगों को ही रखनी होगी, दिन-रात। एक तो ऐसी-वैसी धमकियाँ, ऊपर से जान खाने को ये अखबार वाले छोकरे हैं—*(नकल करता है)* अपराधों की संख्या कितनी बढ़ी? आज कितनी चोरियाँ हुईं? कितने कत्ल हुए? कितनी बहुएँ जल मरीं?

कर्मचारी : मेरा खयाल है हुजूर, ये चोरी की धमकी—उनकी गीदड़ भभकियाँ-भर हैं, होने-हवाने का कुछ नहीं-ऐसे ऐलान करके भला इतनी बड़ी चोरियाँ होवे हैं? अजी, चोर-डाकू क्या कानूनी सम्मन भिजवा के आवे हैं?

अधिकारी : भाई, चोर भी आजकल शातिर हो गए हैं, फारेन अपराध फिल्मों के वीडियो देख-देख के। टेकनीक भी विदेशी लगते हैं अब। कब से मैं कह रहा हूँ कि हर जिला मुख्यालय में वीडियो की सुविधा दी जाए, इनकी चालों की काट को

हम भी तो सीखें कुछ-साला सक्सेना हर बार लँगड़ी मार देता है। मुकद्दर का सिकन्दर है बच्चू! बड़ा जिला पा गया। गश्त का इंचार्ज बनवा दिया था। सोचा था। चोरी हो गई तो दुनिया-जहान दोनों से जाएगा पर वहाँ चौरे भाग खड़े हुए। अब हर जगह डंका बज रहा है। *(कर्मचारी से)* चलो, एक नज़र हम भी मार आते हैं। अरे, इन्तजाम में हमारा भी तो हाथ था न! जीप बुलाओ। *[तभी फोन बजता है।]*

कर्मचारी : हलो! हैं? क्या कहा? हजूर मन्त्री महोदय का– *(अधिकारी फोन छीनकर)*

अधिकारी : हऽ ऽ हलो ह हजूर! प्रणाम। क्या? अच्छाऽ ऽ ऽ! कब? कैसे? अभी-अभी तो विपक्षी दल ने सर्टीफाई किया कि वहीं है?–अच्छा। *(फोन रखकर अट्टहास)* हा हा हा! यही होना था सक्सेना का अंजाम।

कर्मचारी : औ' आपका बददुआओं-भरा इन्तकाम।

अधिकारी : ग़जब।

कर्मचारी : सितम।

अधिकारी : अबे सुना तूने, ताजमहल की चोरी हो गई। उच्चालय से फोन था। पूछ कि कैसे हुई?

कर्मचारी : हुजूर, यह मैं क्या जानूँ–ये तो चोरों से पूछिएगा।

अधिकारी : सक्सेना! अब तू मज़ा उठाएगा। *(व्यंग्य से)* इंटरव्यू देंगे। मैडल लेंगे। लगा स्साले टीन का मैडल। ओलंपिक खिलाड़ी कहीं का! भोंगा लगाकर सुनाऊँगा सबको तेरी दास्तान। *(फोन फिर बजता है।)*

अधिकारी : हलो! हलो! जी? ज्जी हाँ। जी जी, जी नहीं, एकदम नहीं। नहीं श्रीमान्, कतई नहीं। इन होंठों पर लगी है मोहरे खामोशी। जी नहीं कतई– *(फोन कट जाता है।)*

अधिकारी : *(मरियल स्वर में)* मन्त्री जी के यहाँ से फोन था। यह खबर कतई आउट नहीं करनी है–वर्ना *(गर्दन पर उँगली से काटने का निशान बनाता है।)* सारे इनाम, बख्शीशें वैसे ही बटेंगी।

कर्मचारी : क्या हुजूर?

अधिकारी : उच्चालय के निर्देश। चुनाव सर पे हैं। ताज की चोरी हो गई कहने से जो तारीफ मिली है—एकदम कट जावेगी।

कर्मचारी : सो तो है।

अधिकारी : अबे सक्सेने! तू फिर मेरे हाथ से निकल गया।

कर्मचारी : बेशक हुजूर!

अधिकारी : कमीने! तू निकल जा यहाँ से। मुझे मेरे हाल पे छोड़ दे।

कर्मचारी : हुजूर, अफसर को चतुर्थ श्रेणी कर्मचारी को डंडे की तरह सदा साथ रखना चाहिए, न जाने कब काम...

अधिकारी : साला! डंडे का बच्चा! निकल बाहर, वर्ना चबा जाऊँगा तुझे कच्चा।

कर्मचारी : नहीं हुजूर, ऐसा न करना...

अधिकारी : अबे तू जाता है कि नहीं? खड़ा-खड़ा मुँह क्या ताकता है?

कर्मचारी : हुजूर को दिलासा देने के लिए।

अधिकारी : मुझे तेरे दिलासे की जरूरत नहीं।

कर्मचारी : हुजूर, आपको दिलासे की सख्त जरूरत है।

अधिकारी : तू परे हो जा, वर्ना मेरा हाथ होगा, औ' तेरी गर्दन।

कर्मचारी : जो आज्ञा।

अधिकारी : सक्सेने! मैं तेरा खून कर दूँगा।

कर्मचारी : मगर खबर बाहर न जाने पाए। *(धृष्टता से हँसता है।)*

अधिकारी : नामाकूल! बदमाश! फितने!

[पीछा करता है—कर्मचारी का पलायन। उजाला।]

शरीफा : ये लो—
साहिबे ताज गए, मुफ्लिसो मुहताज गए,
ये भी जाते हैं अगर, कल न गए आज गए॥

गेंदालाल : तो चलिए, ये डर तो दूर हुआ कि यह चोरी उजाले में आएगी औ' पकड़-धकड़ होगी अब आगे माल के बेचने का कीजै परबन्ध, तो मिटे दन्द। आगे का क्या कुछ सोचा है?

सुरेश : ऐसा है उस्ताद कि कुछ भी बेचना हो आज तो बेहतरीन दाम तो बाहरी मुल्कों से ही मिल सकते हैं। अपने यहाँ तो आप जानते हैं—हुज्जत-तकरार, इसका हिस्सा-उसका हिस्सा, टैक्स-फैक्स...

रमेश : इसी से हम दे रहे हैं अमरीका, जापान, ईराक औ' ईरान, यूरोप औ' अफ्रीका, खड़ी के मुल्क औ' लातिन अमरीका में जंगी इश्तहार...

नीता : *(एक कागज़ उठाकर पढ़ती हुई)* 'फिर न कहना खबर न हुई। बिकाऊ है, बिकाऊ है दुनिया का एक बेहतरीन एक आलीशान अजूबा। सदी में पहली औ' आखरी बार। मौका न गँवाएँ। खतो-किताबत के लिए, यह रहा पता स्विट्ज़रलैंड का—पो.बा.नं 420, लोलोफर श्ट्रासे, बैंक डुनेताविले, स्विट्ज़रलैंड। ध्यान रहे कि बिकाऊ माल दुनिया की प्रसिद्धतम इमारतों में है—इसलिए सीलबन्द लिफाफों में ही टेंडर भेजें—स्वीकृत टेंडर की धनराशि यू. एस. डालरों में किस बैंक के बिना नम्बर के अकाउंट में जमा कराई जा सकेगी—इसकी सूचना टेंडर खोलने के बाद दी जा सकेगी।'

शरीफा : बहुत खूब! तो इसे तो डाक से करो रवाना, औ' अब आके खाओ गर्मागर्म खाना। *(सब उठते हैं)*

गेंदालाल : वाह, यह हुई न बात! हाँ, एक बस बात बताइए, ये स्विट्ज़रलैंड का पता जो है—सो...

सुरेश : वह नीता के भाई साहब का है—वहाँ पहुँची कुल डाक उनके कर्मचारी हमें रिडायरेक्ट करा देंगे। नीता अपने भाई को उनके पन्द्रहों ठिकानों पर लिख चुकी है।

नेंदालाल : बहुत खूब! *(ताज को उठाकर लपेटता हुआ)*

शुक्रे अल्लाह के मिली ऐसी अमानत हमको,
आ मेरी जान गले से मैं लगा लूँ तुझको।
जानेमन ऐसे न देखे थे सनम पत्थर के,
संगमरमर के हों जो, सितमगर सनम पत्थर के॥

[वाहवाही की झड़ी लगाते सबका प्रस्थान]

[परदा गिरता है।]

तीसरा अंक

दृश्य : 1

[स्थान गेंदा मास्टर की बरसाती। छहों बैठे हैं। सामने कई खुले-अधखुले पत्र पड़े हैं। पानी बरस रहा है। बिजली चमक रही है।]

शरीफा : मुआ मेंह है कि थमने पर ना आए है—सुबह से मेरी दाहिनी आँख फड़क रही है—अल्ला खैर करे!

सुरेश : मास्टर जी, ये तो ऐरे-गैरे-नत्थू-खैरों के ही हैं सारे-के-सारे। इश्तहार तो हमने सभी बड़े-बड़े अखबारों में दे दिया था। जो कुछ अच्छी रकम औफर भी करते हैं, उनकी नीयत ठीक नहीं लगती।

रमेश : मैं कहता तो था कि टी.वी. पर भी दो।

महेश : उफ्फोह यार! सचमुच के पैसे वाले मुल्कों में लोग अब टी.वी. कहाँ देखते हैं? बहुत हुआ तो वीडियो देख लेते हैं टी.वी. देखा जाता है अब सिर्फ हमारे यहाँ झुमरीतलैया, गंज बसौदा, जालौन, दतिया और चुरू में। और हमें-तुम्हें अपनी 'टार्गेट आडियंस' तीसरी दुनिया के इन मरभुखों में नहीं, पहली दुनिया के उन पूँजीपतियों में ढूँढ़नी है, जिन्होंने लन्दन के पूरे पुल को हवाई जहाज में ले जाकर अमरीका के टैक्सास में लगा दिया है।

रमेश : हाँ जी, अपने यहाँ तो आजकल होज़री सेलों के या शादी की एजेंसियों के ही विज्ञापन फल सकते हैं। ज़रा उनकी भाषा में सोचो तो सही—'ताज वही जो सरताज दिलवाए। फिर न कहना खबर न हुई।'

नीता : वैसे भी इस वक्त दुनिया-भर में मन्दी का ज़ोर है, सिर्फ डॉलर ऊपर जा रहा है। यह देखो, एक ऊँची 'बिड' आई है हालीवुड से, एक फिल्मी तारिका का सोलहवाँ पति उसे लिज़ टेलर के हीरे से भी ज्यादा कीमत का तोहफा देना चाहता है—दाम लगाया है पाँच हजार करोड़।

शरीफा : ऐ हैं, अजी मुहब्बत का तोहफा हालीवुड न जाने देंगे हम। सात बरस में सत्तर तलाक होते हैंगे मरो के। कम्बख्त क्या ताजमहल उस जलमुँही के गले में लटकावेगा? या कि ब्याह की अँगूठी में जड़ेगा? *(पीक थूककर)* मरी फिरंगनों का क्या भरोसा? कहीं लाल-पीले रँगों से पुतवाकर जुआघर न बना डालें—परसों पहाड़गंज में मैंने एक फिरंगन को बटुवे की बतौर पानदान हाथ में लटकाए देखा। ना जी ना। और पढ़ो—

नीता : *(दूसरा खत उठाती है)* ग्रीस में कॉर्फू के द्वीप पर रहने वाले एक झक्की अरबपति के वकील का खत है कि वे इसे खरीदना चाहते हैं, पर पहले उनके भेजे डॉक्टर इमारत पर कीटनाशक दवाएँ स्प्रे करेंगे, ताकि तीसरी दुनिया के कीटाणु वहाँ न जा पहुँचें और उसे द्वीप पर कैसे फिट किया जाएगा, इसमें भी उन्हीं की मर्जी चलेगी।

गेंदालाल : अजी, राम भजिए। अंट-संट विलायती दवाओं से हमने नास नहीं करानी अपनी चीज़-बस्त। सुना नहीं कि अपने मुल्क में किसी कीटनाशक इस्प्रे से मुहब्बत नगर में लाखों की फसलें सूख गईं।

हाय मुमताजों-शाहेजहान की मुहब्बत की आखिरी धड़कन। अब तुम पे फिलिटो डी.डी.टी. की फुहारें होंगी।

अजी नहीं। अरे, खालिस हिन्दोस्तानी मुहब्बत की इस पाक यादगार को इन नापाक फिरंगी दवाओं से हमें बचाना ही होगा, वर्ना इश्क के नामलेवा न रह जाएँगे शरीफा—गेंदा जैसे। आए हाए! कुफ्र है। कोई और ग्राहक तजबीज कीजै।

नीता : ये हैं जर्मनी की एक मशहूर गोश्त की चीज़ें यानी मीट प्राडक्ट बनानेवाली कम्पनी के सालिसिटर की चिट्ठी—वो

बीस हजार करोड़ डालर तक दाम देने को राज़ी है–बशर्ते कि बिल्डिंग पर पहले वे अपनी कम्पनी के बोर्ड चारों ओर टाँग के तसल्ली कर लें कि उसका विजुअल वे अपनी कम्पनी के कीमे और तिक्का-बोटियाँ बेचने के लिए विज्ञापनों में इस्तेमाल कर सकते हैं या नहीं।

रमेश : गजब!

सुरेश : सितम!

गेंदालाल : एकदम नहीं। उफ! कलेजे पे साँप लोटते हैं सुनके कि ताज के गुम्बद पर बूचड़खाने का बोर्ड टँगेगा।

नीता : तब तो बड़ी दिक्कत है। हालीवुड वालों को नहीं, यूनानी लखपतियों को नहीं, जर्मनी की कम्पनी को नहीं...

सुरेश : इन हालात में तो ताज कभी बिक ही नहीं पाएगा।

शरीफा : रुको, ज़रा चाय पी जाय गर्मागर्म तो दिमाग के बन्द दरवाजे शायद खुलें...

गेंदालाल : ये हुई न बात!

सुरेश : चलिए, मैं हाथ बटा दूँ–ये डिबियाँ भभूत वाली *(देता है)* ताज कहाँ है?

गेंदालाल : भीतर रखा हैगा, किरासन के पीपे के बग़लवाली तिपाई पे।

शरीफा : ए है–अक्ल तुम्हारी घास चरने को गई है क्या म्याँ? तमाम गन्धाने लगा मिनटों में। कालिख लगेगी सो अलग। जो काम मथुरा का कारखाना न कर पाया उसे अब तुम करोगे। *(सुरेश से)* बेटा, उसे हौले से उठा के भीतर अलगनी पर टँगी पुरानी लुंगी में लपेट दो–औ' फिर बैग में धर के उधर चारपाई के पैताने रख देना आहिस्ता से।

[प्रस्थान]

नीता : तो ये तो...

[जोरों से दरवाजा खटखटाने की आवाज़। सब अचरज से परस्पर एक-दूसरे को देखने लगते हैं।]

रमेश : अब कौन आ टपका इस वक्त–कहीं पुलिस न हो!

नीता : मैं देखती हूँ। *(दबे पाँव जाकर झाँकने का नाट्य)* भाई साहब!

गेंदालाल : कौन?

नीता : बब्बर भाई साहब। मेरे बड़े भाई। स्विट्ज़रलैंड वाले।

[दरवाजा खोलने लगती है।]

रमेश : ठहर बेवकूफ, यह हज़रत आज यहाँ टपके कैसे? साथ में कोई है?

नीता : *(फुसफुसाकर)* दो बाडीगार्ड हैं—हमेशा रहते हैं। लोकल लगते हैं *(फिर देखकर)* बैग पर हवाई कम्पनी का बिल्ला लगा है। लगता है, अभी आ रहे हैं। *(सबसे)* तुम सबको बहुत-बहुत सावधान रहना होगा, *(दरवाजा खोलती है)*

[बब्बर का प्रवेश—साथ में दो गुंडे टीटो और पीटो।]

नीता : भाई साहब।

बब्बर : क्या बात है, हाथों में मेहँदी लगी थी तुम सबके? *(गुंडों से)* टीटो! पीटो! तुम लोग दरवाजे के पास पोजीशन ले लो—खबरदार, परिन्दा भी पर मारने न पाए। हाँ, फोन लगा दो।

दोनों गुंडे : यस बॉस! *(एक पोर्टेबल फोन पास में रख देते हैं।)*

बब्बर : *(उपस्थित लोगों से)* आप सब पढ़े-लिखे सभ्य लोग हैं—उम्मीद है, आप हमें जोर-जबरदस्ती का मौका नहीं देंगे।

नीता : भैया!

बब्बर : चुप कर बेवकूफ! अपनी बेनाम माँ का असर है तुझ पर, जो कि तू ऐसों के बीच अपनी जगह बनाए बैठी है।

नीता : भैया!

बब्बर : हाथ लगी है पूरे-की-पूरी सोने की खान, और बेच रही है, उसे गुदड़ी बाजार में! जभी हिन्दुस्तान तरक्की नहीं कर पाता। *(गेंदालाल से)* चल बे भड़वे, माल निकाल। भाड़ में जाए इश्को-मुश्क के तुम्हारे थियेटर चर्चे। हम खालिस

दौलत की ढेरी से सौदा पक्का कराएँगे माफिया की मदद से।

गेंदालाल : जुबान सँभाल के म्याँ—यहाँ भी बहुत दाँव खेले हैं...

नीता : *(फुसाफुसा के)* मास्टर जी, सँभल के—भैया माफिया के नम्बर दो बॉस हैं—

बब्बर : अब नम्बर एक बेवकूफ। पुराने बॉस 'जोकर' की लाश ब्रांक्स नदी में मछलियों का चारा बन रही है इस वक्त, हा हा हा।

[शरीफा का चाय की ट्रे समेत प्रवेश]

शरीफा : ये शोर-शराबा कैसा? अएँ! स्टोव की भर्र-भर्र में कुछ सुना नहीं, स्टोव बुझाया तो...

बब्बर : ऐ बुढ़िया, ये टर्र-टर्र बन्द कर और ट्रे रख नीचे। *(गेंदालाल से)* बुढ्ढे, तू इधर जा। *(गेंदालाल को बन्धक बनाकर कनपटी पर पिस्तौल रखता है। शरीफा से)* देख, अक्ल से काम ले, वर्ना तेरे इस भड़भूजिये का भेजा छत पर चिपका नज़र आएगा।

शरीफा : हाए मेरा माश्टर, तू किस हाल में है!

गेंदालाल : हाल? तेरा शेर लोहे के जाल में हैं। मुहब्बत, पीछे हट, फर्ज आगे बढ़। जाओ शरीफो, उठा के ले आओ वो बैग। फैसला करेगा ऊपर वाला, आलमगीरी अल्लाताला।

बब्बर : अब तो ना ही तुक भिड़ेगी ना मिलेगा काफ़िया। ताज को बेचेगा अब इंटरनेशनल माफिया॥

सब : हाए! सितम!

[शरीफा का प्रस्थान। बब्बर पिस्तौल से सबको धमकाता है।]

बब्बर : *(तनिक नर्माई से)* देखिए, ऐसा है कि हम लोग बेवजह खून-खराबा नहीं चाहते, हम भी चाहते हैं कि माल सीधे-सीधे हमें मिल जाए और बिना अड़चन हम चले जाएँ। और यह आप सब पर निर्भर करता है कि... *(शरीफा का पुनर्प्रवेश, हाथ में बैग)*

बब्बर : टीटो, पीटो। *(गुंडों का पुनर्प्रवेश)* माल सँभाल लो। जतन से। नाज़ुक पत्थर की चीज़ है। स्मिथ एंड स्मिथ का आदमी रुका होगा होटल में, उससे स्पेशल 'फ्रेज़ाइल विद केअर' वाली पैकिंग में बन्द करा लेना। एक्सपोर्ट सर्टिफिकिट है। *(टीटो जेब थपथपाता है)* ठीक–ओके दोस्तो! सॉरी! पर कुपात्र के हाथ जिसे कहते हैं, दौलत सौंपना ठीक नहीं। *(गेंदालाल से)* बूढ़े न होते मियाँ, तो हम तुम्हें अपने साथ रखते। हिम्मती हो।

शरीफा : चाय तो पी लीजिए।

[सब अचरज से उसे देखते हैं।]

गेंदालाल : चाय? इन्हें चाय दोगी तुम?

शरीफा : अब बहन के घर आए हैं, ये न निभाएँ भाईपना तो हम तो निभाएँगे ही। *(बब्बर से)* इन दोनों को भी पिलवाये देती हूँ–

बब्बर : ठीक है, ठीक है, जल्दी करो...

[शरीफा ट्रे लेकर तीनों को चाय देती है। बाकी लोग मदद करने को आते हैं, पर वह मना करके खुद ही देती है।]

शरीफा : *(बब्बर से)* ये नहीं–हाँ, ये वाला–*(टीटो-पीटो से)* ये भाई साब, ये दो रहे आपके। *(औरों से)* तुम सब बाद को पीना–अब चाय ही पीना जनम-भर बैठकर। इनका दिल छोटा है तो हम अपना दिल क्यूँ छोटा करें भला?

बब्बर : *(बब्बर चाय को जल्दी-जल्दी पीते हुए)* बब्बर का दिल छोटा है, कहनेवाला अब तक पैदा नहीं हुआ। *(जेब से गड्डी फेंकता है)* ये रहे दस हज़ार रुपए–नहीं, डॉलर। बहुत हैं इस मुल्क के मरभुखो के लिए–*(टीटो-पीटो से)* चलो।

[तीनों का प्रस्थान। उनके जाते ही कोलाहल–सब अपनी-अपनी कह रहे हैं।]

गेंदालाल : पर शरीफो, हम आपको इस बात के लिए हरगिज-हरगिज माफ नहीं कर सकते कि जिन्होंने हमारा गला काटा, आप उन्हीं को भर-भर प्याले चाय पिलाएँ...

सभी : हाँ।

गेंदालाल : जो हमारी कनपटी पर पिस्तौल लगाकर भून देने की धमकी दे, उसे आप...*(अचानक)* नहीं, कोई पेंच जरूर है। *(चुप्पी)* क्यों शरीफो, बोलियो। क्यों दी आपने उन्हें चाय? कहीं...

शरीफा : *(मुस्कुराकर)*—भला आप से क्या छुपाना—बस, चुटकी-चुटकी भभूत डाली है हमने उसमें, मन्तर पढ़ के चुपचाप।

सभी : क्या ऽ ऽ ऽ ऽ !

शरीफा : जी हाँ—जाइए। बैग सीढ़ियों पर ही होगा और चींटों की माफिक वे तीनों इधर उधर रेंगते होंगे।

[हर्षोल्लास का वातावरण]

शरीफा : एक डिब्बा लेते जाइए उन्हें रखने को। कहीं गफलती में पैर पड़ के पिच न जाएँ। जाइए, ले आइए अपना माल और वो तीनों गुरु घंटाल।

[सबका प्रस्थान। केवल नीता और शरीफा। नीता रो रही है।]

शरीफा : रो मत बेटी ! ऐसा भी होता है कभी।

नीता : फिर मुझे मेरे अनजान माँ-बाप के नाम का ताना दिया उसने। तो क्या हुआ, अगर मेरी माँ थेटर वाली थी! बाकायदा ब्याह किया था उसने भी मेरे बाप से।

शरीफा : थेटर वाली? क्या नाम था बेटी? कौन कम्पनी?

नीता : मुझे नहीं मालूम—यह राज़ अब सिर्फ बब्बर भाई के पास है, मैं डर के मारे पूछ नहीं पाती।

[शेष लोगों का एक गत्ते वाला जूते का डब्बा तथा बैग लेकर पुनर्प्रवेश]

सुरेश : भई वाह, मान गए आपको शरीफा बी। *(ढकना खोलकर दिखाता है)* देखिए-देखिए, क्या कमाल के दाँव-पेंच दिखा

रहे हैं बब्बर भाई! भई वा—वाह! क्या पटखनी दी उन्होंने टीटो को! अबे पीटो, पीट साले को! *(डब्बा बीच में रखकर सब डिब्बे के इर्द-गिर्द बैठ जाते हैं—जैसे मुर्गों की लड़ाई देख रहे हों!)*

महेश : वाह! क्या धोबी पाट दी साले को!

रमेश : औ' वो देखिए क्या मेढ़े की-सी टक्कर मारी है इन्हें—भई भूखे होंगे हमारे शेर—क्यों *(कान लगाकर सुनने का अभिनय)* बाप रे, अंग्रेज़ी में इतनी गालियाँ हैं। ये हमें पता न था।

[शरीफा का प्रस्थान]

गेंदालाल : अजी कहाँ चलीं?

शरीफा : *(जाते-जाते)* जाऊँ, कुछ चूरा-बूरा ले आऊँ बेचारों के लिए—भूखे होंगे। (सबसे) देखो, सँभाल के रखियो इन्हें—बड़े खतरनाक हैंगे ये तीनों।

[प्रस्थान। पुनर्प्रवेश। सब बारी-बारी से डब्बे में खाने का चूरा डालते हैं। एक कटोरी में पानी भी रखते हैं।]

गेंदालाल : नीता बेट्टी, ज़रा पानी कमती रखियो, कहीं डूब न मरें मुए।

शरीफा : अजी हयादार को तो चुल्लूभर काफी है।

[अचानक फोन पर बीप-बीप की ध्वनि]

सुरेश : *(फोन उठाकर)* हलो! हलो! यैस। बब्बर बॉस हियर *(दूसरों से)* न्यूयार्क से कॉल है—हैडक्वार्टर से—यैस? यैस। यैस। ओ.के. राइट। हलो-हलो *(फोन रख देता है)* हाय-हाय!

सभी : अब क्या हुआ?

सुरेश : गज़ब हो गया! बब्बर बॉस का पुराना दुश्मन जोकर अपनी इलेक्ट्रोनिक बालपेन की मदद से नदी से निकल आया है और माफिया के प्रतिद्वन्द्वी गुट ने बब्बर बॉस के भेजे तमाम सन्देश रास्ते में रोककर डीकोड कर लिए

हैं—उन्हें ताज की चोरी और बॉस के यहाँ आने का मालूम हो गया है। धमकी में जोकर ने सिर्फ यह वाक्य लिख भेजा है—हा हा हा हा हा! न्यूयार्क ऑफिस का कहना है कि अपने जादुई बॉलपाइंट की मदद से हिन्दुस्तान को रवाना हो चुका है।

नीता : आपने बातचीत के अन्त में हाय क्यों कहा?

सुरेश : मुझसे बात करते-करते आपरेटर की हत्या हो गई।

[भयोत्पादक संगीत। डब्बे का ढकना उछलता है। शरीफा द्वारा डब्बे के पास सुनने का नाट्य। डब्बे से चीं-चीं ध्वनियाँ जैसे टेपरिकार्डर तेज गति से चला दिया गया हो।]

शरीफा : ये कहते हैंगे कि ये जोकर नाम के बॉस का सन्देश है—खास तौर से—क्या? *(फिर सुनती है)* जोकर की बॉलपाइंट बहुत खतरे की चीज़ है। वह क्राइम का बादशाह माना जाता है और उसकी बॉलपेन क्राइम की दुनिया का सबसे बड़ा हथियार! *(फिर सुनती है)* कहते हैं कि वह बॉलपाइंट पेन रेडार, हेलीकाप्टर, साइकिल, टारपीडो, बन्दूक, तोप, तमंचा, आतशी शीशा, रस्सी, राकेट कुछ भी बन सकती है।

[बाहर से जोरों से दरवाज़ा खटखटाने की आवाज़। कमरे में चुप्पी।]

गेंदालाल : कौन है बे?

बाहर से : हा हा हा हा हा! दिस इज़ माफिया कॉलिंग। हम उल्टी गिनती गिनता है—जीरो तक नहीं खोला दरवाजा, तो बजा दूँगा तुम्हारा बाजा। हा हा! तो हमें दुनियाभर में मशहूर अपना बॉलपेन इस्तेमाल करना होगा—दस, नौ, आठ...

नीता : सर्वनाश! जोकर इस वक्त माफिया बॉस का सबसे बड़ा प्रतिद्वन्द्वी है। स्कॉटलैंड यार्ड और इंटरपोल सबको चकमा दे चुका है। तीन सौ अट्ठाईस भाषाएँ जानता है।

आवाज़ : सात—छह...

शरीफा : उफ, कम्बख्ती की मार।

आवाज़ : पाँच–चार–

गेंदालाल : शरीफा, तू फिर चाय का पानी चढ़ा।

आवाज़ : तीन–दो...

शरीफा : ठीक। नीता, तू मेरी मदद करा। उमेश बेटा, तुम भीतर बैग की रखवाली पर तैनात रहो।

आवाज़ : एक...

[तीनों का प्रस्थान। गेंदालाल दरवाजा खोलता है। सामने जोकर खड़ा है जोकर कि वेशभूषा में। हाथ में बॉलपाइंट।]

गेंदालाल : कौन हो तुम? किससे काम है?

जोकर : हा हा हा! गेंदालाल तुम्हारा नाम है?

गेंदा : फर्माइए...

जोकर : यूँ न गर्माइए, *(जोरदार ठहाका)* हमसे न शर्माइए।

रमेश : यार, ये तो हिन्दी के लेखकों की तरह ठहाके लगाता है।

[बॉलपाइंट पेन पिस्तौल की तरह तानता है। बत्तियाँ जलना-बुझना। सबको जैसे गुदगुदी मचने लगती है।]

जोकर : हा हा हा! हँसो-हँसो जलदी हँसो! यह है–हमारी दुनियाभर में मशहूर बॉलपाइंट की मुस्कान किरण का नन्हा-सा अजूबा–जो दुश्मन को हँसा-हँसा कर फँसाता है।

[कुछ क्षण सबको डराकर एक पिस्तौल का घोड़ा दबाता है, तो पिस्तौल पानी की धार निकालती है। धार जिस पर पड़ती है, वह खुजली के भाव से लोटपोट होने लगता है।]

जोकर : हा हा हा! जोकर के पानी की धार, यानी जिगर के आर-पार। प्यारे दोस्तो, न मैं डाकू हूँ और न ही चोर। जैसे आटे के साथ चोकर रहता है, माफिया की गड्डी में जोकर रहता है। जोकर जो गोली से नहीं, हँसी से मारता

है–खुजली से रुलाता है। जोकर के किसी भी शिकार के बदन पर घाव नहीं होता। उनकी मौत हँसते-हँसते पेट फटने से होती है। हा हा हा! खबरदार! होशियार! *(सब चुप होते हैं)* हाँ, तो सुनो, असली मजमून यों है, के इधर हम इस कमीने-कुत्ते बब्बर की चाल से बचकर बॉलपाइंट की मदद से ब्रांक्स से तैरते हुए अटलांटिक और वहाँ से सीधे जा पहुँचे मारिशस। वहाँ हमारे चीनी एजेंट ची-कुआ-यू ने उसी दम विचित्र गुप्त सन्देशा अपने वायरलेस पर पकड़ा था, जो माफिया बॉस बब्बर ने अपने बम्बई ऑफिस को गुप्त भाषा में यानी कोड लैंग्वेज में भेजा था। मैसेज कुछ यूँ था–'बब्बर अब बॉस है। स्टाप। कब्जे में है राजमुकुट और लता मंगेशकर की पहली फिल्म। स्टाप'। सन्देश पाना था कि मैंने अपनी बॉलपाइंट पेन को बनाया मुस्कान विमान और जा उड़ा सीधे वाशिंगटन को, लायब्रेरी ऑफ कांग्रेस के रिकार्डों से पता चला कि राजमुकुट याने–'ताज' और लता की पहली फिल्म यानी–महल–यानी कब्जे में है ताजमहल। उधर वर्धा के जंगलों में छुपे हमारे ट्रांसमीटर ने बॉलपाइंट के रिसीवर से हमें बताया क्रि भारत में किसी बिल्डिंग को लेकर बड़ा गुप्त पचड़ा मचा हुआ है और हजारों की तादाद में टूरिस्ट देश से भाग रहा है। हमारा मार्फिन का माल डिलीवर किए बिना। हम समझ गए कि चोरी गया है एक ठो ताजमहल। और इसके पीछे उसकी देशी ताकत का हाथ है जिसने हमें ब्रांक्स नदी में धक्का दिया था। फिर जिसे कहते हैं, घटनाओं का चक्का घूमा और हम यहाँ आ गए। अपने दुश्मनों की टोह में। *(गरजकर)* कहाँ है साला, गीदड़ की औलाद जो अपने को बब्बर कहता है?

गेंदालाल : अफसोस कि आप तनिक देरी से पहुँचे...

जोकर : यानी?

गेंदालाल : यानी चिड़िया चुग गई खेत।

[भीतर से रोती हुई शरीफा का ट्रे लिये प्रवेश]

शरीफा : क्या पूछते हो बेटा, अपना ताज तो लुट गया—अरे, माफिया के हाथ गया औने-पौने! ऐसा पता होता कि इतनी जल्द तुम आनेवाले हो, तो कुछ देर लटकाए रखते कम्बख्तों को—लो, चाय पियो।

जोकर : क्या? वो बदमाश फिर मुझे चकमा दे गया—नहीं, चाय नहीं!

नीता : चाय पी लीजिए—ज़रा थकान मिटेगी।

जोकर : हा हा हा, थकान! जोकर को! और थकान, वकान यहाँ नहीं होती। कुछ। *(दाँत पीसकर)* जितना गुस्सा होता है जोकर, उतना ही शक्तिशाली भी। *(गुस्से में जूते का डब्बा जिसमें बब्बर, पीटो और टीटो बन्द हैं, पटकने को उठाता है। सब हैं-हैं करते हैं, वह हा-हा करते डब्बा पटक देता है—सब घुटनों के बल तीनों सूक्ष्म आकारों का फर्श पर पीछा करते हैं।)*

जोकर : ये-ये क्या कर रहे हैं आप लोग?

महेश : कुछ कीड़े पाले थे हमने।

सुरेश : इल्लियाँ। इल्लियाँ। यू नो सिल्क वर्म्स।

रमेश : काटेज इंडस्ट्री। हैंडलूम। हैंडलूम, बिग एक्सपोर्ट।

नीता : उई!

[उसे किसी ने काट खाया है। सलवार के पाँयचे से चुटकियों में पकड़ती है—एक को शरीफा पकड़ती है, एक को महेश—फिर उन्हें एहतियात से डब्बे में डाला जाता है।]

जोकर : जरा देखें। *(तनिक अप्रतिभ चुप्पी)*

शरीफा : बड़े शर्मीले कीड़े हैं बेटा! एकदम छुई-मुई।

नीता : इंडियन लड़कियों की तरह। आप...आप...चाय लीजिए न!

जोकर : *(चाय का प्याला लेकर)* हा हा हा! सुन्दर लड़कियों को जोकर मना नहीं करता। बाय दि वे...

नीता : जी?

जोकर : तुम मेरी पार्टनर बनोगी?

सुरेश : क्या मतलब?

नीता : क्या, मुझसे पूछ रहे हैं आप?

जोकर : जी हाँ—पर जोकर दोबारा नहीं पूछता। *(चाय की चुस्की लेता है)*

नीता : कुछ समय दीजिए—ऊँच-नीच सोचने का...

रमेश : छोटे-बड़े सबको सोचना पड़ता है इंडियन लड़कियों को—हा हा हा!

जोकर : हा हा हा!

सभी : हा हा हा!

जोकर : सोच लो। बब्बर को पकड़कर मेरा तो सब वसूल हो जाएगा। रहा माल, सो फिफ्टी-फिफ्टी—क्यों? *(फिर चाय की चुस्की लेता है।)*

नीता : जैसा कि रमेश ने अभी कहा, हमें सबको ऊँचा-नीचा, छोटा-बड़ा सब सोचना पड़ता है। *(जोकर उसे एक छोटा पॉकेट ट्रांसमीटर देता है।)* थैंक्यू।

जोकर : ओ.के., मुझे फौरन सन्देशा बीप कर देना। बिना जोकर सब खाओगे ठोकर। हा हा हा! *(प्रस्थान को उद्धत। चुप्पी)*

शरीफा : लो बेटा, ज़रा तुम्हें बाबाजी की भभूत लगा दूँ—सेफ गोइंग, सेफ कमिंग...

गेंदालाल : इंडियन कश्टम। और गुडबाई को हमारे यहाँ कहते हैं, परम्परा।

[जोकर भभूत लगवाता है।]

सभी : परम्परा। परम्परा। परम्रा।

जोकर : नमश्ते माटाजी। परम्परा दोस्तो।

शरीफा : *(मुक्कुराकर)* इत्ते बड़े हो जाओ।

[जोकर का प्रस्थान। चुप्पी]

शरीफा : जाओ भाई, उन्हें भी उठा लाओ, औ' डब्बे में डाल दो। एक दूसरे का दिल बहलाएँगे पड़े-पड़े बब्बर औ' जोकर।

[परदा गिरता है।]

दृश्य : 2

[स्थान वही। चिन्तामग्न छहों पात्र बैठे हैं।]

गेंदालाल : याद है शरीफो बी' जब मिनर्वा में 'भक्त प्रहलाद' के शो वाले रोज़ तमंचा छूटते ही हिरणकश्यप का नाड़ा टूट गया था? *(चुप्पी)* डाक नहीं आई, आज की?

शरीफा : नहीं। बिक्री हो जाती तो एक नई कम्पनी का सोचा जा सकता था *(चुप्पी)*।

दोनों : क्या दिन थे वो भी? अपनी कम्पनी, अपना थेटर...

[दूर सुपरसॉनिक जेट की आवाज़]

सभी : *(चौंक कर)*—श्-श...

नीता : हवा में अनिष्ट की गन्ध है—धूप धुन्ध औ' धुन्ध धूप हुई जा रही है...

सुरेश : ये सिर्फ नाटकों में होता है—

महेश : वह भी अनूदित नाटकों में।

नीता : *(जैसे सुना न हो)* लगता है, जैसे धीमे-धीमे...

शरीफा : कुछ नहीं।

[फोन पर वीप-वीप होती है—सब झटके से उसकी ओर मुड़ते हैं, एक-दूसरे को देखते हैं कि कौन उठाएगा। सुरेश डरते-डरते... ।]

सुरेश : हलो! हाँ-हाँ, बब्बर हिअर! क्याऽ ऽ ऽ! अच्छा? हाँ। कब? अभी? अच्छा, हाँ। हाँ, ठीक है।

[फोन रख देता है।]

गेंदालाल : अब क्या हो गया?

शरीफा : कौन आ रहा है?

सुरेश : एफ.बी.आई. का सुपर एजेंट *(नाटकीय चुप्पी)* जेम्स बॉण्ड। स्पेशल सुपरसॉनिक जेट से दो घंटा पहले चला है—आधेक घंटे में पहुँचता होगा...

नीता : *(प्रसन्नता से)* कूऽऽऽ! सुपर बॉण्ड! डबल ओ सेवन! हाय, मेरा शहजादा।

महेश : हा हा, पर अभी तो हमारे कस्टम पर अटकेगा मुन्ना। हा हा!

रमेश : हा-हा मत करो, मेरे रोंगटे खड़े हो जाते हैं।

[सुपरसॉनिक जेट की आवाज़ कुछ तेज़ होती है।]

महेश : बॉण्ड के जेट को हवाई अड्डे पर उतरने की जरूरत नहीं, वह रूमाल जित्ती जमीन पर उतर सकता है, यहीं उतरेगा कम्बख्त, देख लेना।

[आवाज और पास आती है।]

नीता : यह क्या है?

शरीफा : वही है। लगता है, वही है हालीवुड का साँड मुआ। बस, इसी की कसर...

गेंदालाल : श्‌ श...यहीं आता लगता है...

[दरवाजे पर खटखटाहट]

आवाज़ : खोलिए, यह एफ.बी.आई. है।

गेंदालाल : अजी जाइए—ऐसे एफ.बी.आई.-सी.बी.आई. बहुत देखे हैं।

आवाज़ : तीन की गिनती तक दरवाज़ा न खुला तो इसे गोली से उड़ा दिया जाएगा।

शरीफा : दरवाजे के पीछे पड़े हैं सभी मुए—चलूँ, चाय का पानी फिर चढ़ाऊँ—*(जोर से)* खोल रहे हैं, मियाँ जरा धीरज रखिए।

(प्रस्थान)

[गेंदालाल दरवाजा खोलता है। जासूस डबल ओ सेवन का प्रवेश। राजेश खन्ना वाले बॉण्ड की वेशभूषा में है। पैर में फ्लिपर्स, ट्यूब आदि। एक हाथ में तमंचा, दूसरे में ताज वाले बैग जैसा बैग। झुकी हुई आक्रमण को उद्धत मुद्रा में, उसके बोलने का ढंग देवानन्द जैसा है।]

बॉण्ड : *(फुसफुसाकर)* कहाँ है दुश्मन? जितनी जल्द आ सकता था, आया हूँ। *(नीता से)* अपने बाकी गुप्त औज़ार और ये तैराकी का सामान कहाँ रख सकता हूँ? *(बैग दिखाता है। उसकी आँखें लगातार नीता पर गड़ी हैं। (पास सटकर)* भारत सुन्दरी, क्या कभी किसी ने तुम्हारी आँखों के बारे में...

सुरेश : लाइए, बैग मुझे दे दजिए, मैं रख आता हूँ। *(एक प्रकार से छीनकर बैग ले लेता है। भीतर जाता है। जाते-जाते)* आते ही लाइन मारनी चालू। क्यों?

बॉण्ड : *(नीता से)* कोई सुन्दरी परेशानी में हो तो दुनिया की कोई ताकत बॉण्ड को नहीं रोक सकती। *(चुप्पी)*

नीता : ओह—हाँ, मि. बॉण्ड, पहले आपका परिचय करा दूँ—ये हैं मास्टर गेंदालाल—हमारे लीडर। ये हैं रमेश, महेश, *(सुरेश का प्रवेश)* सुरेश, *(शरीफा का चाय लिये प्रवेश)* और ये हैं बी शरीफा—*(इस दौरान बॉण्ड सबसे हाथ मिलाता है अंग्रेज़ी तरीके से)*

शरीफा : आदाब। लीजिए, जनाब चाय पीजिए।

बॉण्ड : *(अचम्भे से)* मैं? बॉण्ड? चाय?

शरीफा : हाँ, हाँ, आप के लिए ही, लीजिए न!

सभी : नहीं। नहीं।

बॉण्ड : वैल? सॉरी—पर मैं चाय नहीं पीता।

शरीफा : तो दूध लाऊँ? या कॉफी?

सभी : नहीं, नहीं, नहीं।

बॉण्ड : नहीं-नहीं, ये सब फार्मेलिटीज़ छोड़िए—*(दूसरों से)* इतना नर्वस होने की जरूरत नहीं—मेरे आते ही आप की रक्षा का भार डबल ओ सेवन के कन्धों पर है। हाँ। आई होप,

आपने चोरी की जगह पर कुछ छुआ नहीं होगा। फिंगर प्रिंट्स यू नो।

गेंदालाल : जी, हम समझे नहीं कुछ?

बॉण्ड : मैं सीक्रेट अजेंट बॉण्ड हूँ, डबल ओ सेवन।

सभी : तो?

बॉण्ड : तो क्या? चोरी का पता लगाने एफ.बी.आई. की मार्फत आया हूँ। आप लोग मुझे बताइए कि क्या चोरी गया है? और ये भी कि शिकागो से माफिया बॉस कब आया, कब गया, और उसका पीछा करते पुराना बॉस यार्न. जोकर आया कि नहीं और आया तो गया कि नहीं, क्योंकि ब्रांक्स नदी की तलहटी का सुपरसॉनिक किरणों से एक्स-रे करने पर मालूम पड़ा है कि अपनी मशहूर बॉलपाइंट के बल पर जोकर एक बार फिर बब्बर बॉस के षड्यन्त्र को नाकामयाब करके भागने में कामयाब हुआ है।

नीता : पर हमारा इससे क्या लेना-देना?

बॉण्ड : सच-सच बताइए, औ' सच के अलावा कुछ न बताइए, क्योंकि समय कम है औ' मनुष्य जीवन छोटा। जल्द से बातों का खुलासा कीजिए। ताकि मैं, यानी बॉण्ड इस रहस्य की गुत्थी सुलझाऊँ औ' फिर *(नीता की कमर में हाथ डालकर)* कश्मीर की वादियों में इस हसीना के साथ जाके चैन की बंसी बजाऊँ।

शरीफा : अय खुदा गारत करे मुए, तू यहाँ इन्दरसभा रचाने आया हैगा क्या? हटा मुए हाथ। *(थप्पड़ मारती है।)*

बॉण्ड : माता जी, गुस्सा न होइए। मुझे मालूम है कि आज किसी वजह से आप लोग बहुत टेंशन में हैं। साफ बताइए कि हुआ क्या है। देखिए, बिना मर्ज़ समझे डॉक्टर भी दवा नहीं देता...

गेंदालाल : अजी कहा ना कि कुछ नहीं।

बाण्ड : पर भारत से लगातार इसी पते पर एस.ओ.एस. सन्देश हमारे गुप्त रडार पर आते रहे हैं। आपमें से कौन भेजता रहा है उन्हें?

गेंदा : *(सब पर नज़र डालकर)*—हममें से तो कोई नहीं।

शरीफा : *(आँख से डब्बे की ओर इशारा करके)* कहीं?

सभी : नहीं। नहीं।

बॉण्ड : आइ सी! मेरा काम इससे काफी कठिन हो जाता है। *(चुप्पी)* ठीक है, तो मैं चलता हूँ फिर *(दरवाजे की ओर मुड़ता है।)*

नीता : आयम टैरिबली सॉरी।

बॉण्ड : *(दुःख तथा प्यार से)* दैट्स ऑल राइट।

नीता : यहाँ आने का शुक्रिया!

बॉण्ड : नॉट ऐट ऑल। क्या पता, कई बार हमारे यहाँ गलती से फॉल्स अलार्म भी होता है। पर *(उदास मुस्कान के साथ)* हम ड्यूटी जाने से कभी इनकार नहीं करते--क्या पता इमर्जेंसी सचमुच की हो। है नहीं? क्यों सुन्दर आँखों वाली गुड़िया?

नीता : *(मुग्ध होकर)* कुछ पिएँगे? जाने से पहले। पाँच मिनट...

बॉण्ड : नो थैंक्यू। मैं ड्यूटी पर नहीं पीता। *(उदासी से)* ड्यूटी पूरी करके पी सकता था इन आँखों के जाम। अगर *(इशारा)* ये सब ठीक हो जाता तब हम दोनों रिलैक्स करने को कश्मीर या कन्याकुमारी कहीं भी जा सकते थे—यू नो। हम, तुम और थ्रिल, सी यू। *(प्रस्थान)*

नीता : *(बुक्का फाड़कर रोते-रोते)* या खुदा! हे भगवान! डियर क्राइस्ट! कुछ करो कि प्यारा बॉण्ड उन दोनों को पकड़ ले।

[बॉण्ड का तुरन्त पुनर्प्रवेश]

बॉण्ड : किन दोनों को? *(उसे पकड़कर उसकी कनपटी पर तमंचा रख देता है।)* आउट बिद इट यंग लेडी। जल्द बोलो, कौन दो?

नीता : वही बब्बर और जोकर, जिनकी आप बात कर रहे थे।

बॉण्ड : और तुम्हें कैसे मालूम?

नीता : आपने ही तो बताया न।

बॉण्ड : हाँ, उन्हीं दोनों को पकड़ने को मैं यहाँ आया हूँ—मैं खुलासे से बताना नहीं चाहता था, क्योंकि आप लोग घबरा जाते। वे दोनों अन्तर्राष्ट्रीय हत्यारे हैं।

नीता : हत्यारे? किसकी हत्या की उन्होंने बब्बर भाई—यानी बब्बर तो बहुत नर्मदिल आदमी है।

बॉण्ड : आ हा! पकड़ी गई तुम सुन्दरी!

नीता : मैं?

बॉण्ड : टोको मत बीच में।

नीता : बॉण्ड, मैं...

बॉण्ड : हाँ, बोलो।

शरीफा : नीता बेटी, नहीं।

बॉण्ड : प्लीज, माता जी, हम सब इसमें साझीदार हैं। आप लोग पूरा मामला मेरे सुपुर्द करने से घबरा रहे हैं। मेरा यकीन करें।

नीता : मेरे बब्बर भैया को बचाइए बॉण्ड! मेरी राखी पर आँच न आए। सौतेले हैं तो क्या, उनके अलावा दुनिया में मेरा कोई नहीं।

बॉण्ड : आ हा! तभी मैं सोच रहा था कि बब्बर हिन्दुस्तान के इसी शहर में इसी बस्ती की ओर क्यों भागा! *(नीता से)* सुन्दरी, वह तुम्हारा कौन है?

नीता : सौतेला भाई है, और कौन ?

बॉण्ड : *(मुस्कुराकर)* च्च च्च, तब तो तुम सच में कुछ नहीं जानतीं, सचमुच में। *(बाकी से)* यू सी, बब्बर चूँकि माफिया का चीफ है, इसलिए हम उस पर एक पूरी फाइल रखते हैं—हमारे हाथों में यह खुफिया तथ्य आया है कि वह सचमुच वह नहीं है जो कि बनता है। वह वास्तव में मंगल ग्रह से आया हुआ एक भयानक चालाक डबल एजेंट है, जो आज से पच्चीस साल पहले पृथ्वी पर आया। तथाकथित सौतेली माँ और तथाकथित बाप को राँची पागलखाने में जबरू भर्ती करवाकर उनकी जायदाद हड़प कर गया और उनकी छोटी-सी बच्ची को अनाथालय भेजकर अब शिकागो में माफिया का चीफ बन बैठा

है—उसका अन्तिम इरादा बहुत खौफनाक है—*(नीता चीख मारकर मूर्च्छित होती है।)*

बॉण्ड : इन्हें क्या हो गया? *(झुककर चूमने की चेष्टा करता है। सुरेश उसके कूल्हे पर लात मारता है, सो वह छिटककर गिरता है।)*

सुरेश : ये क्या बदतमीजी है!

बॉण्ड : नकली साँस दे रहा था—माउथ टु माउथ रेस्पीरेशन यू नो।

शरीफा : *(दुहत्थड़ मारकर)* अजी हमारी लौंडिया की असली साँस चल रही है अभी, हटो—पानी के छींटे मारो। *(पानी के छींटे)*

नीता : *(आँखें खोलकर)* मैं कहाँ हूँ *(बॉण्ड पर दृष्टि पड़ते ही)* आए मेरे माँ-बाप! *(चुप्पी)* तभी मैं कहूँ कि भैया मंगल का व्रत क्यों रखते थे।

बॉण्ड : जी हाँ, और अधिक पूछताछ करने से यह भी पता चला कि वे माँ-बाप भी उस लड़की के असली माँ-बाप नहीं थे...

सभी : क्या?

बॉण्ड : जी हाँ, वे दोनों लाहौर के दो मशहूर जेबकतरे थे, जो उस बच्ची को किसी दंगे के दौरान एक थर्ड-रेट थियेटर कम्पनी से उठा लाए थे।

नीता : *(चीखकर)* हाय बब्बर! *(फिर से मूर्च्छित हो जाती हैं बॉण्ड फिर झुकने की कोशिश करता है—सुरेश-रमेश पकड़ लेते हैं।)*

सुरेश, रमेश : थैंक्यू, पर जरूरत नहीं।

शरीफा : ये क्या हुआ इस बेचारी को?

गेंदालाल : हाए, हाए, अपनी बेटी होती तो आज इत्ती ही बड़ी होती न।

शरीफा : *(रोकर)* हाए जालिम बब्बर—उजड़ जाए तेरा टब्बर।

बॉण्ड : तो बहन जी, एक खुशखबरी आप दोनों के लिए।

[नीता आँखें खोलती है।]

नीता : मैं कहाँ हूँ?

बॉण्ड : यही तुम दोनों की सालों से बिछड़ी हुई बैटी है।

नीता : *(उठकर)* माँ!

गेंदालाल, शरीफा : *(समवेत)* बेटी।

सुरेश : ऐं? यह तो अपनी उम्र कुल उन्नीस बताती थी?

[गले मिलना। तभी धाँय से तमंचा छूटता है और भीतर से जोकर–बब्बर और टीटो-पीटो का पूर्व आकार में प्रवेश। सबके चेहरों पर भभूत लगी है। जोकर के हाथ में बैग है।]

सभी : अयँ?

जोकर : हा हा हा हा हा! जोकर के बॉलपाइंट में देर है, अन्धेर नहीं। साइज़ घट जाने से उसको काम करने में देर तो लगी पर अन्धेर नहीं हो पाया। इसकी सुपरसॉनिक ताकत से धीरे-धीरे डब्बे को खिसकाकर हम पहुँच गए भभूत की डिबियों के पास औ' सही भभूत लगाकर अपने पुराने साइज़ में लौट आए। तभी हम दोनों *(बब्बर की पीठ थपथपाकर)* ने निश्चय किया कि इतना बड़ा दाँव हम दोनों क्यों न मिल कर खेलें? इसलिए अब हम माल लेकर सीधे जा रहे हैं मंगल ग्रह के एक अनजान स्थान को–वहाँ से निश्चय करेंगे कि इसका क्या हो? किस मुल्क को इसे बेचें–दक्षिणपन्थी, कि वामपन्थी। और कैसे बेचें कि अन्त में दोनों मुल्कों के बीच एक बड़ा और आखिरी महायुद्ध हो, औ' हमारे मंगल ग्रह द्वीप को छोड़कर बाकी तुम्हारी सब दुनिया तबाह हो जाए। उस सारे को भोगने को बस हमीं बच रहें–हम *(बब्बर से)*

बब्बर, जोकर : *(समवेत)* हम-तुम औ' ताज़। हा हा हा हा! *(प्रस्थान)*।

[उनके जाते ही सब एक साथ बोलने लगते हैं]

बॉण्ड : क्या मैं कुछ कह सकता हूँ *(कोई नहीं सुनता। जोर से)* क्या मैं कुछ कह सकता हूँ?

गेंदालाल : नहीं।

बॉण्ड : देखिए साहब, मैं कोई ऐरा-गैरा नत्थू-खैरा नहीं, बॉण्ड हूँ, बॉण्ड।

नीता : ओह बॉण्ड, माय क्यूती
इस नक्कारखाने में तू बन गया है तूती...

बॉण्ड : एक मिनट सुन्दरी–*(गेंदालाल से)* तो क्या आप अभी भी इनकार करते हैं कि आज यहाँ कुछ गड़बड़ी हुई है?

गेंदालाल : बिलकुल।

बॉण्ड : मैं भीतर गया तो पाया कि आपके होल्डॉल बँधे रखे हैं। जाहिर है, आप आज ही आए। कब आए?

[बातचीत की रफ्तार कोर्टरूम ड्रामा की तरह बढ़ती जाती है।]

गेंदालाल : करीब तीन बजे सुबह।

बॉण्ड : तीन बजे, सुबह?

गेंदालाल : तीन बजे सुबह।

बॉण्ड : करीब तीन बजे। तो फिर आप इस कमरे में आए!

गेंदालाल : इस कमरे में आया।

बॉण्ड : पक्का?

गेंदालाल : अजी हाँ, एकदम पक्का। देखिए मियाँ...

बॉण्ड : शरीफा बी भी आईं?

गेंदालाल : दुरुस्त है।

बॉण्ड : और तब आप दोनों–बात करने लगे?

गेंदालाल : बोले, बतियाए, मुस्काए।

बॉण्ड : वो यही फूलदार सूट पहने थीं?

गेंदालाल : जी हाँ, दुरुस्त है।

बॉण्ड : तो आप करीब तीन बजे सुबह यहाँ आए, बोले, बतियाए, मुस्काए...

गेंदालाल : बोले, बतियाए, मुस्काए...

बॉण्ड : और वो फूलदार सूट पहने थी?

गेंदालाल : फूलदार सूट।

बॉण्ड : वो यहाँ चटाई पर बैठी?

गेंदालाल : चटाई पर बैठी।

बॉण्ड : आप खड़े रहे?

गेंदालाल : जी हाँ, मैं खड़ा रहा।

बॉण्ड : और आप कहते हैं, आप करीब तीन बजे यहाँ आए और बोले, बतियाए, मुस्काए।

गेंदालाल : बोले, बतियाए, मुस्काए।

बॉण्ड : औ' वो फूलदार सूट में थी?

गेंदालाल : वो फूलदार सूट में थी।

बॉण्ड : और ताज का बैग उन्होंने आपके किस हाथ में थमाया—दाएँ या कि बाएँ?

गेंदालाल : दाएँ—नहीं! नहीं-नहीं बाएँ—उफ्!

बॉण्ड : थैंक्यू मिस्टर गेंदालाल! मुझे यही पूछना था। नीता, अब आप पूछताछ कर सकती हैं इनसे।

नीता : *(बॉण्ड से)* पिछले पन्द्रह सालों से मेरे सपनों के राजकुमार आप रहे हैं।

सुरेश : चुप करो नीता! बेशर्म!

नीता : हुँह! तुम सोचते थे, मुझे तुमसे प्यार था? हुँह!

सुरेश : था नहीं क्या? *(कोई उत्तर न पाकर वह दुख से चारों ओर देखता है। सब सिर झुका लेते हैं)* तुम यह मत समझना कि मैं इस बजरबट्टू के साथ तुमको भागने दूँगा, खासकर तब जब कि हम सब इतना...

गेंदालाल : उफ्। सँभल के बेटे! हाए, ये सरासर इस लौंडिया की गलत परवरिश का असर है।

बॉण्ड : हाँ, हाँ, बोलो न, जब कि क्या?

नीता : प्लीज सुरेश, जो हुआ, जब हुआ तब ऐसा बुरा तो न था।

महेश : मृग, मरीचिका।

नीता : सो यू सी सुरेश, अब हमारी शादी नहीं हो सकती—*(बॉण्ड से)* चलो कपड़े बदलो, प्यारे बॉण्ड, हम कश्मीर चलेंगे—वहीं शिकारे में...*(बॉण्ड भीतर जाता है)*

महेश : *(घड़ी देखकर)* कुल आधे घंटे में ही। आधा घंटा, और दुनिया कहाँ-से-कहाँ पहुँच गई!

[भीतर से बॉण्ड का घबराए हुए प्रवेश। हाथ में खुला बैग है जिसमें लुंगी में लिपटा ताजमहल है।]

बॉण्ड : मेरा बैग कौन ले गया—यह मेरा बैग नहीं।

शरीफा : गज़ब! इनका बैग शायद वो दोनों मुए-बब्बर और जोकर ले भागे हैं।

गेंदालाल : औ' बदले में ताजमहल हमारे लिए छोड़ गए। हा हा हा!

नीता : बॉण्ड, प्रियतम बॉण्ड, यही है वह ताजमहल, ओह बच गया, बच गया—प्रेम का अमर प्रतीक! बस, अब इसी में हम-तुम अपनी हनी। हम, तुम और ताज!

सुरेश : बस कर बेवफा, बस कर! ओह, अब सहा नहीं जाता!

रमेश : उफ़्, रहा नहीं जाता!

महेश : हाय, कहा नहीं जाता!

बॉण्ड : पर वो दोनों गए कहाँ? उफ़्, उस बैग में तो मेरा सब कुछ था, मेरे सुपरसॉनिक जैट का लायसेंस, मेरी उड़नछू कार की चाबियाँ, मेरा एक सौ एक फल वाला स्विस चाकू, मेरी बाल बराबर महीन रस्सी, खाल बराबर मोटी खुकरी...

रमेश : वो तो ले गए चार-चार डाकू। टिल्लीली!

बॉण्ड : जुबान को लगाम दो।

सुरेश : अए बदगुमान, दिल थाम लो।

नीता : सुरेश! बॉण्ड!

बॉण्ड : पर बॉण्ड ने भी कभी हार नहीं मानी है, जूते कहाँ हैं मेरे? *(भीतर से फ्लिपर उठा कर लाता है। उसके भीतर से ब्लेड निकालता है।)*

गेंदालाल : यह क्या है बर्खुर्दार?

बॉण्ड : ब्लेड है अए मुर्दार! हीरे जैसी धार वाला ब्लेड। अभी अपनी घड़ी की सॉनिक वीप से इसे चालू करके अपने एक गगनविहारी रॉकेट में तब्दील करता हूँ—*(घड़ी के सामने ब्लेड रखता है—बत्ती गुल होती है—सुपरसॉनिक जैट की तेज़ ध्वनि—फिर धीमे-धीमे ध्वनि लुप्त होती है—बत्तियाँ धीमे-धीमे तेज़ होती हैं बॉण्ड गायब है।)*

नीता : *(चीखकर)* मुझे हाए अकेला छोड़ गए अरे बॉण्ड या, पिया, जियो मोराऽऽऽ *(मूर्च्छित होती है।)*

शरीफा : हाए मेरी बेटी! अरे माश्टर कहीं लखलखा होए तो लाके सुँघाओ। यह प्रेममूर्च्छा है। अरी कहा था न कि परदेसियों से ना अँखियाँ मिलाना।

गेंदालाल : *(नाड़ी देखकर)* सदमे से दिल डूब रहा है इसका, यह गहरी प्रेममूर्च्छा है। हाय, ताज भी ले गया मुआ बॉण्ड।
अरे मेरी प्यारी दुख्तर।
मेरी लख्ते जिगर
हाए तेरे मरने में कुछ भी
कसर ही नहीं—हाय, लानत इस जिन्दगी पे कि बेटी ये मिली, औ' वो गई। बस, झगड़ा ही मिटाए देता हूँ। अए शरीफा—आ चल पहले यह छुरी तेरे जिगर के पार करता हूँ फिर अपने—हाए, अफसोस यही है कि जंग के मैदान में किसी जाँबाज की तलवार से मरने की बजाय एक नामर्द फिरंगी की दगाबाज़ी से अपनी बेटी-बीवी औ' खुद की जान गँवाता हूँ—और इस फरेबी दुनिया को छोड़ जाता हूँ—

[नीता को होश आता है।]

नीता : मैं कहाँ हूँ? सुरेश!

सुरेश : अब मुझे क्यों पुकार रही है ओ बेवफा?

नीता : क्या बॉण्ड हुआ रफा-दफा?

महेश : थेटर छोड़, तेरा नकाब उतर चुका है।

नीता : तेरी जुदा पसन्द है, मेरी जुदा पसन्द, तुझको खुदी पसन्द है, मुझको खुदा पसन्द। सुरेश—मेरे प्यारे!

रमेश : ओ नाशुक्री छोकरी! उस बेचारे की नाकाम मुहब्बत का मज़ाक न उड़ा।

नीता : *(बैठती हुई)* मेरा यकीन कीजिए, उस मुए बॉण्ड ने मुझे अपना एक गुप्त विलायती आफ्टर शेव लोशन सुँघा कर बस में कर लिया था। अब उसके जाने से असर उतर गया है। हाए, उसे पकड़ो, वह भी बब्बर का जिगरी दोस्त और मंगल ग्रह का निवासी है।

शरीफा : पर तुझे कैसे पता?

नीता : क्योंकि मैंने उसके बैग का बिल्ला पढ़ लिया था। उफ़ उन्हें रोकिए फौरन, वर्ना मंगल ग्रह पर पहुँचते ही वे पृथ्वीलोक पर मृत्युकिरण छोड़कर इसे वीरान बना देंगे। *(टेलीफोन*

पर बीप-बीप, नीता लपककर फोन उठाती है।) यैस! क्या? अच्छा—जी हाँ—उफ! राइट। *(फोन रखकर)* कुल पैंतीस मिनट बचे हैं—अन्तिम चरण में—क्या करें? *(चुप्पी)*

शरीफा : अब बाबाजी की शरण में ही जाते हैं फिर से—बोलो परम्परा।

[सबके द्वारा गुरुमन्त्र का जप जो धीरे-धीरे तेज़ होता जाता है। बत्तियाँ कम होती हैं। बुझ जाती हैं। एक तमंचा छूटता है, स्त्रियों की चीख, एक लाल प्रकाशवृत्त में बाबा का प्रवेश]

बाबा : अलख निरंजन! बोलो भक्तो, बाबा को क्यूँ किया याद?

गेंदालाल : बाबा जी, सुनें फरियाद।

शरीफा : हाय बाबा जी, मौत खूनी कुत्ते की तरह खून सूँघती सीधी बढ़ी आ रही है हमारी ओर...

सुरेश : सीधे मंगल ग्रह से।

रमेश : जोकर और बब्बर के पास बॉण्ड का सामान है।

सुरेश : और बॉण्ड के पास है ताजमहल।

महेश : औ' वह हीरे जैसी धारवाले ब्लेड के रॉकेट पर बैठकर सीधे चला जा रहा है मंगल ग्रह की ओर।

नीता : औ' बाबा उसकी शक्ति गर जा मिली बब्बर औ' जोकर से तो—

बाबा : शान्ति! शान्ति! शान्ति! समय बहुत थोड़ा है—इसलिए काम ज्यादा, बात कम। ताँबे का लोटा है कोई?

शरीफा : है बाबा। *(भागकर लाती है।)*

बाबा : पाव-भर गुड़। एक लाल वस्त्र, सात लाल जवापुष्प, पन्द्रह दाने काली मिर्च और सात लौंग लाओ। *(सब भागदौड़ कर लाते हैं।)*

उत्तर सुमिरूँ नारायण को, दक्षिण रामराव का राज
पच्छिम सुमिरूँ शेराँवाली को, पूरब जगन्नाथ महाराज।
सुमिरूँ कालिका और भवानी हिंगलाज की शारदा माय
सुमिरूँ भूमि इन्द्रप्रस्थ की जो मेरी हरदम करै सहाय।
चण्डी सुमिरूँ कश्मीर की, दाहिनी भुजा विराजै आन

मंगल ग्रह की करो चढ़ाई, जैसे जैसे करूँ बयान॥
जै शंकर। काँटा लगे न कंकर। पकड़ बुलाओ पाजियों को।

[नेपथ्य में तमंचा छूटना, बत्ती जलना, बुझना—शेष सब गुरुमन्त्र का जाप कर रहे हैं। इसी कोलाहल के बीच दरवाज़ा धाड़ से खुलता है—बब्बर, जोकर, पीटो-टीटो और बॉण्ड का प्रवेश—आगे के डायलॉग 'सारे जहाँ से अच्छा' गा गाकर पढेंगे।]

बब्बर : किसने हमें बुलाया?

जोकर : दम घुट रहा हमारा

बॉण्ड : हम बुलबुलें हैं किसकी?

टीटो, पीटो : जेलर है कौन हमारा?

बाबा : हाज़िर करो, अए नशुक्रे नामुरादो, हाज़िर करो ताज हमारे आगे।

[जोकर बॉलपाइंट, बब्बर तमंचा तथा बॉण्ड ब्लेड निकालने की चेष्टा करते हैं।]

बाबा : बच्चो, अब हमारे मन्तर से जकड़ गए हैं तुम्हारे हथियार। दो ताज। तो तुम्हें छोड़ दूँ।

जोकर : नहीं।

बब्बर : कभी नहीं।

बॉण्ड : नहींऽऽऽ। कभी नहीं।

[बैग छीनने को बाबा के चेले पास आते हैं तो वह उसे अपने टोले को 'पास' कर देता है। अब पूरी महफिल खो-खो की टीमों की तरह दो दलों में बँट जाती है। एक छोर पर बाबा है, दूसरे पर बब्बर।]

बाबा : अक्कड़-बक्कड़ बम्बे बौं।

गेंदालाल : अस्सी नब्बे पूरे सौ।

शरीफा : सौ में लगा तागा।

नीता : चोर निकल के भागा।

[इसके साथ ही खो-खो की तरह बैग झपटने-पास करने का खेल शुरू होता है—अन्ततः महेश जोकर को, सुरेश बॉण्ड को, बाबा बब्बर को, रमेश टीटो को तथा गेंदालाल पीटो को दबोच लेते हैं। एक बैग नीता और एक बैग शरीफा ले लेते हैं। महेश की मदद से सब अपने-अपने शिकार को बाँधकर अन्त में पाँचों बदमाशों को एक रस्सी से बाँध देते हैं।]

बाबा : *(हाथ झटकाकर)* चलो, यह काम पूरा हुआ—गेंदा बेटे, इन पाँचों को बाहर मेरे सुरग—यान में बिठा के बाईं ओर से पाँचवाँ बटन दबा दीजो—ये सीधे सौरमंडल के आखिरी ग्रह प्लूटो के बगल में पहुँच जाएँगे। असूर्यानाम् चते लोकाः। वहाँ ये खुदबखुद ब्लैकहोल नामक सितारे की काली गहराइयों में घुस जाएँगे, जहाँ सब-कुछ उल्टा चलता रहता है। वहाँ डायरेक्टर नाटकों में अभिनय करता है। अभिनेता उसकी ऐसी की तैसी करते हैं—जनता चुनाव-प्रचार करती है और नेता भूखों मरते हैं, और बहुएँ जो हैं वो ससुरों-जेठों-देवरों को ज्यादे दहेज लाने के कारण जला डालती हैं।

[रोते-रोते बदमाशों का प्रस्थान। बाहर से जेट की ध्वनि। गेंदा का पुनर्प्रवेश।]

बाबा : शाबाश! उन बदमाशों के लिए अन्त में यही मौत लिखी थी।

शरीफा : बाबा, आपने सब मुश्किलें बखूबी आसां कर दीं, बस एक शै और सुलझा दें—वो ये कि अब इस मुए ताज का भी कुछ करा दें—जो न उगलते बनता है न निगलते। ये बिक जाए तो हमारी गाड़ी आगे चले, औ' जी की कली खिले।

बाबा : हा हा हा, यहाँ हम अपना आखिरी और जंगी राज खोलते हैं। *(भयोत्पादक संगीत)* हमारा एक गुप्त अन्तर्राष्ट्रीय स्वरूप भी है।

सभी : *(समवेत)* क्या?

बाबा : हाँ, हम दुनिया के इस मायाचक्र को घुमाते रहने के सबब से विश्व के अनेक देशों में सबसे बड़े, सबसे विशाल, सबसे खुशहाल योगाश्रम भी चलाए रखते हैं *(चोला उतारते हैं। भीतर से वे थ्री पीस सूट पहने हैं—जेब से चश्मा निकालकर लगा लेते हैं।)*

सभी : *(समवेत)* स्वामी जी! योगीराज!

बाबा : तो मेरे बच्चो, तुम्हारा यह ताज, हम खरीदे लेते हैं—पूछो, किसलिए?

सभी : *(समवेत)* बाबा किसलिए?

बाबा : इसलिए कि अपनी जवानी में कड़की के दिनों में हम इसी के पास मूँगफली का ठेला लगाए किए थे। अपनी मुफलिसी के इस चश्मदीद गवाह की छाँव में ही हम अपनी स्वर्गीया पत्नी से मिले थे। तो अब उसी की पुण्यस्मृति में हम इसे इस भारत दैट इज इंडिया नामक अपने प्यारे राष्ट्र के नाम समर्पित करते हैं। पूछो, किस तरह?

सभी : बाबा, कैसे?

बाबा : वो ऐसे कि इसे अभी पल-भर में वापस वहीं लगा देते हैं, जहाँ कि ये था—यानी जस का तस। अब तुम्हें यह भी बताने में हर्ज नहीं कि इलाके का पूरा पर्यटन विभाग, वहाँ लगी तिरपाल की बाड़ का ठेका, मन्त्रियों के विमान की बुकिंग और देसी-विदेशी ताकतों के हाथ—सबमें हमारे इक्विटी शेयर हैं यानी हमने बस यही किया, कि इस जेब से इसे उस जेब में ट्रांसफर कर दिया।

हाँ, इस सबके बदले में तुम पूछना चाहोगे कि इस सारे धन्धे से मुझे क्या मिला? सो *(हॉल की ओर इशारा करके)* मेरे बच्चो, कलाओं का यह पूरा भारत भवन हम राष्ट्र के नाम आप सब एक्टरों की जमात को समर्पित करते हैं। अठारह हाथ के इस अखाड़े में आप सब मजे में अपनी-अपनी कलाबाजी दिखाइए, कला का कलाकन्द खाइए, भाई-भतीजों को खिलाइए और गुन गाइए उस

ऊपरवाले के जिसने कि यह लीला बनाई। कलाओं के इस जनतन्त्र को कोई खटका नहीं। यहाँ अनन्तकाल तक प्रेम से रहिए, नाटक कीजिए और आलोचकों की गालियाँ खाइए और फिर नाटक कीजिए, क्योंकि ऑडन ने कहा कि हमें प्रेम करना चाहिए, नहीं तो मर जाना चाहिए।

[सबके द्वारा बाबा की जै-जैकार]

[परदा गिरता है।]

शर्मा जी की मुक्ति कथा

पात्र-परिचय

अनंत नारायण शर्मा	:	एक 40-42 वर्षीय पत्रकार
अवधनाथ शर्मा	:	लगभग उसी उम्र का पागल
माधवी	:	अनंत नारायण की पत्नी। पेशे से अध्यापिका
नन्ही	:	अनंत नारायण की 8-9 वर्ष की बेटी
डॉक्टर	:	35-40 की उम्र का चुस्त काँइयाँ डॉक्टर, माथे पर चन्दन का टीका लगाए हुए
बी.ओ.एस.एस.	:	डॉक्टर की ही उम्र का युवा (यह या तो सफारी सूट पहने नव-धनाढ्य रईस सरीखा काला चश्मा लगाए हो सकता है, या खादीधारी)
		(नेपथ्य में कोरस की आवाज़ें)

(नाट्यमंच के तीन भाग हैं।) अग्रभाग, जो 10 नम्बर का पागलखाना है। पृष्ठभाग के दो हिस्से हैं—बाईं ओर का हाई-कमान चेम्बर्स है, जहाँ डॉक्टर बैठता है। दाहिनी ओर का भाग अनंत नारायण का घर है।

10 नम्बर पागलखाने में दो एक जैसे तखत नेपथ्य के समान्तर रखे गए हैं। दोनों पर एक जैसा अस्पताली बिछौना है। इसके अतिरिक्त इस कमरे में कोई भी अन्य उपादान नहीं है। इसके दो बाशिन्दे हैं—पहला अवधनाथ शर्मा यानी अ.ना. शर्मा, दूसरा अनंत नारायण शर्मा यानी अ.ना.शर्मा। संवादों में सुविधार्थ हम एक को अ. नाथ दूसरे को अ. नारायण नाम से उल्लेख कर रहे हैं। वैसे दोनों का नाम अ.ना. शर्मा ही है। इस बात का महत्त्व आगे स्पष्ट हो जायेगा।

अ. नाथ शर्मा पूरी तरह से पागल है। वह पागलपने में कल्पना किये बैठा है कि वह स्वयं श्रीकृष्ण है, और उसके ग्वाल-बाल व गोपियाँ हर वक्त उसके आस-पास मौजूद हैं। जाहिर है, जिन आकारों और ध्वनियों की वह कल्पना कर रहा है, वे उनके पार्टनर को तो दीखते हैं और न ही सुनाई देते हैं—किन्तु नेपथ्य से उठने वाली अदृश्य ध्वनियों की मार्फत दर्शकों को वे स्वर सुनाई देते हैं, जो कि अ. नाथ शर्मा की ख्याली दुनिया की उपज हैं। गायकों की संख्या, स्वरों का स्वरूप, या बन्दिशों

की परिकल्पना हर निर्देशक अपनी इच्छा, समझ और सुभीते को मद्देनजर रखते हुए तै कर सकता है, हाँ उनके मृदु या तीव्र, विलम्वित अथवा द्रुत होने का क्रम कोष्ठकों में दिए निर्देशों के अनुसार ही होना चाहिए, क्योंकि इस नाटक कथावस्तु के उठाव-उतार और कथाक्रम के रसोद्रेक में इनका बड़ा महत्त्व है। गायक, वादकों के अभाव में पहले टेप किया संगीत भी इस्तेमाल किया जा सकता है।

[परदा उठता है]

(अ. नाथ झुककर तकिये के नीचे से एक अदृश्य बाँसुरी निकालता है। अदृश्य छेद टटोल कर उन पर उँगली रखता है, नेपथ्य से बाँसुरी का बड़ा धीमा-सा बजता है। फिर ज्यों-ज्यों उसकी हरकतों में तेजी आती है, स्वर तेज होते जाते हैं। नाटक में कई बार होता है। यह सुर स्पष्टतः ही अ. नारायण को नहीं सुनाई पड़ते, पर वह अपने तख्त पर बैठा बड़े मनोयोग से अ. नाथ की क्रियाएँ देख रहा है।)

अ. नाथ : रास शुरू करो—हाँ मनसुखा, एक-दो-तीन *(बाँसुरी छेड़ता है) (क्रोध से)* नहीं, नहीं। मात्रा कट रही है। नाधिन धिन्ना से उठाओ, फिर से पहली मुद्रा दुहराओ। (निर्देशक ये निर्देश सुविधानुसार चुन सकता है)

[संगीत के सुर फिर उभरते हैं, क्रमशः मन्द होते जाते हैं]

हाँ, अब ठीक है। हूँ (*बाँसुरी पर राग बजाते हुए बीच-बीच में जाँघों पर थाप देकर रास की लय पर कंट्रोल भी जारी रख रहा है। अ. नारायण बमुश्किल हँसी रोकता है। वादन खत्म होता है। बाँसुरी पुनः तकिये के नीचे छुपाकर पसीना पोंछता अ. नाथ तख्त पर बैठ कर पास पड़ा पंखा झलता है।)*

अ. नाथ : मैं जानता हूँ तुम क्या सोच रहे हो।

अ. नारायण : *(अचरज से)* क्या?

अ. नाथ : हे अर्जुन, इस धर्मक्षेत्र कुरुक्षेत्र में तुमसे छुपाना? मैं ही *(चुप्पी)* कृष्ण हूँ।

अ. नारायण : *(अचरज से उसे देखता है, कहता कुछ नहीं)*

अ. नाथ : *(जोर से)* मुरलीमनोहर, हरि कृष्ण, कन्हैया, घनश्याम। *(अ. नाथ भय से कुछ पीछे को होता है)*

अ. नाथ : (हँसकर) डरो मत पार्थ, अपने आप को पहचानो। यह कायतीर्थ कुरुक्षेत्र, महारास का क्षेत्र है। भारत दैट इज इंडिया टुडे!

अ. नारायण : मैं...मैं कोई अर्जुन नहीं...मैं...

अ. नाथ : (त्रिभंगी मुद्रा में खड़े होकर) हे अर्जुन, तेरी मति मोहविष्ट है। इस लीला को देखकर तू सोच रहा है कि धनुष-धुन उठाऊँ तो कैसे?

अ. नारायण : मैं ऐसा कुछ नहीं सोच रहा हूँ। धुन गाना बजाना तो क्या है, मैं तो चुटकी भी ठीक से नहीं बजा सकता।

अ. नाथ : अहो दुर्मति वृहन्नले! अपने गाण्डीव की मधुर टंकार को तो मैंने बिसरा दिया? वह देखो वह पड़ा है—उठाओ उसे, और उसकी प्रत्यंचा की टंकार का सुर मेरे 'सा' से मिलाओ—एक ही डोरी है तो क्या ? मीराबाई भी तो मेरी लीला का गान इकतारे पर ही करती थी। (गाकर) मीरा के प्रभु नटवर नागर।

अ. नारायण : यार आदमी मज़ेदार लगते हो।

अ. नाथ : क्या मजेदार वजेदार। *(भेदभरे सुर में उसकी ओर झुककर)* सब भक्तों का प्रेशर है। ये बेताले-बेसुरे गोप गोपी जबरन गले आ पड़े हैं। जब मन करता है चले आते हैं। पच्चीस से ऊपर हैं। पे, एक भी लयदार या सुरीला नहीं। मैं कहता हूँ, लगाओ सा, तो 'पंचम' लगायेंगे—तिस पर ताल के नाम पर अण्डा। कल रात टी.वी. के स्टूडियो में नाट्यशास्त्र के लेखक भरतमुनि भी मेरे साथ जूरी में बैठे थे—गत की ऐसी दुर्गत देखकर रो पड़े। अच्छा, तुम स्वरलिपि पढ़ सकते हो क्या?

अ. नारायण : नहीं।

अ. नाथ : चलो कोई नहीं। संगीत या नृत्य की किस शाखा में इण्टरेस्ट रखते हो? शास्त्रीय, उपशास्त्रीय, रवीन्द्र, लोक-फोक किसी तरह के संगीत का अभ्यास है?

अ. नारायण : नहीं

अ. नाथ : नजरूल गीति? भावगीत? भजन? गजल? डिस्को? डांडिया? फ्यूजन? भांगड़ा पॉप?

अ. नारायण : नहीं। कुछ नहीं?

अ. नाथ : यार, हमसे मत डरो! यहाँ हाई कमान हमारी बातें नहीं सुन सकता है, और मैं खुद किसी से कहने वाला हूँ नहीं। सच तो ये है भैय्ये-के हम सबके भीतर एक नटखट नागर कुंज बिहारी कृष्ण छुपा बैठा है। अगर कोई कहे कि उसके भीतर वो नहीं है, तो मैं कहूँगा कि साले, उल्लू के पट्ठे, तू जो है, सो नम्बर एक का लबार है। अपुन तो साले होश सँभालने से लेकर बस ग्वाल बालों की ही संगत में पड़े हैं। सैकड़ों राक्षसों से जूझे हैं, हजारों गुरुओं के पैर दबाए हैं। पूर्णिमा की रात-रातभर नन्द ग्राम की बालाओं के साथ महारास रचाया है, और तंरग उठने पे गंगा किनारे साधुओं की भजनमंडली में खड़ताल-मिरदंग और झाँझ! यानी कि थोड़े में कहें, तो जानो कि ओढ़ा भी प्रेम, बिछाया बोया भी प्रेम और काटा भी प्रेम! हाँ!

अ. नारायण : मैंने कहा न कि मुझे प्रेम-प्रेम का रोग नहीं है। और...और न ही नाचता गाता हूँ। मैं कोई नायक या नेता या हीरों वीरो नहीं हूँ।

अ. नाथ : जब हीरो या नेता नहीं हो, तो साले, फिर वहाँ यहाँ कैदखाने में कैसे पहुँच गए?

अ. नारायण : मुझे भेजा गया है। मैं अपनी मर्जी से यहाँ नहीं आया।

अ. नाथ : किस लिए भेजा गया?

अ. नारायण : जातिवाद और धर्म के खिलाफ लेख और संपादकीय लिखने के इल्जाम में।

अ. नाथ : भड़काने वाले लेख और संपादकीय? साले सूर्यवंश, यदुवंश और प्रेम भक्ति से बैर? यही हश्र होगा।

अ. नारायण : वो मेरे लेख और संपादकीय इस उस वंश या राम-कृष्ण वैगरा के बारे में नहीं, राजनीति में जाति-धर्म के इस्तेमाल के बारे में थे।

अ. नाथ : देख प्यारे! प्रेम संगीत प्लस सियासत इज ईक्वल टु म्यूजिक द फूड ऑफ लव प्लस जाति, यानी कि पल्ले सिरे का चूतियापा। तीन सलाहें हमारी गाँठ बाँध लीजो—एक तो ये के, संगीत और प्रेम को जाति से मिलाने का खेल न खेलो कभी। दो—होश या बहोशी में कभी भी किसी भी हाई कमान का एतबार न करो—और तीन—कोई कुछ कहे तुम बस लगातार सात सुरों की साधना करते रहो। याद रखो, अन्त में जाकर सुरों का ही महत्त्व होता है। शब्दों का कतई नहीं। भाषा, वाषा, जात-धरम सब अब भूल जाओ। इट विल मेक नो डिफरेंस टु एनी वन! सुर लगाओ।

अ. नारायण : शुक्रिया।

[अ.नार. पुनः बैठकर बड़े यत्न से अदृश्य बाँसुरी उठाता है। कमरे का प्रकाश धूमिल होता है। ठुमरी गायन के स्वर—वहाँ एक ही पंक्ति घुमा फिरा कर गाई जा रही है—'कौन गली गए श्याम' यह ठुमरी अगले दृश्य के डायलॉग की पंक्तियों के बीच समय-समय पर सुनाई भी देगी। प्रकाश वृत्त दाहिनी ओर उभरता है। संगीत बन्द। दृश्य घर का है। डेस्क के आगे दो कुर्सियों पर अ. नारायण की पत्नी माधवी और बेटी नन्हीं बैठी हैं। पत्नी चश्मा लगाकर बेटी की स्कूल की रिपोर्ट पढ़ रही है।]

माधवी : इस बार भी इतिहास में तेरे नम्बर गड़बड़ हैं, क्या बात है? लिखा है कि फिर इस बार अपने मन में अंट संट उत्तर लिख दिये, क्या लिखा?

नन्हीं : जो सही था वही तो लिखा।

माधवी : क्या ?

नन्हीं : जो बाबू ने मुझे बताया था।

माधवी : वह वैसा नहीं है। जो तेरी किताब में लिखा है?

नन्हीं : नहीं।

माधवी : जब किताब में नहीं है, तब फिर क्यों लिखा वो? नम्बर तो कटने ही थे।

नन्हीं : *(जोर से)* क्योंकि बाबू सच बोलते हैं किताब नहीं। पता है, इस साल की किताब से तो तीन चैप्टर हटा दिए गए हैं। पर बाबू अपनी बात से नहीं हटते।

माधवी : *(स्वगत)* ये अड़ियलपना तो एक खानदानी बीमारी होता जा रहा है।

नन्हीं : मुझे असल बात पता है।

माधवी : क्या पता है?

नन्हीं : कि बाबू को किस वजह से पागलखाने भेज दिया गया है।

माधवी : अच्छा, अब बकबक बन्द कर और किताब निकाल।

नन्हीं : कौन सी ?

माधवी : व्याकरण निकाल।

नन्हीं : मुझे संस्कृत नहीं पढ़नी।

माधवी : चल, निकाल एकदम। तुझे पता है न कि जो बड़ों का कहना नहीं मानता, उसके साथ क्या किया जाता है।

नन्हीं : *(उत्साह से)* क्या जिद करने से मुझे भी बाबू के पास भेज दिया जाएगा?

माधवी : नहीं। अच्छा जोर से पढ़। *(बुनाई उठा लेती है)*

नन्हीं : *(पढ़ती है)* क्रिया से जिसका सीधा सम्बन्ध हो, वही कारक कहलाता है।

माधवी : *(स्वगत)* पागलखाने उन्हें भेजा जाता है, जो लिखना जानते हुए भी कभी-कभी भूल जाते हैं कि किस तरह की चीजों के बारे में लिखना चाहिए।

नन्हीं : *(पढ़ती है)* 'गोविन्द के लड़के गोपाल को श्याम ने पीटा'—इस वाक्य में पीटने की क्रिया का सीधा सम्बन्ध गोपाल से है, जिसको श्याम ने पीटा है—गोविन्द से नहीं, जिसका लड़का गोपाल है, पीटने में गोविन्द का कोई उपयोग नहीं, इसलिए हम उसे कारक नहीं कहेंगे। अच्छा

अम्मा, 'नन्हीं के बाबू को हाईकमान ने पागलखाने भेजा'—इसमें कारक क्या होगा?

माधवी : बकबक मत कर। आगे पढ़—

नन्हीं : अंग्रेज़ी में कर्ता निश्चित होता है और उसके अनुसार ही वाक्य में क्रिया तै होती है—पर संस्कृत में क्रिया ही प्रमुख है और क्रिया से जुड़कर अपना सही कारण मिलता है। अच्छा अम्मा, अगर बाबू अंग्रेज़ी में लिखते तो क्या तब भी वहाँ भेजे जाते?

माधवी : मुझे क्या पता? आगे पढ़।

नन्हीं : *(पढ़ती है)*—'किसी वाक्य में प्रयोग किए गए पदार्थों में जिसको कर्ता सबसे अधिक चाहता है—उसे ही कर्म कहते हैं—अच्छा माँ, वाक्य में बाबू अगर कर्ता हों, तो कर्म क्या होगा? तुम, कि मैं?'

माधवी : *(बुनाई समेटती हुई)* अच्छा, तू अब अच्छी लिखाई में साधु शब्द के रूप लिख भला?

नन्हीं : *(पेंसिल चूसती हुई)* वहाँ बाबू से क्या कराते होंगे वो लोग?

माधवी : *(मजाक में)* रोज एक सुलेख अंग्रेज़ी में लिखवाते होंगे—मैं अब हिन्दी में नहीं लिखूँगा।

नन्हीं : कितनी बार?

माधवी : एक करोड़ बार।

नन्हीं : एक क...*(रोकर)* बाबू।

माधवी : धत् पगली *(प्रकाश वृत्त बुझता है—पागलखाने के कमरे में उभरता है।)*

स्थान : पागलखाना 10 नम्बर

अ. नारा. : *(नींद में सोते-सोते पुकारता है)* नन्हीं!

[रा.प्र. बैठा-बैठा सोते प्र. रा. को देख रहा है। नेपथ्य से ठुमरी की पंक्तियाँ फिर उभरती हैं—'गोकुल ढूँढी, बिंदराबन ढूँढा।']

नन्हीं की आवाज़ : बाबू। डर लगता है। बाबू घर आ जाओ
(ठुमरी–ढूँढ फिरी ब्रजधाम–कौन गली गए श्याम)
(द्रुत में कहरवे में)

नन्हीं की आवाज़ : बाबू। *(कौन गली गयो श्याम)*

मा. की आवाज़ : श श...बेटा।
ठुमरी....कौन गली गयो श्याम।

नन्हीं की आवाज़ : बाबू....

(स्वर धुँधले होते-होते लुप्त हो जाते हैं–सोते से जगकर अ.ना. खड़ा होता है।)

अ. नाथ : खाना आ गया है, सो अब लीला बन्द। झपताल में थाली उठाओ, चौताल में रखो, और तीनतल में कौर तोड़ कर मुँह में रखने तक, दो मात्रे एक में करके सम फिर से यूँ पकड़ ले, कि, धा। दिस इस डिसिप्लिन। दिस इज आर्ट। *(अब वह पूरी तरह बहक चुका है।)* हिन्दी पत्रकारिता और राजनीति की मिली जुली दुनिया है, यानी भारत दैट इज इंडिया टु डे। यहाँ जो भी है वो बस सुर है और ताल है। यहाँ अपनी भाषा की कोई जरूरत नहीं। ट्रांसलेशन ही चलता है बस। वड्र्स हैव सो मीनिंग इन दीज टाइम्स इन इंडिया टु डे। क्या? चलो, चुपचाप ताल में एक साथ।

[फेड आउट]

स्थान : मैनेजीरियल चैम्बर्स

[प्रकाशवृत्त तीसरे भाग पर उभरता है, जहाँ अ. नाथ डॉक्टर के पास खड़ा है। तख्ती पर लिखा है–डॉक्टर्स चैम्बर्स। डॉक्टर के कपड़े पहने एक शख्स वहाँ मेज के आगे बैठा है–हम होंगे कामयाब आदि 'जब वे हो हो हो मन में विश्वास...' तक पहुँचते हैं, तो अ. नाथ अचानक नेपथ्य की ओर मुड़कर चिल्लाता है।]

अ. नाथ : कट। बन्द करो। काऊ बैल्ट टाइप लीला मस्ट स्टाप हियर। दिस इज इंडिया टुडे *(स्वर हठात बन्द हो जाते हैं)* *(मुड़कर डॉक्टर से)* माफी चाहता हूँ। *(बैठने को उद्यत होता ही है कि एक स्वर फिर धीमे से पंक्ति उठाता है–होगी शान्ति चारो ओर–होगी....आदि)*

अ. नाथ : *(चिल्लाकर)* चीप। *(मुँह बिगाड़ कर)* साले इंडिया टुडे में खड़े हो के हिन्दी में गाते हो, कि होगी शान्ति चारो ओर। आइ से शटप। वर्ना हलक से फेफड़े खींच के टेंटुए में भुसा भर दूँगा, भुस। शान्ति सिर्फ अंग्रेज़ी में होती है, हिन्दी में पीस के रख देती है। पीस!

डॉक्टर : सिट डाउन प्लीज।

अ. नाथ : *(बैठते हुए)* लातों के भूत बातों से नहीं मानते।

डॉक्टर : गोलियों से कुछ फायदा हुआ?

अ. नाथ : मुझे क्या पता कि आपने कैसी गोलियाँ दी थीं। मेरे भक्तों से पूछिए।

डॉक्टर : देखिए जनाब पागल मत बनिए। गोलियाँ आपको दी गई थीं। और आप सचमुच में कोई कृष्ण भगवान नहीं। आपके कोई भक्त वक्त भी नहीं हैं। यह बेकार की फितूर आपको अपने मन से हटाना ही होगा। आपका इलाज तब तक नहीं हो सकता जब तक आप ये न मान लें कि आप मुरली मनोहर, कुजंबिहारी कृष्ण नहीं हैं।

अ. नाथ : या जब तलक आप ये न मान लें, कि मैं लीलाधारी प्रभु हूँ, मेरे भक्त हैं और वो मुझे पूजते रहेंगे।

डॉक्टर : यह पागलपना है। *(घड़ी देखकर)* उफ! इस बकवास में खुद मैं महाआरती के लिए लेट हो जाऊँगा। *(अ. नाथ मेज पर रखा फूल का दौना उठा कर देखते हैं)* इसे नीचे रख दीजिए, ये मेरी पूजा का सामान है। इस राउण्ड के बाद मुझे मन्दिर जाना है। *(रुककर)* पर याद रखें, आपकी खुद की पूजा नहीं होनी है। समझे? क्यों?

अ. नाथ : क्या *(फूल दिखाते हुए)* धर्म में स्वयं आस्था रखते हुए भी आपकी मेरे लिए सचमुच यही सलाह है?

डॉक्टर : जी हाँ। ये सौ फीसदी सच है। *(रुककर)* देखिए जनाब, आपका धर्म सूडो-धर्म है। मैं मेडिकल कालेज का ऑनरेरी डीन हूँ। पर साथ ही मैं सच्चे धर्म में आस्था रखने वाला एक हिन्दू भी हूँ। कुछ झुँझलाकर, यार देखो, तुम जो हो, एक मानसिक रोगी हो। इसलिए अगर मैं पूजा करता हूँ तो वह की जा सकती है, पर अगर मैं तुमसे कहता हूँ कि तुम्हारी पूजा नहीं होनी है, तो इसका मतलब है कि बिल्कुल नहीं होनी है। और अगर मुझसे कहते भी हो कि तुम्हारी पूजा होती है, तो भी उसका मतलब है कि तुम्हारी पूजा नहीं होनी है। यानी हो ही नहीं सकती। जबकि मैं अपने भगवान की पूजा करूँ तो वह हो सकती है, चाहे तुम कहो कि....

अ. नाथ : *(ठण्डेपन से)* आपसे ये किसने कह दिया कि मैं धार्मिक कर्मकाण्डों में इतना इण्टरेस्टैड हूँ?

डॉक्टर : नहीं हो? गुड।

अ. नाथ : कसम ले लीजिए जनाब, मैं तो एक संगीतकार हूँ और मैंने इन पिछलग्गुओं को कभी अपने पास आने को नहीं कहा, ये भक्तगण मेरे शागिर्द बन के खुद ही मेरे गले आन पड़े हैं। और गले में पड़ा ये ढोल भी बजाना पड़ता है।

डॉक्टर : देखा, बतौर उपचार के आज से तुम अपने आप से हर रोज सुबह उठ कर सौ बार कहो—मैं संगीतकार नहीं हूँ, मेरे गिर्द कोई साधु महन्त, भक्त या पुजारी नहीं हैं—मुझे उनकी दरकार ही नहीं है—सुबह, दोपहर, शाम, पूरी श्रद्धा से 50 बार यह भी दोहराओ कि गुरुपूजा का धर्म-वर्म कुछ नहीं है। भक्तों द्वारा तुम्हारी पूजा-आरती वन्दना वगैरा यह सब सूडो-धर्म है।

अ. नाथ : बिल्कुल।

डॉक्टर : तुम कोई भगवान नहीं हो।

अ. नाथ : ठीक है।

डॉक्टर : गुड। *(जाने को उद्यत होता है)*

अ. नाथ : तो जाने से पहले एक अहसान करते जाइए मुझ पर।

डॉक्टर : क्या?

अ. नाथ : मैं भगवान नहीं, सूडो हूँ, ये बात आप तो जानते हैं न, तो आप ही मेरे इन आस्थावान भक्तों की कीर्तन-पूजा बन्द करा जाइए। मेरा कहा तो ये नहीं मानते।

डॉक्टर : *(बड़े धैर्य से)* देखो भाई, धर्म और भक्ति संगीत भारतीय आस्था के अंग हैं। *(कुछ झुँझलाकर)* यानी मेरा मतलब है, तुम्हारा ये सूडो भ्रम तभी खत्म होगा, जबकि तुम खुद को यकीन दिला दोगे कि तुम्हारे आस-पास कोई कीर्तनकार भक्तगण नहीं है, जब तुम भगवान ही नहीं हो, तो फिर पूजा या कीर्तन का तो सवाल ही नहीं उठता।

(रा.प्र. खड़ा होता है।)

अ. नाथ : (गंभीरता से) मैं भगवान हूँ। मैं सूडो प्रभु था। (संगीत सुर—हरे रामा हरे कृष्ण।) मेरे कोई भक्त नहीं हैं। वे साले सूडो भक्त थे। (संगीत सुर—कृष्ण-कृष्ण हरे-हरे।) मुझे कीर्तन या रासलीला की भी जरूरत नहीं है। सब सूडो कलाएँ हैं (संगीत सुर—हरे गोविन्दा हरे रामा) भारत दैट इज इंडिया टुडे में न कहीं भगवान है, न धर्म, न भक्ति। सिर्फ डॉक्टर हैं। सिर्फ वही पूजा करेंगे।

[संगीत-सुर—रामा रामा हरे हरे। नाम कीर्तन के साथ तबला भी बजने लगता है—फेड आउट]

[स्थान : दस नम्बर]

(दस नम्बर के हिस्से में प्रकाश उभरता है, अ. नारा. सो रहा है। अ. नाथ का कक्ष में प्रवेश। वह रा. प्र की पलंग के पास रुकता है। धीमे-धीमे तानपुरे का स्वर उभरता है—धीम-धीमे मृदंग या तबले पर चौताल बजने लगती है, जो कृष्ण नाम संकीर्तन के साथ ऊँची होती जाती है—अचानक अ.ना.रा. तड़पकर उठता है—संगीत तुरन्त रुक जाता है।)

अ. नाथ : माफ करना यार। जब से उस डॉक्टर के कहने से नाम धुन संकीर्तन बन्द करवा दिया है, ये भक्तगण बेकाबू हो गए हैं।

अ. नारा : प्लीज।

अ. नाथ : घबराओ मत। भक्तों से मुझे कोई डरने, वरने या घेराबन्दी का खतरा नहीं। देखता हूँ, कौन साला सूडो-भक्त मेरे पास भी फटक सकता है। तुम....तुम तो पूजा-वूजा नहीं करते न?

अ. नारायण : नहीं।

अ. नाथ : तब तुम्हें तो कोई खतरा ही नहीं। अच्छा चलो, कुछ देर के लिए इन्हें इग्नोर करें। आप हमें अपनी रामकहानी ही सुना डालो। अपना बचपन, जवानी—अपनी लिखाई-पढ़ाई सब्ब ब्यौरावार उगल डालो, फटाफट—शाबाश, हाँ तो प्यारे कैसे स्टार्ट हुआ सब?

[नेपथ्य की ओर मुड़कर] श...श...*(बैठ जाता है)*

अ. नारायण : *(धीमे-धीमे)* बहुत समय पहले की बात है कि हम कई दोस्त एक बहुत बड़े छापेखाने में मुलाजिम थे। हमारा सब ठीक-ठाक चल रहा था कि एक दिन एक सर्कुलर आया। उन्होंने मेरे एक साथी को बताया था। बुला कर उससे कहा कि तुम्हारे अखबार में इतना संपादकीय मैटर क्यों है? विज्ञापन क्यूँ नहीं? हो न हो, तुम किसी विदेशी स्रोत से चोरी छुपे मदद लेते हो, फिर बोर्ड के आगे पेशी के बिना उसे डेढ़ बरस को छापाखाना नम्बर 7 के उस तलघर में भेज दिया गया जहाँ दिन-रात मशीनें चलती हैं, पर फर्में नहीं छपते।

मुझे हलका अचरज तो हुआ, पर एक तो मेरे अपने अखबार के ज्यादा पन्ने नहीं थे और फिर खुद मैं विवादास्पद किस्म के काम करना नहीं चाहता था, सो मैंने सोचा अपने को क्या? बात आई गई हो गई। सोच लिया कि ये सलूक सिर्फ उन्हीं प्रकाशनों के साथ होता होगा, जिनके बुनियादी ढाँचे विवादास्पद हैं। पर जब तक मेरा दोस्त तलघर से छुटे

तब तक हाई कमान ने मेरे दो और साथियों को भी तलघर में डाल दिया था। डर की बात यह थी कि इन लोगों के अखबार तो तकरीबन मेरे अखबार की ही तरह दुबले-पतले, सफेद-काले, कम दाम, कम विज्ञापन और कम सर्कुलेशन वाले थे। खैर! इस बार भी न तो उनकी पेशी हुई, न सुनवाई। मेरे पहले मित्र ने जो अब तक सजा काट कर बाहर आ गया था, इन दोनों की सजा को गैर-कानूनी और अभिव्यक्ति की आजादी पर हमला बताते हुए एक पत्रिका में फिर कुछ भेज दिया। इससे पहले कि वहाँ वो छपता, उसके ब्लू प्रिंट की फोटोकॉपी एक पिट्ठू की मार्फत उनके हाई कमान तक और उनके कूरियर की मार्फत हमारे हाई कमान के पास पहुँच गई। ये होना था कि हल्ला मचवा दिया गया। छपाई रोक दी गई और उल्टे वह अंक ही व्यवस्था की अस्मिता पर छींटाकशीं कह कर जलवा डाला गया। अब इस पूरे किस्से को लेकर मेरे चौथे मित्र ने अपने रिसाले में एक लम्बी-सी रपट छाप डाली। उसको लेकर उसके पाँचवें, छठे, सातवें और आठवें मित्रों ने उसके हाई कमान को एक मेमोरंडम भेज दिया। अचानक हम क्या पाते हैं वहाँ भी पाँचवें, छठे, सातवें और आठवें नम्बर के परिशिष्ट यकायक विवादास्पद ढाचें बना कर ढहा दिए गए और वो लोग अपने वहाँ के तलघर को रवाना कर दिये गये। इसी बीच मेरा मित्र नम्बर दो, छूट कर आ गया था, उसने आकर फिर से छापना शुरू कर दिया कि देश के हाईकमानों का संघ कई लेखकों को जबरन तलघर वगैरा में भेजकर बिजली के झटकों से उनका शर्तिया इलाज करा रहा है। *(अचानक क्रोध से)* हम पत्रकार जो हैं, हम साले चुप नहीं रह सकते। तभी ये सब कबाड़ा होता रहता है। पता नहीं, भगवान हमें क्यूँ पत्रकार या लेखक बनाता है। इससे तो हमें वो तीन टाँगे या डेढ़ हाथ देकर पैदा करता तो बेहतर था।

[नेपथ्य में धीमे-धीमे हम होंगे कामयाब का रिहर्सल होने लगता है।]

तब हम कम से कम सरकस के जोकर तो बन सकते थे, लेखक पत्रकार बन के तो हम साले अपने साथ आधे धन्धे के और अपने घर के तमाम लोगों का भी जीना-सोना हराम करा देते हैं।

[नेपथ्य में हल्के सुरों में संगीत चलता रहता है—'नहीं भय किसी का आऽऽज—आ...ज, नहीं भय किसी का आज के दिन हो हो हो—फेड आउट']

अ. नारा. : मैं आपके आगे अलबत्ता ये साफ कर दूँ कि मेरा या मेरे मित्रों का जन्म क्रान्तिकारी, व्रान्तिकारी बनने को नहीं हुआ था। अभिव्यक्ति की स्वतन्त्रता हमारे लिए किताबी बात थी। हमारा बचपन एकदम सुरक्षित था और कॉलेज में बाप के खर्चे पर हमने अपना नाम रजिस्टार को, फीस अकाउण्ट बाबू को और नोट्स एक दूसरे को दे दिये थे। अरसे तक हम सबकी बड़े सुख से कटती रही। आगे चल के हमने बाप की पसन्द से ब्याह किये, माँ की पसन्द से बच्चे पैदा किये और बीवी की पसन्द से बच्चों को हाईकमान की पैरवी से पब्लिक स्कूलों में डाल दिया। तब हम सबके चहेते थे। हमारा पढ़ना-लिखना बड़ा प्रोत्साहित किया जाता था। हममें से ज्यादातर को मुफ्त ट्रेनिंग ही नहीं, भरपूर भत्ते और नगद इनाम भी दिए जाते थे। चेतनायुक्त विज्ञापनों या बेहतरीन लतीफों तक के लिए इनाम मिल सकते थे। *(नेपथ्य में अचानक तबले पर द्रुतरेला बजने लगता है—भावपूर्ण लय की सृष्टि करते हुए, जैसे कोई दौड़ते-दौड़ते हाँफ रहा हो।)* पर एक दिन हमने अक्षम्य अपराध कर डाला—

[प्रकाश यहाँ बुझता है, डॉक्टर्स चैम्बर्स के हिस्से में उभरता है। वहाँ डॉक्टर बैठा है। उसके हाथ में एक पत्र है।]

डॉ : (पढ़ते हुए) अपने संपादकीय में शर्मा जी ने ट्रेनिंग तथा कार्यशालाओं पर जो आरोप लगाए हैं, उन्हें हाईकमान इस

व्यवस्था को विस्थापित करने की एक पागलपनभरी, किन्तु खतरनाक साजिश के रूप में देखता है। इस मसौदे का जो अंग्रेज़ी अनुवाद उसने एकाधिक पत्रकारों को भेजा है, वह इस साजिश की जड़ें विदेशों में होने की हमारी मान्यता पुष्ट करता है। इसलिए यह तै हुआ है कि– *(प्रकाशवृत्त वहाँ बुझता है–पुनः पागलखाने में उभरता है।)*

अ. नारा : शुरू में मुझे एक दूसरी जगह रखा गया जहाँ कम खतरनाक लोग सूडो बौद्धिक घोषित होने के बाद चेतावनी की बतौर भेजे जाते थे। वहाँ मुझे एक अलग कमरा दिया गया था, कुछ किताबें और कागज, कलम साथ रखने की भी स्वीकृति मिली थी–पर एक दिन मुझे फिर सन्देश भिजवाया गया–

[प्रकाशवृत्त घर में सिर्फ नन्हीं पर पड़ता है। वह वहीं बैठे पिता से बातचीत करेगी।]

नन्हीं : बाबू, बाबू आपकी तसवीर अखबार में छपी है। ढेर सारी चिट्ठियाँ भी आई हैं।

अ. नारा : चिट्ठियों में क्या लिखा है?

नन्हीं : पता नहीं, वो तो सब इंग्लिश में हैं।

अ. नारा : तेरा स्कूल ठीक-ठीक तो चल रहा है न?

नन्हीं : हाँ। बाबू, हमारे को इस साल से संस्कृत व्याकरण और वैदिक गणित भी पढ़ने हैं–बहुत लीचड़ है हमारे टीचर।

अ. नारा : माँ कैसी है?

नन्हीं : ठीक है, कापियाँ जाँचती रहती हैं–उनके स्कूल में परीक्षाएँ हैं न? बाबू, तुम्हारे कमरे में ऐसी बास क्यों आती है?

अ. नारा. : *(स्वगत)* बास कहाँ से नहीं आती? *(प्रकट)* कुछ सड़ गया होगा, साफ हो जाएगा। अच्छा सुन, ये कागज ले जा साथ में–मैंने माँ को चिट्ठी भी लिख दी–सीधे प्रेस भिजवा देगी।

नन्हीं : पर वो तो लौटा देंगे। पहला वाला बण्डल तो वापस आ गया।

अ. नारायण : *(अचरज से)* किसने लौटाया? प्रेस वालों ने?

नन्हीं : हाँ..., कहते थे कि ये छपेगा तो उन सबको भी तुम्हारे ही तरह पागलखाने भेज दिया जाएगा—*(लाइट घर से फेड होती है...संगीत फिर उभरता है।)* हो हो हो मन में है विश्वास, पूरा है विश्वास, नहीं डर किसी को आज के दिन।

[प्रकाश उभरता है। स्थान : मैनेजीरियल ऑफिसेज]

(प्रकाशवृत्त बढ़ता है। डॉक्टर अपनी मेज पर बैठा है, उसके सामने रखे पोर्टेवल कैसेट रिकार्डर पर कोई रोमांटिक किस्म की सूफी या भक्ति धुन बज रही है—डॉक्टर सिर हिलाता, आह, आह, वाह, वाह के भाव व्यक्त करता संगीत में खोया हुआ है। दरवाजे पर खट-खट की ध्वनि)

डॉ. : *(गाकर)* चले आओ, चले आओ, चले आओ! *(हाथ बढ़ाकर संगीत कम कर देता है) (अ. नारायण का प्रवेश)*

अ. नारायण : नमस्कार!

डॉ : नमस्कार। बैठिए। कहिए, क्या आपको अनूप जलोटा के भजनों में रुचि है ?

अ. नाथ : *(अचकचा कर)* क्या आ...आप भी मरीज हैं ?

डॉ : *(संगीत बन्द कर देता है)* नहीं, नहीं, मैं तो डॉक्टर हूँ। मरीज तो तुम हो। यह सात नम्बर की तलघर नहीं कि मामला छुपाए रखें। पागलखानों में हम लोग ये बड़ी ईमानदारी से शुरू में ही क्लियर कर देते हैं कि यहाँ सिर्फ मानसिक रूप से बीमार लोग भेजे जाते हैं। जिनका इलाज हमारा फर्ज है। वैसे मैंने सुना है कि सात नम्बर में शुरू-शुरू में अक्सर मैनेजमेंट के डॉक्टर लोग सूडो पत्रकार होने का नाटक करते हुए, मरीजों में घुलमिल कर एक नये आधुनिक तरीके से उनको बौद्धिक देने की कोशिश करते हैं। पर्सनली आई थिंक देट विल नॉट वर्क इन दिस प्लेस। यहाँ ईमानदारी से जम के इलाज करते हैं। अच्छा खैर, बोलिए, आपको क्या तकलीफ है?

अ. नारा : जी मुझे एक शिकायत है।

डॉ. : (फाइल खोलते हुए) हाँ-हाँ जानता हूँ (पढ़ता है) हाँ, हाँ—अनंत नारायण शर्मा—इन्हें वजह बेवजह विवाद पैदा करके उत्तेजित हो जाने और हिन्दी में अंड-बंड बकने और शिकायत करने की शिकायत है।

अ. नारा. : जी, मुझे ऐसी कोई शिकायत नहीं है।

डॉ. : *(फाइल बन्द करते हुए)* वही तो। वही तो शिकायत है, कि तुम्हें खुद ये शिकायत नहीं है कि तुम्हें शिकायत करने की शिकायत है।

अ. नारा. : जी मेरी सिर्फ एक शिकायत करने की शिकायत है, जो इस पागलखाने में मेरे पागल रूम पार्टनर से ताल्लुक रखती है। सुसरा एकदम पागल है। उसे भ्रम है कि वो खुद भगवान श्रीकृष्ण हैं और यह भी कि उनके भक्तगण हर वक्त उनको घेरे हुए कीर्तन-रासलीला वगैरा करते रहते हैं। वह उन अदृश्य भक्तों को अजीबोग़रीब किस्म से गाली भरे प्रवचन चौबीसों घंटे देता रहता है। डॉक्टर, ही इज स्टार्क रेविंग मैड।

डॉ : हाँ, हाँ, नाम याद नहीं आ रहा, पर यैस, अक्यूट स्कित्सोफ्रेनिया का केस है वो।

अ. नारा : कभी-कभी ज्यादा उत्तेजित होने पर वह बेहद खूँखार भी हो जाता है और बेवजह मुझ पे चिल्लाने लगता है। मुझे डर है—

डॉ. : *(बात काटकर)* हाँ, हाँ उसने भी तुम्हारे बारे में शिकायत की है—

अ. नारा. : क्या ?

डॉ. : उसने कहा है कि जब उसके भक्त किसी नाजुक से सवाल पर उससे प्रश्न कर रहे होते हैं तो तुम जोरों से नाक साफ करने लगते हो या खाँस पड़ते हो या सो रहे होते हो, तो खर्राटे लेने.....

अ. नारा : क्या इस बारे में आप कुछ कर सकते है?

डॉ. : *(दराज से गोलियों की एक पत्ती निकालकर बढ़ाता है)*—तुम्हें शायद साइनसाइटिस है। हर चार घंटे में पानी

के साथ इसकी एक गोली ले लेना। तुम्हारा खाँसी-जुकाम एकदम ठीक हो जाएगा, खर्राटे भी बन्द।

अ. नारा. : डॉक्टर, पर वो? वो तो एकदम बावला है। उसका भी तो कुछ उपचार करिये न–

डॉ : *(मुस्कराकर)* तो बिरादर, क्या आप खुद को सौ फीसदी स्वस्थ समझते हैं? *(समझाने के भाव से)* देखो भाई, वैसे मेरी पढ़ाई इंग्लिश मीडियम में हुई है। और हिन्दी के अखबार पढ़ता नहीं, मुझे मालम नहीं कि तुम हिन्दी के संपादक क्या और कैसे लिखते हो पर हाँ, अंग्रेज़ी अखबारों में लिखा था कि इधर हमारे बहुत सारे सूडो-बुद्धिजीवी आजकल इस तरह की बातें लिखते रहते हैं कि जो सही दिमाग वाले हैं, वे पागलखाने भेज दिए गये हैं और जो बाहर अखबारों में लिख रहे हैं, वो सब पागल-वागल हैं–वगैरा-वगैरा बहरहाल, ये सब सिर्फ पश्चिमी तर्ज की, विदेशी सूडो-इंटेलेक्चुअल बातें हैं, सही बात तो ये है कि टेकन एज ए होल, हमारे सारे खतरनाक पागल जो हैं, वो हमारी निगरानी में हैं और सारे स्वस्थ व क्रिएटिव लोग हाईकमान के साथ खड़े होकर देश को बौद्धिक दे रहे हैं। खुद अपने को ही लो। क्या तुम्हें ये गलतफहमी नहीं है, कि राष्ट्रीय हाईकमान बेवजह ठीकठाक लोगों को हमारी निगरानी में भेज रहा है?

अ. नारा. : बिल्कुल! लेकिन यह गलतफहमी नहीं। मैं तो खुद ही इसका जीता जागता उदाहरण हूँ कि अब एकदम ठीकठाक लोग भी यहाँ सूडो बुद्धिजीवी बता कर भेजे जा रहे हैं!

डॉ. : यही तो दिक्कत है। पागल लोग दूसरे से तर्कसंगत बात सुनना नहीं चाहते, बस अपनी ही जिद को थामे हुए कोल्हू के बैल की तरह दिन-रात गोल-गोल घूमते रहते हैं। बाय द वे, तुमने ये कहा न, कि तुम्हें भक्ति संगीत में कोई रुचि नहीं।

अ. नारा. : नहीं। न भक्ति संगीत में, न कीर्तनों में, न गजलों में। कतई नहीं (रुककर) क्या आप पहले की तरह मुझे एक अलग सैल नहीं दे सकते?

डॉ : देखिए महाशय, मैं ये साफ बता दूँ कि पहली बार आपका केस जो था वो हाईकमान की स्वास्थ्य-कल्याण संस्कृति शाखा से सात नम्बर को रेफर हुआ था। सात नम्बर केन्द्र रिजर्व कैटेगरी में आता है और प्रेस एरिया के पास होने के कारण वीआईपी भी केन्द्र है। वह मोटी ग्राण्ट पाता है। और उनके अपने प्राइवेट वार्ड हैं। उनके यहाँ पावर कट भी नहीं होते। पर आपका केस हमें वहाँ के बाद हाईकमान सचिवालय की जन सूचना और सम्पर्क शाखा की मार्फत मिला है। इस डिपार्टमेंट में फंडिंग तो कम है ही, अफसरी क्लाउट भी खास नहीं है। जनरल कैटेगरी में सिर्फ जनरल वार्ड हैं। हाँ, यहाँ के कमरों को वार्ड कहें, कृपया 'सैल' शब्द का इस्तेमाल फार्म भरने में या आवदेन पत्रों में भूलकर भी न करें। इस पर इंटर्नल ऑडिट ने हमें एक-दो बार गम्भीर आपत्ति भेजी है। आपके बिल और छूट के कागज बेवजह अटक जाएँगे। पत्र दिखाता है—डी.ओ. नम्बर—

अ. नारा. : *(बात काटकर)* क्या, यहाँ एक भी सै—यानी वार्ड ऐसा नहीं है, जहाँ मुझे अपना एक अलग एकान्त कोना भी मिल सके? जहाँ बैठकर मैं सोच सकूँ—पढ़ सकूँ, कुछ लिख सकूँ।

डॉ : आयम अफ्रेड नाट। वैसे भी सोचना आपको नुकसान ही करेगा। बेवजह बेसिर-पैर की बातें सोचना, असहमत होना, अंग्रेज़ी से अलग भाषा में पढ़ना, लिखना यही तो आपकी मूल बीमारी है। वैसे मैं आज आपको ये भी बता ही दूँ कि यहाँ सारे केसेज की पूरी छानबीन करके ही रूम पार्टनर्स छाँटते हैं। जैसे विटामिन की कमी होने पर हम विटामिन का सप्लीमेंट देते हैं, वैसे ही आस्था की कमी होने पर हम आस्था की डबल डोज भी देते हैं। जभी तुम्हारे कमरे में तुम्हारी साक्षात कन्हैयालाल से जोड़ी जमाई है। *(दाँत कुरेदते हुए)* हमारी मानो *(आँख मारकर)* तुम शख्स ठीकठाक लगते हो—ये अपना जबरन ओढ़ा हुआ एण्टी तेवर बृहस्पतिवार सुबह साढ़े नौ बजे

से पहले ठीक-ठाक कर लो। इस बजे हाईकमान की एक–सदस्यीय संयुक्त सब कमिटी का माहवारी दौरा है–तुम पौने दस तक ठीक हो जाओ, तो तुम्हें उसी दिन तक घर जाने की परमिशन मिल जाएगी। *(कुछ सोचकर)* बल्कि बेहतर है, नौ बजे तक सहमत हो लो, साढ़े दस बजे मुझे कहीं और जाना है और डिसचार्ज के वक्त क्लियरेंस स्लिप में मेरे दस्तखत जरूरी हैं। *(एक डिब्बा पास खींचकर कुछ और गोलियाँ देता है)* ये लेते रहना हर छह घंटे में दो। और याद रखना 'सैल' नहीं वार्ड-वार्ड। क्या?

अ. नारा. : ये गोलियाँ किसलिये हैं?

डॉ. : हल्के जुलाब की गोलियाँ हैं। भीतर-बाहर सब साफ करने के लिए। *(हँसकर)* एल्डुअस हक्सले ने एक बार कहा था कि बड़े अचरज की बात है कि सिर्फ बदहजमी की वजह से दुनिया में कितनी क्रान्तियाँ और युद्ध होते हैं, कितने प्रेम सम्बन्ध टूटते हैं और कितने लोग सन्तुलन खो बैठते हैं, इसका आज तक किसी ने हिसाब ही नहीं लगाया। मेरे दादाजी कहते थे–पेट साफ हो तो दिमाग साफ। गांधी जी रेगुलरली एनीमा लेते थे या नहीं? दो गोली ले लेना, बस सारा गुस्सा बाहर।

अ. नारा. : ठीक है।

डॉ : इंसिडेंटली, जब संयुक्त सब-कमिटि के आगे तुम्हारे पेशी हो, तो पूछताछ के वक्त कोई ऐसी टेढ़ी बात मत कह बैठना, जिससे वो कन्फ्यूज हो जाएँ, और तुम्हारी रिहाई का मामला फिर धरा का धरा रह जाए। अगर वो पूछें कि क्या तुम अब मानते हो कि तुम पर पागलपन सवार था? तो कहना–जी हाँ। अगर वो कहें कि क्या तुम बाहर जाकर फिर वैसे ही पागलपन भरे खब्ती किस्म के लेख और संपादकीय लिखोगे? तो कहना–जी नहीं। अगर वो पूछें कि तुम्हारा इलाज और डॉक्टरों का तुम्हारे प्रति बरताव कैसा रहा? तो कहना–एकदम फर्स्ट रेट। और वो पूछें कि इस पूरे मामले को लेकर तुम क्या सोचते हो, तो

ऐसा दिखाना जैसे कि तुमने उनका सवाल ठीक से सुना ही न हो। या फिर नासमझी का नाटक करना।

अ. नारा : देखिए डॉक्टर साहब, आपको अच्छी तरह मालूम है कि मैं नाटक नहीं करता। मैं न पागल था, न हूँ। और इसलिए मेरी यह सजा और आपका इलाज और ये सब सलाहें मेरे साथ एक क्रूर, जंगली और अपमानजनक मजाक है।

डॉ : *(क्रूर मुस्कराहट के साथ)* मुन्ने मत भूलो कि जनरल कैटेगरी वार्ड में ऐंठ की दवा तो हकीमलुकमान के पास भी नहीं। *(गम्भीरता से)* देखो, मुझे अपने हाईकमान के आगे यह प्रमाणित करना है कि मैंने तुम्हारी दिमागी बीमारी का सफलता से इलाज कर दिया है। और तुम्हें प्रसन्नता और आभार जताते हुए उनके आगे कहना है कि थैंक्यूं, अब मैं बिल्कुल ठीक हूँ सर। फिर हमें एक टीम की तरह सुर में सुर मिलाकर एक साथ गाना है कि मुझको है आशा ऽ ऽ...हम होंगे कागयाब। सारे जहाँ से अच्छा...वगैरा।

अ. नारा. : *(क्रोध से)* सारे जहाँ से अच्छा। जानते हैं आप कि उस रोज जब मुझे बुलाया गया तो रात बारह बजे मेरे घर में दरवाजे भड़भड़ाए गए थे और फिर भद्दी गालियाँ देते हुए कुछ लोग घर में घुस आए थे। उन्होंने मेरे परिवार को तो सहमाया और धमकाया ही, पूरे पड़ोस में मुझ पर अपराधी, पागल और आरक्षण-विरोधी बुर्जुआ होने का ठप्पा भी हमेशा को लगा दिया। मेरे जिन करीबी दोस्तों ने विरोध किया, उन्हें तलघर में ठूँस दिया गया, बिना सुनवाई के, और अब सात नम्बर में मैने इस सब के खिलाफ आवाज़ उठाई तो मुझे यहाँ इस नर्क में भेज दिया गया। मेरे पीछे मेरी किताबें जब्त की गई, मेरी पत्रिका का अंक, मेरे संपादकीय समेत प्रेस में रुकवा दिया गया, मेरी रात-दिन की मेहनत से भरे कागज मेरी आँखों के आगे जला दिए गए और जब इससे भी मन नहीं भरा, तो मुझे तैशुदा तौर से ऐसे पागल के साथ एक वार्ड में कैद कर दिया गया जो मुझे न रात को सोने देता

है, न दिन को। *(रुककर)* और आप फर्माते हैं कि मैं गाऊँ कि मुझको है आशा? घुटनों के बल रेंगता हुआ उसी हाईकमान की एक सदस्यीय जाँच सब कमेटी के आगे सजदा करके शुक्रिया अदा करूँ, और कहूँ कि पाय लागूँ मालिक। हुजूर, मैं तो सूडो इंटेलेक्चुअल हूँ। मैं पागल हो गया था, पर अब आपको डॉक्टरों के कुशल इलाज से एदम चंगा हो गया हूँ, माई-बाप। अब मैं कभी भी वैसा कुछ नहीं सोचूँगा, न ही बोलूँगा और न ही लिखूँगा।

डॉ. : *(बीच में टोककर)* और तुम्हारी बेटी? नन्हीं नाम है न शायद उसका। कहती थी घर में अँधेरे में डरती है—पर स्कूल भी नहीं जाना चाहती, क्योंकि वहाँ बच्चे तुमको लेकर उसे चिढ़ाते हैं। *(नेपथ्य में धीमे से कृष्ण ध्वनि गाई जाने लगती है।)* वो लड़की होनहार है। पर स्कूल में प्रातः कालीन सभा में मातृभमि वन्दना नहीं गाती। बच्चों के सर पर बाप नहीं हो, तो जिद्दी बन जाते हैं। नम्बर घटने लगे, परसेंटेज गिर गया तो उनके आगे की कोई क्या गारंटी ले सकता है। है कि नहीं? *(प्रकाश धीमे-धीमे फेडआउट, संगीत प्रकाश के साथ फेड हो जाता है।)*

[स्थान : एक पागलखाने का कमरा]

(प्रकाश अ. ना. पर पड़ता है, वह पलंग पर अधलेटा कुछ सोच रहा है। अ. नाथ कुछ देर अपने अदृश्य साजों को मिलाता है, फिर कुछ देर बैठा-बैठा अ. नारा. को घूरता है। अ. नारा. भाँप कर कुछ असहज होता है। फिर अ. नाथ उठकर उसकी ओर जाता है। पास खड़ा होकर बेधने वाली दृष्टि से घूरता रहता है। अचानक चिल्ला कर दोनों हाथों से अ. नारा. का गला पकड़ लेता है।)

अ. नाथ : अन्त फिनिस। दी एंड। *(भयविजड़ित अ. नारा. उसे बाधिक के हाथ पड़े मेमने की ताई ताकता है।)*

अ. नाथ : अन्त होना है। जै माँ काली, कलकत्ते वाली। खप्परधारी, चामुण्डे। अन्त होना ही है। *(अचानक अ. नारा के माथे पर हाथ धरकर आशीर्वाद देता है)* अन्त होगा वत्स, तेरी दुखभरी रागिनी का अन्त होगा। कल रात मैहर वाले बाबा *(कान की लबें छूकर)* अलाउद्दीन खाँ साहब रात में आए थे, उन्होंने कहा कि बेटा ये इंडिया जो है सो इस वक्त एक धर्मयुद्ध का क्षेत्र है। इन भारत दैट इज इंडिया में कभी न कभी हर किसी को अपनी अदाकारी दिखाने का मौका मिलेगा। भाषा-वाषा के छलावे में मत पड़ो बेटा, सुरों के राज में देर है, पर अँधेर नहीं। क्या? *(अँधकार। प्रकाशवृत्त हाई कमान चेम्बर्स पर)*

डॉ : अब किसकी बारी है? *(अ. नारा. का प्रवेश)* देखो, ये जात-पाँत विरोधी चक्कर तुम्हें महँगा बैठगा। ये मैं बताए देता हूँ अब तक इलाज में हमने ढील दे रखी थी कि शायद तुम जिम्मेदार इनसान हो और ठीक से दवा लेते हो, सो तुम्हारी हालत अपने आप सँभल जायेगी, पर अब लगता है कि कुछ सख्त ढर्रा अपनाना पड़ेगा। तुम्हारे लक्षण जैसे सुनने में आया है, ठीक नहीं दीखते।

अ. नारा. : आपकी दवा छोड़ देना मेरी बीमारी का लक्षण नहीं। हाईकमान द्वारा बीमारी के निदान और उपचार दोनों के खिलाफ मेरी असहमति का प्रदर्शन है।

डॉ. : इस किस्म की जिद इस मुल्क में कम और पश्चिमी मुल्कों में ज्यादा पायी जाती है। पर अब तो ग्लोबलाइजेशन की मेहरबानी से चिकनगुनिया की तरह बीमारी का हिन्दी में भी प्रवेश हो गया है। क्या समझे? और दवा-हवा तुम लेते नहीं। *(क्रोध से)* अब मैं कतई नहीं करूँगा तुम्हारा इलाज विलाज, *(रूक कर)* देखो यार, समझदारी इसी में है कि जिद्द छोड दो और रजिस्टर में लिखवा के दवा-ववा की गोलियाँ यहाँ से ले जाते रहो, फिर चाहे उसे संडास में ही क्यों न बहा डालो। बस, इतना कह दो कि जी हाँ, मैंने डॉक्टर की दवा खा ली है। जी हाँ, मैं बेहतर महसूस करता हूँ। जी हाँ, मैं शुक्रगुजार और सहमत हूँ। यकीन

मानो इससे ज्यादा हाईकमान और कुछ नहीं चाहता। *(चुप्पी)*

[आखिर तुम क्या चाहते हो?]

अ. नारा : *(धीमे-धीमे)* अब तो कभी-कभी यही जी चाहता है कि हम बीते समय में ही वापस लौट जाएँ। जब आरक्षित जनरल या रिजर्व कैटेगरी या हाईकमान जैसी चीज़ें ही नहीं होती थीं। कुछ जब्बर किस्म के सामन्त होते थे जिनकी साफ-साफ जातीय ठसक थी। वो विद्रोही रैयत को दरबार में पकड़ बुलाते थे। और भरे दरबार में उसे भाले की नोक पर बिंधवाने या बोटी-बोटी किए जाने की सजा सुना देते थे। तब यह नाटक नहीं किया जाता था कि संयुक्त समिति की जाँच हर तकलीफ की दवा है और हर आरक्षण विरोधी एक सूडो सिरफिरा खब्ती होता है, जिसे फिर से सही उपचार या ट्रेनिंग देकर सामान्य बना देना हाईकमान का पुनीत कर्तव्य है, और...

डॉ : *(डपट कर)* चुप रहो। देखता हूँ, कब तक ये ऐंठ रहती है तुम्हारी।

अ. नारा : जब हाथों से कागज-कलम छिन जाते हैं, तो भी मन में तो शब्द आते जाते हैं ही। एक लेखक के दिमाग में शब्द मीलों लम्बी डरावनी झुग्गी-झोपड़ी बस्तियाँ बनाने लगते हैं। इन बस्तियों को जितना उजाड़ोगे उतनी ही बनती चली जाएँगी।

डॉ. : देखो यार, तुम दवा खाना शुरू कर दोगे तो तुम्हें तुम्हारी बेटी और बीबी से मिलने दिया जाएगा। *(चुप्पी)* इतनी ऐंठ ठीक नहीं। *(अ. नारा. जाने को उद्यत है)* गोलियों से कुछ फायदा हुआ?

अ. नारा : पता नहीं।

डॉ : क्या तुम अब भी मानते हो कि होशोहवास से दुरुस्त को पागलखाने में भेजा जा रहा है?

अ. नारा. : जी हाँ।

डॉ. : उहुँक! कुछ असर नहीं हुआ गोलियाँ का। फल खाए थे?

अ. नारा. : फल मैंने अ. नाथ को दे दिए।

डॉ. : गुड। साझेदारी में ही समझदारी है। दिस इज ए गुड साइन। कम्युनिकेशन एंड शेयरिंग बिट्वीन रूम मेट्स। *(रजिस्टर में लिखता है।)*

[अ. नारा. का प्रस्थान]

डॉ. : अब किसकी बारी है? ओह तुम हो। क्या हाल है?

(अ. नाथ का प्रवेश, वह बाँसुरी फूँकने की मुद्रा बनाकर उँगलियाँ एक अदृश्य बाँसुरी के छेदों पर दौड़ाता है। फिर हाथों को उलट-पुलटकर दिखाता है कि उनमें कुछ नहीं है।)

अ. नाथ : देखिए न, मेरे पास अब कुछ भी नहीं—न साज, न आवाज़।

डॉ. : एक मिनट। अच्छा बताओ, आज तारीख क्या है?

अ. नाथ : मेरे पास न तो कभी साज थे, न ही आवाज़। मैं दरअसल महज एक सूडो संगीत प्रेमी था। *(डॉक्टर कुछ सोच रहा है, उसने उपरोक्त वाक्य नहीं सुना)*

डॉ. : आज दिन क्या है, सोमवार? मंगल? *(अ. नाथ बाँसुरी फिर छेड़ता है।)*

अ. नाथ : मुझे कुछ नहीं चाहिए। न साज, न आवाज़, न शब्द, न अर्थ। मैं तो तनखैया था। माहवारी तनख्वाह पर काम कर रहा था। ठेके का आदमी भगवान या संपादक या कुछ भी कैसे हो सकता है भला? *(चुप्पी)*

डॉ. : *(डायरी देखता हुआ)* ओ भले आदमी, तुमसे पूछ रहा हूँ कि आज दिन क्या है? अगर मंगल है, तो मेरी मन्दिर में पूजा की आरती मिस हो गई *(उठकर कागज समेटने लगता है। मेज के पास बैठा अ. नाथ पुनः तबला बजाने की मुद्रा बनाता है)*

अ. नाथ : *(धीमे से)* देखिए न डॉक्टर बाबू, बाँसुरी भी नहीं है। न ही भक्तगण, *(हँसकर जोर से)* भगवान ही नहीं है।

डॉ. : *(झिड़ककर)* कैसी सूडो-बौद्धिक बातें करते हो? आज मगंल है, आज मुझे मन्दिर भी जाना है। *(नेपथ्य से*

ध्वनि—हरे रामा हरे कृष्णा) देर करवा दी कमबख्तों ने, *(सामान बटोर कर फुर्ती से अपना सफेद कोट जाने से पहले कुर्सी पर टांग जाता है।)*

[प्रस्थान]

अ. नाथ : *(सहम कर)* है, भगवान। बिल्कुल है। *(गायकों का स्वर)* मैं तो हमेशा भगवान रहा हूँ। *(ध्वनि और ऊँची)* मैं पहले भी जानता था कि मैं कृष्ण हूँ। *(पुनः)* मैंने गलत सोचा था कि मैं कृष्ण नहीं हूँ। कृष्ण है। बिल्कुल है। *(कोट पहन लेता है।) (जोर-जोर से नाम कीर्तन होने के साथ ही अब प्रकाश मन्द होने लगता है। जब प्रकाश पुनः उभरता है तो तब तक डॉक्टर जा चुका होता है तथा अ. नारा. इस बीच जाकर पागलखाने वाले भाग में अपने तख्त पर बैठ गया है, अ. नाथ डॉक्टर का कोट पहने गले में आला डाले कुर्सी पर बैठा है। द्वार से सहमी हुई नन्हीं का प्रवेश)*

अ. नाथ : भीतर आ जाओ।

नन्हीं : *(गला खँखारकर)* शर्मा...*(गला खँखारकर)* शर्मा जी।

अ. नाथ : एकदम दुरुस्त।

नन्हीं : सर, मुझे क्यूँ बुलाया गया है? क्या आप मुझे मेरे बाबू से मिलने देंगे?

अ. नाथ : नाम क्या है तुम्हारे बाप का? और जात?

नन्हीं : *(पुनः पहले की तरह अटपटाकर)* अनंत, नन्हीं नारायण, नन्हीं शर्मा। जात पता नहीं।

अ. नाथ : बेवकूफ लड़की। तुझे पता है कि ये पागलखाना है।

नन्हीं : पता है सर। क्या आप यहाँ के डॉक्टर हैं?

अ. नाथ : बेशक। बेचारा अनंत नारायण। नारायण! मारा जाई हंसा!

नन्हीं : बाबू को क्या हुआ है?

अ. नाथ : इस धर्मक्षेत्र में बैठकर भी पक्का नास्तिक बना हुआ है साला। तेरा अपना क्या है? धर्म वर्म मानती है? मन्दिर जाती है?

नन्हीं : नहीं सर।

अ. नाथ : कुछ तो किया होगा पूजा-पाठ, आरती-वारती कभी न कभी? हैं? बोलो।

नन्हीं : स्कूल में सरस्वती पूजा देखी थी सर।

अ. नाथ : अँय?

नन्हीं : रंगशाला की क्लासों की अलग से फीस लगती है सर।

अ. नाथ : ठीक है, *(नाक में उँगली डालते हुए कुछ सोचकर)* तू सुबह मेरे प्रवचन में आ जाना।

नन्हीं : पर सर, अम्मा, मेरी माँ कहती है कि हम बाबू की तरह जाति विरोधी और नास्तिक हैं।

अ. नाथ : धाधिधिध धाधिधिधा, तातिन बारवहीं मात्रे से उठाओ—
सुर साधे सब हो सधे
सुर डूबे सब जाय।
बलिहारी गुरु आपने
गोविन्द दियो बताय।
तिनकधिन धिन तिनकधिन धिन तिनकधिन—हाँ।
समझे। ये बन्दिश नवाब वाजिदअलीशाह की बनाई हुई है।

नन्हीं : जी, सर।

अ. नाथ : वैसे बहादुरशाह जफर भी रंगून जाते-जाते बना गए थे, कुछ मध्य लय की चीज़ें जैसे—
मेरे पिया गये रंगून,
वहाँ से कीया टेलीफून
कि तेरी याद सताये
टिं टिं टिं टिं टिं
कि तेरी याद, तेरी याद, तेरी याद!
इस बन्दिश को गा-बजा के कालिका-बिन्दा की जोड़ी जो कथक नाचती थी तो अंग्रेज़ मेमें छातियाँ पीटकर रो पड़ती थीं—फिर गांधी जी उन्हें चुप कराते थे, खादी के रूमाल से उनकी नाक पोंछते थे *(गाना है)*
आओ रे पियरवा
जइयो बजरवा लइयो चुनरिया खादी की हाँ खादी की,
जै बोलो महात्मा गांधी की।
(गरजकर) क्या?

नन्हीं : *(भय से रोने लगती है)* हाँ सर। हाँ सर। महात्मा गांधी की जै। सर, क्या मैं अब अपने बाबू से मिल सकती हूँ?

अ. नाथ : कालिन्दी तट पर जब राधा रानी बिछड़ जाती थी हमसे, तो गाती—

पिया से मिलन कैसे होय,
सखी री म्हारा......

नन्हीं : महात्मा गांधी की जै सर, क्या आप सचमुच के डॉक्टर हैं?

अ. नाथ : मिलन इज द रूट वर्ड फार द नेटिव टर्म मिलनी—व्हिच इज द पंजाबी फार हगिंग एंड एक्सचेंज आफ करेंसी एंड लड्डूज। एट टी टाइम्स आफ बरात की अगवानी।

नन्हीं : *(डरकर पीछे सरकते हुए)* आप...असली डॉक्टर नहीं हैं।

अ. नाथ : संगीत के सुर दो प्रकार के होते हैं, शुद्ध और विकृत, विकृत स्वर अपने स्थान से हटे हुए होते हैं—सात सुरों के परिवार में सा और उसके जिद्दी पा को छोड़कर बाकी सब स्वर जरूरत पड़ने पर ऊपर नीचे हो जाते हैं—पर सा है कि तेरे बाप की तरह टस से मस नहीं होता—भई वाह!

नन्हीं : *(डरकर)* बाबू! जै महात्मा गांधी की! सर—

अ. नाथ : और मध्यम की क्या कहिए—मध्यम सुर मेरी तरह मात्र तीखा बन पड़ता है, कोमल नहीं हो—तीव्र या शुद्ध मध्यम ये बताता है कि गायन काल रात का है या दिन का—बोलो—इस लिए मध्यम का दूसरा नाम क्या है ?

नन्हीं : बाबू! जै महात्मा गांधी—

अ. नाथ : मध्यम का दूसरा नाम है, अध्वदर्शक—यानी रास्ता दिखाने वाला। बिना रास्ता दिखाने वाले के मंजिल तक कोई नहीं पहुँच सकता—*(चिल्लाकर)* है कोई, रास्ता दिखाने वाला? म से महात्मा। जै महात्मा गांधी की। *(नन्हीं कमरे से भागकर घर के हिस्से में आ जाती है। अब वार्तालाप उसके तथा उसके पिता के मध्य होगा—दो प्रकाशवृत्त पागलखाने में बैठे अ. नारा. तथा डेस्क पर पिता को पत्र लिख रही नन्हीं पर फोकस होते हैं)*

नन्हीं : *(लिखते हुए)*—*(आँख पोछकर)* प्रिय बाबू, तुम कैसे हो?

अ. नारा. : *(ऐसे स्वर में, जैसे डिक्टेशन दे रहा हो)* प्यारी झटपट उठ, डर मत, करवट बदल। अब घर चल।

नन्हीं : *(लिखते हुए)*—बाबू जिद छोड़ दो, सब ठीक हो जाएगा।

अ. नारा. : प्यारी नन्हीं, खूब मन लगाकर पढ़ना, अपना होमवर्क रोज करना, माँ को दिक मत करना। जिसे तू मेरी जिद कहती है, हमारे यहाँ एक जमाने में उसे लोकतान्त्रिक असहमति का हक कहा जाता था और कई सारी तरह की असहमतियाँ लेकर ही एक चीज़ बनती थी, जिसे आजादी कहते थे। *(नेपथ्य में तानपुरा स प स का गम्भीर टोन छोड़ता है)*

[स्थान : डॉक्टर का कमरा—मैनेपीरियल चेम्बर्स]

(डॉक्टर मेज के पास खड़ा है। स्कूल का बस्ता लटकाये नन्हीं का प्रकाशवृत्त में प्रवेश)

डॉ. : नन्हीं, तुमने अपने बाबू से जिद छोड़ने को कहा?

नन्हीं : *(गम्भीरता से)* नहीं।

डॉ. : *(पारसी थियेटर स्टाइल में)* उसकी जिद उसे जीने नहीं देगी, और हमारा मैनेजमेंट उसे मरने नहीं देगा।

नन्हीं : उन्हें छोड़ दीजिए न,—तब वो नहीं मरेंगे।

डॉ. : जब तक वो जिद छोड़कर कमेटी के आगे इकबाल न करें कि वो गलती पर था, वो पागल था और हमने उसका पागलपना ठीक कर दिया है अब, तब तक हम उसे छोड़ नहीं न सकते।

नन्हीं : ऐसा वो कभी नहीं कहेंगे।

डॉ. : यानी वो मर जाएगा। पर ये कबूल नहीं करेगा कि वो ठीक हो गया है? क्या पागलपना है? ऐसा पागलपना कोई भी हाईकमान भला कैसे बर्दाश्त कर सकता है?

नन्हीं : आपको उन्हें छोड़ना पड़ेगा। *(रो पड़ती है)*

डॉ. : मुझे ऐसा करने का आर्डर नहीं है। *(प्यार से)* देखो बेटा, ये आरक्षण का मसला है, इसमें बहुत टैकनिकल प्राब्लम है। तुम नहीं समझोगी। एक चीज़ होती है—इंटर्नल ऑडिट। फिर स्टोर की लैजर बुक्स होती हैं। उनको लिखना पढ़ना

बड़ा कठिन है। राजनीतिक बैकग्राउंड वाले मेडिको-लीगल मामले ऐसे आसानी से नहीं सुलझते। उनकी सारी दवाइयाँ और लीगल कागज-पत्तर रिजर्व या जनरल कोटे के तहत नॉन स्टॉक आइटम में आते हैं। अलग रजिस्टर में इंदराज किए जाते हैं। तुम अपने बाबू से कहती क्यों नहीं कि क्यों उसने एक सीधे सादे इनडिसिप्लिन के मामले को महज अपनी जिद से ऐसा पेचीदा बना रखा है? अब जब बी.ओ.एस.एस. राउंड पर आकर पूछेंगे तो उससे मैं क्या कहूँगा? बोलो? वो बड़े हाकिम जरूर हैं, पर असम्भव को तो वो भी सम्भव नहीं बना सकते न? *(चौंककर)* देखो. शायद वो आ भी गए हैं। चलो-चलो, *(ताली बजा कर मच्छर भगाने की तरह)* बाहर चलो—स्कूल भागो देर हो रही है।

[बच्ची का प्रस्थान]

(नेपथ्य में हारमोनियम पर स्कूली तर्ज में एक स्कूली किस्म का स्वागत गान छिड़ता है। बी.ओ. एस.एस का हाईकमान चैम्बर्स में प्रवेश। वह सिल्क के कुर्ते अंगवस्त्र में है। मुँह में पान है, हाथों में अनेक अँगूठियाँ। डॉक्टर दौड़कर आकर बड़ी तत्परता से खींसे निपोरता उसके स्वागत में बिछ जाता है, पर बी.ओ.एस.एस. इसे कतई अनदेखा करके पान चुभलाता तब तक चुप खड़ा रहता है जब तक स्वागत गान खत्म होकर तालियों की ध्वनि नहीं उभरती)

बी. : हूँ ऽ!

(पान चुभलाता हुआ, कुछ देर पैनी निगाहों से कमरे का—फिर डॉक्टर का नख से शिख तक मुआयना करता है। डॉक्टर की हालत पतली है। बेवजह हें हें करता, कभी मुट्ठियाँ बगल में दबाता, कभी हाथ मलता खड़ा है। बी. बैठकर रजिस्टर

खोल लेता है। डॉक्टर बैठने का उद्यम करता है, पर उसे याद आता है कि बी. ने उससे बैठने की नहीं कहा, वह हास्यास्पद ढंग से पुनः खड़ा हो जाता है। बी. उसकी ओर आँख उठाकर देखता भी नहीं।)

बी. : उन दो की क्या प्रोग्रेस है? *(जेब से गिलास निकालकर)* पानी!

डॉ. : *(पानी उडेलता हुआ।)* बहुत अच्छी। एक्सेलेंट सर। हें हें—नम्बर दो पर तो आपका प्रेस्क्राइब्ड कोर्स ऑफ ट्रीटमेंट तो चमत्कार है सर, चमत्कार!

बी. : हूँ। उधर सारे अखबारों में धड़ाधड़ विज्ञापन आने लगे हैं, भगवत्कृपा से। *(प्रसन्नता से कुर्सी के पीछे सिर टिकाकर पैर मेज पर रखता है)* अब हमें कुछ पब्लिक सर्विस विज्ञापन भी जारी करने होंगे, जन चेतना बढ़ाने को अंग्रेज़ी में। बहुराष्ट्रीय बैंक से स्पेशल ग्राण्ट मिली है। संपादकों की सेंसिटाइजेशन वर्कशॉप के लिए एक नया विज्ञापन सूझा है हमें, एड्स बढ़ाइये, एड्स से बचिए। देखते जाओ। क्यों व्हॉट डू यू थिंक? *(अचानक)* खड़े क्यों हो? यू में सिट क्यों। *(पानी पीकर ग्लास जेब में रखता है)*

डॉ. : थैंक्यू सर। थैंक्यू। *(भेदभरे सुर में आगे झुककर)* ग्रेट विट यू हैव। आई मस्ट से सर। आपको तो विज्ञापन जगत में होना था। सर ये जिद का बैक्टीरिया जो है सो बड़ा नामुराद है। आपके अलावा उसे कोई नहीं मिटा सकता था। *(रजिस्टर की ओर इंगित करके)* अब देखिये ना। संपादकों को पन्द्रह दिन सी-15 की छह गोलियाँ रोज। महीना भर सीरम पी.एल. 480 की चार सी.सी. के दो इंजेक्शन रोजाना। योगासन, कीचड़ स्नान, पपीता कल्प। तब जाके वो स्थिति आई कि शर्मा माना है कि हाँ कुछ गड़बड़ थी उसके यहाँ *(कनपटी पर उँगली थपथपाता है।)* बड़ा कम्पलीकेटेट केस था सर। और सर, ये सीरम तो इम्पोर्टेड होने की वजह से नॉन स्टॉक आइटम था—पर परचेज़ वालों ने रूटीन में रिलीज ऑडर देने से साफ इनकार कर दिया।

बी. : *(तनिक सक्रोध)* क्यों?

डॉ. : *(भोलेपन का नाट्य करते हुए)* अब आप तो उनके गम्भीर किस्म के अड़ियलपने से वाकिफ हैं सर। ट्रिप्लिकेट में नोट हों, उसके साथ आपके ओरिजिनल नोट की फोटोस्टेट कॉपी भी हो, सैक्शनिंग काउंसिल और गवर्निंग बॉडी की क्लियरेंस की रिर्पोट की कॉपी हो, तब कहीं इम्पोर्टेड आइटम रिलीज करते हैं। कुछ नहीं, उस *(इधर उधर देखकर)* जातीय जिद है उनकी, और क्या? मिसयूज ऑफ पॉवर। हम जनरल वालों से छत्तीस का आँकड़ा ठहरा।

बी. : हूँ ऽ—

डॉ. : *(चुगली काम करती देख और भी उत्साह से)* बस, हर बात की सही काट है उनके पास, कि हमें इंटर्नल ऑडिट को जवाब देना है। वो तो सर, मेरे लिए युअर गुड वर्ड इज ए कमांड, आप मुझे जानते ही हैं कैसे प्रोक्योर किया ये सीरम टाइम पर मैंने, क्या कहूँ।

बी. : *(कुछ सोचते हुए)* हम सोचते हैं कि हम आउटसोर्सिंग पर चले। एक पूरा नया इंटर्नल ऑडिट और स्टोर डिपार्टमेंट बाहर से ठेके पर इम्पोर्ट कर लें? जैसे हमने उपग्रह चैनल्स के मामले में किया है।

डॉ. : *(उनकी समझ में बात नहीं आई, पर बेवजह प्रसन्नता का नाट्य करता है)* येस। क्यों नहीं? व्हाए नॉट।

बी. : ठीक है, कोटेशन मँगवाने हैं। असहमति चाहे इंटर-डिपार्टमेंटल ही हो, चाहे हल्की ही हो, खतरनाक चीज़ है। हमें उससे बचना होगा।

डॉ. : *(चरम प्रसन्नता से मुंडिया हिलाते हुए)* सर।

बी. : वर्ना बाद में वो बड़े विचित्र फॉर्म में सामने आती है। अब इस बेचारे शर्मा को ही लो। ऐसे-ऐसे बिचारे को डिल्यूजन होने लगे थे, कि पुल आउटों में खूबसूरत तसवीरों से लेकर तमाम जातियों के धर्मगुरुओं तक के बारे में लेख छापने तक से उसे असहमति हो गई थी। इसकी बच्ची की स्कूल टीचर की रिपोर्ट थी, कि इसने अपनी मासूम बच्ची तक को धर्म विरोधी शिक्षा देनी शुरू कर दी थी, और कहा था,

कि इतिहास धर्म था जाति के बारे में सवाल पूछे जाएँ तो क्रॉस बना कर लिख दे कि एक धर्मनिरपेक्ष आउटफिट में ऐसा सवाल आउट आफ कोर्स है। ये दिमाग! और वो भी हिन्दी के संपादक में?

डॉ. : च्च च्च। आइ नो द होल हिस्ट्री सर। इसकी तुलना में तो वो उसका रूममेट वो पागल संगीत टीचर एकदम गेगना है सर।

बी. : आ-हा। वो सीधे स्वदेशी पागलपने का मामला है। यूँ मामला ये भी स्वदेशी मतिभ्रम का है पर बेहद काम्प्लैक्स। दरअसल ये शर्मा दोनों भाषाओं में संपादकीय लिखने लगा था। अंग्रेज़ी में भी और हिन्दी में भी। सो स्वदेशी बीमारी के बैक्टीरिया विदेशी सोच से म्यूटेट कर गए।

डॉ. : हें हें, ये तो आपकी ही कूबत थी सर कि उसे उसकी सही औकात जता पाए—वर्ना वो तो ठाने बैठा था, कि उसे छोड़के बाकी सारा आउटफिट पागल है।

बी. : काफी बढ़ गया था जिद का ये रोग, जब हमारे पास आया। उसे तो और पहले यहाँ भेजा जाना चाहिए था। *(उठते हुए)* चलिए वार्ड में राउंड ले लें। *(उठते हुए)* अगर सब ठीकठाक है, तो छुट्टी करें इनकी भी। अभी कतार की कतार पागलों की खड़ी हैं, यहाँ बैड्स के लिए। सात नम्बर के तीसरे फ्लोर से ही एक दर्जन ताजा केसेज रेफर हुए हैं। सबको वही डिल्यूजन हैं कि अखबार का सर्वेसर्वा संपादक होता है, और उन्हें खबरों के लिए छापा जाता है। विज्ञापनों के लिए नहीं। उफ। चलिए अब—

[प्रकाशवृत्त पागलखाने के कक्ष पर]

बी. : *(अ. नारा. को ऊपर से नीचे तक घूरता हुआ)* हूँ—ऽ ऽ सो ऽ मिस्टर शर्मा? हूँ? *(दोनों अ. नाथ और अ. नारायण खड़े होते हैं)*

बी. : *(अ. नाथ से मुखातिब होकर)* मि. शर्मा?

अ. नाथ : जी!

बी. : क्या तुम्हें अब भी यकीन है कि हाईकमान अच्छे भले लोगों को बेवजह दस नम्बर पागलखाने में ठूँस रहा है?

डॉ. : माफ करें सर...ये...

बी. : शटअप। *(अ. नाथ से)* क्या? क्या तुम्हारी राय में भगवानस्वरूप हाईकमान एक चंगे इनसान को पागलखाने में भेज सकता है? क्या कोई धर्म नहीं?

अ. नाथ : *(न समझता हुआ सा)* नहीं सर, भगवान हैं। धर्म भी बिल्कुल है—यदा-यदा हि धर्मस्य—

बी. : करेक्ट! एकदम दुरुस्त। अब तबीयत कैसी है तुम्हारी?

अ. नाथ : सौ फीसदी सुर में। धर्म की जहाँ जय हो, वहाँ मुझे क्या कष्ट हो सकता है।

बी. : गुड! शाबाश! अब काफी बोलने भी लगा है। *(अ. ना. की तरफ मुखातिब होकर। अ. नारा. से ऊपर से नीचे तक घूरते हुए! छींक)* शर्मा? हूँ ऽ ऽ! हूँ?

अ. नारा. : सर!

बी. : क्या आपकी कोई भक्त परम्परा है?

बी. : *(अ. नाथ कुछ कहने को मुँह खोलता है। बी. डपटकर उससे)* शटअप। *(अ. नारा. से)* है क्या?

अ. नारायण : नहीं! मैं भक्त परम्परा में यकीन नहीं रखता।

बी. : गुड! क्या तुम्हें कभी कभी कानों में बाँसुरी के सुर या भक्तों की आवाज़ें सुनाई देती हैं।

अ. नारायण : नहीं!

बी. : गुड! तुम खुद कैसा महसूस करते हो?

अ. नारायण : ठीकठाक।

बी. : *(सभी से)* जरा तमीज से?

अ. नारायण : हाल पूछने के लिए शुक्रिया। मैं एकदम ठीक हूँ।

बी. : इन दोनों में बीमारी का कोई लक्षण नहीं बाकी रहा। इनकी फौरन छुट्टी करो। यू नो यहाँ वी आर शॉर्ट ऑफ बैड्स। और वहाँ हाईकमान को बाहर से एडिटर प्रोड्यूसर और सॉफ्टवेयर इम्पोर्ट कराने पड़ रहे हैं। संस्थान को प्रोफेशनल्स की जरूरत भी तो होती है ताकि विज्ञापनों के बीच कहीं-कहीं खबरें भी दी जा सकें।

डॉ. : *(हकलाते हुए)* यैस बॉस! यैस सर! *(पुनः हारमोनियम पर गायन तथा तालियों की गड़गडाहट समेत बी. ओ. एस. एस. का भव्य प्रस्थान, पुष्प वर्षा नेपथ्य से)*

[स्थान : पागलखाना]

(प्रकाश सिर्फ अ. नाथ पर)

अ. नाथ : *(वृन्दागान के कंडक्टर की मुद्रा में)*–चलो, जाने से पहले एक बार फिर–शुरू–एक-दो-तीन–*(नेपथ्य से गान उभरता है)* हम होंगे कामयाऽऽब, हम होंगे...आदि *(प्रकाश धीमे-धीमे अ. नाथ से हटता–अ. नारा. के घर में फोकस होता है। नन्हीं पिता का कुर्त्ता खींचती हुई आती है–माँ कुर्सी पर दरवाजे की ओर पीठ किए बैठी है।)*

नन्हीं : माँ! माँ देख कौन आया है? *(माँ अचकचाकर उठती है–पिता, पुत्री, माँ तीनों आह्लाद और अचरज की मुद्रा में फ्रीज। प्रकाशवृत्त ओझल)*

[स्थान : हाईकमान ऑफिस]

(डॉक्टर मेज पर पैर रखे पसरा पड़ा है। प्रकाशवृत्त उस पर आता है।)

डॉ. : *(चुटकी बजा कर जम्हाई लेता है)*–नैक्स्ट। *(कोई नहीं आता तो तनिक ऊँचे स्वर में)* अरे, अब किसी और की बारी है क्या ? *(कोई उत्तर नहीं। डॉक्टर हाथ बढ़ाकर सामने रखा कैसेटप्लेयर ऑन करता है–किसी चलताऊ भजन के स्वर बिखरते हैं।)*

रेडियो नाटक

सुपरमैन की वापसी

पात्र-परिचय

सुपरमैन
बन्ता सिंह
बन्ता सिंह की घरवाली 'लाजवन्ती'
सूत्रधार जी
ग्राहक-1
ग्राहक-2
ग्राहक-3
ग्राहक-2 का किराएदार
किराएदार की बेटी

दृश्य : 1

[शुरुआत नेपथ्य में इलेक्ट्रॉनिक संगीत से होती है—जैसी 'स्टार ट्रैक' के शुरू में।]

सुपरमैन की आवाज़ : मैं सुपरमैन, अन्तरिक्ष से बोल रहा हूँ। यह डायरी समझिए। मेरी सुपर डायरी के पन्नों में मेरी सुपर बॉलपाइंट पेन अपने आपको आप मेरे दिमाग की तरंगों को पकड़कर मेरी तमाम यात्राओं का हाल खुद-ब-खुद लिखती चली जाती है। तो इस वक्त मैं उड़ रहा हूँ जम्बूद्वीप के भरतखंड में स्थित, भारत दैट इज इंडिया, नाम के उस भूखंड की ओर, जिसे हमारा मुल्क तीसरी दुनिया का सिरमौर मानता है। हुआ यह कि मेरी गर्लफ्रेंड लुइस लेन ने मुझे पिछले हफ्ते तानों से छलनी कर डाला था कि अरे प्रियतम का बॉयफ्रेंड अपनी गर्लफ्रेंड के लिए जापानी घड़ी, चीनी छड़ी और हिन्दोस्तानी साड़ी लाया है और तुम अब तक मेरे लिए एक चिपकाने वाली बिन्दी तक न ला सके? कला के इलाके में, संस्कृति के इलाके में वंडर देट इंडिया का जो वजन है, वैसा अधुनातन किसी मुल्क का नहीं। सबसे पुराने मन्दिर, सबसे पुराने खंडहर और सबसे पुरानी ग़रीबी के उस मुल्क की सैर तुमने न की तो प्रिय, तुमने कुछ नहीं किया। ऐसा कहकर पैर पटकती हुई वह अपने दूसरे बॉयफ्रेंड को फोन मिलाने लगी, तो हे डायरी, मैंने तुरन्त ठान लिया, कि मेरे सफर का अगला पड़ाव कहीं होगा, तो वह है—*(संगीत)* भारत देट इज इंडिया। मर्द की एक

बात। *(संगीत)* वाह-वाह, उड़ते-उड़ते अब हरा-भरा यह सुन्दर मुल्क दीखने भी लगा है, अहा, कहीं बर्फ, तो कहीं धूप, कहीं बाढ़ तो कहीं सूखा, कहीं न्यूयार्क जैसी बीस मंजिली इमारतें, तो कहीं झोपड़-पट्टियाँ। वाह, वाह! कुर्बान जाऊँ—बलिहारी रे! भारत दैट इज इंडिया। तो प्यारे भाइयो, अब मैं यहाँ उतरता हूँ और शुरू करता हूँ अपने बहुत पहले के एक भारतीय दोस्त 'बन्ता सिंह' की मदद से अपनी भारत यात्रा। जय हिन्द। *(संगीत)*

बन्ता सिंह। मेरे प्यारे दोस्त, पहचाना मुझे।

बन्ता : ओये पाप्पे सुप्परमैन। ओये जीन्दा रहे, जीन्दा रहे। ओये आज साड्डे मुल्क की त्राफ कैसे रुख कीत्ता बाश्शाओ। ओ पाप्पे ना शरमा, जरा जफिया शफियां पा। आ जा गले लग जा। *(जोश से पीठ पर धौल लगाने की ध्वनि)* वाह! वाह!

सुपरमैन : थैंक गॉड तुमने पहचान लिया! मुझे मन में कुछ डर था कि कहीं तुम पहचानो या नहीं।

बन्ता : ओये, कमाल कर्ते हो याराँ। मैं क्या इतनी जल्दी भूल चलाँ कि शिकागो में छह-छह बन्दूकें लिये गुंडों से पिटने से तूने मुझे कैसे बचाया था मेरे हीरो। ओ, बचाया ही नहीं—हथेली पे बिठा के मेरे होटल तक वी पहुँचा गया—बटुए समेत। ओ याराँ हम हिन्दोस्तानी अपने मददगार को कभी नहीं भुलाते। बोल की सेवा करूँ तेरी? कोल्ड चलेगा कि हाट। शरम छड़ यार। ये ढाबा रब के फजल से अपना ही है। समान-समून कुछ हे के नहीं?

सुपरमैन : मैं सुपरमैन हूँ दोस्त। मैं बिना सामान के अपने जादुई चोगे की मदद से कहीं भी जा सकता हूँ।

बन्ता : कोई गल नहीं—एक तहमद कुर्ता त्वाड्डे वास्ते निकाल देंगे। ओये मुण्डू। गल सुन छोकरे। दो पेशल चाय ला, कड़क एकदम। हाँ तो पापे, हाथ-मुँह धोना है क्या? पार्टिशन के उधर बम्बा होगा। मुँह चोगे से पोंछ लेना।

सुपरमैन : मैं सुपरमैन हूँ दोस्त। मुझे सफर में न थकान लगती है, न पसीना आता है। न...

बन्ता : कोई नहीं जी—ये तो बड़ी अच्छी बात है—साड्डा भी कुछ ऐसा ही है—ये मूँ वूँ धोना तो जनानियों का काम है, मर्दों के, शेरों के मूँ किसने धोये हैं? तू ही बता।

सुपरमैन : मैं वीमेन लिब में विश्वास रखता हूँ दोस्त। मेरा यकीन है कि औरतें—यानी—अ जनानियाँ जो हैं—वो किसी से कम नहीं।

बन्ता : हा...हा...हा...*(ठहाका)* ले यार कम? वो तो हम सबसे ज्यादा हैं याराँ। जनानियाँ नूँ जो कमती माने, सो गधा अजी सन्ते गोगी की माँ के नचाए से तो बन्ता नाचता है यहाँ। ताक धिनाधिन। लो—चाय पियो। फिर तुझे तेरी भाभी के पास ले चलेंगे। बड़ी खुश होगी भागवान। *(कप-प्लेटों की आवाज़)*

बन्ता : तो हाँ अब बता कैसे आना हुआ, आज यार के द्वारे।

सुपरमैन : *(गला साफ करके)* बात ऐसी है भाई के मेरी एक गर्लफ्रेंड है लुइस लेन। उसे पता नहीं कि मैं दरअसल कौन हूँ—वह मुझे एक सीधा-साधा आदमी करके ही जानती है।

बन्ता : बुरा ना मान यार—पर ये खराबी है तुम्हारे मुल्क में—जनानियों नूँ धोक्खा देना, मर्दों वाली बात नहीं।

सुपर : दरअसल धोखा-वोखा नहीं, अगर मेरे असली रूप का उसे पता चल जाएगा और वह जान जाएगी कि मैं पृथ्वी का बाशिन्दा नहीं, बल्कि क्रिप्टन नाम के सितारे से आया हूँ तो वह मुझसे शायद प्यार करना ही बन्द कर देगी।

बन्ता : बुरा न मानना याराँ, पर तू जनानियों को ठीक से समझता नहीं। अजी, उसे पता चल गया कि तू परदेसी है, तब तो उसका इश्क और भी रंग पकड़ जाएगा। अपने यहाँ तो हमेशा से चलन रहा है कि परदेसियाँ से ही प्रीत की जाय।

सुपर : इसके अलावा और भी दिक्कतें हैं।

बन्ता : ओये, प्यार की राह कोई खाला का घर नहीं कि दिक्कतें-दुक्कतें ही न हों। *(भेद-भरे स्वर में)* क्या उसके माँ-बाप जात बाहर शादी के खिलाफ हैं?

सुपर : नहीं, यह परेशानी भी नहीं है—खैर वो सब बाद की बात है—असल बात तो ये है कि लुइस की एक पक्की सहेली है, नटाशा, जिसका घुमक्कड़ बॉयफ्रेंड उसके लिए इस बार जापानी घड़ी, चीनी घड़ी और हिन्दोस्तानी साड़ी लाया है। यह तब से मुँह फुलाए है—कि तुम क्यों नहीं मेरे लिए कुछ भी लाते? सो मैंने सोचा कि क्यों न भारत दैट इज इंडिया जाकर वहाँ कुछ खरीददारी की जाए।

बन्ता : चंगी गल। इन जनानियों के साथ यही है। पिछले बरस संते की माँ भी रूठ गई कि कानपुरी चप्पल और बनारसी दुपट्टा लाओ तब बोलूँगी। लाया फिर। मरता क्या न करता? तू फिक्र ना कर। रूपे पैसे का इन्तजाम है—या?

सुपर : मैं सोचता हूँ कि एक महीने के लिए एक छोटी-सी कंसल्टिंग एजेंसी खोल लूँ। जहाँ से अपनी सुपर ताकत से लोगों के काम करवा के हाथ में चार पैसे आ जाएँगे—फिर उसी में शॉपिंग वगैरा कर लेंगे। क्यों?

बन्ता : खयाल तो नेक है—पर दरअसल क्या है कि अपना तो सर्कल यही है यानी खाने-खूने का—ऐसा करते हैं *(सोचते हैं)* अपना एक बँधा ग्राहक है वड्डा पढ़ने-लिखनेवाला—वड्डा सीदा-सादा। सुत्तरधार नाम से नाटक खेलता है, यहीं थेटर-वेटर में—उससे कहते हैं कि लिखा-पढ़ी में मदद करा दे, क्यों?

सुपर : ठीक।

बन्ता : फस्ट क्लास। तो चल, तुझे तब तक तेरी भाभी से मिला दें। चल भीतर।

[दरवाजे की ध्वनि]

बन्ता : भागवान जेई है सुपरमैन। तेरा देवर। परदा क्या करणा? सुप्परमैन जी। यही है तेरी भाभी लाजवन्ती। नाम पे ना जाइयो। लड़ने पे आय तो बड़े-बड़ों के छक्के छुड़ा देती है हमारी सन्ते की माँ। हमारे सन्ता गोगी अभी स्कूल गए हैं।

लाजवन्ती : बैठो जी, वीर जी। आपकी तो बड़ी तारीफें सुनी हैं जी। *(रोते हुए)* आपने गुंडों से ना बचाया होता इनके बटुए समेत इनको, तो वलैत से उस बारी हमारा ट्रांजिस्टर, पोलिएस्टर के सूट और मेरे लिपिस्टिक कुछ नहीं आने थे। आप तो हमारे सच्चे बिरादर हो जी।

सुपरमैन : *(सकपकाकर)* नहीं, नहीं जी। सो तो मेरा कर्तव्य था—ड्यूटी यू नो।

लाज : अब जमके बस, हमारे ही घर रहो। तुम्हारी खातिर में हम ग़रीब कुछ कसर नहीं उठा रखेंगे। अजी अपने...?

संता : गोगी तो सुप्परमैन अंकल को देखकर एकदम उछल पड़ेंगे।

बन्ता : क्यों नहीं। क्यों नहीं। अच्छा, अभी हम दोनों जरा जा रहे हैं। उस सुत्रधार की तलाश में, तेरा देवर सुप्परमैन, अपनी कंसल्टिंग एजेंसी खोलना चाहता है कहीं।

लाज : एजेंसी में बड़ी बरक्कत है भाई साहब। बेशक। मेरी सहेली कीरत के बड़े भाई ने लाटरी टिकटों की एजेंसी के बूते पे तिमंजिली कोठी बनवा ली। दूसरी सरिता के आदमी ने ट्रेवल एजेंसी डाली हुई है। खसमाँ नू खानी हर महीने नया जेवर गढ़ा लाती है। और तो और, नीचे के बाबू हरकिशन के निखट्टू बेटे पवन ने जब से अगरबत्ती की एजेंसी ली है, तब से रौनकें आ गई हैं, उनके घर, रौनकें *(भेदभरे स्वर में)* सत्तो बता रही थी, कि रंगीन टी.वी. भी बुक करा आए हैं वो लोग। तो वीर जी, आपने अच्छी सोची एजेंसी की। खूब चलेगी। मैं असीसें दूँगी कि अपने सुप्परमैन की एजेंसी—

बन्ता : अच्छा-अच्छा, तू असीस फसीस देती रहियो, हम दोनों चले उसको पकड़ने। अभी लंच करने आता होगा सूत्तरधार। आओ जी।

[प्रस्थान की ध्वनियाँ]

बन्ता : वो देखता है सुप्परमैन। वो कोने की मेज पर सर झुकाए दाल-रोटी खा रहा है जो, बगल में झोला रखे। वही है

सूत्तरधार। चल करीब चलते हैं। *(पास जाने की ध्वनियाँ—नेपथ्य में ढाबे की ध्वनियाँ—छे नम्बर एक प्लेट डबल फ्राय दाल। तीन नम्बर चार नान, एक प्लेट कीमा। साढ़े पाँच रुपया—दो नम्बर, खाया-पिया कुछ नहीं, गिलास तोड़ा, तीन रुपया।)*

बन्ता : ओये, सूत्तरधार। कैसा है पुत्तर।

सूत्रधार : *(उसकी आवाज़ नाटकीय और भावुक कुछ-कुछ स्त्रैण सी है)*—नमश्कार, बन्ता सिंह जी।

बन्ता : खाना-वाना तो ठीक है ना? बैठ सुप्परमैन।

सूत्रधार : बिलकुल—वो पिछले महीने का बिल क्या है कि पन्द्रह दिन के भीतर आपको चुका दूँगा। क्या है कि एक प्रोडक्शन का पेमेंट अटका पड़ा है।

बन्ता : उसकी फिक्र न करो पापे। आज तक कभी बन्ता ने कलाकारों का दिल नहीं दुखाया। दुखाया क्या?

सूत्रधार : नहीं, सो तो नहीं, पर मैंने सोचा—

बन्ता : ओये, सोचा-फोचा कुछ नहीं। *(रुककर)* दरअसल पुत्तर एक काम है तुझसे—जो तू करा दे, तो तेरा पिछले महीने का बिल माफ—

सूत्रधार : जरूर-जरूर, हाजिर हूँ। सेवा को।

बन्ता : *(प्रसन्नता से)* ये हुई न मर्दों वाली बात। देख पुत्तर, ये है अपना छोटा सुप्परमैन।

सुपरमैन : हलो। हाउ डू यू डू।

सूत्रधार : थैंक्यू। नाइस मीटिंग यू। यू मीन—दी सुपरमैन?

बन्ता : हाँ तो, चार-छह थोड़े हैं अपने भ्रा जैसे दुनिया में।

सूत्रधार : वाह। धन्य भाग।

बन्ता : हाँ तो पुत्तर, सुप्परमैन को एक छोटी कंसल्टिंग एजेंसी डालनी है—कुछ कमा-कुमूँ के अपनी गर्लफ्रेंड के वास्ते चार-छह साड़ी-सूड़ी लेना चाहता है मेरा भाई। तो तू कोई तरकीब निकाल शुरू का क्राया हम भर देंगे।

सूत्रधार : नो प्राब्लम। यानी कोई परेशानी की बात नहीं। मेरे एक दोस्त की बिल्डिंग में एक दुकान खाली पड़ी है—वलैतियों को किराये पर देने से उसका भी चार लोगों में रसूख हो

जाएगा। रही पब्लिसिटी—सो तो अपना धन्धा है ही। आप चिन्ता न करें मिस्टर सुपरमैन—हफ्ते भर के भीतर मामला फिट करता हूँ।

[दृश्य परिवर्तन]

बन्ता : वाह-वाह दुकान ते अच्छी है तेरी सुप्परमैन। गेंदे की माला मूला लगा के चमका दी है सूत्तरधार ने। है लौंडा आरटिस्ट।

सुपरमैन की आवाज़ : *(संगीत)* हलो, हलो, टेस्टिंग माईक। हलो, हलो एक...दो... तीन...

सुपरमैन की आवाज़ : *(अंग्रेज़ी लटका)* माइक ओ.के. है बॉस, आगे बोलो।

सूत्रधार : थैंक्यू सुपरमैन जी। हाँ तो भाइयो और बहनो, यानी हमारे सम्भावित ग्राहकों आप सबके लिए एक भारी खुशखबरी। यानी जिसे कहते हैं कि आप का दिल, आपके सर के बाल तक बाग-बाग हो जाएँगे—क्या कहा? मतलब की बात पर आओ? हें-हें। अब इतनी बड़ी खुशखबरी बिना पहले पृष्ठभूमि बनाए दूँ भी कैसे। तो यकीन मानिए आ गया। आ गया। आ गया। आप कहेंगे कि क्या? तो मैं कहूँगा कि जैसे सन माने सूरज और बाक्स माने सन्दूक। और बुलेट माने गोली और गन माने बन्दूक। ठीक वैसे ही आ गया आपके शहर में एक अजूबा फिर न कहना खबर न हुई। मेरे अजीज दोस्तो, भारत माता के सपूतों और सपत्नियों—नहीं सपूतनाओं—धत्, नहीं-नहीं—मतलब कि सन्नारियों, हम एक एकदम नई दुकान आपके शहर में आज से चालू करने जा रहे हैं *(नेपथ्य से नाटकीय द्रुत संगीत)*—जहाँ 'सुपरमैन' किराये पर मिलता है। *(जल्दी-जल्दी)* आप पूछेंगे कि कौन सुपरमैन? शायद यह भी कि किसलिए सुपरमैन? तो इन तमाम सवालात के जवाब में फकत एक—गौरतलब बात है ये भाइयो और बहनो—कि फकत एक उँगली उठाकर, मैं ऊपर इशारा करता हूँ—उस तरफ, जहाँ कि हमारा बोर्ड टँगा है, जिस पर लिखा है—'यहाँ सुपरमैन किराये पर मिलता है' यानी

धन्यभाग हमारे के सुपरमैन जी पधारे हमारे-आपके बीच। दलितों की गुहार सुनने, शोषितों की मनुहार गुनने और पीड़ितों का उद्धार करने। चूँकि ये साफ हिन्दी बोल सकते हैं अतः अब आप सुपरमैन जी से ही अनुरोध करूँगा कि आप खुद अपनी तारीफ में दो शब्द कहें।

सुपरमैन : थैंक्यू सूत्रधार। *(गला खँखारकर)* मेरे प्यारे दोस्तो, मेरा थोड़ा कहा बहुत जानना, क्योंकि मैं एक्शन यानी कर्म में विलीव करता हूँ—स्पीच में किंग यानी भाषणबाजी में नहीं। बहरहाल तीसरी दुनिया के मुल्कों के बारे में जब मैंने अपने खास सूत्रों से जानकारी हासिल की, तो आपके सुन्दर, एग्जोटिक अ अ-एग्जोटिक को क्या कहेंगे, सूत्रधार जी?

सूत्रधार : अचम्भा—नहीं नहीं—अजूबा? नहीं, नहीं। खैर! एग्जोटिक शब्द चलेगा, वैसे भी इस मुल्क में भाषा की ही ज्यादे चल रही है जी इन दिनों।

सुपरमैन : हाँ तो, आपके इस एग्जोटिक मुल्क, वंडर दैट वाज इंडिया, को देखे बिना मैं रह नहीं पाया—और अब आकर मुझे लगता है कि अपनी अचरज में डाल देनेवाली ताकतों से यदि आप भारतीय लोगों के कुछ काम आ सकूँ तो, मुझे बड़ी खुशी होगी।

सूत्रधार : *(ताली बजाते हुए)* हियर, हियर आपसे यही उम्मीद थी हमें।

सुपरमैन : पर सूत्रधार जी ने मुझे यह भी बताया है कि आपके मुल्क में निःशुल्क सेवा को लेकर लोगों को गलतफहमी हो सकती है—इसलिए हमने साझी में यह दुकान खोल ली है। अपने सभी तीसरी दुनिया के ग्राहकों को हम पहले हफ्ते पचास प्रतिशत की छूट देंगे—और तीन काम का आर्डर देने पर एक काम मुफ्त करेंगे। आपके सहयोग की हमें बेहद जरूरत है। एक बार मौका तो दें। हमें पूरी उम्मीद है कि आप बार-बार आएँगे। जे ब्रह्मांड।

[लोगों की हलचल]

दृश्य : 2

बन्ता सिंह : तो सुपरमैन हम तो चलते हैं—आप अब अपने ग्राहकों को निबटाओ।
ओये सूत्तरधार, भैया इनका हाथ बँटाना जरा शुरू-शुरू में ही सहारे की जरूरत होती है, फिर तो खुद ही चल निकलेगा इन्हा दा धन्धा, अच्छा जी। ये रहा तुम्हारा पैला ग्राहक—इसे निबटाओ तुम दोनों। अच्छा? *(संगीत)*

सुपरमैन : नमस्ते जी। आइए।

सूत्रधार : आइए, आइए बन्धु, स्थान ग्रहण कीजिए। अरे, आप इतने घबराए-घबराए से क्यों हैं—धीरज रखें—आपकी समस्या का हल अब चुटकियों में मिल जानेवाला है क्योंकि 'जब-जब दिल होता बेचैन, मदद को आता सुपरमैन!!' हर काम की कीमत फकत दो सौ रुपया और पूरा पेमेंट काम के बाद। तोलिए इससे ज्यादा क्या चाहिए आपको?

ग्राहक : *(उसकी आवाज़ घबराई सी है)* तो...तो...यही हैं—वो, सुप्परमैन जी।

सूत्र : हाँ जी, एकदम सही।

ग्राहक : इम्पोर्टेड हैं न?

सूत्र : हाँ जी, सौ फीसदी इम्पोर्टेड—यकीन न हो तो इनके चोगे का लेबल देख लो। बालों का रंग, गालों की सुर्खी, बोलने का ढंग सब हंड्रेड परसेंट इम्पोर्टेड।

सुपरमैन : भाई जी, आपको शक क्यों हो रहा है?

ग्राहक : जी, जी वो दरअसल ऐसा है कि क्या है कि आप सूरत-शक्ल से अंग्रेज़ तो लगते हो, पर क्या है कि अंग्रेज़ी नहीं बोलते—और हिन्दी इतनी साफ बोलते हो कि लगता

है कि यहीं की पैदाइश हो एकदम। अब क्या है कि अपने यहाँ साफ हिन्दी और टूटी-फूटी अंग्रेज़ी बोलनेवाले की बजाय, साफ अंग्रेज़ी और टूटी-फूटी हिन्दी बोलनेवाले को सोसायटी में कुछ ज्यादे तवज्जो दी जाती है—

सुपरमैन : हा! हा! हा! वेरी इंटरेस्टिंग, हिन्दोस्तानी होते हुए भी आप मुझ पर इसलिए भरोसा नहीं करते कि मैं अंग्रेज़ी की बजाए आपकी जुबान यानी हिन्दी बोलता हूँ? हा! हा! हा! भाई साहब, मैं सुपरमैन हूँ। सुपरमैन—इस दुनिया की नहीं, इस पूरे ब्रह्मांड के किसी भी सितारे के किसी भी मुल्क की मादरी जुबान में बोल सकता हूँ। कहिए आपको क्या तकलीफ है?

सूत्रधार : बोल दो जी, बोल दो। डॉक्टर से मर्ज, ओ बीबी से कर्ज क्या छुपाना?

ग्राहक : *(हिचकिचाते हुए)* दरवाजा तो उढ़का है न? दरअसल जरा प्राइवेट बात है।

सूत्रधार : अजी एकदम साउंडप्रूफ मामला है। अपने यहाँ *(पुचकारकर)* आप बेखटक बता जाइए, भैया जी कि आपको तकलीफ क्या है? क्योंकि जैसा कि कहा गया है—

जब आँख में अटके हों आँसू,
ओ लब पे अटके हों दो बेन,
तो चट से दुखड़ा रो लो भाई
मदर करेगा सुप्परमैन।।
हाँ! बोलो-बोलो।

ग्राहक : वो क्या है जी, कि हमारी लड़की की शादी हुई है चार महीने पहले, पर क्या है, कि दामाद और उसके घरवाले अड़े हुए हैं, कि जब तक हम नया स्कूटर नहीं देंगे, तो तब तक वो लड़की को मैके नहीं आने देंगे—तो क्या है, कि इधर बाकी के दो बच्चों की फीस-वीस के कारण हाथ जरा तंग है—पर उधर लड़की की माँ रो-रो के आसमान उठाए है सर पे?—जरा सुपरमैन जी जोर डला देते उन मरदूदों पर तो शायद वो माँग को स्थगित कर देते।

सूत्रधार : हूँ...। मामला पेचीदा है।

सुपरमैन : ये मैका और समधियाना क्या बला है?

सूत्रधार : जी मैका मने फादर्स हाउस यानी लड़की की माँ यानी बाप का घर और–

सुपरमैन : ये माँ यानी बाप का घर क्या बला है?

सूत्रधार : जी वो ऐसा है कि अपने यहाँ वैसे घर होता तो बाप भाई का ही है पर नाम को कहलाता मायका ही है–यानी लेडीज में कुछ ऐसा चलन है।

सुपरमैन : और समधियाना?

सूत्रधार : समधियाना मतलब लड़की के सास ससुर का घर।

ग्राहक : *(गुस्से से)* जी, मैं तो चलता हूँ।

सूत्रधार : अजी ये क्या, अभी आए, अभी बैठे, अभी दामन सँभाला है–ये एकदम उखड़ क्यों गए?

सुपरमैन : आप जा रहे हैं?

ग्राहक : भाई माफ करना, हम तो साफ बात कहेंगे–एक तो नाजुक मसला शादी-ब्याह का। तिस पर आपके सुप्परमैन को मायके और समधियाने का फर्क नहीं मालूम तो क्या मदद करेंगे ये हमारी। नहीं जी नहीं। रुपया भी गँवाएँ, काम भी ना सधे तो क्या फायदा। हम कहीं और–

सुपरमैन : आप इतने उतावले ना होइये। हम तो आपके मामले को ठीक से समझने के लिए ही पूछताछ कर रहे थे। अच्छा ये बताइए कि आपके घर से समधियाना कितनी दूर है?

ग्राहक : बस दो-तीन किलोमीटर का फासला है जी–ये समझो कि गोकुल की बेटी मथुरा ब्याही।

सुपरमैन : तो लड़की खुद क्यों अपने घर नहीं आ सकती? बालिग तो है ना।

ग्राहक : ये लो। शादीशुदा हिन्दुस्तानी का मायका उसका घर होता ही कहाँ है–फिर तो ब्याहता लड़की ही क्या, जो अकेली माँ-बाप के घर चली आए? पड़ोसी रिश्तेदार क्या कहेंगे? पहले यहाँ से भाई-चाचा ताऊ जाएँगे नेक ले के–वहाँ जरा समधियाने में उनकी आतर-खातर-छीछालेदार होगी। फिर वहाँ से विदाई-वापस होगी–वहाँ से यहाँ छोड़ने

उसके देवर-नन्द आएँगे। यहाँ उनकी आतर-खतर छीछालेदार हम करेंगे।

सुपरमैन : कमाल है—यानी उस छीछालेदार को करने और कराने को आप दो सौ रुपया खर्चा करने को तैयार हैं? देखिए, बढ़िया तरीका ये हो कि मैं उड़ता हुआ जाऊँ और चुपचाप गोद में उसे उठा के उसको आपके यहाँ पहुँचा—

ग्राहक : ऐ...ऐ...मुँह सँभाल के भड़वे। सुपरमैन होगा, तो अपने घर का। यहाँ ऐसे वैसे नहीं, इज्जतदार लोग हैं। हमारी ब्याहता लौंडिया को गोद में तू ले उड़ेगा तो भरी बिरादरी में हमारी नाक नहीं कटेगी? खबरदार जो अकेले उसके घर गया।

सुपरमैन : तो फिर उसका पूरा ससुराल का घर उखाड़ के ले आऊँ आपके दरवाजे?

ग्राहक : ये लो। अकल की बलिहारी इनकी। अजी तिमंजिले पर रहते हैं—हमारे समधी और नीचे की दो मंजिलों में कुल तीसेक किराएदार बसे हैं—उन पचास-सौ खब्बीसों को दरवाजे पर लाके खड़ा कर दोगे तो चाय-पानी करते-करते कमर टूट जाएगी। ना। ना। तुमसे होने का नहीं—

सूत्रधार : *(नर्मी से)* इतना जामे से मत बाहर होइए भाई साहब। आप ही क्यों नहीं सुझाते, कि ये किस तरह आपकी मदद करें?

ग्राहक : मदद क्या, ये तो उल्टे हालत और बिगाड़ने पर तुले हैं जी। कभी कहते हैं लड़की को गोद में उठा लाएँगे—कभी कहते हैं समधियाने का मकान नीचे से उखाड़ देंगे। दुर फिट्टे मुँह। लड़की की फूफी का चचेरा देवर वहीं पास में रहता है, हम तो अब उसी से कहेंगे—हो सकता है, वो स्कूटर के बजाए सफारी सूट पर ही राजी करा दे उन लोगों को।

सुपरमैन : पर भाई साहब। दहेज लेना-देना अपराध है। आप अपनी लड़की से कहिए पुलिस में शिकायत करे।

ग्राहक : ये लो। अब ये अपने ही लोगों में कोर्ट-कचहरी कराएँगे। राम भजो जी—लाओ मेरा 100 रुपया एडवांस का

लौटाओ। मैं अपनी ट्राय अपनी तरह लगाऊँगा। *(दरवाजा जोरों से भिड़ाने की ध्वनि। चुप्पी)*

सूत्रधार : लो, गए ये भी। पर आप दिल छोटा न करें सुपरमैन जी। वो बिजनेस ही क्या जिसमें शुरू में घाटा ना हो? *(उत्तेजना से)* वो देखो, उधर से एक और अधेड़ सज्जन चले आ रहे हैं झोला लटकाए—वो देखो। एक और नया ग्राहक।

सुपरमैन : हाँ, आ तो इधर ही रहे हैं। मैं दरवाजा खोलता हूँ।

सूत्रधार : हें..., हें..., क्या करते हो? हमारे यहाँ व्यस्त लोग कभी खुद दरवाजा नहीं खोलते। क्या इम्प्रेशन पड़ेगा ग्राहक पर? तुम बैठो—मैं खोलता हूँ *(चुप्पी)* ओफ्फो—ये तो रुक के सड़क पर ठेले से केले खरीदने लगा—उलूंक ये नहीं *(क्रिकेट कमेंटरी के अन्दाज से)* रुको-रुको, वह ठिठका, उसने हमारा बोर्ड पढ़ा, उसने गौर से, बेहद गौर से हमारे बोर्ड पढ़ा। उसने दाईं बाँह उठाकर बाईं भौंह का ऊपर का पसीना पोंछा, उसने झोले को बाएँ हाथ से दाहिने में लिया *(उत्तेजित स्वर में)* और और और *(धीमे से)* वो आगे बढ़ गया।

सुपरमैन : बैठ जाओ, थक जाओगे।

सूत्रधार : नहीं—*(अचानक उत्तेजना से)* एक अधेड़ उम्र की महिला। बुनती हुई इस दिशा में आ रही है—उसके मोटे, पर चपल शरीर में एक फुर्ती एक उत्तेजना है, उसकी आँखों में एक दृढ़ता का भाव। वह बढ़ी, उसने बुनाई झोले में खोंसी, उसने हाथ उठाया—और घंटी...

[दरवाजे पर खटखटाहट—घंटी की ध्वनि]

सूत्रधार : *(दरवाजा खोलने की ध्वनि)* आइए, आइए बहन जी। नमस्कार।

ग्राहक-2 स्त्री : नमस्कार। सुपरमैन आप हैंगे क्या?

सूत्रधार : नहीं—सुपरमैन हैं ये।

स्त्री : *(अभद्रता से)* जभी तो मैं कहूँ, कि अरी सबित्तों, जे जनानियों जैसा मरद तो ना लग्गे है सुपरमैन। अच्छा परे हट। हाँ जी सुप्परमैन जी—हमने सुना कि आप परेशानियाँ

सुलझाओ हो। हमारी सुलझाओ तो जाने हम। *(सूत्रधार से)* भैया हमारी बुनाई का झोला पकड़ियो जरा–दो सलाई बुन लूँ बात करते-करते। पहले बैठ जाऊँ। हाँ, लाओ अब दे दो।

सुपरमैन : फरमाइए।

स्त्री : एक मिनट *(बुदबुदाती हुई)* चार सीधे छह उल्टे, एक के ऊपर एक, दो घर का एक, एक घर का दो–हाँ तो भैया किस्से ये है–ओ हो घर गिर गया–

सुपरमैन : आपका घर गिर गया, उसकी मरम्मत करानी है?

स्त्री : अजी भगवान भला करे। घर गिरे तेरा। हमारा क्यों गिरेगा? मेरा बुनाईवाला घर गिरा–हाँ–

सूत्रधार : अपनी कठिनाई बताइए बहन जी, बुनाई तो चलती रहेगी आपकी।

स्त्री : *(झुँझलाकर)* देखो, टोको मती सत्तो को। मेरा माथा भिन्ना जावे है हाँ।

सूत्रधार : सॉरी, मेरा मतलब था–

स्त्री : अजी तुम्हारे मतलब से ना है हमें मतलब। एक तो अभी-अभी बुनाई डाली है नए किसम की–बस में दीख गया नमूना–दो स्टाप उसके पीछे उल्टी दिशा में गई तब नमूना समझ में आया। बस बुन के पप्पू के पापा को पिहनाया नहीं कि जल जाएँगी तमाम मुहल्लेवालियाँ। ऐसी डिजेन ना हेगी आस-पास के छह मुहल्लों में।

सूत्रधार : बहन जी, वो आपकी कठिनाई–

स्त्री : पेली कठिनाई तो जेई है भैया कि तू बीच में टर्र-टर्र बड़ी लगा देवे है। तू चुपती कर तो मैं बोलूँ–हाँ तो भैया सुप्परमैन *(कुछ सोचकर)* याँ के लगते ना हो भैया, वलेती हो क्या?

सुपरमैन : जी हाँ भारत–यानी इंडिया देखने आया था तो सोचा हाथ में कुछ काम भी कर लूँ–

स्त्री : अच्छा किया भाई, खाली दिमाग शेतान का घर। मेरी चाची का भांजा हेगा एक, दो साल से खाली-खूली घूम

रहा है—केत्ता है, मैंने तो नहीं करना अपने मुलक की नौकरी, मैंने तो मिड्डिल ईस्ट जाना *(भेद भरे सुर में)* भैया कोई है तुम्हारी पहचान-पुहचून का तो जरा खयाल रखना।

सुपरमैन : तो क्या यही थी आपकी समस्या?

स्त्री : नहीं जी, ये तो बात की बात में निकल आई तो मैंने कह दी। दरअसल मेरी समस्या कुछ यूँ है के *(अचानक)* अरे ये ऊन का गोला लुढ़क गया—अरे भैया—जरा उठाइयो—हाँ-हाँ सँभाल के, मेरी ऊन उलझ गई तो, एक मुसीबत और—हाँ तो मैं क्या कह रही थी?

सुपरमैन : वो आपकी समस्या—

स्त्री : हाँ तो हमारी समस्या ये हे गी भैया, कि हमारा अपना एक मकान हेगा पुरानी दिल्ली में।

सुपरमैन : अच्छा।

स्त्री : तो उसमें ये हेगा कि हमने पहले से रखे हैंगे, एक दो किराएदार।

सुपरमैन : अच्छा।

स्त्री : तो किराएदारों की अब यह मुसीबत होगी कि हम चाहते हैं कि उन्हें हटाना, और वो छोड़ने को ही राजी नहीं। अब जानो कि किराए जो हैं मकानों के, सो बढ़ते जा रहे हैं—ओ ये डटे हैं उसी पुराने किराए पर। खैर चलो उसे भी हम भूल जाएँ—पर एक भारी मुसीबत हैगी, कि उनकी मरी लड़की ने हमारी भोले-भाले पप्पू की निगाह पर जादू कर डाला हेगा। रट्ट लगाए हेगा, लौंडा कि अम्मा मैं तो इसी से ब्याह करूँगा। तभी पप्पू के पापा ओ मैं चाहते हैं कि रातोरात इनको करें बिदा, तो चेन होय।

सुपरमैन : शादी से आपको एतराज क्यों?

स्त्री : जे लो। एक ही तो पूत हेगा हमारा। एक ही बेर शादी होनी है उसकी अरे गाने के मास्टर की बेटी लाएगा वो, तो दान-दहेज तीयल के नाम पे तानपूरा-तबला की जोड़ी से बढ़ के कुच्छ ना मिलेगा हमें—ओ फिर, रिश्ता हो

जाएगा तो क्योंकर टलेंगे वो लोग हमारे सर पर से। तो भैया, तुम किसी जुगत से उनको हटवा दो तो मैं दन्न से दो सौ रुपे गिन दूँ तुम्हें।

सुपरमैन : अच्छा, आप ऐसा कीजिए कि उनका पता लिखवा जाइए—हम वहाँ आकर कुछ इन्तजाम करते हैं।

स्त्री : इसे लिखा जाऊँ, तुम्हारे सेकेट्टी को?

सुपरमैन : जी हाँ।

(संगीत)

सूत्रधार : भैया सुपरमैन, आज तक कभी उड़ा नहीं था आसमान में—तुम्हारे चोंगे को पकड़ के लटका तो हूँ—पर दिल बड़ा धड़-धड़ कर रहा है—

सुपरमैन : बस लो हम पहुँच भी गए—बिजली की तेजी से। अब चलो—चुपचाप उनका घर तलाश करते हैं।

(संगीत—उतरने की ध्वनि)

सूत्रधार : आह। पैर जमीन पर टिके, तो जान में जान आई। *(अचानक)* वो सुनो गाने की आवाज़ें *(दूर से शास्त्रीय संगीत की ध्वनियाँ)* हो न हो वही घर होगा, चलें, दरवाजा खटखटाएँ—फिर देखी जाएगी।

[संगीत की ध्वनि पास आती है। एक पुरुष स्वर सिखा रहा है—'जारे भँवरा दूर'—लड़की की आवाज़ दोहरा रही है—यह आदमी ग्राहक-2 स्त्री का किराएदार और लड़की उसकी बेटी है]

किराएदार : ऐसे आवाज़ भींच के सुर लगाती रहीं तो हो चुका। नाभि से सुर उठाओ *(गाता है)* जारे भँवरा दूर।

[दरवाजे पर सुपरमैन और सूत्रधार की खटखटाहट]

सुपरमैन : कोई है?

किराएदार : जारे भँवरा दूर।

लड़की : पिताजी, कोई दरवाजा खटखटा रहा है।

किराएदार : हो न हो नया तबलची होगा भोलानाथ जी का भेजा हुआ— अपने सीतापरशाद जी को तो अब से डेंगू बुखार ने धर दबाया, रियाज का मजा ही जाता रहा। *(दरवाजा खोलने की ध्वनि)*

सुपरमैन : नमस्कार! आप शायद मुझे नहीं जानते—

किराएदार : जी नहीं, बखूबी जानता हूँ—आप मरहूम जनार्दन परशाद तबलिये के पोते हैं, औ' आपको कूचा बल्लीमारान के भोलानाथ जी ने भेजा है—आइए—

सुपरमैन : जी मैं!

सूत्रधार : जी ये!

किराएदार : आओ-आओ भाई, बाकी बात फिर होती रहेगी—ये रही जोड़ी मिलाओ तबला औ' जुट जाव काम पे—मध्यताल का तीनताल का ठेका चलेगा *(रुककर)* कहाँ का बाज बजाते हो पंजाबी कि दिल्ली का? या बनारसी?

सूत्रधार : जी ये बाहर के हैं—बिलायत के—इनका नाम है उस्ताद सुपरमैन! ये क्या नाम उसका, बर्मिंघम घराने का बाज बजाते हैं।

किराएदार : हाँ, हो अपने तो अच्छे उस्ताद तबलिए क्या नाम अब सभी वहीं के हो रहे! अब तो जल्दी ही संगीत में होंगी ब्रसेल्स घराना और बर्मिंघम घराना में लाग डाँट हा! हा! हा! हा! हाँ बेटी शुरू करना—

सूत्रधार : *(दबे स्वर में)* सुपरमैन! सँभाल के उस्ताद!

सुपरमैन : *(तबला बजाते हुए ठेके के साथ-साथ)* धा धिन धिन्ना—किराया कितना?

किराएदार : धा धिन धिन्ना—बस दे सकें उतना।

सुपरमैन : धिन धिन धा धा—छोड़ने का इरादा?

किराएदार : बिलकुल नहीं, बिलकुल नहीं, बिलकुल नहीं!—गा बेटी, शुरू कर!

लड़की : जा रे भँवरा दूर!

सुपरमैन : *(गाकर)* गली बड़ी तंग है, फँसे बेढंग हैं—

किराएदार : *(गाकर)* न जावत!

लड़की : जियरा जलावत, मोहे तरसावत! अब तो जा, अब तो जा जा! जा! जा!

किराएदार : वाह! हाथ साफ है तुम्हारा! बोलो क्या लोगे?

सुपरमैन : जो मैं कहूँ तुम दोगे?

किराएदार : बिलकुल!

सुपरमैन : तो आप ये मकान छोड़ दीजिए—

किराएदार : भई सो तो हम छोड़ ही रहे हैं!

सुपरमैन/सूत्रधार : *(एक साथ)* क्या?

किराएदार : जी हाँ! बात ये है कि इन बच्चों, यानी मेरी कन्या और मकान मालिक के बेटे पप्पू ने कल कन्या के पिता और भाई की मदद से कोर्ट में शादी कर ली। अब लड़की के ससुराल में तो हमारा रुकना उचित नहीं—अतः उन्हीं ने किराए का दूसरा मकान भी ढूँढ़ लिया है। बस दिक्कत यही है कि इस पतली गली में ट्रक या टैम्पो आ-जा नहीं सकते सो सामान—

सुपरमैन : सो हम हाथ के हाथ पहुँचा देंगे—बस आप छोड़ दीजिए—*(धाड़ से दरवाजा खुलने की आवाज़ ग्राहक-2 स्त्री यानी सवित्तो का प्रवेश)*

स्त्री : क्यों री—मुँहजोर! मेरे कोखजाए को उड़ाकर चुपचाप शादी—

सुपरमैन : माताजी! प्लीज माताजी!

स्त्री : *(रोते हुए)* अरे अपनों ने ही दगा दे दिया, तो तुझे क्या दोष दूँ! पप्पू औ' उसका बाप तो स्कूटर पर बैठकर मेरे डर से मौसी कने भाग गए! मेरी छाती पर मूँग दलने रह गए तुम सब!

सूत्रधार : माताजी—आपको जानकर खुशी होगी कि कन्या के पिताजी आज ही घर खाली करके जा रहे हैं।

स्त्री : क्या? कहाँ?

सुपरमैन : औ' मैं और मेरा असिस्टेंट अभी उनके चार जोड़ी तबले, दो जोड़ी तानपूरे, तीन हारमोनियम, आठ बाँसुरी और दो मंजीरे को ट्रांसफर कर रहे हैं। रही बात बहू की, सो आपकी चीज़ है!

सूत्रधार : आप हमारा मेहनताना दीजिए औ' हम चले!

स्त्री : अजी झाड़ू न मारूँ तुम्हें? छाती पे अनचाही बहू बिठा दी,

औ' ऊपर से मेहनताना माँगते हो! कच्चा चबा जाऊँगी पप्पू के पापा को मैं आज! आने दो उन्हें!

किराएदार : समधन जी—इन्हें भगा दोगी तो हम यहीं पड़े रह जाएँगे, जे जान लो!

स्त्री : ओफ्फो, इधर कुआँ उधर खाई, ये लो अपने दो सौ और इसे ले के चलते बनो यहाँ से *(लड़की से)* औ' तू ऊपर चल जरा ढंग के कपड़े पहना दूँ तुझे, लड्डू हड्डू भी मँगवा लूँ—वर्ना, पड़ोसने कहेंगी अपनी बिटिया सवित्तो कंजूसी कर गई *(झिड़ककर)* औ' तुम तीनों चलते नजर आओ यहाँ से! चलो! *(संगीत)*

सूत्रधार : तो चलो बोहनी का सिलसिला जो सवित्तो जी ने शुरू कराया, सो जल्दी ही रंग पकड़ जाएगा, इस उम्मीद के साथ हम अपनी दुकानदारी का दूसरा दिन शुरू करते हैं। *(दरवाजे पर खट-खट)*

सूत्रधार : किसी-किसी दिन मनुष्य की जीभ में सरस्वती का वास होता है। इधर हमने कहा ग से ग्राहक, तो उधर दरवाजे पर आ गई लक्ष्मी)

[दरवाजे पर जोर से खटखटाहट, दरवाजा खोलने की ध्वनि]

नमस्कार, क्या आप सुपरमैन की खोज में आए हैं?

ग्राहक-3 : नहीं तो क्या भाड़ झोंकने? हटो सामने से! क्यों जी, क्या तुम्ही हो सुपरमैन?

सुपरमैन : जी हाँ, फरमाइए, आपकी क्या सेवा कर सकते हैं हम?

ग्राहक-3 : बड़ी परेशानी में हूँ भाई—

सूत्रधार : हैं हैं, सो तो आपके चेहरे से ही ज़ाहिर है—

ग्राहक-3 : तुम चुप रहो जी—हाँ तो भाई साहब इधर मैं बड़ी दिक्कत में हूँ—वो क्या कहते हैं जिसे विलायती जुबान में—हाँ-हाँ डिफिकल्टी—

सुपरमैन : उसे निबटाने को मैं हाज़िर हूँ भाई साहब—फरमाइए—

सूत्रधार : यूँ न शरमाइए

ग्राहक-3 : तू चुप करता है कि,

सूत्रधार : यूँ न गरमाइए, तुरत फरमाइए, क्योंकि–
मुसीबत वही जो सुपरमैन सुलझाए।
गुत्थी वही जो सुपरमैन उलझाए।
फूल वही जो सुपरमैन खिलवाए,
और' जोड़ी वही, जो सुपरमैन मिलवाए।

ग्राहक-3 : पर फीस तगड़ी रखी है आपने।

सुपरमैन : कमती कीमत ज्यादे काम, सुपरमैन का यही कलाम।।

ग्राहक-3 : तो जी दिक्कत का कुल किस्सा मुख़्तसर यूँ है कि मुझे अपने लड़के की शादी करनी है।

सुपरमैन : आपके मुल्क में ये बात कतई मेरी समझ में नहीं आती, कि जिसे देखिए, अपने बच्चों की शादी के तराने की फिक्र में पड़ा हुआ है। बच्चे खुद कहाँ शादी करना चाहते हैं। किससे शादी करना चाहते हैं–इसके बारे में कोई बात ही नहीं होती। ऐसा क्यों?

ग्राहक-3 : भाईजान, आप यहाँ हमारी दिक्कतों का हल ढूँढ़ने बैठे हैं या हमारे समाज के बारे में सवालात पूछने हैं? मैं पूछता हूँ कि ये फीस हम आपको किस बात की दे रहे हैं–अँय?

सूत्रधार : भाई साहब, माफ कीजिएगा–बात दरअसल ये है कि लड़की कैसी ढूँढ़ी जाए इसके लिए लड़के की पसन्द भी तो मालूम होनी चाहिए? है कि नहीं? यही इनका मतलब है! आपके बेटे का क्या कहना है इस बारे में?

ग्राहक-3 : अजी वो क्या किसी बेवकूफ की औलाद है जो कि बुजुर्गों के सामने अपनी पसन्द-नापसन्द की बात करेगा? अजी हम बाप हैं उसके, कोई दुश्मन नहीं, हमारी भी शादी हुई थी, तो क्या हमारी रज़ामन्दी ले के? अजी तीन-तीन बच्चों की माँ बनने से पहले तो अपनी फूलमती की शक्ल तक ठीक से ना देखी थी हमने! हाँ तो लिखिए–एक, लड़की खूब गोरी हो–दो अंग्रेज़ी पढ़ी हो–यानी कान्वेंट एजूकेटेड–तीन, या तो बाप अच्छा खाता-पीता हो, या वह कम-से-कम दो भाइयों वाली हो, और हाँ, भाइयों का ओहदा-वोहदा अच्छा हो–बाकी रही दान-दहेज की बात, सो मिलने पर तै की जाएगी–इतना जान लीजिए कि

लड़का हमारा खाते-पीते धन्धे में है—अपनी अगरबत्ती की अजंसी है—पार्ट-टाइम लाटरी टिकट भी बेचता है—बाकी ससुर की अपनी बिजनैस हो तो बहुत अच्छा, उसी में लग जाएगा। *(तभी बाहर से लड़कियों की आवाज़ में नारे लगने की आवाज़)*

आवाज़ें : ''दहेज के लालची हाय! हाय!'', ''पैसे के लोभी हाय! हाय!'

[ध्वनियाँ पास आती हैं]

सूत्रधार : कमाल है, ये-ये जुलूस तो अपनी ही दुकान के आगे चला आ रहा है।

[दरवाजे पर भड़भड़ाहट]

ग्राहक-3 : भा-भाई साहब, कतई ना खोलना ये जो हैं—बड़ी खराब लड़-औरतें हैं—खामख्वाह शरीफों की पगड़ियाँ उछालने में लगी हैं—न घर है इनका, ना ही घाट—बस जिस-तिस के नाम पर हाय-हाय करने को, जब देखो तब ये जनानियाँ जत्था बाँधकर आ जाती हैं। कलियुग और किसे कहते हैं? (दरवाजे की भड़भड़ाहट)

सूत्रधार : कौन हैं आप लोग? क्या चाहती हैं?

(जवाब में नारे और तेज)

नेता स्त्री की आवाज़ : भाई साहब, ये जो जनाब आपकी दुकान में मदद माँगने खड़े हैं ना, इन्हें आप कतई मदद न दीजिएगा। यह दहेज का लालची शख्स अपने बेटे की पहले भी शादी कर चुका है, और वह दो-दो अभागियों को छोड़ चुका है!

ग्राहक-3 : जुबान सँभाल के!

नेता स्त्री : जुबान सँभलिए आप अपनी! भाई साहब, इनके बेटे का रंग है तवे जैसा स्याह, एक आँख भेंगी और एक टाँग छोटी है—तिस पर दो-दो शादियाँ करके वह बीबियाँ छोड़ चुका है—

सुपरमैन : किसलिए?

ग्राहक-3 : भाई साहब ये झूठ बोलती हैं—पिछली दोनों बार हम लोगों को धोखा दिया गया था—एक लड़की तो रंग की स्याह थी—और दूसरी अंग्रेज़ी सही तो क्या टूटी-फूटी भी नहीं बोल पाती थी—अब चार लोगों में उठना-बैठना!

स्त्री की आवाज़ : आप ज़रा बाहर पैर तो रखिए, आपका उठना-बैठना हम ठीक किए देती हैं, अभी जरा निकलिए तो सही—भाई साहब—

सुपरमैन : बहन जी, पहले मुझे पूरी बात तो—

स्त्री : आप इनका पक्ष लेना बन्द करिए जी। आप पुरुष लोग सब एक से होते हैं—अभी सुपरवूमन होती तो हम उससे तुरन्त शिखर वार्ता कर सकती थीं—खैर, अभी तो हम इसकी धरपकड़ करके इससे इसके बेटे के पिछली दो शादियों का दहेज लौटवाने आई हैं—बोलो बहनो, अत्याचारी—

आवाज़ें : हाय! हाय!

ग्राहक-3 : अरे-अरे क्या करती हो! बहनो-बहनो—अरे गुदगुदी न लगाओ हा हा हाथ जोड़ता हूँ—ही ही ही बहनों में पाई-पाई चुका दूँगा।

[आवाजें नारे लगाती विलीन]

सूत्रधार : उफ़्, बाल-बाल बचे इस बार!

सुपरमैन : सूत्रधार! मैं सोचता हूँ अपने बोर्ड पर कुछ शब्द जोड़ने होंगे।

सूत्रधार : मैं समझा नहीं तुम कह क्या रहे हो।

सुपरमैन : मैं चाहता हूँ कि बोर्ड पर लिख दिया जाए कि भारतीय शादियों को छोड़कर अन्य सब समस्याएँ यहाँ सुलझाई जाती हैं।

सूत्रधार : हा हा हा! अरे यार, इतनी जल्दी हार मान गए? अजी अभी तो हमारे यहाँ की, शादी वो लड्डू है, कि जो खाय सो पछताय, और जो न खाय वो भी पछताय! खैर ठीक है, हम लिखे देते हैं—

सुपरमैन : *(स्वगत)* कमाल का मुल्क है, यानी यहाँ लड़के लड़की की शादी ही नहीं करवाई जाती है, और वह भी ऐसी जोड़-तोड़ से, जैसे लड़का लड़की नहीं एक अदद गाय या भैंस खरीद रहे हों—लड़की पसन्द न आई तो फटाक से घर से निकाल दी! तौबा! तौबा! अपने मुल्क के माफ़िया के गुंडों से निबटना कितना आसान है, हिन्दोस्तानी बापों की तुलना में!

सूत्रधार : ये लीजिए, नई इबारत जड़ दी है आपके बोर्ड पर कि यहाँ शादी को छोड़कर अन्य सभी किस्म की समस्याएँ निबटाई जाती हैं।

[दरवाजे पर खट-खट]

सूत्रधार : कहिए, आपकी क्या सेवा कर सकते हैं हम?

खोजी : जी मैं पत्रकार हूँ—मेरा नाम है खोजी, और मैं दैनिक खुसुरपुसुर में नगर संवाददाता हूँ। मैं श्री सुपरमैन से एक भेंटवार्ता करना चाहता हूँ!

सूत्रधार : तो जनाब आप तो अपना रास्ता नापिए! यहाँ हम इंटरव्यू वगैरा नहीं देते—हमें तो समस्या सुलझवाने वाले ग्राहकों का इन्तजार है। हमारा वक्त बरबाद न कीजिए—चलिए—

खोजी : अरे भाई साहब, तो इस लिहाज से तो यह इंटरव्यू आदर्श रहेगा आपके लिए हाँ, नमस्कार सुपरमैन जी, आप भी सुनिए कि कल ज्योंही दैनिक खुसुरपुसुर के पहले पन्ने यह भेंटवार्ता छपेगी, तो मुल्क के डेढ़ लाख पाठकों के कान खड़े हो जाएँगे! कल्पना कीजिए, कल्पना कीजिए हैडलाइंस की—"समस्याओं के मसीहा श्रीमान् सुपरमैन से विशिष्ट भेंटवार्ता"—देश के प्रखर पत्रकार—श्री खोजी द्वारा।

सुपरमैन : माफ कीजिएगा, हमें पब्लिसिटी नहीं चाहिए।

खोजी : *(जैसे लिख रहा हो)* हमें अ-अ पब्लिसिटी नहीं अ-अ चाहिए—अच्छा सुपरमैन जी अन्तर्राष्ट्रीय परमाणु युद्ध समस्या पर आपके विचार क्या हैं?

सुपरमैन : ये क्या? आप तो इंटरव्यू लेने लगे?

खोजी : बोलिए-बोलिए—साथ ही यह भी बताइए कि तीसरी

दुनिया के भविष्य और उसकी सांस्कृतिक परम्परा के बारे में आप क्या सोचते हैं?

सूत्रधार : सोचते हैं तुम्हारा सिर! देखिए, सामने से हमारा ग्राहक आ रहा है—आप तुरत उड़न छू होइए, वरना मैं पुलिस को बुलाता हूँ—

खोजी : जा रहा हूँ, जा रहा हूँ भाई साहब! अरे वाह! यह क्या? काला चश्मा लगाए, काला शाल ओढ़े बम्बई की मशहूर फिल्म अभिनेत्री मिस मटक्को चली आ रही है! हा हा हा—हम पत्रकार भी कयामत की नज़र रखते हैं—ओफ़-ओफ़—अब तो खोजी टल नहीं सकता घटनास्थल से—

सूत्रधार : खोजी जी, आप जाते हैं या—

खोजी : बन्धु, तुम्हारी फीस कितनी है? दो सौ न? ये चार सौ रखो, पर मिस मटक्को से सुपरमैन की मुलाकात के वक्त—
मुझे पर्दे के पीछे रहने दो—क्योंकि ये फ़िल्म जगत की वो मशहूर हस्ती है कि जिसकी रहस्यमय निजी जिन्दगी के बारे में जानने की लोगों को बेपनाह उतावली है—ऐ ये लो, पूरे चार सौ हैं—

सुपरमैन : हम घूस नहीं लेते भाईजान—आप अपने पैसे तुरत जेब में रखिए, वरना मैं आपको उठाकर सीधे जमुनापार फेंक आऊँगा—हाँ! हम अपने ग्राहकों की प्राइवेसी का पूरा सम्मान करते हैं।

खोजी : भाई साहब—अरे भाई—हा...य! *(आवाज़ एक अनुगूँज के साथ विलीन हो जाती है)*

सूत्रधार : वाह! क्या कमाल का था भाई साहब, गाजियाबाद तक तो पहुँच ही गया होगा अपना दोस्त!

सुपरमैन : मैंने अपनी सुपरदृष्टि से देख लिया था कि उसका आफिस किस दिशा में है—सीधे उसके आफिस की छत पर रखी एक खाट पर डाल दिया है उसे!
(एक स्त्री की आवाज़। यह अभिनेत्री मिस मटक्को है)

मिस मटक्को : क्या मैं अन्दर आ सकती हूँ?

सुपरमैन/सूत्रधार : *(एक साथ)* जी हाँ—जी हाँ, आइए न!

सुपरमैन : स्वागत है।

सूत्रधार : तशरीफ रखिए!

सुपरमैन : यह रही कुर्सी!

सूत्रधार : चाय-ठंडा कुछ मँगाऊँ?

मिस मटक्को : नहीं-नहीं थैंक्यू! *(स्वर तनिक धीमा करके)* मैं पास की गली में अपनी शूटिंग आधी छोड़ के एक गम्भीर समस्या हल कराने को आई हूँ—

सूत्रधार : पास की गली में? पर वो तो बड़ी गलीज़ सी, घुटनभरी गली है! आप वहाँ किसकी शूटिंग कर रही थीं?

मिस मटक्को : अपनी नई फिल्म की, और किस? वो दरअसल ये है, कि वो कला-फिल्म है ना! और जितनी मात्रा में उसमें कला होगी, उतना ही अँधेरा और घुटन उसमें होना ज़रूरी है—ऐसा हमारे डायरेक्टर 'क्रान्ति दा' का कहना है!

सुपरमैन : आप अपनी समस्या के बारे में बताइए—कला पर बहस अभी ज़रूरी नहीं।

मिस मटक्को : क्या हम तीनों यहाँ अकेले हैं?

सुपरमैन : जी हाँ बिलकुल, क्यों? आपको शक क्यों हो रहा है?

मिस मटक्को : यहाँ आते वक्त मैंने दैनिक खुसुरपुसर के श्रीमान खोजी को देखा था।

सूत्रधार : उसे तो मैंने तभी रफा-दफा होने को कह दिया था, माना नहीं तो अपने उस्ताद ने उसे उठा के अपनी सुपर ताकत के बल से शहर के बाहर दूर फेंक दिया!

मिस मटक्को : फिर भी देख लीजिए, कुर्सियों के पीछे, मेज के नीचे, दराज के भीतर, दरवाजे के बाहर। मक्खी-मच्छर की तरह वह खोजी पत्रकार कहीं भी मिल सकता है। एक बार तो उसने मिस चमको के रेफ्रीजरेटर के भीतर छुपकर उनकी पार्टी की तसवीरें ले ली थीं।

सुपरमैन : आप यकीन मानिए—वह दूर-दूर तक यहाँ कहीं नहीं। आप निश्चिन्त होकर अपनी बात कहिए।

मिस मटक्को : दरअसल ऐसा है कि मेरे तीसरे—मेरे तीसरे—

सुपरमैन : *(पुचकारकर)* हाँ-हाँ कहिए न!

मिस मटक्को : मेरे तीसरे पति, मेरे हेयर ड्रेसर के साथ मेरा नौ लाख रुपए का हीरे का हार चुराकर भाग गए हैं *(रोती है)!*

सूत्रधार : च्च च्च क्या ज़माना आ गया है—हार और हेयर ड्रेसर—च्च च्च!

सुपरमैन : आप फिक्र न करें बहन जी, वो दोनों किस दिशा में गए हैं? किस रंग की गाड़ी में? और क्या पहने हुए हैं—चट से बता दीजिए, तो मैं अभी पट से दोनों को पकड़कर हार समेत आपके सामने ला हाजिर करता हूँ। अगर आपने अब तक पुलिस को फोन न किया हो, तो वह भी कर लें—मेरे मुजरिमों को पकड़कर लाते-लाते पुलिस भी आ जाएगी!

मिस मटक्को : *(हल्की चीख के साथ)* ओ...पुलिस? नहीं! नहीं!

सुपरमैन : समझा, आप अपने पति से अभी भी इतना प्यार करती हैं कि उनकी रुसवाई नहीं चाहतीं!

मिस मटक्को : व्हाट नानसेंस! प्यार? उस छिपकली के गिलगिले बच्चे से? नैवर! सुनिए—मैं उसे कतई वापस नहीं लाना माँगती—मुझे तो बस मेरा हार चाहिए—और, और अगर हो सके तो मेरी हेयर ड्रेसर मिस मिंकी! मेरी तमाम विग वही सैट करती रही है। और—

सुपरमैन : एक मिनट—एक मिनट—अगर मैं आपकी बात गलत नहीं समझा, तो आप वापस चाहती हैं सिर्फ अपना हीरो का हार, अपना पति नहीं—

मिस मटक्को : नैवर! पर, हाँ हो सके तो हार के साथ सिर्फ मेरी हेयर ड्रेसर को ले आइएगा—उसकी जितनी एक्स्ट्रा फीस लगेगी मैं दे दूँगी—

सुपरमैन : आयम सारी—पर इतनी बड़ी चोरी के बाद भी चोर को कोई सज़ा नहीं देना—ओह! समझा आप अभी भी—

मिस मटक्को : बिलकुल नहीं! उल्टे मैं तो इस चंडूल की शक्ल भी नहीं देखना चाहती। अब आप जल्द-से-जल्द उनका पीछा कीजिए—वो इस वक्त दिल्ली से बम्बई जानेवाली रोड पर

लाल रंग की एक विदेशी कार में भागे जा रहे हैं–मिस मिंकीलाल पुलोवर और हरी स्कर्ट में हैं, और मेरा शोहर नीला सफारी सूट पहने है–और दोनों ने धूप का चश्मा लगाया हुआ है।

सूत्रधार : इतने बड़े काम की फीस–

मिस मटक्को : आप काम कर दीजिए तो मुँहमाँगी फीस दूँगी आपको बस?

[दरवाजे पर भड़भड़ाहट]

मिस मटक्को : ओह! ओह! आपने तो मुझसे कहा था कि यहाँ कोई नहीं है–

सूत्रधार : था तो कोई नहीं, हो सकता है अगला ग्राहक हो–आप पर्दे के पीछे छुप जाइए, मैं देखता हूँ। *(दरवाजा खोलने की ध्वनि)*

सूत्रधार : माय गॉड! खोजी तुम! और बाहर ये लाल कार में एक आदमी और लड़की, ये कौन हैं तुम्हारे साथ?

खोजी : हा हा हा! पड़ गए न चक्कर में? दोस्त तुम्हारा खोजी भी कोई ऐसा वैसा पत्रकार नहीं दैनिक खुसुरपुसुर का विशेष संवाददाता है, विशेष! जब मुझे सुपरमैन ने फेंका शहर के बाहर, मेरे आफिस की छत पर, तो गिरते-गिरते मैंने देखा कि बदहवासी की हालत में अपनी प्रसिद्ध लाल गाड़ी दौड़ाते हुए मिस मटक्को के तीसरे पति चले आ रहे थे और उनकी बगल में थी एक सुन्दरी, जो निश्चय ही मिस मटक्को नहीं थी, क्योंकि उन्हें मैं तुम्हारे दफ्तर में घुसता हुआ देख चुका था! तो ताबड़तोड़ में भागा नीचे जहाँ कई काँच और कीलें सड़क पर पड़ी थीं, मुझे पक्का यकीन था कि कोने तक पहुँचते-पहुँचते टायर फ्लैट हो जाएगा–तो इधर होना टायर का पंचर और उतर के जाना मिस मटक्को के शोहर का मैकेनिक की तलाश में, मेरा धरना भेस मैकेनिक का–और उन दोनों को बेहोशी की दवा सुँघाकर गाड़ी उड़ा लाना दोनों समेत यहाँ! कहिए, कैसी रही?

मिस मटक्को : कम्बख्त! नालायक! दुष्ट।

खोजी : अरे, मिस मटक्को, आप पर्दे के पीछे थीं क्या? हा हा हा—यह तो उल्टा हो गया—यानी अक्सर तो मैं होता हूँ पर्दे के पीछे छुपनेवाला और आप—

मिस मटक्को : कहाँ हैं वो दोनों और मेरा हीरे का हार! मैं उनको कच्चा चबा जाऊँगी—भून के खा जाऊँगी। *(आवाज़ बाहर जाती दूर हो जाती है)*

खोजी : बाय बाय दोस्तो! अपना तो कमाल का न्यूज आइटम बन गया—किस्सा हार का—मिस चमको की हुई प्रेम में हार—पर चोरी हो गया हार बरामद हो गया—पढ़िए प्रसिद्ध पत्रकार श्रीमान् खोजी का सनसनीखेज खुलासा। वाह! वाह! वाह! थैंक्यू।

सुपरमैन : थैंक्यू!

[दरवाजा बन्द होने की ध्वनि]

सुपरमैन : भाई सूत्रधार, मुझे तो चक्कर आ रहा है।

सूत्रधार : *(रोते स्वर में)* मुझे भी।

[नेपथ्य में ढाबे की ध्वनियाँ उभरती हैं। बन्तासिंह मुंडू लोगों को आर्डर दे रहा है।]

बन्ता : ओये चार नम्बर को गरम रोटी दे के आ—तीन नम्बर को सौंफ दे दे! सँभल के! प्लेट काँच की है काके, लोहे की नहीं! अरे! सुप्परमैन! ओये की हाल है भाई—आजा गरम रोटी खाजा! क्यों भाई सुत्तरधार, ओये चेहरों पे लानत क्यों बरस रही है दोनों के?

सुपरमैन : मैं हार गया बन्ता भाई! मेरी सुपर ताकतों का इस मुल्क में कोई काम नहीं!

बन्ता : ओ, क्या हुआ भाई—किसी ग्राहक से झगड़ा हो गया क्या? नाम बताना ज़रा—ओ हल्दी पीने लायक ना बना दूँ मरदूद को, तो कैना बन्ता नई।

सूत्रधार : नहीं, वैसी बात नहीं बन्तासिंह जी। दरअसल कुछ ग्राहकों की समस्याएँ ही ऐसी थीं कि कुछ हो नहीं पाया ठीक से!

कुल दो सौ की कमाई हुई—उतना तो साइनबोर्ड वाले पेंटर को ही देना होगा।

[अचानक ढाबे में भगदड़—मिस मटक्को—मिस मटक्को की फुसफुसाहटें]

बन्ता : ओये, क्या हो रहा है भाई—अबे बहादुर! किधर जा रहे हो तुम सब—ये दीदे फाड़-फाड़ के क्या देख रहे हो? सड़क पर कोई नुमाइश लगी है क्या?

सूत्रधार : माय गॉड! मिस मटक्को की गाड़ी बाहर खड़ी है—देखिए देखिए, ड्रायवर हाथ से बुला रहा है—*(ऊँची आवाज़ में)* किसे? मुझे! इसे! सुपरमैन को? जा भैया सुपरमैन, तुझे कार में मिस मटक्को ने बुलाया है।

सुपरमैन : मुझे? क्यों?

बन्ता : ओये यारा, मैं भी चलता हूँ तेरे साथ बाहर—इसकी फिल्म ज़हरीली यादगार उर्फ प्रेम की बँसरी मैंने छह मर्तबे देखी है—चल-चल! ओये मुंडू बिना बिल लिए जाने ना देना किसी बन्दे को! चल यार!

सुपरमैन : चलिए!

मिस मटक्को : उफ्! बड़ी मुश्किल से आपका पता मिस्टर खोजी की मदद से...

खोजी : ढूँढ़ ही निकाला तुम्हें बरखुरदार!

सुपरमैन : मैं समझा नहीं, अब मेरी जरूरत आपको किस लिए? आपका हेयर-ड्रेसर आपका पति यह तीनों तो श्री खोजी खोज ही लाए थे—

खोजी : पूरी बात मैं बता रहा हूँ। दरअसल क्या है कि मिस मटक्को जो हैं, सो कल वापस लौट रही हैं बम्बई अपनी एक बड़े बजट की फिल्म 'सुपर दीवाना' की शूटिंग करने! उसके स्टंट सीनों के लिए हीरो के डबल के बिना काम रुका था, बातों-बातों में मुझे तुम्हारा खयाल आया! भाई क्या कमाल का ज़ोर है बाजुओं में आपके। औ' क्या निशाना!

मिस मटक्को : खोजी साहब का कहना है कि आपने जैसे उन्हें उठाकर एक ही झटके में शहर के बाहर फेंक दिया था, वैसे ही

आप फिल्म के विलेन और उसके गुंडों को भी पहाड़ की चोटी पर से एक-एक करके समन्दर में फेंक दें—तो फिल्म में जान पड़ जाय। छह दिन में शूटिंग पूरी, और नकद पेमेंट तुरन्त ठनाठन गिन देंगे हम लोग?

सुपरमैन : जी, पर मैं—

बन्ता : ओय सोचणा की यारा—हाँ जी, हाँ समझो मेरे भाई की—बड़ा शर्मीला है—अरे याराँ ये चांस ना छोड़! मिस मटक्को की फिलम तो चलनी ही चलनी है—

मिस मटक्को : तो आइए, सुपरमैन साहब, कार में बैठकर चलिए सीधे एयरपोर्ट—हम हम बम्बई पहुँचे नहीं कि शूटिंग शुरू—आइए-आइए देर न कीजिए—वहाँ सब हमारे इन्तजार में हैं—

सुपरमैन : जी मैं...

[कार का दरवाजा बन्द होने का, कार के जाने की आवाज़, संगीत, धीमे-धीमे संगीत ढाबे की ध्वनियों में मिल जाता है]

बन्ता : ओय सूत्रधार, की हाल है भापे—तू भी सुना बम्बई जानेवाला है अब—क्या।

सूत्रधार : जी हाँ, कुछ आपकी दुआ है, कुछ सुपरमैन जी की। लोन लेकर संसाधन व्युत्पत्ति नाम से एक नई तरह की कलात्मक फिल्म बना रहा हूँ एब्स्ट्रैक्ट स्टाईल में—कुछ तकनीकें फ्रांस की ली हैं—कुछ पौलिश—

बन्ता : ओय फ्रांस-फ्रूंस रैने दे तू, ये बता कि एक्टिंग कौन कर रहा है? और गाने-गूने भी हैं, या नहीं फिल्म में?

सूत्रधार : गाने तो नहीं, पार्श्व में सरोद और वायलिन और ध्रुपद गायकी का मिला-जुला रूप लिया और—

बन्ता : बेड़ा गरक! ओय तेरी भाभी तो कभी नहीं देखेगी फिर उसे! और सुच्ची बात तो ये है कि उसे और अपने को तो बस भैया अपने सुप्परमैन वाली फिल्में ही अच्छी लगती हैं। अब तो एक साल में एक बार यहाँ आके मेरा भाई जो एक ढिशुमू-ढिशुमू वाली मल्टी इश्टार फिलम बना

जाता हैना, उस पै तुम्हारी सरोद सितार ध्रुपद वाली सौ मर घिल्ली फिल्में निसार! हाँ! भला हो उस मिस मटक्को का! न वो बम्बई ले जाती हमारे सुप्परमैन को—ना वो बन्दा फिल्मों का मशहूर सितारा बन के चमकता ऐसे! पर भाई दिल का खरा सोना है अपना यार! हर त्योहार पे अपनी भाभी ते भतीजों के वास्ते गिफ्ट भेजना ते उन्हें बुलाना! औ' मेरे वास्ते हर साल ढाबे में आके स्टार नाइट करना! अपनी तो जिन्दगी सुधारी ही उसने—ढाबे को भी चमका के रख दिया है! अब हम भी एक्सपैंड कर रहे हैं! एक ब्रांच, नई बम्बई में खुल रही है अपनी "दी सुप्पर ढाबा" नाम से!

सूत्रधार : मुबारक हो! हाँ, वो सुपरमैन की जो गर्लफ्रेंड थी ना एक, जिसके वास्ते तोहफे ले जाने को उसने पहली बार दुकान खुलवाई थी, उसका क्या हुआ?

बन्ता : अरे, उस मेम ने तो पहली बार इसके यहाँ से वहाँ लौटने से पहले ही दूसरे गोरे से ब्याह-बूह कर लिया था—मेमों की भली चलाई—अब तो तेरी भाभी यहीं पास-पड़ोस की कोई अच्छी लड़की देख रही है उसके वास्ते, अरे बहादुर! सुन बेटा, वो पेशल कड़क चाय लाना हमारे और हमारे सूत्तरधार जी के वास्ते! बैठ भाई बैठ और जरा गपशप हो जाय! कोई अच्छा घर है तेरी निगाह में तो बताना। *(संगीत)*

धीरे-धीरे रे मना

पात्र-परिचय

बच्ची
बच्चा
पति–रमेश (वकील)
पत्नी–उमा
भाई–सुरेश
टी.वी. अनाउंसर (स्त्री या पुरुष)

रमेश : भाई, चाय के लिए कब से बैठा हूँ। आज मिलेगी भी कि नहीं?

उमा : बस, छान रही हूँ। लाई अभी।

बच्ची : माँ, मेरे मोजे कहाँ हैं?

बच्चा : माँ, मुझे पिकनिक-फंड के लिए पन्द्रह रुपए चाहिए।

उमा : हाँ, हाँ, देती हूँ! सब्र की कैसी कमी है सारे लोगों में! जिसे देखो, हवा के घोड़े पर सवार! पाँच मिनट की देरी किसी को सहन नहीं होती। मेरे बीस हाथ तो हैं नहीं। अरे ओ मुन्नी... जरा इधर आ रसोई में और अपने बाउजी को ये चाय दे दे। मैं भैया के मोजे ढूँढ़ती हूँ, उसने सारा कमरा उलट डाला है।

बच्चा : माँ, मेरा बस्ता नहीं लगा अभी...मुझे भी तो स्कूल जाना है!

उमा : तकरार मत कर। बस, चबर-चबर–चल पहले हाथ बँटा, लड़की है तू! इतनी बहस मत कर!

बच्ची : बाउजी, आपकी चाय। और बाउजी मुझे शाम को एक निबन्ध लिखवा दीजिएगा।

रमेश : तू तनिक चुपचाप बैठ अभी। मैं जरा अखबार पढ़ लूँ, फिर तेरी बात सुनता हूँ।

बच्ची : आप पढ़िए, मैं जाती हूँ। शाम को निबन्ध, हाँ?

रमेश : हाँ-हाँ, ठीक है। ठीक है।

बच्ची : माँ, मेरा नाश्ता...

उमा : देती हूँ...भैया को नाश्ता दे आ पहले।

बच्ची : माँ, तुम हमेशा अटका देती हो मुझे–पहले मेरा नाश्ता क्यों नहीं?

उमा : क्योंकि भैया देरी से सो के उठता है, उसे अभी बस्ता भी लगाना है। जा वरना बस आ गई तो वह बिना खाए चला जाएगा। लड़का...

बच्ची : माँ, मुझे भी तो भूख...

उमा : हे भगवान! तनिक भी धीरज नहीं लड़की में! इतनी बहस करने तक तो तू चार पराँठे दे आती। जाती है या नहीं!

रमेश : क्या बात है—? क्यों बिगड़ रही हो मुन्नी पर!

उमा : अरे, जो काम करने को कहो, बस बहस पर उतर आएगी कि मैं ये क्यों करूँ? मुझे ये क्यों नहीं देती? अरे लड़की है, लड़की की तरह सहनशील बनकर नहीं रहेगी, तो कैसे होगा? ले ये रहा तेरा नाश्ता...

बच्ची : नहीं खाना मैंने...

उमा : सहना तो बस सीखा ही नहीं! गुस्सा रहता है नाक पर हमेशा!

रमेश : खा ले बिटिया! खाने पर गुस्सा नहीं करते। माँ-बाप की डाँट सह लेनी चाहिए। ये ले, शाबाश! *(बस के हॉर्न की ध्वनि, बच्चों के जाने की, दरवाजा भिड़ाने की ध्वनियाँ)*

रमेश : क्यों मेमसाहब आप? मुन्ना की जिद को तो हँसते-हँसते झेलती हैं, और मुन्नी ने सवाल उठाया नहीं कि जामे से बाहर? उस ग़रीब ने क्या बिगाड़ा है? क्या सिर्फ इसलिए कि वह बेटी है, वह तुम्हारी सहनशीलता के दायरे से हमेशा बाहर रहेगी?

उमा : लड़की है वह! नहीं सहेगी तो टूट जाएगी!

रमेश : पर गलत बात सहना क्यों सीखे वह? बच्ची ही है अभी तो!

उमा : अरे बाप को, भाई को पहले खाना देने में क्या कोई गलती है? अन्याय है? मैं दुश्मन हूँ कोई उसकी? *(रोने की सी आवाज़ में)*

रमेश : दरअसल तुम्हें सुरेश के आने का टेंशन हो रहा है। मेरा मतलब यह नहीं था। पर गुस्सा-टेंशन बच्चों पर मत...

उमा : क्यों? मुझे क्या टेंशन होगा? तुम्हारा छोटा भाई है! उसका ऊँच-नीच तुम ही सँभालोगे! मेरा कहा तो तुम सबको सहन नहीं होता! सहनशीलता का मुझे उपदेश देते रहते हो। खुद तुम इतने ही धीरज वाले हो क्या? मैं होती कौन हूँ इस घर में कुछ कहनेवाली? सुमित हो या बच्चे!

रमेश : फिर से नौकरी छोड़ दी हैं उसने! अब जाने कितने दिन यहाँ रहेगा?

उमा : और जब तक रहेगा, सिवाय कलह और तंजभरी बातों के कुछ नहीं होगा? यह भी खराब है, वह भी खराब! अरे, न सह सकने की इसी आदत से तो उसकी शादी टूटी, और जाने कितनी नौकरियाँ भी छूट गईं। गाँव में बाबूजी के पास रहता है, उनके प्राण खाता है। अब यहाँ आ रहा है। उफ! क्या-क्या नहीं सहना पड़ता इन रिश्तों में!

रमेश : झेल भी जाओ उसे कुछ दिन को प्लीज! वो दिल का ऐसा बुरा नहीं है। जो भी कड़वाहट है सिर्फ उसकी जुबान पर है।

उमा : वही तो सही नहीं जाती मुझसे! सालों से यही सुन रही हूँ कि सुमित की कड़वी से कड़वी बातें भी सह जाओ, पर यही बात उससे कोई क्यों नहीं कहता जाके? *(चुप्पी)*

[परिवार टी.वी. देख रहा है, घंटी बजती है—दरवाजा खुलता है, भिड़ता है]

बच्ची : माँ, चाचा आ गए!

सुरेश : मैं आ गया हूँ!
हूँ... *(चुप्पी)*

बच्चा : चाचा...

सुरेश : ...और कोई जगह भी नहीं थी— *(चुप्पी)*
जाने के लिए *(चुप्पी)*

सुरेश : बैठ तो सकता हूँ न!

रमेश : हाँ हाँ! कैसे हैं बाउजी? नाश्ता? *(हाथ से इशारा)* अरे उमा!

सुरेश : रहने दो भाभी! नाश्ता ट्रेन पर कर लिया था! *(चुप्पी)*

टी.वी. : अब खोये हुए व्यक्तियों के बारे में सूचना सुनिए—ये हैं श्री...

सुरेश : बच्चो, मैं राजधानी के बीच चौरास्ते तमाम कपड़े उतारकर चीखता हुआ कनॉट प्लेस से साउथ ब्लॉक तक दौड़ लगाऊँ तो? *(बच्चीं की हँसी—फिर चुप्पी)*

अच्छा भैया-भाभी भाग्यलक्ष्मी लॉटरी का टिकट लेने के बारे में आप लोगों की क्या राय है? *(चुप्पी)*

टी.वी. : श्री रामसिंह की उम्र 36 वर्ष, माथे पर चोट का निशान, इनकी दिमागी हालत कुछ कमजोर बताई जाती है।

सुरेश : आप लोग दूसरा चैनल क्यों नहीं देखते?

रमेश : एंटेना नहीं है, उसमें साफ तसवीर नहीं आती—मैकेनिकस उसे घोस्ट इमेज कहता है।

सुरेश : हा-हा-हा, अब आप घर बैठे राजधानी का विशेष प्रायोजित कार्यक्रम देखिए भूतों की परछाइयाँ हा-हा-हा...

रमेश : क्या इस बार लम्बा टिकने का इरादा है? यानी अगर बड़े भाई को आज छोटे भाई से पूछने की इजाजत हो तो...

सुरेश : देखिए एकाध चिराग के जिन्न विन्न से भेंट का जुगाड़ हो जाए तो शायद बन्दा जल्दी गायब हो जाएगा, घोस्ट इमेज की तरह...हाहाहा...

रमेश : बकवास बन्द करो। या फिर ठीक-ठाक से बातों का जवाब दो! नहीं दे सकते तो हमें टी.वी. देखने दो। हम तुम्हारी बकवास सुनने नहीं बैठे हैं, आज इतवार के दिन! *(चुप्पी)*

सुरेश : *(धीमे से)* टी.वी. के अलावा देखने-सुनने को इस मुल्क में बचा ही क्या है? दिन-रात हम छोटे पर्दे पर दूसरों के दुख दूसरों के सुख देखते हैं। सचमुच के रिश्तों को कितना सहते उनको देखकर दुखी-सुखी होते रहते हैं। पर हम लोग? एक दिन आएगा जब समाज गूँगा होगा, सिर्फ टी. वी. बोलेगा!

उमा : तुम्हारे तलाक के मुकदमे की चर्चा पूरे समाज में हो रही है। जानते हो?

सुरेश : जानता हूँ। कचहरी में कमाऊ बीवी से भरण-पोषण माँगनेवाले बेकार, नरपुंगव हमारे समाजों की पकड़ में रोज तो आते नहीं न! मैं उनके लिए एक लीड स्टोरी बन गया, जो चटपट समाज का गूँगापन, उसकी नैतिक हकलाहट मिटा देता है। *(नकल करता है)* हाय हाय, सुना तुमने, रमेश के भाई सुरेश की शादी टूट गई—हाँ...और क्या,

सुना है अदालत में भरण-पोषण माँगा जा रहा है। *(नकली अट्टहास)*—आह!

उमा : सुमन ने मेरी पड़ोसनों से यह भी कहा कि तुम उस पर और बच्चों पर अक्सर चिल्लाया करते थे।

सुरेश : सुमन को चर्चाओं में आने का शौक शुरू से था, नाटक करने की प्रतिभा उसमें खूब है। नाटक किसे अच्छा नहीं लगता? खासकर ट्रैजेडी...

उमा : उसने यह भी कहा कि तुम घर से पैसे उठाकर जिस-तिस को देने भी लगे थे। एक अनाथालय को पाँच हजार का चेक भेज दिया, एक स्कूल के लिए पाँच सौ का...

सुरेश : बिलकुल!

रमेश : *(घृणा से)* तो घर के पैसों में भी हेराफेरी करते रहे?

सुरेश : जी हाँ *(रुककर)* इसके अलावा मैंने कई और हैरतअंगेज काम भी किए हैं। मसलन कॉलोनी के कोनेवाला पाइप फोड़कर भरी गर्मी में पास की झुग्गी के तरसते बच्चों को नहाने के लिए एक सुन्दर सस्ता और टिकाऊ फव्वारा बनाना, रसगुल्लों में चूहामार दवा मिलाकर मुहल्ले के उन तमाम कटखने-आवारा कुत्तों को वीरगति दिलाना..., जिनके शिकार झुग्गी के बच्चे होते थे। *(रुककर)*

रमेश : और एक अफसर ने भी तुम्हारी रपट थाने में लिखाई थी...

सुरेश : क्योंकि उसका पालतू कुत्ता भी एक रसगुल्ला खा बैठा था। अफसर का कुत्ता था, मुफ्त के माल का लालच कैसे छोड़ता? बहरहाल उसे बचा लिया गया था—डॉक्टरी मदद द्वारा। *(चुप्पी)*

बेहद धीरज के साथ जीवन के पहले पन्द्रह बरस मैंने समाज के खुरदुरे तलुवे सहलाने में ही गुजारे हैं। क्योंकि मुझे उम्मीद थी कि समाज न्याय करेगा ही। मैंने सबसे गन्दे इलाकों में घुटने-घुटने तक कीचड़ में धँसकर अपने हृदयहीन शहरों में एक सभ्य समाज के, ग़रीबों के लिए एक बेहतर समाज के सपने देखने की कोशिश की है। *(चुप्पी)* तब मैं समझता था कि देश की नैतिकता का भार हमारे मध्य वर्ग के मजबूत शहरी कन्धों पर टिका है कि

उसके स्वयंसेवकों की सेना बनाकर इस गन्दगी के बीच भी कीचड़ में कमल-वमल की तरह खिला जा सकता है। पर अब मेरा वह धीरज, वह सहनशीलता मर चुके हैं!

रमेश : झुग्गियों की गन्दगी से यहाँ का वातावरण कैसा हो गया है! धीरे-धीरे साँस ले के देखो जरा! सारा इलाका गन्दा कर दिया है इन झुग्गीवालों ने! जाने कहाँ से आकर बस गए हैं–कीड़े-मकोड़ों की तरह!

सुरेश : धीरे-धीरे साँस लेना क्या सचमुच इतना जरूरी है? क्या झुग्गी में रहनेवाले साँस ही नहीं लेते होंगे?

उमा : जब तक साँस तब तक आस! उनको तो गन्दगी की आदत पड़ चुकी है, सो वो तो सह लेते हैं। हमने सारी उम्र की गाढ़ी कमाई से फ्लैट खरीदा है, हम उनकी गैरकानूनी झुग्गियाँ क्यूँ सहें?

सुरेश : कोशिश मैंने भी बहुत की भाभी, छोटे शहरों में भी पैर टिकाने की, साँस लेने की, पर हर कहीं तुम्हारे जैसों में मुझ जैसों के लिए धीरज की कमी थी। ग़रीबों का मसला हो तो कहीं भी सहनशीलता की पूछ ही नहीं थी। मरो या मारो के उस माहौल में मैं कैसे फिट हो पाता? कहीं भाई-भतीजावाद, कहीं निरंकुश भ्रष्टाचार, कहीं आरक्षण, साम्प्रदायिक भेदभाव–जिसका कोई वजनी गॉडफादर नहीं, वह कहाँ जा मरे इस माहौल में?

रमेश : ऐसी सब विचारधाराएँ पश्चिमी मीडिया की शरारत हैं। हमारी अपनी आत्मछवि, हमारी भारतीयता सब खत्म हो गई। वरना हम हिन्दुस्तानी तो तबीयतन बड़े सहनशील बड़े धीरज वाले लोग हैं। ये तो जब से सीमापार से घुसपैठ बढ़ी और अल्पसंख्यक...

सुरेश : आपकी इस आत्मछवि की कालकोठरी के सामने खड़े होते ही मेरे जैसे लोग भी तो अल्पसंख्यक बन जाते हैं भैया!

रमेश : तुम्हारे जैसे सिरफिरों को पुलिस पता नहीं क्यों जेल के भीतर नहीं बन्द कर देती!

सुरेश : *(सीने पर उँगली रखकर)* जेल में तो मैं ही हूँ। *(बारी-बारी से इन्द्रियाँ छूता हुआ)* ये देखिए आँखें, ये सब अन्यायों

का लेखा-जोखा रखती हैं, ये कान, जो तमाम बकवासें रजिस्टर करते हैं। ये मुँह जो रजिस्टर करता है तमाम अनकही गालियों का स्वाद। और सब यहाँ सीने में *(सीने की ओर इशारा)* जाकर कैद हो जाता है—इस असहिष्णु समाज में, कुछ है घटिया—जिसे मैं उल्टी की तरह बाहर उगलना चाहता हूँ दिन-रात, पर वह मछली के काँटे की तरह यहीं हलक में अटक गया है। इससे बेहतर स्पेशल सिक्योरिटी प्रिजन तो पुलिस भी नहीं बना सकती है मेरे जैसों के लिए—

रमेश : शायद तुम्हें किसी दिमागी डॉक्टर के पास जाना चाहिए—मुझे तो तुम्हारी दिमागी हालत कुछ गड़बड़ दीखती है। एक-एक करके जो भी सही राहें निकल सकती थीं, उन्हें तुमने खुद ही रिजेक्ट कर डाला है। समझ नहीं आता आखिर तुम जैसे नौजवान बनना क्या चाहते हैं? *(रुककर)*

सुरेश : इनसान! एक धीरजवान इनसान! जो अपने भाई की तकलीफों से मुठभेड़ होने पर टी.वी. का वाल्यूम बढ़ाकर निगाहें न फिरा ले। एक सहनशील पिता, जो अपने बेटे को घूस-धमकी-लालच किसी भी तरीके से ऊँची नौकरी हथियाने का हथकंडा न सिखाए! एक बेटा, जो अपने बाप को बुढ़ापे के नर्क में अकेले सड़ने के लिए गाँव के टूटे-फूटे मकान में न भेज दे—

रमेश : हम लोगों को गुस्सा दिलवाकर तुम्हारी अपनी नाकामयाबी की शर्म कुछ घटती है—हमने बाऊजी को गाँव में भेजा है क्या? अरे खुद वे वहाँ वापस जाना चाहते थे।

सुरेश : नहीं, इतनी-सी बात नहीं है ये—बाऊजी का यहाँ रहना भी तुममें से कौन सह पाता था? उनके कपड़े, उनकी बोली, उनका खाँस-खाँसकर बलगम थूकना, बच्चों को देहाती कविताएँ सुनाना—यह सब तुम लोगों को पसन्द नहीं था—

रमेश : *(उमा से)* लगता है ये मुझे झगड़ने पर मजबूर कर देगा!

उमा : अब बस भी करो तुम दोनों...

रमेश : मैं तो साफ कहता हूँ और साफ बात ये है कि तुम हमें तो कोसते हो हर बार, पर बाऊजी के लिए क्या किया तुमने—जिन्दगी में तुम एक टोटल फेल्मोर हो—एक पूरी तरह नाकामयाब इनसान, जिसके पास कुछ भी नहीं बचा है, नौकरी, घर-मकान, बीवी-बच्चे, कुछ नहीं—पर अब उसे तुम फोकस करोगे भी तो किस पर? बाऊजी के लिए इतना ही कलेजा फटता है, तो जाकर खुद रहते क्यों नहीं गाँव में? खुद नहीं रह सकते न उस गन्दगी और तंगहाली में?

सुरेश : शाबाश नौजवान! लगे रहो गाँव की, बाप की निन्दा में, थोड़ी देर बाद शायद सन्तोष के मारे तुम्हारी आँखें बन्द होने लगेंगी, आखिर इतना कानून पढ़ के भी अपने सगे भाई की ऐसी की तैसी नहीं कर पाए तो डिग्री किस काम की...

उमा : भैया, क्या तुम नहीं चाहते हम लोग तुम्हारी मदद करें? क्या इतवार के दिन इसीलिए हम सब अपना सारा काम छोड़कर यहाँ नहीं बैठे हैं! टी.वी. तक नहीं देख रहे हैं हम!

रमेश : तुम समझते क्यों नहीं सुरेश? आय मीन, ठीक है, इस वक्त तुम्हारा कारोबार या धन्धा चौपट है, पर क्या वो एक सिम्बल, एक प्रतीक नहीं है तुम्हारी...तुम्हारी नाकामयाबी का?

सुरेश : कामयाबी-नाकामयाबी—प्रतीक...जानते हो, ये तमाम शब्द रबर की गेंदों की तरह मेरे कानों के बाहर टप्पा खा-खाकर दूर लुढ़क जाते हैं। अगर इन शब्दों से तुम खुद अपना दिल बहलाना चाहते हो, तो और बात है।

उमा : बाबूजी की सोचो—वों पेंशन पर हैं, तुम और कितने दिन उनके...

रमेश : उनके मत्थे बैठकर खा सकते हो! तुम मुझे टोका मत उमा, सच्चाई हमें सच की तरह फेस करनी ही होगी—बाबूजी के बारे में तुमने क्या सोचा है?

सुरेश : इससे भी ज्यादा जरूरी ये जानना है कि वो मेरे हमारे बारे में क्या सोचते हैं? क्या महामहिम हमारे बारे में सोचते भी

हैं कि नहीं? इतनी सहनशीलता, इतना धीरज है क्या उनमें? शायद नहीं! उन्होंने आँख और कान दोनों बन्द कर लिए हैं, जैसे मैं हूँ ही नहीं! मैं हरचन्द कोशिश करता हूँ उनको उकसाने की। सुबह उनका अखबार उससे पहले पढ़ता हूँ और गलत तरह से तह कर तख्त पर डाल देता हूँ—मैं अपना गीला तौलिया उसके बिस्तर पर फेंक आता हूँ—उसकी चाय में ठंडा दूध मिलाकर रख देता हूँ, उसके चश्मों के शीशे पर साबुन का फेन टपका देता हूँ—पर कोई असर नहीं! कुछ घंटे के बाद वह घर, फिर वही घर नजर आने लगता है। चुप्पा उदासीन...मेरी तरफ से कई फिरंट—

उमा : तुम्हें शायद एक पत्नी की जरूरत है—

सुरेश : दोबारा बेमौत मरने के लिए?

उमा : ठीक है, इस बार कोई मेच्योर लड़की छाँटो—कुछ बड़ी उम्र की, तलाकशुदा या विधवा हो, तो वह शायद तुम्हारी बेहतर कद्र कर सकेगी—

सुरेश : मेरी कद्र? हो हो हो, मेरी? हा हा हा! *(चुप्पी)* कामकाजी औरत हो तो मोटी तनख्वाह से अलबत्ता मुझे इनकार नहीं होगा!

रमेश : एक है ऐसी हमारे जहन में, क्यों?

उमा : शायद!

रमेश : शायद नहीं पक्का...

सुरेश : हाय! मेरे लिए इन हियों में भी ऐसी हूक? नाम क्या है?

रमेश : मानसी!

सुरेश : नाम से तो खतरनाक लगती है। करती क्या है?

उमा : कल्चर विभाग में बहुत बड़ी अफसर है—अफसर...

सुरेश : यार ये कैसी कल्चर विभाग है आजकल?

उमा : तुम्हें उससे क्या मतलब? तुमने क्या नौकरी कभी की है? अगर की होती, तो क्या तुम जो आज हो, वह होते?

रमेश : क्या ये ज्यादा जरूरी नहीं कि बजाय इस पर बहस चलाने के कि वो क्या है, हम देखें कि वो किस तरह की लड़की है?

सुरेश : पर मैं तो एकदम फक्कड़-बेकार-निठल्ला आदमी हूँ।

उमा : यही तो बात है न! मानसी को फक्कड़ और बेकार किस्म का ही बोहीमियन पति चाहिए—वह बहस पसन्द करती है।

सुरेश : क्या उसके पास देश का कल्चर चलाने के बाद इतना वक्त बच पाता है जिसे बिताने के लिए उसे एक फक्कड़-निठल्ला बहसबाज पति चाहिए?

रमेश : दरअसल वहाँ काम-वाम ज्यादा है नहीं। तुम उसकी फिकर मत करो—*(चुप्पी)*

सुरेश : पर मैं तो तयशुदा तरह से निठल्ला हूँ—और बातूनी बीबी के आगे मेरे मुँह पर ताला पड़ जाता है।

उमा : शादी के बाद तुम पर काफी बुरी बीती है, है न?

रमेश : इसमें क्या शक है?

सुरेश : अब तो कभी-कभी मैं मक्खियों तक से बातें करने लगता हूँ! पर इनसानों से बात करने से अभी भी डरता हूँ।

रमेश : अरे यार इसमें क्या है—मैं भी कई बार बेजान चीज़ों से बात करने लगता हूँ।

सुरेश : जहाँ तक मुझे खयाल है मेरी मक्खी जिन्दा थी—

रमेश : मैं तो एक बात कह रहा था भाई! ओ.के. सी यू—मुझे जरा मिलना है किसी से—*(प्रस्थान)*

सुरेश : देखूँ, तुम तो फूट लिए! मुझे शायद फिर कुछ सहनशील किस्म की मक्खियाँ जुट जाएँ शिखर-वार्ता करने को!

उमा : तुम्हारा आखिर प्लान क्या है?

सुरेश : किसके बारे में?

उमा : तुम्हारे अपने जीवन के बारे में, और किसके? *(चुप्पी)*

सुरेश : ये देखो भाभी, मैंने पकड़ ली मक्खी! *(हाथों से ढके-ढके)* कैसी भन्ना रही है देखा?

उमा : तुम्हें आखिर दुनिया से शिकायत क्या है? क्यों तुम अपनी तकलीफ ऐसे छिपाते फिरते हो?

सुरेश : कुछ भी नहीं...मैं परिस्थितियों का मारा हुआ इनसान हूँ—धीरज की कमी है मुझमें—बस—इतनी सी ही बात है!

उमा : धीरे-धीरे रे मना, धीरे सब कुछ होय! तुम थोड़े सहनशील बनो—थोड़ा धीरज रखो, सब ठीक हो जाएगा।

सुरेश : नहीं भाभी! बहुत बड़े पैमाने पर, बहुत बड़े इलाके में फैली हुई महामारी है ये सहिष्णुता! इसके जरासीम बच्चों से लेकर बूढ़ों तक को ग्रस चुके हैं। शहर-चौबारा-स्कूल-झुग्गी, बस-स्टॉप हर जगह सहिष्णुता!

उमा : तुम्हारी बातें तो कभी भी मेरे पल्ले नहीं पड़तीं! सहिष्णुता..., ये कैसी बीमारी है?

सुरेश : यह अजब बीमारी दोनों पक्षों को एक साथ लगती है भाभी! पहले एक पक्ष जो नासमझ है, खूब उत्तेजित होता है, फिर दूसरा भी संक्रमण पकड़ लेता है। पहले बातों से चोट पहुँचाई जाती है, फिर लिख और बोलकर, फिर हाथापाई शुरू हो जाती है। खून-खराबा! चीख-पुकार! युद्ध! गृहयुद्ध! महायुद्ध! कमजोर जीवों से हमारा इन झगड़ों में जैसे कोई लेना-देना नहीं होता। वो मरते हैं मक्खियों की तरह! बेचारे! बचना हो, तो सहिष्णुता सब सीख लेते हैं। मैं नहीं कर पाया यह। अब मुझे थोड़ी मुहलत चाहिए वैसी सहिष्णुता सीखने को ताकि मन पत्थर बन सके! ताकि मक्खियों से लेकर ग़रीब टूटे-थके मनुष्यों तक को मैं सिर्फ अपने स्वार्थ के चश्मे से देखूँ। ताकि तमाम पाखंडी सामाजिक रीति-रिवाजों का पालन बिना गुस्सा हुए, बिना हँसे, ठीक से करता चला जाऊँ! धीरे-धीरे जब मैं यह चंटाई सीख लूँगा न भाभी, तब समाज मेरे प्रति भी बड़ा सहिष्णु हो जाएगा।

बच्ची : सहिष्णु से याद आया चाचा! तुम मुझे मेरा स्कूल का निबन्ध लिखवा दोगे? बाऊजी ने कहा तो उन्होंने डाँटकर भगा दिया, और अम्मा कहती है उसे उस विषय पर खास कुछ नहीं मालूम!

सुरेश : पर वो विषय क्या है?

बच्ची : *(हँसकर)* ये लो चाचा! इतनी देर से उसी पर तो तुम लोग बार-बार बोल रहे थे—निबन्ध का विषय है—सहिष्णुता! पाँच सौ शब्दों में लिखवाना है कि हमारे जीवन में

सहिष्णुता का महत्त्व क्या है?
लिखवा दोगे न चाचा?
चाचा, तुम हँस क्यों रहे हो चाचा?
माँ, देखो न चाचा हँसते हुए बाहर चले गए! अब मेरा निबन्ध कौन लिखाएगा?
चाचा, सहिष्णुता का जीवन में महत्त्व क्या है?

[फेड आउट।]

●●●